Stb

Klaus Harald Wittig

Merlinstab und Zirbelzweig

Geomantie – Die Zeichen der Erde deuten

Stb

ISBN 3-89767-460-2

Umschlaggestaltung: Murat Karaçay
Satz: Eleni Efthimiou
Herstellung: Reyhani Druck und Verlag, Darmstadt
www.schirner.com

Inhaltsverzeichnis

Dank

Mein innigster Dank gilt allen Menschen, die mich zu den hier beschriebenen Erfahrungen inspiriert haben und die daran Anteil hatten, daß daraus ein Buch wurde.

Ich danke

Florida Solowjova für ihre tiefe Liebe, mit der sie meinen Geist erweckte,

Rudolf zur Lippe für seine weisheitsvolle Mentorenschaft,

Marko Pogacnik für die unerschöpfliche Inspiration und die Begegnung mit der geistigen Welt,

Mani Rüscher für das Wort vom »Bruder« und die ungezählten Gespräche und Erlebnisse,

meinem Vater sowie Familie Hofmann für den Rückhalt, den ich durch sie zum Schreiben hatte,

Karin Vial, für Gespür und Begeisterung, Engagement und Einfühlungsvermögen bei all den Schritten, die aus den Aufzeichnungen ein Buch werden ließen,

Dr. Ute Hempen für ihr Geschick und ihre Klarheit beim Überarbeiten des Manuskriptes,

Michael Jennrich für das Hineinzaubern von lebendigen Bäumen, vibrierenden Steinen und tanzenden Elementargeistern in dieses Buch,

Annika für ihr Verständnis, ihre Geduld und ihre Liebe.

Zum Geleit

Wunderbar: Geomantie wird zum Lebensweg! Das Buch von Klaus Harald Wittig zeigt, daß die mehrschichtige Beziehung zur Natur und zur Landschaft zu einem persönlichen Lebensstil führen kann, durch den einerseits die Erde sorgsam und liebevoll behandelt wird und andererseits der persönliche Alltag mit Lebensfreude und Begeisterung erfüllt werden kann. Wohltuend für die Lebenssysteme der Erde, lehrreich für den Menschen – ist das nicht ein idealer Weg?
Diese Lebenshaltung wird möglich, indem das Interesse an Geomantie die trockene, einseitige Naturerkenntnis, die von den Modellen der sogenannten Naturwissenschaft geprägt ist, auszugleichen und zu überwinden beginnt. Man wird sich dessen bewußt, daß die Erdoberfläche in vielfältige, kaum sich wiederholende Kraftsysteme gegliedert ist, was jedem Ort seine Einmaligkeit verleiht. Auch wird die Erde als ein wunderbares Intelligenzsystem erkannt, wobei die einzelnen Träger des Bewußtseins mit den märchenumwobenen Elementarwesen gleichzusetzen sind. Dadurch steht alles, was wir als »Umwelt« bezeichnen – man müßte besser »Mitwelt« sagen – dem Menschen zur Kommunikation, zum Gespräch, zum Austausch zur Verfügung, sei es, daß es sich um Bäume, Hügel, Flüsse oder um Berge handelt. Es zeigt sich darin die reale Möglichkeit, daß unsere Generation die Entfremdung unserer Zivilisation von der Natur und der Erde aufheben wird.
Damit die Möglichkeit zur Wirklichkeit wird, muß einiges getan werden – vor allem im persönlichen Bereich. Die alte einschichtige Weise der Naturbetrachtung gilt es in eine mehrdimensionale Anschauung von Landschaft umzuwandeln. Um dabei nicht in der Esoterik steckenzubleiben, ist es wich-

tig, die eigene Wahrnehmung zu schulen, um selbst zu Erfahrungen mit den subtilen Bereichen der Natur zu gelangen. Wenn man einmal die Schönheit und Würde der unsichtbaren Ausdehnungen der Landschaft erfahren hat, dann ist eine liebevolle Einfügung des Menschen die Gesamtheit der Erdreiche nicht mehr in Frage gestellt. Dieses »geomantische Tagebuch« von Klaus Harald Wittig möchte die Leserin und den Leser bei diesem entscheidenden Schritt inspirieren, Vorbilder schaffen und die möglichen Vorgehensweisen andeuten.

Šempas, im Oktober 1997 MARKO POGACNIK

Zu diesem Buch

Dieses Buch ist aus Tagebuchaufzeichnungen entstanden und gibt meinen Weg in die Geomantie wieder. Was ist Geomantie? Es ist das Wissen von den unsichtbaren Lebens- und Geisteskräften, die die Welt zwischen Himmel und Erde durchpulsen. Dieses Wissen liegt ausgebreitet vor uns, eingebettet in die Landschaften der Erde, es ist die Weisheit der Erde selbst. Die Erde kann uns zur Lehrmeisterin werden, wenn wir akzeptieren, daß wir ihre Schüler sind. Zu nichts anderem sind wir auf die Erde gekommen, zu nichts anderem ist die Erde für uns erschaffen worden. Wir müssen wieder lernen, daß wir das ganze Leben lang Schüler bleiben.
Schleier um Schleier wird vor den Geheimnissen der Natur weggezogen; aber nicht die moderne Naturwissenschaft mit ihren Apparaten ist es, die das Geheimnis lüftet, sondern die Gemeinschaft all derer, die nach anderen Wegen der Erkenntnis suchen und neben der Natur vor allem die Menschennatur in sich selbst einer genauen Prüfung unterziehen. Der Prüfung folgt Veränderung, Erweiterung; die Prüfung *ist* Veränderung. Wir dürfen nicht glauben, daß unser Bewußtsein von heute auch das von morgen sei.
Wir haben es dahin gebracht, die unerschöpflich scheinende Lebenskraft der Erde gefährlich zu schwächen. Mehr Menschen denn je sind dazu erwacht, diese Gefährdung nicht mehr tatenlos hinzunehmen. Dieses Erwachen, diese Sorge um die Erde und den Reichtum der Natur entspringt echter, tiefer Liebe zur Erde. Aber diese Liebe darf sich in unserer gegenwärtigen Kultur nur auf Umwegen äußern – es wird verlangt, daß sie sich rechtfertige, sie wird hineingezwungen in das gängelnde System der allmächtig herrschenden Wissenschaft. Wie anders glühte diese Liebe noch im letzten Jahr-

hundert, als sie sich stimmungsvoll in der Kunst der Romantik äußerte: Da durfte diese Liebe ganz sie selbst sein. In unseren Tagen muß sie sich »Ökologie« oder »Umweltschutz« nennen, wenn sie sich äußern will, und aus Landschaften sind »ökologische Systeme«, aus Lebensräumen »Biotope« geworden. Wichtig und überlebensnotwendig ist das gewonnene Umweltbewußtsein, aber paradoxerweise ist das an den modernen Naturwissenschaften orientierte ökologische Denken dabei, uns nur noch mehr der Natur zu entfremden.
Sprechen wir doch mit der Natur selbst! Wir können es, denn wir sind geistige Wesen, und geistige Wesen sind es, die überall in der Natur tätig sind. Der Schleier, der das Göttliche in der Natur für unsere Augen unsichtbar macht, beginnt sich vielerorts zu lüften.

Vielleicht haben wir aber durch die moderne Naturwissenschaft doch eines dazugelernt: Nicht wie die Romantiker wollen wir in der Schönheit schwelgen und uns in dem Glänze verlieren, wenn wir hinter den Schleier blicken, sondern wir wollen uns dabei bewußt werden, welche Rolle uns selbst in der Ganzheit der Natur, im Leben auf der Erde zukommt und was unsere Stellung und Verantwortung dabei ist. Denn nicht Verklärung, sondern Klarheit ist es, was das neue Sehen uns bringen will.
In diesem Geiste sind die nachfolgenden Aufzeichnungen entstanden: Es sind »Rechenschaftsberichte«, sie dienten der eigenen Klärung während eines Lernprozesses, in dessen Verlauf immer neue Blicke gewagt und Einsichten gewonnen wurden. Der Weg der Geomantie führte dabei immer auch durch Innenwelten; ich lernte bald, daß er es mußte: Auf diesem Weg kann nur wandern, wer sich im Inneren wandelt. Wenn diese Aufzeichnungen auch hiervon berichten und darin manches Mal so persönlich erscheinen, wie es die beschriebenen Orte sind: Stets wollen sie nichts als anschauliches Beispiel

sein, um Zusammenhänge allgemeiner Natur greifbar werden zu lassen, damit sie von anderen Menschen nachvollzogen werden können. Es geht nicht um mich in diesem Tagebuch, sondern um das, was zu lernen war. Für diesen Erfahrungsschatz bin ich dankbar, denn durch ihn habe ich teil am unermeßlichen Reichtum des Menschseins, und hiervon will ich etwas vermitteln und weitergeben. Es geht in diesen Schilderungen auch nicht um die Orte selbst: Es geht um das, was Menschen in den Begegnungen mit ihnen lernen können.
Wer dies verstanden hat, der muß keine langen Reisen zu diesen oder anderen »Orten der Kraft« unternehmen: Er wird sie jederzeit in seiner Nähe finden – ganz gleich, wo er gerade ist – sobald er mit feinen Sinnen, mit neuen Augen zu suchen beginnt.
Dieses Buch schöpft aus den Erfahrungen von drei Jahren Suche und bedeutet ein kleines Innehalten auf dem begonnenen Weg. Die Suche ist nicht vollendet; ein Abschnitt nur war es auf der unendlichen Reise, die kein Ziel kennt und kein Ende.

KLAUS HARALD WITTIG

1

Die Quelle am Meer

Im Oktober 1993

Vielleicht hat ja hier meine Reise begonnen – hier in den Weiten Nordfrieslands, wo der Himmel bis ins Meer herabhängt und das Land nur eine Leihgabe des Meeres ist. Vor zweieinhalb Jahren hatte ich dieses Land – die weiten Marschen hinter den Deichen, die einsamen Halligen im Watt – für mich entdeckt. Damals war ich gekommen, weil etwas Neues in meinem Leben beginnen mußte. War es auch jetzt wieder soweit?

Ich hatte mich für einige Tage in *Bordelum* am Fuße des Stollbergs (nördlich von Husum) einquartiert, von dem einige behaupten, daß er das alte Zentralheiligtum der Nordfriesen in sich berge. Es ist die höchste Erhebung der Gegend am Rande der Geest; nach Westen hin blickt das Auge in die Meeresferne, der Blick verliert sich in Richtung der untergehenden Sonne, ohne von irgend etwas dazwischen gehindert zu werden. Aber nicht um des Untergangs von Sonne und Sternen, sondern um deren Aufgang willen war ich hierher gekommen; zu innerer Klarheit wollte ich finden. An einem der Abende wanderte ich unter einem prachtvollen, mondlosen Sternenhimmel, der sich mit jener Klarheit vom Dunkel der Nacht abhob, die ich mir für mich selbst wünschte, zur *Bordelumer Heilquelle* am Westhang des Stollbergs, die in dem Ruf steht, heilig zu sein. Der schmale Pfad zum Quellwäldchen führt zwischen zwei Linden hindurch über ein Stück Weideland. Auf der benachbarten Koppel hörte ich den dumpfen Hufschlag zweier Pferde auf weichem Untergrund.

Ein Schimmel kam von der anderen Seite der Koppel zu mir gelaufen, und ich spürte große Neugier, aber auch so etwas wie Ehrfurcht bei ihnen. Woher die Ehrfurcht? Wie zwei alte Freunde, deren Freundschaft tief in alte Zeit hineinreicht, standen wir uns da gegenüber, das weiß schimmernde Pferd und ich. Ein Leuchten schien um mich herum und von mir auszugehen, es war ein Leuchten des Segens und der Gnade. Ich spürte, daß die Klarheit, um die ich mich bemühte, mich schon umgab und die fernen Sterne meinen weiteren Weg begleiteten. In tiefer Ruhe und glückseliger Dankbarkeit trat ich in den Quellhain ein.
Ein grünliches Licht, das nicht von Laternen und nicht von den Sternen her schien, schwebte zwischen den jungen Erlen und Birken, der Ort war durchwebt von Wesenheiten, die ich nicht kannte und nicht erkennen konnte. Aber ich spürte: Voller Leben und Geist, voller Seelen und Geister ist dieser Ort, ich wußte es fest und glaubte daran, und eines Tages, in diesem Leben oder in einem anderen, würde ich sie *sehen* können. Ich setzte mich auf eine Bank unter den Bäumen und versuchte, meine Gedanken zu ordnen. Wie hatte alles begonnen?
Wirklich begonnen, so glaube ich, hat alles in *Hude*. Das ist ein kleiner Ort im Oldenburgischen, zwischen Oldenburg und Bremen gelegen, früher ein Dorf, nun herangereift zu einer wohlhabenden Siedlung. Der Ort würde sich in nichts von anderen Orten in der Nähe von Großstädten unterscheiden, wären da nicht ein Haufen alter Ziegel und zerfallenes Mauerwerk zwischen hohen Bäumen und üppigen Sträuchern, die dem Ort sein hohes Ansehen verliehen haben: die Ruinen eines alten Zisterzienserklosters. Sie stehen so romantisch und schön in einem Gelände, dessen Bild von einem herrschaftlichen Gutshaus (dem alten Abtshaus), von einem Bach und einer Mühle, von der alten Torkapelle, alten Bäumen und schließlich einem wundersamen Park geprägt ist, daß sie zum

Wahrzeichen und Wappenbild des Ortes und zu einem beliebten Ausflugsziel geworden sind.
An einem sonnigen Tag im Juni hatte ich jedoch noch einen anderen Grund, hierher zu kommen. Ich besuchte Rudolf Prinz zur Lippe, Professor für Ästhetik und Philosophie an der Universität Oldenburg und Anwohner des schönen Klosterparks. Der Privatbesuch am Nachmittag galt der Vorbesprechung eines Seminars über Wahrnehmung, Kunst und Medien, zu dem ich praktische Beispiele aus der Welt der Medienkunst beisteuern wollte. Ich hatte mich in den Jahren zuvor intensiv mit diesem Zweig des modernen Kunstschaffens beschäftigt, doch schien mir immer, daß eine ernste schöpferische Tätigkeit diese Scheinwelt des Formenspiels überwinden müsse. Konnte eine Kunst Bestand in Geist und Herzen der Menschen haben, die den Dialog mit der Natur ganz aufgegeben hat oder diesen Dialog nur noch in Wechselprozessen suchte, die auf das Physikalische, auf das Technische reduziert waren? Aber nicht nur in der Medien-Kunst, auch in anderen Bereichen, ja auch in der ökologischen Bewegung selbst, so glaubte ich zu erkennen, wollte man die Natur am liebsten ohne die Natur der Natur haben, was soviel heißt wie: Man will Natur ohne Geist. Wo waren Glaube, Ehrfurcht und Liebe zur Erde und ihren Geschöpfen geblieben – als Lebenspraxis, nicht nur als Gedanke?
Jetzt, hier an der Quelle, fand ich Worte für diese Vorgänge in meinem Innern, doch waren es an jenem Tag in Hude wohl eher unbewußte Stimmungen, ein allgemeines Unbehagen und Suchen. Es veranlaßte mich aber dazu, dem Professor am Ende der Unterredung ohne Zusammenhang und Einleitung eine Frage zu stellen, die mir plötzlich in den Sinn gekommen war:
»Gibt es denn so etwas wie eine neuzeitliche Naturreligion?«
Rudolf zur Lippe stutzte nur für einen kleinen Moment. Seine Augen verrieten Aufmerksamkeit.

»Nicht, daß ich wüßte«, sagte er schließlich nachdenklich. Dann ging er auf eine bestimmte Stelle der endlos erscheinenden Reihe der Bücherregale zu und zog mit einem gezielten Griff, ohne jegliches Suchen, ein Buch heraus. »Von einem befreundeten Geomanten«, sagte er und gab mir das Buch zum Lesen mit nach Hause.

Zu Hause griff ich erst einmal zum Lexikon. Was bitteschön ist denn ein *Geomant*?

Geomantie: Aus Geo-Erde und Mantik-Weissagekunst: Weissagung mit Hilfe absichtslos in den Sand gezogener Figuren. Das Buch des slowenischen Bildhauers Marko Pogacnik aber trug den Titel *Die Erde heilen*. Was hatte das zu bedeuten?

Der Autor beschreibt in diesem Buch ausführlich die über drei Jahre gehende Heilungsarbeit im Schloßpark von Türnich bei Köln, die er auf den übersinnlichen Ebenen des Ortes, d.h. auf den der physikalischen Wirklichkeit übergeordneten und mit den gewöhnlichen fünf Sinnen nicht erfahrbaren Ebenen der Natur dort geleistet hat. Vom Geist des Ortes und göttlicher Weisheit, von den Wesenheiten der Natur und den Dimensionen des menschlichen Bewußtseins war in dem Buch die Rede. Ich verstand zunächst nichts davon. Aber etwas in mir hatte verstanden.

Nach zwei Wochen gab ich Rudolf zur Lippe das Buch kommentarlos zurück. Mit keinem Wort fragte er nach seiner Wirkung. Ich hätte auch nicht darüber sprechen mögen. Es gibt Momente im Leben, in denen Bücher zu unseren Freunden und Führern werden und die Qualität von Offenbarungen annehmen. Ganz gleich, um welches Buch es sich handelt, ist es dann das richtige Buch im rechten Moment. Dies war ein solcher Moment. Etwas Starkes, Tiefes, Unerschütterliches hatte mich in meiner Seele ergriffen.

Im September nahm ich mit meiner damaligen Lebensgefährtin Florida im Schloßpark von Türnich an einer Führung teil, die auf die unsichtbaren Dimensionen der Parklandschaft

einging. Bei der Bezahlung der geringen Teilnahmegebühr konnte man Namen und Adresse verzeichnen lassen, sofern man an weiteren Informationen über Erdheilung interessiert war. Als ich meinen Namen nannte, schaute die Dame auf, wiederholte ihn in der Erinnerung suchend und fragte: »Sind Sie nicht auch Teilnehmer unseres Seminars an diesem Wochenende?« – »Nein«, erwiderte ich, »ich hatte zwar einmal angerufen, aber Sie sagten mir ja, daß erst beim nächsten Termin in einem Dreivierteljahr wieder Plätze frei seien. Ich nehme nur heute an der öffentlichen Führung teil.«
Die Dame überlegte kurz.
»Wissen Sie«, sagte sie dann, »zwei der Teilnehmer sind bisher nicht erschienen. Zwar haben wir im Falle eines freiwerdenden Platzes Leute hier, die auf der Warteliste stehen und unbedingt teilnehmen wollen, aber der eine davon hat sich bisher noch nicht gemeldet. Wenn Sie wollen, sind *Sie* das eben.«
Ich ließ mich nicht zweimal bitten. Das Schicksal hatte seine Hand im Spiel: Ich sollte an einem Kurs im Wahrnehmen der verborgenen Kräfte der Erde teilnehmen.

Was an diesem Wochenende geschah, darüber habe ich bis heute noch kaum ein Wort verlieren können. Nicht einmal Florida konnte ich davon erzählen. Ich hatte erfahren, daß man mit der Erde sprechen kann. Ich hatte es wirklich erfahren.
Diese Erfahrung hatte Folgen. Die erste sollte ich schneller als erwartet zu spüren bekommen: Ich konnte von einem Tag auf den anderen kein Fleisch mehr essen. Am Tisch lieber Freunde, deren Gast ich in diesen Tagen war, wußte ich plötzlich, daß ich zum Vegetarier geworden war. Nur mit Schweiß auf der Stirn und Gebeten im Herzen gelang es mir, die Fleischbrocken hinunterzuschlucken, die zusammen mit dem Gemüse im Topf und auf meinem Teller schwammen.
Die anderen Folgen begannen sich erst allmählich zu entfalten.

Ich war bereit, mich mit ganzem Herzen und voller Kraft auf das Neue einzulassen. Ja, ich war bereit, alles aufzugeben, die Universität zu verlassen und dem Ruf in die Natur bedingungslos zu folgen, wenn es sein mußte, bis in die wildeste Wildnis hinein. Ich hatte die Erde zu mir sprechen hören, nun wollte ich gehorchen und ihr ganz gehören. Aber wie? Was konnte ich tun, wohin gehen?

Ich stand von der Bank unter den Bäumen auf und ging die letzten Schritte zur Quelle. Ich trat ganz nahe an den Quellgrund, der in einen Steinring gefaßt worden war, und lauschte. Ich ließ mich im Inneren nach unten gleiten, ich ließ mich fallen. Ich suchte Rat und stellte Fragen. Die Quelle antwortete mir – in mir und mit meiner eigenen Stimme, als käme sie aus der Tiefe. Sprach die Quelle zu mir? Oder war es ein Naturwesen, das hier sprach? War es die Erde selbst?
Die Quelle sprach:
»Du suchst mich. Du willst wissen, ob dies eine Entdeckung ist: daß es mich gibt, daß ich Macht habe. Du meinst, man solle mir zu alter Reinheit und Kraft verhelfen. Die Zeit ist noch nicht reif dafür. Es ist viel geschehen im Lauf der Zeiten; du siehst, daß dies keine Zeit für Heiligtümer der Natur ist. Wiesen, achtlos angelagert, umgeben mich zum Nutzen der Menschen. Geschändet sind das Land, der Berg und die Quelle. Doch Quelle, Berg und Land werden überdauern. Du versenkst dich mit deinem Bewußtsein in mich, in die Tiefe. Bist du denn sicher, ob du meiner Unterwelt gewachsen bist? Weißt du, ob die Welt im Berg eine gute ist? Hast du nie von Dämonen gehört? Nein, du bist noch nicht reif für die Welten, in die du eindringen willst. Du weißt nichts von uns. Warte. Eindringen ohne Schulung ist nicht möglich. Du brauchst Lehrer.
Du fragst, ob du Oldenburg, dein Studium, deine Habe und Bleibe verlassen sollst? Antworten auf diese Art Soll-Fragen

gebe ich nicht. Ich kann dir nicht helfen! Du mußt *selbst* entscheiden. Du *sollst* selbst entscheiden. Und du mußt bewußt entscheiden: Das ist Sinn und Aufgabe der Situation, in der du dich befindest.«
Blasen stiegen aus der Tiefe der Quelle herauf. Später sah ich in der Quelle kurz ein Licht auffunkeln, und ich sah Lichtwesen über und über im Quellenhain und fragte mich, ob es nicht Einbildung oder ein Lichtreflex war. Ich versuchte nicht wieder, mit meinem Bewußtsein in die Tiefe einzudringen.
Die Quelle:
»Es geht um das Finden deiner Haltung. Du vernachlässigst diesen Aspekt deines Lebens. Haltung ist nicht Form: Die Form selbst resultiert aus der Haltung. Die größte Aufgabe ist, *Liebe zu lernen*. Die Liebe findest du nicht irgendwo außen, bei anderen, im Weggehen oder in feinen Gegenden: Die Liebe findest du in dir selbst oder nirgendwo. Die Liebe gibt es nur im wahren Kern deiner selbst. Sie wird nicht vergeben, gefunden, entwunden, entgegengenommen. Die Liebe strömt aus dem wahren Kern deines Wesens. Ist keine Liebe da, stockt etwas in dir: Der Fluß versiegt.
Liebe entsteht nicht durch Hineingreifen und Hervorzerren: Liebe entsteht durch das Ausüben von Liebe, durch das Praktizieren. Liebe entsteht durch Liebe.
Zum wahren Kern deiner selbst gelangst du nicht durch Nachdenken (wie du es seit mehr als einem Jahrzehnt versuchst). Zum wahren Kern deines Selbst gelangst du ausschließlich durch *Meditation*, durch geistige Übung.«
Aus der Tiefe stiegen mehrere Blasen empor.
»In die Elementarwelt kannst du nicht allein gehen. Du bist nicht vorbereitet. Suche Lehrer – in der Natur, unter den Menschen.
Der innere Weg muß nicht durch einen äußeren Schritt erkennbar sein – er muß gegangen werden! Der äußere Schritt ist nur eine Folge des inneren Wegs. Ein verfrühter äußerer

Schritt ist imposant, aber nutzlos. Wozu die Dinge aufgeben, wenn du innerlich noch an ihnen hängst? Willst du dir wehtun? Wozu? Dein inneres Wesen ist rein und gut. Dein Karma jedoch gibt dir in diesem Leben auf, dich von gewissen Vorstellungen und Verflechtungen freizumachen. Dein Karma soll in diesem Leben gereinigt werden, damit es leuchten kann im nächsten.
Ja, du darfst wiederkommen zu mir. Wann immer du willst.«
Ich spürte eine starke Schwingung an der Quelle und tanzte eine Weile mit dieser Energieströmung mit. Bevor ich ging, verlieh mir die Quelle die Gabe des Schweigens.
Ich ahnte, worum es ging, aber es fiel mir schwer, dies zu akzeptieren: *Nicht fliehen* sollte ich, nicht in die große, weite Welt hineinwandern und mich an jeder Bergflanke der Natur an den Busen werfen! Diese Zeiten sind vorbei. Verändert sich ein Reisender denn wirklich, wenn er das Ende der Welt, den Ursprung in der Natur sucht? Oder schleppt er nicht vielmehr den Ballast seiner Kultur, der ihm auf den Schultern ruht, und den Staub seiner Psyche, der ihm an den Sohlen haftet, noch bis in den letzten Winkel mit? Nein, es ging um etwas anderes: Lernen sollte ich, aber *hier* und *jetzt*, in *dieser* Kultur, deren Technik dem Leben zum Feind geworden ist.
Es war klar, daß ich nach Oldenburg, an die Universität, an meinen Schreibtisch zurückkehren mußte. Und nun endlich begriff ich, daß sich auch dort, vielleicht *gerade* dort ein Weg auftat: Am Ende des Seminars in Türnich hatte ich noch erfahren, daß für den Mai des nächsten Jahres ein Erdheilungsprojekt im Klosterpark von Hude geplant war. Rudolf zur Lippe hatte den Erdheiler dazu eingeladen. Hude – das war ja praktisch vor der Haustüre. Das gab mir Gelegenheit, mich an diesem Ort vorher im Wahrnehmen zu üben und hinterher vergleichen zu können. Das war von Schicksalshand gefügt. Und wen die einmal anrührt, den führt sie bis ans Ziel.

2

Ein Wald voller Zeichen

8. Oktober 1993

Es war, als hätte mich das Kloster gerufen. Ich nahm den nächsten Zug nach Hude und suchte den Ort auf, der mir so vertraut war und mir doch eine unerschöpfliche Fülle von Rätseln aufgab. Still und gütig, als wüßten sie von den Dingen jenseits der Zeit, ragten die Ruinen – Pfeiler und Bögen aus roten Ziegelsteinen – aus dem grünen Hügelgrund hervor. Doch heute wollten sie nicht zu mir sprechen.

Also lief ich am Bach entlang aus Hude hinaus. Farbenfrohe Laubbäume und würdevolle Eichen säumten den Weg. Dann folgte ich jener Straße, die auf die Autobahn zuläuft. Es war schon nicht mehr ganz hell, und der graue Abendhimmel schickte sich an, seine Wasserlast über das Land zu schütten. Ich hatte das Ortsschild noch nicht hinter mir gelassen, da nahm ich von fern auf der rechten Straßenseite – ich ging auf dem Fußweg zur linken Seite – die Gestalt eines aus dem Wald heraustretenden Baumes wahr. So sehr war der Stamm *Gestalt*, daß ich im Herankommen zur festen Überzeugung gelangte, es müsse sich um die Skulptur eines Künstlers handeln. Auf diesen Gedanken kam ich in der Erwartung, die »Skulpturenwiese« am Bach kennenzulernen, zu der ich auf diesem Weg gelangen wollte. Ich mußte bis an den merkwürdigen Stamm herangehen, schließlich an ihm vorübergehen und ihn umrunden, um mich davon zu überzeugen, daß es sich tatsächlich um eine lebende Buche handelte und nicht etwa um geschnitztes Holz!

Der Waldsaum reicht hier dicht an die Straße heran. Wo die

Teerdecke abschließt, erhebt sich sogleich ein etwa hüfthoher Graswall; auf dem Wall ist ein niedriger Stacheldraht von Pfosten zu Pfosten gespannt und läuft dicht hinter der Buche vorbei. Auf der ganzen Länge des Waldsaums konnte ich keinen einzigen Baum auf dieser Seite des Walls erkennen, der sich wie diese Buche vor den Zaun gewagt hätte. Die Buche steht derart bedrängt von der Staße auf der einen und dem Zaun auf der anderen Seite, daß ich bald zu dem Schluß kam, sie habe eine besondere Funktion inne: Sie sei der äußerste Wachtposten des Waldes. Die Autos und Lastwagen aber rauschen dicht an ihr vorbei. Kratzer waren keine an ihr zu erkennen, wohl aber die runden, wülstigen Male weggestümmelter Äste. Allein zwei Äste, eigentlich zwei Stämme, die aber so dünn wie starke Äste sind, sind ihr geblieben. Diese ragen ohne jede weitere Verzweigung in die Krone einer Eiche hinein, die wie ein schützender oder auch wie ein seinerseits beschützter Gefährte dicht bei der Buche steht. Die Buche ist klein, viel kleiner als die Eiche. Deutlich sieht man, daß sie einst zweistämmig war: Die zwei Stämme entwickeln sich aus dem Wurzelstock, wachsen aber nach etwa einem Meter wieder zusammen. Erst nach dieser Verknorpelung zu einem gemeinsamen Leib teilen sie sich erneut und schießen wie dünne Arme in die Höhe – so, als seien sie zur Abwehr erhoben oder als hielten sie sich in der Eichenkrone fest. Die untere Teilung in zwei Stämme ließ einen schmalen Spalt entstehen, so daß sie wie zwei Beine eines Menschen wirken. Der Körper aber weist zahlreiche Falten und Astwunden auf, was ihm von weitem ein zerfurchtes, charaktervolles Gesicht verleiht: Ein dürrer Alter steht mit erhobenen Händen in vorderster Front, hin zur Straße, steht als einzelner Wächter, steht schützend vor seinen Brüdern im Wald – so war schon mein erster Eindruck im Näherkommen. Diese Interpretation gefiel mir auch später noch am besten.

Welche Eingebung hatte ihn vor den Motorsägen der Straßen-

meister beschützt? Denn eindeutig steht er diesseits des Erdwalls, der wie ein »Sicherheitsstreifen« wirkt. Wurde er stehengelassen, damit seine viel niedrigere Krone, die unter der hohen Krone der nahen Eiche Licht finden muß und sie mit ihren Zweigen durchkämmt, die Eiche daran hindert, in den Lichtraum der Straße hineinzuwachsen? Beschützt die Eiche die zweiarmige dürre Buche, damit der *Dürre Alte* die Eiche und das ganze Wäldchen hinter der Straße beschützt?
Nach dem *Wächter des Waldes* aber entdeckte ich an jenem Abend – es regnete für eine Viertelstunde und wurde darüber recht dunkel – noch eine andere Baumpersönlichkeit. Sie steht unweit jener Wiese, die die Gemeinde einem ortsansässigen Künstler für die Aufstellung allerlei skurriler Skulpturen zur Verfügung gestellt hat. Das ist, so denke ich mir später, vielleicht kein Zufall: Hat der feinfühlige Künstler, bewußt oder unbewußt, diesen Zoo der plastischen Formen zwischen Bach und Bauernhof nahe einer Stelle angelegt, die auf ihre – mir zwar unbekannte – Weise irgendwie *gesegnet* ist? Mein Baum jedenfalls ist eine im Stammumfang gewaltige Buche von stattlicher Größe, die aber alles andere als gerade emporstrebend gewachsen ist. Sie steht dort, wo der Wanderweg ein weiteres Mal den Bach überquert; eine Holzbrücke führt, noch im Schutz des Waldes, hinaus auf eine freie Wiese. Da der Weg hier genauso wie der Bach rechtwinklig abknickt, trifft es sich, daß die Brücke geradewegs auf diese Buche ausgerichtet ist.
Ich kannte die Stelle von früheren Wanderungen her, so daß es mir für dieses Mal nichts ausmachte, nicht einfach nur in dieser grünen, nun gelb-roten Komposition von Bach, Wald und Licht zu baden. Allein der Klang des Baches hüllte mich in der grauen Abendstunde ein, gegrüßt und entgrenzt von den Motorengeräuschen von der Straße und aus der Luft.
Die Buche also steht nicht einfach nur so im Boden; sie erhebt sich von einem Erdhügel, dessen Größe durchaus auf das

Format eines Grabes schließen lassen könnte. (Ob es sich hier tatsächlich um ein Hügelgrab handelt, habe ich nie herausbekommen.) Es fiel mir auf, mit welch gewagter Windung sich die Buche zunächst zur Seite neigt und sich dann wieder aufrichtet – bei ihrer Größe eine wahre Kraftübung! Ja, es hat den Anschein, der Hügel versuche, die Buche abzuwerfen wie ein bockendes Pferd den Reiter. Aber es war wohl nicht einfach irgendein lästiger Baum, der da vor mir stand: Es ist immerhin der größte am Platze. Ich ging um sein gewaltiges Wurzelwerk herum, unter dem Löcher und Eingänge in Unterwelten reichlich vorhanden sind. Auch bilden die Wurzeln zuweilen Schlingen und Wülste, Becken und Augen aus – ein wahres Schlingspiel beinahe erotischer Formen zeichnete sich unter meiner berührenden, nachfahrenden Hand ab.

Als ich der großartigen Windung des Stamms mit den Augen bis in die gewaltige, überhängende Krone folgte, sah ich nicht nur, daß die Buche dorthin wuchs, wo sie Weg, Bach, Bank und Brücke gleichermaßen überdeckt und behütet, sondern daß sie regelrecht den Raum über dem Erdhügel flieht! Ja mehr noch: Von einem zweiten mächtigen Stamm, der demselben riesigen Wurzelwerk, demselben Samen entsprang, steht nur noch ein verkümmerter Stumpf. Eine Hälfte der Buche ist einem Sturm zum Opfer gefallen, just jene Hälfte, die wohl über dem Erdhügel thronte und dort ihre Krone hatte. Hängt das mit der Windrichtung zusammen? Oder neigte sich erst durch den Sturz ihrer Schwester die andere Buche so stark zur Seite – eine Bewegung, die sie dann wieder auffangen mußte?

Die gestürzte Hälfte, deren Überreste längst nirgends mehr aufzufinden sind, läßt eine riesige klaffende Lücke frei, eine Lichtung über dem Erdhügel und noch jenseits davon. Ich stieg auf den Hügel: Niedriges Kraut und Gestrüpp bewächst ihn, mehr nicht. Ich spürte eine Kraft im Kopf, ein Anflug von Schwindel befiel mich. Ich verließ den Hügel und suchte die Lichtung dahinter auf. Die einzigen Bäume, die sich hier hineinwagten, sind verkümmert, sie tragen keine Blätter. Das andere Ende der Lichtung ist von Lärchen und Kiefern umsäumt.

Was stellte dies alles dar? – Ein Erdhügel, auf dem mir schwindlig wird; eine Buche, die über ihm zusammengestürzt ist und deren Schwester sich mit gewaltigem Bogen von ihm wegdreht; eine Lichtung, in der nichts gedeiht, in der nur Gestrüpp und tote Bäume übrigbleiben. Ich kam zu dem Schluß, daß es sich um einen Ort starker kosmischer Einstrahlung handeln muß. Als ich auf dem Hügel stand, hatte ich mich an eine Übung von Marko Pogacnik erinnert, die geeignet ist, die Energien eines Ortes genauer zu differenzieren. [1*] Der ganze Leib ist die Antenne, ist »Meßinstrument« und Wahrnehmungsorgan. Um sich den subtilen Schwingungen zu öffnen, empfiehlt er, in die Knie zu gehen, die Knie »weich« zu machen und damit die Körperhaltung (bei geradem Rücken) zu entspannen. Die Kraftströme der Erde können dann frei fließen; ich hatte bemerkt, daß sie über die Beine in den Körper strömen und ihn zum Pendeln bringen können. Hier aber zog es meine Beine wie Magneten zueinander, was ich bei mir als Zeichen yang-gerichteter Kräfte zu interpretieren gelernt hatte, und statt eines wohltuenden Stroms aus der Erde empfing ich einen kalten Guß aus dem All.

Ich grüßte die unter der Erde Befindlichen, seien es Tote oder Zwerge, und wanderte weiter, innerlich erfüllt von all den Rätseln und auch von dem glücklichen Gefühl, der Natur wieder ein Stück näher gekommen, mit ihr vertrauter geworden zu sein.

---

* Die hochgestellten Ziffern beziehen sich auf die Anmerkungen, die ab Seite 345 kapitelweise zusammengefaßt sind.

29. Oktober 1993

Ich suchte nach dem *Hasbruch.* Ganz und gar unzufrieden war ich in meinem Inneren; das Leben und Lernen an der Universität wollte mich nicht erfüllen, es bereitete mir Zweifel und Zerrissenheit. Meine Gedanken hingen an der Idee der »Schwarzen Göttin«, des spirituellen Prinzips der Wandlung, wie ich es bei Marko Pogacnik kennengelernt hatte. [2] Ich fühlte eine starke Kraft, die in mein Leben eingriff und mich zu Neuem führen wollte, wobei Altes aufgegeben werden sollte und mußte. Ich ahnte, daß dieses Neue jedoch nicht bedeutet, im äußeren Leben dramatische Veränderungen zu inszenieren. Aber wo sollte ich ansetzen?

Ich hatte keine Antworten, ich hatte nur das Bedürfnis, unter Bäumen zu sein, unter sehr alten Bäumen, deren Ausstrahlung von Weisheit mir vielleicht gut tun würde. Ich hatte oft vom Hasbruch reden hören. Der Hasbruch ist ein Waldgebiet westlich von Bremen, in dessen Kern noch ein Rest urtümlichen Urwalds – einer von nur noch sechs Urwäldern dieser Art in Mitteleuropa – steht. Es ist ein Eichen-Hainbuchen-Mischwald, in dem zum Teil über tausendjährige Eichen wohnen. Da die alten und zu Fall gekommenen Baumriesen nicht beseitigt werden und am Boden liegenbleiben dürfen, schließt sich hier der Kreislauf der Natur, und der Weg der Wandlung wird vollendet.

Mit der Eisenbahn ging es nach Hude, dort wählte ich die Straße, die mich nach kurzem Fußmarsch zu dem nun schon vertrauten Wächter des Waldes führte. In der vom herbstlichen Hochnebel getrübten Mittagssonne sah er – noch viel deutlicher als damals in der Abenddämmerung – aus wie ein die Arme hochreißender Greis oder sogar wie ein gehängter Märtyrer. Doch wie der Greis dabei tanzt und schmunzelt! Ich ging um ihn herum, um sein Gesicht von der anderen Seite zu prüfen, doch trägt er, wie die Menschen auch, sein

Gesicht nur auf einer Seite. Ich trat an ihn heran, berührte ihn und fragte ihn, innerlich mit dem Baum ein Gespräch führend, nach seinem Wesen. Nun, das sähe ich doch! sagte er, und in der Tat: Ich sah, daß er alt ist und weise und doch ein Tänzer und der Wächter des Waldes. Wunderbarer Baum, meine Liebe für dich!

Ich versuchte, fühlend tiefer in ihn einzudringen. Wohl nahm ich die Hände zur Hilfe, um meine Aufmerksamkeit in den Handflächen zu konzentrieren, dem Baum durch sie Gedanken zu übermitteln und Gedankenschwingungen von ihm zu empfangen. In den Handflächen konnten sie in Berührung kommen mit den Lebensströmen des Baumes, die ja in seiner Außenhaut, unter der Rinde, konzentriert sind. Wohl dachte ich daran, statt mit dem Kopf mit Bauch und Unterleib wahrzunehmen, wie ich es gelernt hatte – denn dort ist im Menschen das Fühlen angesiedelt –, aber es gelang mir nicht, weitere Antworten von ihm zu empfangen. Schließlich beruhigte der Alte mich: Er werde mich schon noch in Geheimnisse einweihen, wenn ich unbedingt welche erfahren wolle, doch dies zu gegebener Zeit! Bäume haben eben sehr viel Zeit ...

In der Tat versuchte ich stets, schnell und heftig in die Seele der mir begegnenden Bäume einzudringen, doch was ich zu sehen begehrte, sah ich nie. Ungeduldig und beinahe herrisch war mein Verhalten. Und doch: Hatte der Wächter des Waldes nicht zu mir gesprochen?

Ich bog von der Straße ab, um zu der gewundenen Buche an der Brücke zu gelangen, doch führte mich der Weg unerwartet zu einem weiteren, weitaus gewaltigeren Baumheiligtum! Zuerst sah ich nur den Rachen eines riesigen Krokodils im hellgelben Laub einer Lichtung: Hier hat ein baumsinniger Mensch eine umgestürzte, doppelstämmige Buche so bearbeitet, daß ihre beiden flachliegenden Stämme ein riesenlanges Krokodilmaul mit Zähnen bilden. Ein angedeutetes Auge am

Wurzelstumpf tut sein Übriges. Dieser gestürzte Doppelstamm ist Teil eines riesigen, mehrstämmigen Buchenheiligtums von gewaltigem Basisumfang, dessen Rest noch unversehrt steht. Ein niedriger Zaun aus frischen Planken ist gesetzt worden, um Besucher an den gebotenen Respekt zu erinnern. Schon beim ersten Herantreten an die Buche hatte ich in etwa drei Meter Höhe ihr Faunengesicht bemerkt; außerdem hält sie auf derselben Seite zwei ihrer weit ausladenden Hauptäste übereinander. In einem Astkreuz waren sie zusammengewachsen, was ich als Zeichen der Anwesenheit besonderer Naturkräfte las. Das aus mehreren Furchen, Astlöchern und Wülsten geformte Faunengesicht war so offensichtlich das Gesicht des Baumes, daß ich mich nach einer Umrundung der Buche auf den Krokodilskopf stellte und mich in dieses Gesicht vertiefte. Ich wollte lediglich den Faun – das Elementarwesen des Baumes, die Gestalt seiner Seele – sehen, mehr nicht. Wirklich: Ich sah ihn in diesem Gesicht, und zwar deutlicher als beim ersten Näherkommen noch durch eine leichte Unscharfstellung der Augen; der Faun trug eine eigenartig langgezogene Krone oder Mütze, und seine beim ersten Anblick häßliche, gebogene Nase wurde weicher und fügte sich mit den Augen zu harmonisch fließenden Zügen. Ich sah dies alles ganz real – es war keine innere Erscheinung. Später im Gehen stimmte mich dies nachdenklich und ließ mich an meiner Baum-Magie zweifeln. Ich bin offensichtlich nicht hellsichtig; sitze ich etwa Einbildungen und Wunschbildern auf, sehe ich mir die Welt willkürlich »zurecht«? Später an diesem Tag kam mir an einer gewaltigen, vielarmigen Hainbuche (die im Hasbruch neben der *Amalieneiche*, der bis zu ihrem Sturz 1982 größten deutschen Eiche, steht) der Gedanke: Jeder muß sich erst seine *eigene* Sprache entwickeln, in der er die Erscheinungen zu deuten weiß. Es gibt keine allgemeingültige Sprache; die Welt der Empfindungen vermag sich nur in den Symbolen auszudrücken, die der Verstand ih-

nen zugesteht. So drücken sich die reichen Eingebungen und Erfindungen der rechten Gehirnhälfte über die Formen aus, in die die linke das empfangene Material gießt. *Schöpfung* ist also nur möglich durch die Vermittlung der kreativen Urkraft durch eine zugleich im Kosmos wirkende Ordnung. Bedeutet dies, daß sich mir, wenn ich keine grünen Männchen vor den Bäumen hockend zu sehen vermag, die Wesen eben durch die Gestalt ihres Äußeren zeigen, sobald man den Blick »weich« werden, ihn in eine ferne Leere gleiten läßt?
Das Begrüßen des Fauns der heiligen Buche war wohl das beglückendste Erlebnis an diesem Tag. Die Buche weist zahlreiche Einkerbungen auf, die die Namen derer sprechen, die sich zu ihr hingezogen fühlen.
Ich ging weiter und kam an der gewundenen Buche an. Ich stellte mich an den Ort mit der starken Strahlung, die einem den Kopf schwindlig werden läßt, erspürte die Kraft dieses Ortes und empfand sie als negativ, ja verdreht. Dies ist auch an den Bäumen, an dem wüsten Zustand dieses Ortes zu sehen.

Im Hasbruch angekommen, legte ich mich nach Minuten rastlosen Durchhastens des Waldes einfach ins Laub. Wozu hat mich Gott geschaffen? Was war mein Weg? Ich fand keine Antworten auf diese Fragen, als ich all die Baumpersönlichkeiten dieses Waldes nacheinander kennenlernte: Die *Alte Eiche*, die *Dicke Eiche*, die *Amalieneiche*, die *Friederikeneiche* und andere, lange nicht alle. Und die tausend Namenlosen in diesem Wald? An der Alten Eiche, die am Boden liegt und fast verwest ist, steht eine junge, schlangenartig sich über den alten Stamm-Platz hinüberbeugende Buche, die ich, mich eines ähnlichen Baumes in Nordfriesland erinnernd, als einen *Thronsitz* eines unsichtbaren Waldwesens interpretierte. Ich stieg hinauf und nahm neben dem Thron Platz. Wo einst die Eiche im Boden gefußt haben muß, ist der Platz freigehalten

worden; verständige Menschen haben mit dürren geraden Ästchen einen kleinen Zaun gesteckt.
Im Weitergehen entdeckte sich mir eine wunderbare, gelbleuchtend im Herbstkleid stehende Buche. Eine kleine Fahrstraße führt hier zu einer Jagdhütte und quert über eine Holzbrücke einen Bach. Der Bach macht an dieser Stelle eine Biegung, als sei er der Wassergraben einer Burg und die Brücke der schwindelnde Zugang, auf deren anderer Seite sich der Burghof befindet. Der Bach weist also durch seine Biegung einen in seine Schleife eingebetteten Platz aus: Dieser Platz wird von der schwarzstämmigen, riesenhohen, zugleich schlanken Buche mit einem einzigen, bogenförmig aus dem Stamm herausgeschwungenen Ast überdacht. Vergeblich suchte ich nach einem Astkreuz oder einer Abstützung der Last; jedoch wies der Astbogen an einer Stelle am äußeren Bogenteil eine kurze, in ein schwulstiges Knäuel endende Figur auf, die wie die Gallionsfigur eines Schiffes oder mehr noch wie das »Brummimännchen« an manchen Lastwagen wirkte. War das ein Zeichen? Was überwölbt dieser Ast? Einen alten, heiligen Platz? Ich versuchte, in der Buche ein Gesicht zu erkennen. Diese Buche hatte jedoch keine Wülste oder Astlöcher, der Stamm war aufschießend, schwarz, verschlossen, gebieterisch. Schließlich schien es mir, als ob ich in zwei auf der Seite des Bogens dick aus der Erde hervortretenden Wurzeln Füße sähe, die in Pantoffeln steckten, sowie in dem großen bogenförmigen Ast zusammen mit einem zweiten, weniger imposanten Ast die ausgestreckten Arme eines Wesens – der Kopf darüber, hoch erhoben über dem Boden und den Menschen. Es waren vermenschlichte Züge, gewiß, die ich da sah, aber sind nicht die Bäume die Brüder der Menschen? Wölben sich diese Arme über eine Leylinie, über einen Kanal ätherischer Lebenskraft, der sich durch die Landschaft zieht?
Mehr konnte ich an diesem Tag im Hasbruch nicht erfahren: Meine Wahrnehmung blieb gebunden an die inneren Aufga-

ben – an das innere *Aufgeben* – im Neubeginn, der sich mir stellte. Ich begann zu ahnen, daß mir die Begegnung mit der wahren Natur der Natur eine Quelle der Kraft sein konnte, daß schöpferische Imagination und eine vertiefte Naturwahrnehmung dabei waren, mir in einer segensbringenden Verbindung den Weg der Entwicklung zu weisen.

30. Oktober 1993

Am Abend ging ein blasser, aber voller Mond hinter dem matten Schleier des Hochnebels über der oktoberkalten Landschaft der Wildeshauser Geest auf. Es ist ein Segen für mich, daß ich mein Interesse für Bäume und alte Steine mit Florida teilen kann, ja daß sie mich soweit in meinen innersten Empfindungen versteht, daß sie in meinen seelisch-geistigen Weg, der mit der Suche nach der Seele in der Landschaft verbunden ist, durch ihre unbegrenzte Liebe und mit sanften Ermahnungen lenkend eingreifen kann. Es ist, als bestehe eine Abmachung zwischen uns: Sie führt mich zum Geist, und ich sie hin zur Natur ...

Wir hatten an diesem Abend einen Wagen zur Verfügung, und so war es uns möglich, zwei besonders eindrucksvolle Großsteingräber aus der Jungsteinzeit aufzusuchen, die *Kleinenknetener Steine*. Ein großer Hain, der inmitten einer sanft gewellten Landschaft von Heide und Feldern, von Wäldern und Weiden liegt, umgibt schützend die Grabanlagen und vermittelt eine zeitlose, fast entrückte Stimmung. Achtzig und fünfzig Meter sind die beiden großen Steingräber lang, ein drittes, kleineres, liegt etwas abseits zwischen den jungen Bäumen. Das mittlere Grab liegt da wie eine Barke aus Stein, die einst durch eine Erde fuhr, deren Kruste noch fließend war. Die Anordnung von drei Grabkammern läßt sich noch erkennen. Das große Grab stellt sich dem heutigen Besucher

weder in seiner ursprünglichen Form dar noch in der, in der es ausgegraben wurde, sondern es wurde in eigentümlicher Weise wiederhergestellt und wirkt eher wie ein Bunker denn ein Heiligtum. Das nimmt nicht wunder, wenn man bedenkt, daß es in seinen jetzigen Zustand während des Dritten Reiches versetzt wurde, was natürlich Verdacht schöpfen läßt in bezug auf sein jetziges Aussehen. Oder hat man, im Gegenteil, die Imposanz und gebieterische Geste der Anlage damals sehr trefflich erfaßt und wiedergegeben, wenn auch mit eigenen, vielleicht nicht allzu wissenschaftlichen Mitteln?
Florida fühlte sich in vielem an einen gemeinsamen Besuch der Bordelumer Heilquelle (Nordfriesland) erinnert – relativ junge Bäume bilden dort wie hier den schützenden Hain, und als wir ankamen, waren, wie damals in Bordelum, kleine Kinder mit ihren Eltern zugegen.
Florida erfühlte diese Stimmung der Jugend und frischen Leichtigkeit mit intuitiver Sicherheit; mir war sie zunächst entgangen. Vor allem aber übertrug sich die Stimmung auf uns selbst. Scherzend hüpften wir auf dem Hünenbett herum, als sei dies das Natürlichste der Welt. Woher kam diese aus urkindlichen Tiefen hervortreibende Kraft, diese kindliche Unbekümmertheit, die uns auf diesem erdenschweren Steingrab überkam? Zwanglos und frei sandten wir unseren Gesang zum Mond am Himmel. Auch die Kinder, die mit hereinbrechender Dunkelheit verschwunden waren, hatten sehr ausgelassen gespielt.
War dies eine psychische Reaktion auf die vermeintliche Unheimlichkeit des Ortes? Ich glaube, dies wäre nicht die richtige Erklärung, wenn auch eine gefällige und naheliegende. Ich glaube, wenn auch die ausgelassene Stimmung selbst durchaus nicht im Ort angelegt war – das Gegenteil ist ja der Fall, der Ort ist schwer und ernst und gebietet Achtung vor der Kultur vergangener (und in gewisser Weise auch kommender) Zeiten – so offenbarte sich gerade die Schwermut

des Ortes in dem Impuls, wie Kinder zu *werden*, sich dem Nächsten zuzuwenden, zu tanzen und zu singen, sich frei zu machen von den starren Formen unserer Kultur – zu beten und zu tanzen angesichts der Düsternis, die sich über dieses Land und die ganze Zivilisation ringsherum gelegt hat.
Die Botschaft des *Genius loci*, des Bewußtseins des Ortes, an Florida und mich aber war die der *Apokalypse*: Der Ort legte die Ahnung vom Vergehen unserer Kultur, vom Brennen des Landes ebenso in uns hinein wie die der *unerträglichen Leichtigkeit* und die der möglichen »Rettung« der Menschen an Plätzen wie diesen. Im Angesicht des »Untergangs«, der eigentlich ein Wandel ist, ist die Fröhlichkeit des Herzens und die Heiterkeit des Geistes zu bewahren, möge geschehen, was geschehen soll. Die Botschaft an die Menschen ist klar: Haltet Euch an die Weisheit und Beständigkeit des Ewigen, und Ihr sollt *leben*!
Die Grabanlagen in Kleinenkneten sind alt – 4 000 bis 5 000 Jahre –, ihre Weisheit ist groß, und groß ist ihre Beständigkeit. Liegt in Botschaften dieser Art der verborgene Sinn, daß mich in letzter Zeit jene Plätze, sei es in Bayern, in der Schweiz, in Nordfriesland oder hier, so stark anziehen und in Atem halten? *Ich danke diesen Orten.*

31. Oktober 1993

Zusammen mit Florida besuchte ich erneut den Hasbruch. Wir gingen vom Parkplatz an der Autobahnauffahrt los und strebten schnell der Jagdhütte zu: Ich wollte zu dem ganz in großartiges, märchenhaftes Orange gehüllten Platz mit der Buche, dies war mein Ziel. Im Ankommen fiel mir auf, daß hinter der hoch und doch nach vorne geneigt aufschießenden *Schwarzen Buche* mit ihrem schwarzen Stamm drei Buchen in einer Reihe stehen und dabei die Begrenzung einer Lichtung ausmachen, die hinter dem schön geschützten Platz liegt und etwa dreißig Meter im Durchmesser mißt. Hier wachsen keinerlei hohe Bäume, aber die Lichtung ist ganz und gar mit Stechpalmen (Ilex) zugewachsen, die ein dichtes Gestrüpp bilden. Vom Ilexbaum hatte ich gelernt, daß er ein Indiz für das Vorhandensein von kosmischer Strahlung ist. Ich wandte die Methode mit den weichen Knien an, kam aber zu keinem Ergebnis. Zur Buche zurückkehrend, untersuchte ich erneut den wunderbaren Platz. Dann versuchte ich es ein zweites Mal und drang durch die stachligen Ilexblätter tief in das Dickicht ein.

Einige Vögel hoben plötzlich zu einem großen Geschrei an und waren genauso plötzlich wieder still. Ich ließ mir nun Zeit und machte die Knie weich. Es wollte sich jedoch keine eindeutige Drehrichtung einstellen; eine Bewegung gegen den Uhrzeigersinn deutete sich an, doch wurde sie nicht zum Kreisen; darauf erfolgte eine zweite Drehung im Uhrzeigersinn, dann diagonal. »Du mußt deine *Vorstellungen* loswerden, die das Ergebnis herbeizwingen und in eine bestimmte Form pressen wollen«, sagte ich mir. Ich breitete die Hände aus, um über die Sensitivität der Handflächen die Strahlung des Ortes aufzunehmen, hielt sie nach unten, ließ sie noch lockerer werden. Dann durchfuhr es mich: Kosmisch, also von *oben*! – Irgend etwas schien aber auch von *unten* zu kommen. Sich einfach dem Energiemuster des Ortes überlassen, das ist alles, versuchte ich zu denken. Vielleicht ist die Schwingung überhaupt nicht zyklisch und gleichförmig? Dann *kann* sie nicht eine Kreisbewegung im Körper hervorrufen, wie ich es erwartete! Vielleicht sind meine Knie aber auch zu langsam? Tatsächlich kam ich im Laufe dieser Gedanken zu dem Schluß, daß mit meinen Wahrnehmungen hier und bei früheren Übungen am ehesten der folgende Befund übereinstimmt: Die kosmischen Schwingungen, übersetzt in die Bewegung des Körpers, drücken sich durch irreguläre (oder als irregulär empfundene), *chaotische* Bewegungen aus, sie *ändern* ständig ihr Muster. Als ich mich auf diesen Befund einstellte, dauerte es nicht lange, und ich fühlte, wie Wellen in meinen Beinen aufstiegen und meine Beine im Gleichklang mit diesen Wellen schwangen. Und dann bewegte sich mein ganzer Körper in einem verzückten, gleichwohl sanften, keineswegs ekstatischen »Tanz« (ich stand nach wie vor auf derselben Stelle)! Ich hatte die Augen geschlossen. Hatte ich nicht auch einen Lichtertanz gesehen? Schauer von Glücksgefühl regneten auf mich herab: Dies war mein zweites unmittelbares Erleben des Kosmischen Tanzes – ein Jahr und drei Monate, nachdem ich, vorbereitet durch die Stille und Weite der nordfriesischen Halligwelt, in der ich den Sommer verbrachte, in einer nächtlichen Offenbarung zum ersten Mal in den großen, ewigen Tanz des Universums hineingesehen hatte.

Ich ging zurück zum Buchenplatz; Florida lehnte mit dem Rücken an der Schwarzen Buche und hatte sich ebenfalls der Lichtung mit der kosmischen Einstrahlung zugewandt. Sie beschrieb die an diesem Platz empfangene Strahlung als nüchtern und intellektuell, ja kühl, während ihr die Buche buchstäblich den Rücken wärmte. Wir bekräftigten uns gegenseitig darin, daß nicht nur Strahlung aus dem Kosmos vorhanden ist, sondern der Ort auch von unten her durchflutet wird.

Daß der weit ausladende Ast der Schwarzen Buche eine Leylinie überbeugen könnte, vermutete ich bereits bei meinem ersten Besuch. Ich versuchte nun kurz, den Platz durch den Baum zu sehen: Ich legte meine Stirn an den dunklen Stamm und hoffte auf innere Bilder. Ich ließ mir kaum Zeit dafür, doch verstärkte der Baum durchaus meine Eingebung, daß der Platz unter der Buche ein Ort früherer Feste und des Tanzes gewesen sei und daß der Baum ein großartiges natürliches Zelt abgegeben habe – eine Kuppel der Geborgenheit. Ich stellte mich unter das »Zapfenmännchen« auf dem ausladenden Ast und bemerkte zu meiner Überraschung, daß es exakt

den Kreuzungspunkt zwischen dem Ast und dem Verlauf des Weges unter ihm markiert. Das Ende des großen Astbogens ist abgebrochen oder gestutzt; er hat hier aber einen eigenartig geschwungenen, belaubten Nebenast, der rechtwinklig, in Richtung des Weges, abbiegt und parallel zu ihm verläuft.
Inzwischen war es nicht nur dunkel, sondern stockduster geworden. Der gelbe, volle Mond vermochte zwar hier und dort zwischen den Zweigen des Waldes hindurchzuleuchten, sein Schein drang aber nicht bis auf den schwarzen, feuchten Boden. Durch Gesang und Intuition fanden wir aus dem Wirrwarr der Wege die richtigen heraus und gelangten sicher zum Wagen.

3. November 1993

Heute war ich wieder in Hude. Angeregt von dem, was ich bei Marko Pogacnik las, gewann ich die vage Vorstellung einer Dreigliederung in der Landschaft um Hude; die Klosterruine und der zugehörige Klosterpark seien der Kopf, ein Arm oder Zweig des Gebildes führt in den Hasbruch, der andere in einen Forst, der *Reiherholz* genannt wird. Doch dies ist von der Karte her gedacht! Ich hoffe, daß die Landschaft in Wahrheit ganz anders ist und sich nicht von mir ein wie auch immer beschaffenes Raster aufprägen läßt. Es wäre allzu billig, bestimmte Strukturen nun von vornherein überall hineinzuinterpretieren. Die Gefahr, dies zu tun, ist groß.
Ich lernte nun auch etwas über *Atmungspunkte* in der Landschaft, also Orte des Austausches feinstofflicher Kräfte zwischen den Weltebenen, und empfand es als stimmig, die Ilex-Lichtung im Hasbruch als einen solchen Atmungspunkt zu bezeichnen.
Ich hatte zunächst den Plan gefaßt, über das Kloster weiter zu jenem Reiherholz und dann in ein Gebiet mit einer Ansammlung von (Grab-?) Hügeln zu wandern, jedoch brachte

ich schließlich drei Stunden am Kloster und im Klosterpark zu und beließ es dabei. Ich gelangte in den Park durch den Hintereingang von Osten her, durch eine weißgestrichene Pforte. Nach ein paar Metern kreuzt der sandige Weg einen umlaufenden Rundweg, und an dieser Kreuzung verfing sich mein Blick sofort in dem einer Buche am Wegesrand: Ein wunderschön gezeichnetes Astauge auf dem Stamm blickte mich an. Ich entdeckte schließlich, daß alle umstehenden Buchen des sich hier ausbreitenden Buchenparks stets ähnliche »Astaugen«, durch feine Linien und Querfalten in der Rinde ausgewiesene Zeichnungen, trugen.

Ich lehnte mich mit beiden Handflächen an jene Buche; schließlich holte ich Block und Bleistift hervor und zeichnete. Ist das Schauen, das liebevolle Nachfahren der wahrgenommenen Linien eines Baumes auf dem Papier nicht ein höchst intimer Akt der Berührung, der Zuwendung, der Einfühlnahme? Das Zeichnen wurde mir zu einem großen Geschenk an diesem Tag. Hatte ich da nicht einen *direkten* Zugang zur Welt wiederentdeckt? Über ein ganzes Jahrzehnt hatte ich keinen Bleistift mehr in rechter Weise zur Hand genommen. Ich empfand ein großes Glück darin, bei der Natur nun wieder Unterricht nehmen zu dürfen.

Indes war mir nie zuvor wie jetzt beim Zeichnen dieser Bäume der Charakter der klanglichen Umgebung des Parks so eindringlich zu Bewußtsein gekommen: Wird der Klosterpark an einer Flanke schon von einer eingleisigen Eisenbahnlinie regelrecht durchschnitten, so führt zudem in wenigen hundert Metern eine vielbefahrene Hauptstrecke am Ort vorbei: Der Klosterbezirk ist zwischen den Achsen dieser Bahnstrecken eingeklemmt. Ein Güterzug kroch auf dem nahen Bahndamm, der den Park durchschneidet, entlang: Eisen knirschte auf Eisen, als würde sich die Pforte zu den Elementen in ihren Angeln reiben. Das Geräusch fuhr mir kreischend durch die Ohren. Später kam das Geräusch einer Motorsense

hinzu; schließlich schrien Gänse – lauthals –, und über allledem lag das Ziepen der Spatzen. Ich bemühte mich, den Faun der Buche zu begrüßen, wie ich es gelernt hatte: statt über den Kopf über den »Bauch« und den Bereich darunter, wo das Gefühlsmäßige sein Zentrum hat, in Beziehung zur Natur zu treten. Meine Kontaktaufnahme glückte mir nun nur halb, mit dem Unterleib sozusagen, doch nicht im Bewußtsein. Ich wurde mir dessen bewußt, daß es nicht ein Mangel an Sensibilität war, der mir den Kontakt verwehrte, sondern die Übermacht des Tagesbewußtseins, des Verstandes, der alles verdrängte. Nicht an Mangel von Kraft also litt ich, sondern an deren Übermaß an falscher Stelle. Die Buche jedenfalls wollte – dies spürte ich genau – zu mir vordringen, doch sie vermochte es nicht.
Während der Augenblicke dieser Berührung nahm ich den Park um mich herum wahr wie einen Garten voller lebendiger Wesen, deren Augen auf mich gerichtet waren: ich nahm wahr, was wirklich war. Und wie sehr fühlte ich mich ganz und gar zu diesem Baumwesen hingezogen! Meine Hände wurden warm, von innen: von außen nagte die kalte Novemberluft an ihnen. Und dann wurde mir bewußt, *was* das Gespräch mit den Bäumen erschwerte: Es war Herbst und wurde Winter, und auch die Bäume ziehen ja, wie die Menschen, ihre Lebenskräfte zurück ins innerste Herz, sind sparsam mit ihrer Energie, die nach außen fließen könnte! Warum sollten sie, die sie ungleich viel mehr Zeit haben als wir drängenden Menschen, sofort mit mir warm werden wollen, sich in ihrer ganzen Lebendigkeit zeigen, wo sie sich soeben rüsten für den Winterschlaf? Jedoch legte mir der Buchenbaum zum Zeichen seines Verstehens ein Blatt auf meinen Skizzenblock, den ich ins Laub gelegt hatte, während ich mich an ihn lehnte.

Ich folgte einem Weg in südlicher Richtung und entdeckte noch mehr »Augenbäume«, zu denen nun auch immer mehr

»Beulenbuchen« oder »Warzenbäume« kamen – Bäume mit Ausbuchtungen und Augen und Warzen, die aber keineswegs unschön waren. Der Park wird von einem niedrigen Erdwall umfaßt; hier im südlichen Eck gibt es außerdem mehrere sich überlagernde Formationen von Wällen, Senken und Hügeln – Reste eines alten heiligen Bezirks, einer Kultstätte? Nach meiner Untersuchung von diesem Tage und nach dem wenigen, das ich bisher in diesem Park zwischen diesen Buchen in Erfahrung gebracht habe, gab es keinerlei weitere Anhaltspunkte oder gar Belege für diese Vermutung, nur den Wall und das Wissen um die *Möglichkeit* solcher Tempelanlagen. Stülpe ich dem Park etwa von außen her etwas über, ohne objektive Beweise? Aber ist andererseits das Erdichtete, wo es auf Intuition beruht, der Wahrheit nicht näher als das Empirische?

Ich durchstreifte den Park und versuchte, so genau wie möglich all die verschiedenen Baumcharaktere zu studieren: Augen-, Beulen- und Zwieselbäume, feingliedriges Wurzelwerk, verwachsene Äste. Das größte Rätsel und Zeichen in diesem Park ist eine Buche, die ich *Kreuzbuche* getauft habe, weil sie die Form des Andreaskreuzes hat: Aus einem einzigen, riesigen Wurzelgeflecht dringen zwei mächtige Stämme hervor; der eine macht in geringer Höhe eine Biegung, wächst in den anderen hinein und dringt auf der anderen Seite wieder hervor, um sich aufzurichten und weiterzuwachsen! So eindrucksvoll und ehrfurchtgebietend dieses – im Absterben begriffene – Baumdenkmal auch ist, so rätselhaft und verschlossen blieb es mir auch an diesem Tag.

In der Mitte des Parks, am Hauptweg vom weißen Tor zum Gutshaus, stand eine schlanke Buche mit glattem Stamm, die durch den Fall einer Eiche jenseits eines kleinen Teiches selbst zu Fall gebracht und von den Armen der Schwesterbäume aufgefangen worden war. So lag und hing sie nun also schräg über dem Weg. Die Pfleger des Waldes kannten ihre Aufgabe:

Umsägen. Die Schnittstelle, in Sekundenschnelle auseinandergerissenes Holz, war feucht und frisch. Würde ich feststellen können, ob der Faun, wenn es einen gab, noch bei der Buche saß, ob noch ein Energiemuster vorhanden war, wo schon kein Baum mehr stand? Der Stumpf ragte anklagend aus dem Boden empor und endete in Sitzhöhe; der Stamm lag immer noch halb aufrecht über dem Weg und versperrte ihn. Bäume wachsen nicht nur langsam, sie sterben auch langsam: Dieser lebte noch, wie ich empfand. Ich nahm auf dem Baumstumpf Platz und versuchte zu *sehen.* Ich sah nicht etwa einen Faun (ich vermutete ihn später am Stamm, er war also nicht am Stumpf), doch erlebte ich *am Leibe* den Schrecken und das Zittern des Todes und der todbringenden Zersägung! In meinem ganzen Körper ließ schlagartig die Muskelspannung nach; meine Augenlider zitterten, und die Kälte kroch im Inneren meines Leibes hoch. Ich war sicher: Ich erspürte in diesem Moment den Tod des Baumes, der nun in den Armen seiner Schwestern und Brüder lag, bevor er ganz zerstückelt werden würde.

An den Teichen, am Eingang zum Buchenpark vom Gutshaus her, wachsen Bäume auf einer kurzen sichelförmigen Umwallung, die mich kraft der kleinen Findlinge, die das Fundament dieses Walls bilden, stets auf einen Ort mit Geschichte schließen lassen. Ich nahm auf der dort aufgestellten Holzbank Platz und versuchte, meine Hände aufzuwärmen. Mir fiel ein Stein ins Auge – nicht wörtlich, aber doch: Ein von den Wurzeln der darüber stehenden Buchen fast ganz umschlossenes, kinderkopf-großes Felsbröcklein, das die Wurzeln der Bäume über die Jahrzehnte hinweg umwachsen haben; fein wie die Schleimhaut eines Weichtiers haben sie sich um den Stein gelegt und gaben ihn nicht mehr frei. Ich verstand: Solches muß ja ständig unter der Erde passieren – das lebende Holz paßt sich dem Untergrund an; und es scheint, als sei diese Stelle, an der die Bank steht, später erst freigelegt worden. (Das ist sie nicht, wie ich später erfuhr; vielmehr ist sie genau so, als Anklang an eine Grotte, im Zuge der Umgestaltung des Parks zu einem englischen Landschaftsgarten im letzten Jahrhundert angelegt worden.) Neben den beiden, den Stein einschließenden Buchen ragt direkt hinter der Bank eine recht junge Buche schlank und stolz auf, geradewegs nach oben, ohne Umwege, mit schönem Kronenhaupt. Zu meinem Erstaunen gab es mir einen leichten Schmerz – wie einen Stich – in den Kopf, solange ich hier saß.

Deswegen und wegen der Kälte ging ich weiter, an einem mit Laub bedeckten dunklen Teich entlang. Ich lauschte dem Zittern des Laubteppichs im schwarzen Spiegelteich, und es war ein Lauschen mit den Augen, das mir eine geheimnisvolle Welt dreier ineinander verschlungener Universen offenbarte: Die Wasseroberfläche mit ihrem Herbstlaub war die eine Welt, an der sich Ober- und spiegelnd-dunkle Unterwelt brachen. Es waren »Drei Welten«, ganz wie in einer Zeichnung von M. C. Escher, dessen Bilder ich in meiner Schulzeit zu bewundern gelernt hatte.

Auf Umwegen gelangte ich so zum Gelände der Klosterruine. Ein toter, mächtiger Eichenstamm ragt hier in den Himmel, dahinter ein zweiter, ähnlicher, dahinter eine lebende Eiche. Der erste Stamm ist von einer jungen Buche belebt, die kerzengerade durch den toten Baum hindurchgewachsen ist, ihn vielleicht als Schutzring empfindend. In der Ruine der Klosterkirche stellte ich fest, daß gerade der Chorbereich die größte Unordnung und Verwüstung durch heruntergefallene Mauerbrocken aufweist, aber auch große Urwüchsigkeit im Pflanzenwuchs. Drei Eiben wachsen in diesem Bereich: Eine ist schlangenhaft gebogen, niedrig und in die Breite ausladend; die andere steht – etwas am Rand dieses zentralen Bereichs – hoch und aufrecht und ebenso stolz und mächtig wie eine ausgewachsene Bergkiefer; die dritte aber ist eher wie ein großer Strauch geformt, mit vielen fächerartig auseinander-

strebenden Ästen anstatt eines Hauptstammes.
Eiben, so wußte ich, sind diejenigen unter den Bäumen, die sich am meisten zu Plätzen starker Strahlung aus der Erde hingezogen fühlen. Aha, dachte ich, also ein Ort, der im besonderen der Mutter Erde geweiht ist! Ich stellte mich unter die schlangengleiche Eibe. Schon nach kurzer Zeit spürte ich, wie in meinen Gliedern eine Kraft floß, die nicht von mir selbst herrührte und der ich mich ganz und gar anvertrauen konnte. Drehte sie nun links- oder rechtsherum? Noch während ich dieses überlegte, erfaßte mich das *ganze* Muster: Es pulsierte abwechselnd nach links *und* nach rechts! Wie ein Korkenzieher drehte sich mein Leib etwa eine Vierteldrehung zur einen, dann zur anderen Seite; der Rhythmus aber war so, daß ich mich bequem der Drehung anpassen konnte und in eine Schwingung geriet, die gemessen und ruhig pendelnd wie das Pendel einer großen alten Standuhr war. Diese Schwingung war langsam und geordnet im Gegensatz zum kosmischen Tanz in der Ilex-Lichtung im Hasbruch, sie entsprach in Tempo und Charakter etwa einem Adagio, wenn man ganze Perioden, also von links bis wieder links mit einem Zwischenschlag rechts zählte. War dies die Schwingungsform der Erde, wird sich dieses Muster an ähnlich beschaffenen Plätzen wiederholen und zweifelsfrei erkennen lassen? Wie dankbar war ich für dieses zweite elementare Erleben der Naturkräfte nach dem im Hasbruch drei Tage zuvor!

12. November 1993

In Oldenburg unternahm ich einen kurzen Spaziergang an der alten Hunte entlang: Es zog mich zu einigen Kastanien hin, die ich zwei Tage zuvor gegenüber dem Schloßplatz entdeckt hatte, eine davon mit geradezu leuchterförmigem Astwuchs.
Ich entdeckte nun auf einem breiter werdenden Uferstreifen,

der diesem Baum reichlich Platz bietet, eine »dreifältige« Roßkastanie, die wirklich verwundern muß: Sie fußt mit nur einem einzigen Stamm im Erdreich, der keinerlei Ansätze zu einer Verzweigung aufweist; doch dann wachsen plötzlich in drei Meter Höhe aus einem gemeinsamen Ursprung drei gleich mächtige Stämme heraus, wobei sich der mittlere von ihnen nochmals dreigliedrig zeigt. Diese Kastanie ist nicht etwa ein mittelgroßes Bäumchen, sie ist riesig, und die Dreizack-Form ist nicht nur ein imposantes Zeichen, sondern auch ein statisches Kunststück. Sieht dieser Dreizack nicht aus wie der des Poseidon? Ich fühlte mich erinnert an die göttliche Dreiheit – die Dreieinigkeit Gottes oder die drei Aspekte des Weiblich-Göttlichen. Handelt es sich bei dieser Kastanie um ein göttliches Wahrzeichen, markiert sie einen besonderen Platz hier am Rande des Schloßgartens im Herzen Oldenburgs?

17. November 1993

Ich besuchte Hude mit unbestimmter Absicht. Sonnenklares, kaltes Herbstwetter schwebte über dem Land. Den Ort nach Südwesten verlassend, fiel mir an einer Straße ein Haus auf, das ganz aus Holz gebaut ist und mit schönen blau bemalten Fensterläden und Dachbalken verziert ist. Es liegt dicht an der Straße. Die Einfahrt zum Grundstück ist von zwei Eichen mit dicken Stämmen gesäumt, von denen die eine mit kühnem Astbogen die gesamte Straßenbreite überspannt, als wolle sie auf der gegenüberliegenden Seite wieder in die Erde wachsen. Es ist, als wölbte sich der Astbogen zum Schutz über die Straße.

19. November 1993

Spaziergang im Schloßpark von Oldenburg.
Ein Gedicht:

Bäume, ihr!
Der Unverstand der Menschenbrüder
erklärt, ihr seiet aus Holz,
aus Materie, festgewachsner,
die sich gestaltet in der Zeit.

Nicht Materie seid ihr,
aus Zeit seid ihr gemacht!
Gewachsene Zeit ist's;
Jahre, Jahrhunderte
nehmen Gestalt an im Raum,
werden sichtbar:
Zeitzeichen der Erde.

Lebendige Zeit,
die Jahreszeiten atmen
deinen Pulsschlag!

Warum steht ihr noch hier,
im 20. Jahrhundert,
am Rande eines Parks,
der von Menschen gemacht ist,
ohne die Erde um Rat zu fragen
– oder doch?

Ihr braven Lichtwesen, Ihr!
Liebe ist's, die euch hält
beim Menschen,
der euch fällt, wie's ihm gefällt.

Hättet ihr Beine zum Laufen,
ihr bliebet, Ihr Weisen:
Zum Sehnen und Lieben
seid ihr geboren,
fremd sind euch Dünkel
und Gedanken, derer die Menschen
so reiche Plage haben:

So liebet ihr euren Bruder,
den Baum mit Beinen,
der entwurzelt
zwischen euren Stämmen
läuft, euch zu ritzen
oder zu achten, ganz nach
seiner Laune und seinem
Unverstand:
Noch im Fallen liebt
ihr den euch begegnenden,
den euch bewegenden
Gott mit der Axt.

20. November 1993

Am Sonntag nach Hude – zwischen zwei Zügen von Oldenburg nach Bremen. Der Herbst war kühl gewesen, nun aber überraschte er mit einem früh und hart einsetzenden Winter. Das Thermometer war um einige Grad unter Null gerutscht, auf den Bäumen und Dächern, in den Gärten und Straßen lag eine dünne, frostige Schneeschicht. Steifgefrorenes Schilf raschelte in den Vorgärten. Der Wächter des Waldes stand kühl und unverkennbar, das Gesicht vom Schnee umspielt und verzerrt, am Straßenrand, die Hände erhoben zu Schutz und Segen, wozu sie ihm gewachsen waren.

Klosterruine

Schnee fiel mit hörbarem Glitzern auf das vom Frost erstarrte Laub. Mein Ziel war jener Ort, wo die sich krümmende Buche die Brücke bewacht. Schon im Herangehen über den schmalen Pfad, der von der Straße her zwischen Gehölz und Bungalows hierhin führt, war mir die Einfassung eines kleinen Bachlaufs von der Straße, Rinnsal noch, in steinerne Wannen aufgefallen. Wozu? Hat die Einfassung der Wasserläufe, die Zurechtweisung und Gängelung noch der kleinsten Freiheiten und Kräfte der Natur, etwas mit dem Tod zu tun, der dem Platz so überdeutlich zu eigen ist? Ich hatte nicht vor, heute – bei dieser Kälte – größere Untersuchungen zu beginnen. Dennoch stimmte ich mich durch Stehenbleiben und Stillsein auf den Ort ein. Schon nach kurzer Zeit äußerte sich die Erscheinung des Ortes – die ein Bild des Krankseins, des Niedergangs, einer *kosmischen Katastrophe* vermittelt – in mir in einem Druck auf den Brustkorb, in einer Beschwerung des Atmens bis hin zum Stillstand. (Der Willenskraft im Menschen ist es an diesem Platz hinter der großen Buche selbstverständlich keine Mühe, den Brustkorb zum Atmen zu bewegen; allein das Wesen des Ortes, überläßt man sich ihm ohne jede Gegenspannung, hält den Atem mit lastendem Druck nieder.) Ich vermied es, irgendwelche Versuche einer Bewußtseinsreise in jenen Erdhügel, auf dem die Buche fußt, zu unternehmen. Im Geiste warf ich Gedanken und Fragen hin und her: Wodurch kommt die Negativität dieses Ortes zustande? – Unbewußt hatte sich mir der Einfall aufgedrängt, meine Ausflüge zu diesen Baumorten und entlang des Huder Bachs hätten etwas mit dem Kloster zu tun. Der Huder Bach führt ja weiter unten am Kloster vorbei und treibt dort die Mühle an. Ist hier an diesem Platz ein Loch, das alle Energie absaugt? [3] Woher kommt der Todeshauch? Aus dem Himmel, dem Kosmos? Aus der Erde? Sind hier Menschen ermordet, hingerichtet, mißhandelt worden? All dies sind ja Dinge, die sich einem Ort auf der feinstofflich-ätherischen Ebene ein-

beschreiben und über das fühlende Wahrnehmen lesbar sind. Handelt es sich um eine Umweltkatastrophe, haben sich die Menschen durch ihre Eingriffe hier schuldig gemacht? War dies ein ehedem heiliger Ort, dessen Kraft sich ins Gegenteil verkehrt hat? Was hat es mit dem Hügel auf sich – was lebt hier?
Die Verwüstung des Ortes – nicht einmal Strauchwerk scheint sich hier wohl zu fühlen – ist schreiend. Ist hier etwas Furchtbares in der Erde vergraben? Hinter dem Platz zieht sich, statt des urtümlichen Buchenwaldes wie am Bachufer, ein fahler Stangenwald bis zu der heiligen *Tanzenden Buche* hin, deren Schwesterstamm gefallen ist und nun zu einem Krokodilsmaul zurechtgeschnitzt worden ist. Gibt es eine Verbindung zwischen den beiden Buchen, die ja *beide je* einen Schwesterbaum verloren haben? Gibt es sie, so ist der Stangenwald mit seinem geraden Forstweg, der beide Bäume fast direkt miteinander verbindet, jedenfalls fehl am Platze.

25. November 1993

Oldenburg. Am Abend unternahm ich einen Spaziergang zur Brücke am Schloßpark. Ich wollte am Flußufer die dreigliedrige Kastanie wiederentdecken und stellte fest, daß es ihrer zwei gibt. Bei der einen, die ich bereits entdeckt hatte, teilt sich der mittlere Stamm nochmals auf.
Ich entdeckte nun eine weitere dreigliedrige Kastanie, deren mittlerer Stamm des mittleren Stammes sich nochmals dreiteilt – die dritte Potenz in der unendlichen Dreigliederung des Weiblich-Göttlichen?
Ich war für solche Zeichen empfänglich durch das Studium der »Landschaft der Göttin«, wie sie Marko Pogacnik beschrieben hat. Demnach lassen sich Kraftstrukturen in der Landschaft als dreigliedrige Systeme beschreiben. Die Drei

und ihre zweite Potenz, die Neun, ist die alte heilige Zahl der Großen Göttin (bzw. des Göttlichen schlechthin) in der Zeit des Matriarchats. Dies entspricht den drei Uraspekten der göttlichen Kraft, nämlich dem Jungfrauenaspekt (allumfassende Ganzheit, Farbe Weiß), dem Mutteraspekt (Geburt, Schöpfung, Lebensfülle, Farbe Rot) und dem Aspekt der Wandlung (Tod als Wandlung, Vergehen als Teil des Lebens, Erkenntnis, Farbe Schwarz). Diese Aspekte sind nicht als absolut und getrennt voneinander zu sehen. Jeder der drei Aspekte trägt wiederum alle anderen drei Qualitäten in sich und so fort – bis ins Unendliche. Ist dies die Erklärung, warum es eine solch große Vielzahl von weiblichen Gottgestalten und von Naturgottheiten allgemein aus der frühen Zeit gibt – im Gegensatz zu den singulären Gestalten der patriarchal geprägten späteren Religionen?
War es nun aber zulässig, diesen Baum als Symbol und Zeichen zu interpretieren? Wieviel weitere tausend Zeichen übersehe ich dann und deute sie nicht? Ist es sinnvoll, Zeichen zu deuten? Wohin führt das? Ist die Welt dann nicht voll von Zeichen, die alle etwas bedeuten wollen und sich in ihrer Bedeutung so wieder gegenseitig aufheben? [4]

3

An ahnungsvollen Stätten

27. November 1993

Ich unternahm am Abend erneut einen Spaziergang zu den beiden dreistämmigen Roßkastanien (die ja drei Bäume in einem sind, wobei sie sich erst in zwei bis drei Meter Höhe aufteilen, dies ist mir das Besondere), um mich in sie einzufühlen. Straßenlaternen blendeten mich, und ich vermochte nichts vom Wesen der Bäume zu erkennen. Jedoch verspürte ich eine anziehende Kraft des Baumes, auch wies er mir einen bestimmten Abstand zu, von dem ich annahm, daß er der beste sei, um vielleicht den Faun des Baumes zu schauen.
Wo keine natürliche Dunkelheit herrscht, sondern die Elektrizität die Nacht nicht Nacht sein läßt, ist es schwierig, sich in der Kunst des Hellsehens zu üben. Die Menschen sehnen sich nach Licht in der Dunkelheit, nun aber haben sie das *Sehen* verlernt. Das ist der Preis.
Ich gab auf, streifte den Baum mit der Hand und machte an der zweiten Kastanie Halt, um nochmals zu *schauen*. Ich meinte, einen blaugrünen Schimmer, sich entwickelnde Lichtpünktchen an der Rinde zu sehen; ich spürte deutlich, daß sich hier das Baumwesen mir zu zeigen vermochte, wenn ich nur weiter übte. Für dieses Mal ließ ich – froh über die wiedergefundene Ahnung – die Begegnung gut sein.

12. Dezember 1993

Ich war in Hude heute. Ich ging vom Bahnhof aus die Hauptstraße durch den Ort hinunter, der ganz lebendig war durch die vielen Müßiggänger, die an diesem sonnenbegnadeten Tag bei wintermilder Wärme dem Weihnachtsmarkt zustrebten. Ich hatte einen einfachen Spaziergang mit gelegentlichem »Bäumefühlen« und einem Einschwingen in die Erdkräfte bei den drei Eiben in der Mitte der Klosterruine im Sinn. Am weißen Tor, dem zur Ortsmitte hin gelegenen Eingang des Klosterparks, fiel mir wieder ein dreistämmiger Baum auf: Eine Kastanie (!) teilt sich in zwei Meter Höhe in drei gleichgroße Stämme auf.
Ich stieg durch eine Lücke im Stacheldraht, folgte dem »Königsweg« geradeaus auf Kloster und Gutshaus zu und war erstaunt zu sehen, daß jene quer über den Weg gestürzt liegende Buche immer noch hier in den Ästen ihrer Schwester lag; es sah alles sehr nach Forstarbeit aus, warum hatte man sie noch nicht weggeschafft? Ich setzte mich für eine halbe Minute auf die frische Schnittfläche des Stumpfes. Das schon einmal erlebte Anzeichen des Baumtodes erschütterte meinen Leib von innen: Die Muskelspannung ließ fast schlagartig nach, Kälte und Zittern krochen in mir herauf.
Ich bog nach links in den Weg ein, der zum hinteren Ende des Parks, zur Wiese hin führt. Ich versuchte, zu der merkwürdig geformten Kreuzbuche Fühlung aufzunehmen. Ich stand auf dem Hügel davor, ich stand in der Senke vor dem Baum, ich hielt ihm meine Handflächen zugekehrt, ich berührte ihn; ich schloß die Augen, ich öffnete sie: Ich nahm aber nichts wahr von dem, was ich vielleicht gerne gesehen hätte. Inzwischen glaube ich, daß es gar nicht anders hätte sein können: Kommt ein Mensch dahergelaufen und will in seinem typisch menschlichen Eroberungswahn in fünf Minuten alle Geheimnisse an sich reißen! Wäre ich ein Faun, ich würde

mich dem verweigern. Und obwohl eine dritte, benachbarte Buche praktisch tot ist und die Kreuzbuche auch nur noch schwaches Leben in sich trägt, bin ich doch davon überzeugt, daß es hier etwas zu entdecken gibt. Immerhin hatte ich über ein Vorschieben der Hüfte die Anziehungskraft des Baumes erfahren, wie so oft bei Begegnungen mit Bäumen. (Das Sexualchakra im Beckenbereich kann als Kanal für eine gefühlsmäßige Beziehungsaufnahme mit der Natur dienen.)
Ich ließ ab von meinen Versuchen und wandte mich einer Reihe von Eichen zu, an deren Ende ich altes landwirtschaftliches Gerät fand. Auf dem Rückweg streifte ich nochmals an der Buche vorbei; ich entdeckte, daß verrosteter Stacheldraht in ihrem Fleische steckt. Und zwar tief und an mehreren Stellen ein- und austretend. Wann mochte der Draht am Baum befestigt worden sein? Ist das eine Lappalie oder ein schwereres Delikt? Ich nahm zwei austretende Stacheldrähte zwischen die Finger und berührte ein weiteres, im Stamm steckendes Ende mit der Stirn. Es nahm in mir jedoch nichts Gestalt an, was eine Botschaft des Baumes hätte sein können. Vielleicht bin ich ganz und gar unvermögend in den höheren Formen der Wahrnehmung? – Ob grundsätzlich oder nur aufgrund fehlender Entwicklung und Erfahrung, muß ich durch Übung noch herausfinden.
Jene Reihe von Eichen aber begrenzt einen in die angrenzenden Feuchtwiesen hineinragenden Teil des Parks. Die Wiese senkt sich so weit, daß an einer Stelle Wasser stand – eine Yin-Form als Ausgleich zum Yang des Parks? Ich frage mich, ob Bodensenken nicht generell Yin-Qualität verströmen.
Auf dem Weg zurück zum Kloster kam ich an jenem Platz vorbei, an dem eine aus einem Baumstamm geschnitzte Holzbank im Halbrund einiger Steine und junger Bäume, einer Art Grotte, steht. Ich machte Halt, öffnete meine beiden Hände gegen den Boden und erspürte die Schwingung des Ortes. Vom Kopf her durchströmte schon bald der Kosmi-

sche Tanz meinen Körper: Es handelte sich also um einen Einstrahlungsort kosmischer Energien.
In dieser ungewöhnlichen Körperhaltung traf mich der Prinz an. In weißer Sportkleidung zog er im Laufschritt Schleifen durch den Park.
Da der Professor sehr wohl über meine seltsamen Übungen Bescheid wußte, hatte ich keinen Grund, mich dafür etwa zu schämen. Er lud mich sogar ein, bei einer Tasse Tee im warmen Saalzimmer des Gutshauses, dem ehemaligen Abtshaus, einige organisatorische Fragen des bevorstehenden Erdheilungsseminars mit Marko Pogacnik zu besprechen.
Diese Erdheilungsarbeit war für mich ein großer Ansporn, mich so intensiv wie möglich mit der Landschaft von Hude zu beschäftigen. Sie sollte im Mai im Klosterbezirk stattfinden, der für den Ort Hude – und, wie sich mir allmählich herauskristallisierte, auch für die weitere Landschaft – von essentieller Bedeutung zu sein schien. Zu meiner Überraschung zeigte sich Rudolf zur Lippe ebenso wie ich über den Zustand der Bäume im Park besorgt; war mir die gestürzte Buche ein Quell der Erschütterung, da ich an ihr zum ersten Mal die Schmerzen eines Baumes am eigenen Leib erfuhr, so wertete er den Verlust einiger starker Äste, die die ansonsten gesunden Eichen des hinteren Parkteils im letzten Sturm erlitten hatten, als Zeichen des Verfalls – und des Handlungsbedarfs. Zwar war der Prinz nicht der Besitzer des privaten Parks, wohl aber ein liebevoller Hüter dieses wundersamen Orts.
Von Marko Pogacnik aber hatte Rudolf zur Lippe bei einem vorbereitenden Besuch interessante Einzelheiten erfahren: Eine Leylinie, also ein feinstofflicher Energiestrom, der manchmal auch *Drachenlinie* genannt wird, kreuzt mehrmals zacken- oder mäanderförmig den Park, läuft quer durch das Gutshaus und hat seinen Endpunkt in einem starken Yang-Punkt in der Apsis des Klosters – genau an der Stelle, wo ehedem der Altar stand. Das merkte ich mir gut.

Inzwischen war Jan Jose, des Professors Gast aus Mexiko, zu dieser Teerunde hinzugetreten, und all unser Reden über den Park und die Bäume schien ihm sehr vertraut. Unvermittelt sagte er dann, er habe den Hauptenergiepunkt des Klosterbezirks mitten im Park, hinter den Teichen am Ende des blinden Grabens geortet, bezeichnet von drei in einer Reihe stehenden Bäumen. Jan Jose erzählte dann die Geschichte von dem geheimnisvollen Indianer John Appleseed, der den westwärts ziehenden Siedlern in Nordamerika den Weg zu den Quellen und fruchtbaren Gegenden im Land wies, indem er junge Apfelbäumchen als Spur und Zeichen pflanzte, vermutlich an ebensolchen Energiepunkten. Auch sprach Jan Jose von *Zeugenbäumen*, die es in Parks oder zusammengehörigen Waldstücken gibt und die sozusagen das Gewissen oder das Gedächtnis eines Ortes sind. Ich dachte sofort an den Wächter des Waldes an der Vielstedter Straße, der ein solcher Zeugenbaum sein mußte.

Im Laufe des weiteren Gesprächs machten wir uns nun gegenseitig auf besondere Orte in der Landschaft aufmerksam, und wir stellten fest: Irgend etwas ist da in der Landschaft der Wildeshauser Geest, deren nördlichsten Zipfel Hude darstellt, das von besonderer Qualität und Ausstrahlung ist. Rudolf zur Lippe kam auf die zweifelhafte Rolle der Zisterzienser zu sprechen, deren Gründer Bernhard von Clairvaux zugleich die Bettlertugenden und die Kreuzzüge predigte. Das zeigt sich auch in der Geschichte des Zisterzienserklosters Hude:

Die machtvolle Stellung des Klosters in der Region im Mittelalter gründete sich auf die Unterwerfung und Ausrottung der *Stedinger*, der letzten freien Bauern der nördlichen Gegenden, die ihr Land in der Wesermarsch hatten. Dem Erzbischof von Bremen mißfiel es sehr, daß die Stedinger insgeheim noch dem heidnischen Glauben anhingen und als Leibfreie nicht den Zehnten an ihn zahlen mußten. Er beschuldigte sie der Ketzerei und rüstete – mit dem Segen des Papstes – ein Kreuzfahrerheer gegen sie. Das Heer des Bischofs unterlag, und erst in einem zweiten Kreuzzug gelang es in der Schlacht von Altenesch 1234, das Bauernheer zu schlagen. Die Christen kannten keine Gnade: Ausgerottet wurden die Stedinger mitsamt der Frauen und Kinder – ein regelrechter Völkermord.

Das Kloster Hude, als Zisterzienserabtei im Jahre 1232 gegründet, erfuhr daraufhin reiche Schenkungen und wurde zum wirtschaftlichen Brückenkopf des Erzbistums Bremen in der westlichen Wesermarsch. (Ziemlich genau 300 Jahre später, 1536, ein Jahr nach der Reformation, verließ der letzte Mönch das – geistig und wirtschaftlich heruntergekommene – Kloster, dessen Gebäude für die nächsten zwei Jahrhunderte in einer wechselvollen Geschichte dem Verfall preisgegeben waren.)

Das Kloster, so ergänzte Rudolf zur Lippe, sei der Wahrnehmung Marko Pogacniks nach auf einem früheren Heiligtum errichtet worden. Es blieb nicht aus, daß das Gespräch so auch auf die Person des Erdheilers kam, und Rudolf zur Lippe sagte, er habe in seinem Leben noch keinen zweiten Menschen von solch vollkommener Geistesklarheit und Selbstlosigkeit kennengelernt. Auf diese selbstlose Klarheit gründet sich sein Vertrauen in die Arbeit des Erdheilers. Rudolf zur Lippe merkte dazu an, daß er manche Dinge dergestalt verstehe, daß sie auf *nachprüfbare* Weise wahr sind, wenn man sie in andere Dinge oder in eine andere Sprache übersetzt.

Dies war bis vor wenigen Monaten auch mein Standpunkt: Irgend etwas geschieht auf jenen Energie- oder Astralebenen, und die Mystiker beschreiben es als Wirken von Elementarwesen, während die an den empirischen Naturwissenschaften geschulten Geister diese Phänomene beobachten können, indem sie Theorien von Energie- und Informationsprozessen zur Hilfe nehmen. Alles ist also *erklärbar*. Seit meinem tiefgreifenden Erlebnis im Schloßpark von Türnich, das einer Initiation gleichkam, glaube ich allerdings, ich gebe es zu, an die Existenz wirklicher Zwerge und Feen; ich habe in meinem Leben zwar noch keins dieser Wesen gesehen (blaugrüne Lichterscheinungen habe ich bisher wahrgenommen), doch bin ich tief in meinem Inneren überzeugt, daß es sie gibt und geben muß. [1]

In völliger Dunkelheit tappte ich kurz darauf durch den Park, um den geheimnisvollen Kraftpunkt an der von Jan Jose bezeichneten Stelle zu suchen. Ich meinte wieder, irgendwelche blau-grünen Lichtreflexe wahrzunehmen und beeilte mich im übrigen, meinen Zug nicht zu verpassen. Das einzige aber, was wirklich in der Dunkelheit aufglomm, war der Funken einer Ahnung, daß es zwischen den charakterlichen Tugenden des Erdheilers und seiner »Hellfühligkeit« einen Zusammenhang geben mußte. Konnte es sein, daß meine Übungen in der Natur also nutzlos und zum Scheitern verurteilt waren, wenn ich es nicht schaffen sollte, allen »Unrat« aus meiner Seele zu räumen?

17. Dezember 1993

Am Himmel hingen dräuende Regenwolken, aber darunter war Sonne und Trockenheit, so etwas wie kühle Winterwärme, wie sie dem Spätherbst zu eigen ist. Mit Florida fuhr ich nach Hude. Wir machten einen Spaziergang am Bach und sprachen über das Studieren, über Ökologie und die Rettung der Erde. Ich führte Florida zu der großen, heiligen Buche in dem Wäldchen, das ich sooft besucht hatte, und sie erzählte mir aus dem Buch *Die Wintereiche* von Juri Nagibin, denn darin kommt ein Junge vor, dessen Freunde die Bäume sind. Als wir die Buche erreicht hatten, fanden wir, daß sie mehr als nur

ein Gesicht hatte. Florida spürte, wie der Faun der Buche in einer riesigen geschwulstartigen Verdickung auf der Rückseite hervortrat. Ich versuchte, dies nachzuvollziehen, sah jedoch nichts; nur spürte ich mich mit einem Male stark von der Buche angezogen ...
Auf der Vorderseite hat der ganze knorpelige Stamm einen derart vielfältigen Charakter, daß auch das so augenscheinliche Kauzgesicht des Baumes immer wieder anders erscheint, je nach Position und Betrachtungswinkel oder je nach Art des Schauens. Auf jede Weise zeigte sich uns aber eine wunderbare Schönheit und Heiterkeit der Buche. Auch sah ich aus den Augenwinkeln sich ein Gesicht aus einfachen Formen zusammensetzen und *mich* betrachten. Dieses Gesicht befindet sich an einer glatten Stelle links von dem Kauzgesicht in etwa zwei Meter Höhe – es sind eigentlich nur zwei Beulen am glatten Stamm, doch war mir so, als sei ihnen die Fähigkeit zum Sehen gegeben. Florida meinte, der Baum sei ein fröhlicher und verspielter, keineswegs ein steifer Weiser, wie man das bei seinem Alter vielleicht von ihm erwarten sollte. Und er habe eben nicht nur ein, sondern viele Gesichter und zeige sich auf viele verschiedene Weisen. Florida entdeckte auch auf einem der vielen Teilstämme des Baumes einige Baumaugen, wie ich sie auch bei den Buchen im Klosterpark entdeckt hatte, von denen aber das unterste sich halbkugelförmig nach außen wölbt. Große Klarheit herrsche hier, der Baum blicke von hier in die Ferne, sagte Florida. Es ist das Auge des Baums ...
Im Herankommen war mir zum ersten Male mit großer Deutlichkeit aufgefallen, daß unbedingt der Platz *vor* der Buche, also dort, wo heute der Weg verläuft und der (zu einem Krokodilsmaul verstümmelte) Doppelstamm der gestürzten Schwesterbuche liegt, von großer Bedeutung sein mußte. Diese Seite wird nämlich, anders als die Rückseite, von schönen, hohen und bogenförmigen Ästen überwölbt. Hier ist heute noch ein Astkreuz in dem Gewölbe zu sehen, von dem

der gestützte Ast jedoch kurz hinter dem Knoten abgebrochen ist, so wie die Buche überhaupt einige Äste hat lassen müssen im Laufe der Jahre; hier müssen die *beiden* Buchen eine gewaltige Kuppel und durch sie einen großen Vorplatz, einen geschützten Raum geschaffen haben. War dies ein Dom, in dem die Elementarwesen der weiteren Umgebung und Landschaft ihren Platz hatten oder noch haben? Florida meinte, all die anwesenden Naturgeister hätten ihre Spuren oder Gesichter in dem vielfältigen Aussehen des Buchenstammes hinterlassen, wie eine Gravur, oder besser: wie eine Ahnengalerie zur eigenen Freude ...

Nun führte ich Florida zu dem Brückenplatz und dem *Platz der kosmischen* (oder irdischen?) *Verwüstung*. Wir blieben hier nicht lange, aber Florida meinte zu der ganzen Konstellation, daß möglicherweise die Eiche, die jenseits des Baches direkt an der Brücke steht und von kräftigem Stamm und Wuchs ist und gleichsam einen übermächtigen Eindruck macht, Energie und Lebensatem aus der Umgebung abzieht. Ich glaube nicht, daß das jenen verwüsteten Ort sinnvoll erklärt. Aber es mag einen Zusammenhang zwischen den beiden Bäumen geben, der durch Polarität und einen damit verbundenen starken Kraftstrom von der Buche zur Eiche gekennzeichnet ist.

Wir machten uns auf den Rückweg zum Kloster, dessen Gutshaus im Blau des Dezemberabends dalag wie ein Schloß in der Toskana.

Entlang des Weges am Bach fielen mir noch drei Eichen auf, die in einer Reihe auf einer Viehweide stehen: die eine lebt, die zweite ist halbtot und die dritte ganz tot, ein Krähensitz.

Ganz deutlich kam mir heute zu Bewußtsein, wie sehr ein Baum in seiner Ganzheit nicht das ist, was wir sehen, sondern auch das, worin wir uns bewegen: Der Raum unter der Krone zählt sozusagen zum Inneren des Baumes, das Zwischenreich zwischen Krone und Ästen und Wurzeln und Boden *ist* der Baum. Bäume haben ein Feld oder erzeugen ein Feld oder bringen ein solches zur Darstellung: Unter einem Baum stehen heißt *in* ihm stehen!

Ein Gedicht:

Dort steht ein Baum.
Seine Wurzeln sind Erde,
seine Krone ist Himmel.
Sein Stamm ist Übergang
von Himmel in Erde
und Erde in Himmel.

Worin ist ein Baum ein Baum?

– Es heißt,
sein Wesen sei Klang
im Zwischenraum.

21. Dezember 1993

Der kürzeste Tag, die längste Nacht: Am späten Nachmittag nahm ich den Zug nach Hude und lief in die einsetzende Dunkelheit hinein auf nun schon vertrautem Wege zum Hasbruch.
Ich brachte etwa eine Viertelstunde an meinem »Tanzplatz« unter der Schwarzen Buche zu. Sie muß im letzten Sturm wieder einen mächtigen Ast verloren haben, denn ein solcher lag ihr zu Füßen, jedoch konnte ich im Dunkeln nicht die Abbruchstelle erkennen. Etwas raschelte die ganze Zeit über im Ilex-Gebüsch. Vögel wahrscheinlich, denn dies ist ein beliebter Platz für die gefiederten Wesen der Lüfte. Ich legte mich für eine Weile auf die Wurzelfüße der Buche, den Kopf an den Stamm gelehnt. Ich starrte in die Höhe. Nach einiger

Fröhliche Buche

Zeit ließen mich meine Augen einen blau-grünen Schimmer im Geäst dicht am Stamm, etwa vier bis fünf Meter über mir, wahrnehmen. Mehr vermochte ich nicht auszumachen, und vielleicht entsprang auch dieser Schimmer nur meiner Einbildung oder einer Irritation der Augen. Ich *wollte* heute unbedingt etwas *sehen* ... Jedoch brachte ich wieder nicht die nötige Geduld auf. Oder ist nicht die Irritation der Augen genau die Wirkungsweise des Hellsehens? [2]
Ich fühlte die Buche mit den Händen und ging auf dem Platz auf und ab. Aus dem nahen Jagdhaus ertönte mit einem Male ein lauter, klar in die Nacht gestoßener Ruf aus einem Dudelsack. Es blieb bei diesem einen Streich, aber die Waldgeister dürften erschrocken davongehuscht sein. Was mochte in der Hütte vorgehen, in die sich die für einen Moment draußen lautgewordenen Stimmen wieder verflüchtigten? Hatte dieses Klangritual gar mir gegolten, der ich mich möglicherweise im Bannkreis eines magischen Zirkels befand, innerhalb dessen die Gäste des Jagdhauses bei ihren Aktivitäten ungestört bleiben wollten? Wir haben drei Tage vor Weihnachten, es ist die längste Nacht des Jahres, die Nacht des Julfestes ...
Ich forschte indes nicht weiter nach dem Geheimnis der Hütte, sondern nahm auf dunklen, doch nun schon vertrauten Pfaden im Wald meinen Rückweg. Es regte sich viel im Gebüsch beiderseits des Weges; unsichtbare Rehe sprangen davon, vor mir oder anderen Raubtieren flüchtend.

In Hude blieb mir noch etwas Zeit bis zum nächsten Zug, so daß ich noch die Klosterruine aufsuchen konnte. Ich wollte den Yang-Punkt im Altarbereich der Kirche suchen, der Ende und Anfang einer gezackt verlaufenden Leylinie sein soll. Diese Vorstellung fiel mir schwer, wo ich doch am Ort der drei Eiben eine starke Erdkraft gefunden zu haben glaubte, was vom Gefühl her nicht gerade einem Platz mit Yang-Qualität entspricht. Immerhin zeigte meine Untersuchung im Dunkeln, daß der einstige Standort des Altars weiter östlich von den drei Eiben liegen muß, dort, wo sich der Untergrund bereits wieder zum Park hinab neigt, während die drei Eiben den Raum zwischen den Flügeln der beiden Seitenchöre, also die Vierung markieren. Ich blieb schließlich einfach auf einer Stelle stehen, die eine ihr innewohnende Kraft aufzuweisen schien. Ich überließ mich der Kraft und drehte mich, ihr folgend, in den Beinen abwechselnd nach links und nach rechts. Nach der zehnten bzw. in der elften dieser Pendelbewegungen hörte die Wirkung der Kraft auf. Hatte ich damit etwa zehn oder elf Ausschläge eines Schwingungsmusters gemessen und damit eine Information erhalten? Ich prüfte dies nochmals. Dieses Mal aber ging es zweiundzwanzig Mal hin und her! Da verließ mich der Mut: Ich traute meiner Wahrnehmung selbst nicht mehr. O welche Aufgabe und Übung liegt an diesem Ort noch vor mir!

24. Dezember 1993

Ausgerechnet am Weihnachtsabend war ich nach Einbruch der Dunkelheit gezwungen, zwei Stunden vor verschlossener Türe auszuharren. Um der Kälte zu wehren, mußte ich mich bewegen und gelangte an den nördlichen Stadtrand von Oldenburg. Auf dem Weg dorthin überquerte ich offenes Gelände. Am Weg stand ein einzelner Weidenbaum, der zu dieser Jahreszeit bereits wieder einige Triebe hochschießen ließ, die schon zwei Ellen lang waren. Etwas weiter am Weg stand eine junge Eiche, die sich von ihren Blättern nicht trennen wollte und in denen nun unablässig der Wind raschelte. Dahinter leuchtete in feuerrotgelbem Licht ein Gewächshaus in dunkelschwarzer, erdenschwerer Nacht – ein fast magischer Anblick.

Ich nahm Kontakt zu der Eiche auf. Sah ich etwas? Mir schien so. Oder waren es Reflexe, die im Auge durch das Spiel von Licht und Schatten, durch die strahlende Nähe des Gewächshauses hervorgerufen wurden? Vielleicht ist der Unterschied zwischen Lichtreflex und eingebildetem Erkennen gar nicht so groß. Kann die Wahrnehmung der höheren Ebenen der Wirklichkeit durch eine Übersetzung in eine Empfindungsgröße der bekannten fünf Sinne geschehen? *Jegliche* Wahrnehmung ist doch eine Übersetzung in seelische Empfindungen! Es besteht also kein absoluter Unterschied zwischen Sinnlichkeit und Übersinnlichkeit.
Sah ich etwas Wesenhaftes, das zu dem Baum gehörte? – Ich weiß es nicht. Jedoch hatte ich in jenem Moment der Fühlungnahme weitere Eingebungen: Ich begriff, daß hinter meinem und dem Leben anderer Menschen, die ständig um eine tiefere Bewußtwerdung ringen, eben dieser eine große Prozeß steht: *Werdung*. Die Aufgabe des einzelnen und besonders einer im materiellen Wohlstand aufgewachsenen Generation ist die innere Veränderung, die Entwicklung hin zu einem höheren Wohl-Stand in Geist und Seele. Ist es nicht meine persönliche innere Aufgabe, den feinen und feinsten Schwingungen der geistig-seelischen Wahrnehmung den kraftvollen, machtvollen Gedankenstreichen des Intellekts gegenüber zu Recht und Leben zu verhelfen?
Und über Bäume wurde mir etwas zuteil: Bäume sind eine der letzten – sehr starken – Manifestationen, die die geschundene Erde innerhalb der technischen Zivilisationen hervorbringt: Sie stehen in den Städten und ertragen die tausend Schlechtigkeiten, die dort in Luft, Wasser, Boden und Äther vorherrschen. Die Bäume tun es, weil sie uns lieben. Selbst dann noch, wenn wir sie in Betonkübeln gefangen halten. Die Erde reckt ihre Zeichen in die Stadt.

31. Dezember 1993

Es war mein Wunsch, die Jahreswende in Fühlungnahme mit der Natur zu verbringen: Nach russischem Volksglauben wird man das ganze neu hereinbrechende Jahr so verleben, wie man Silvester verbringt. In meiner Erfahrung hat sich dies bisher durchweg bewahrheitet.
Florida und ich erreichten noch den letzten Zug, der uns nach Hude bringen konnte – um Viertel vor neun. (Die Rückfahrt von 25 Kilometern bewältigten wir mit dem Fahrrad – in einer sternenkalten, mondbeschienenen Neujahrsnacht.)
Ich betrat mit Florida den Klosterpark, in dessen Mitte das Gutshaus still und verträumt dalag. Einige Knallfrösche explodierten fern im Park. Ich staunte über einen sich zum Schutzschirm knorrig und verwinkelt ausbreitenden Baum am Wege, prüfte den nahen Platz der kosmischen Einstrahlung und den immer noch quer über dem Weg liegenden, hinsterbenden Baum. Beide Hände an den noch lebenden Stamm der langen Buche legend, erkannte ich, daß unsere Gefühle und Wahrnehmungen so etwas wie ein Puffer sind zwischen dem physischen, materiellen Leben und dem Leben von Geist und Himmel und daß gerade auf dieser Grenzlinie in der Begegnung beider Bereiche sich das Leben entfaltet. Es gilt, Fühlen und Gefühle zu ihrem Dasein kommen zu lassen, aber nicht darin zu verharren, sondern stets das Wissen darum zu bewahren, daß sie nur Erscheinungen einer Grenzschicht zwischen Welten sind.
Wir nahmen den Weg an den Teichen entlang, und ich wurde einer kleinen Ilex-Gruppe am Wegesrand gewahr: Ist das der Kraftpunkt, von dem Jan Jose sprach?
Das Kloster erstrahlte in erhabener Ruhe. Ich suchte sogleich die drei Eiben auf und stellte mit Genugtuung fest, daß sich das beim ersten Mal erlebte Schwingungsmuster wiederholte: Ein arhythmisches oder polyrhythmisches Tanzen in gemä-

ßigtem Tempo unter der verschlungenen Eibe (die ich auch *Tanzende Eibe* oder *Schlangeneibe* nennen möchte), ein Drehen um die eigene Hochachse (gegen den Uhrzeigersinn) an der *Hohen Eibe* und ein rhythmisches Wiegen im vertrauten Erdtempo an der dritten Eibe. Ich strich im Gebiet des Altarraums umher und geriet nochmals zur Tanzenden Eibe, als ich eines seltsamen Lichtpünktchens gewahr wurde: Wie das Glühen einer angekokelten Eibennadel leuchtete da ein winziger gelbroter Punkt im Gezweig der Eibe. Ich trat näher, prüfte und nahm verschiedene Perspektiven ein; von der Straßenkreuzung her drang das Licht einer Laterne durch das Zweigwerk der Eibe: Es mußte sich also um einen Lichtreflex handeln. Schließlich kam ich zu dem Ergebnis, daß das Lichtpünktchen auf dieser einzigen Nadelspitze (das dann verschwand, wenn ich mit der Hand den zugehörigen Zweig ganz abschattete) eine *Beugungserscheinung* des Lichts sein mußte; offenbar war diese eine Eibennadel an ihrer Spitze so hauchdünn, daß es zu dieser aus der Physik bekannten Erscheinung bei sich fortpflanzenden Wellen (elektromagnetischer oder akustischer Natur) kam. Oder handelte es sich um ein Wassertröpfchen? – Nein, das hätte sich an der Nadelspitze nicht halten können und hätte einen weniger punktscharfen, eher diffusen Reflex erzeugt. Später erzählte ich Florida von meiner Beobachtung und lieferte auch meine physikalische Erklärung dazu. Weise antwortete mir die Freundin: Physikalische Erklärung und übernatürliche Bedeutungszuweisung müssen einander nicht ausschließen.
Daran hatte ich nicht gedacht! War es nicht ein Wunder, daß die Eibe das Licht an dieser einen Nadel sammelte und mir schenkte? War es nicht ein Funken des verbindenden Geistes zwischen Natur und Mensch, der da an diesem heiligen Ort aufleuchtete?

Ist nicht umgekehrt alles technisch hergestellte und physikalisch erklärte Licht nur ein trübseliger Abglanz der Sonne, der Versuch einer narrenden Kopie des geistigen und allumfassenden Lichtes?
Abermals machte ich mich auf die Suche nach dem Yang-Punkt im Chor, dort, wo einst der Altar gestanden haben muß. Ich glaubte schließlich, ihn unterhalb dort liegender Trümmerbrocken, auf einer Linie mit dem noch stehenden nordöstlichen Pfeiler gefunden zu haben.
Ein gnädiger Dreiviertel-Mond beschien unseren Besuch der Klosterruine. Wir brachen nun auf zum Hasbruch, machten unterwegs aber Halt an der *Heiligen* (*tanzenden*) *Buche*. Wir begrüßten sie, und ich bestaunte den im Dunkeln noch verrunzelter wirkenden knorrigen Stamm, doch hielten wir uns bei ihr nicht lange auf. Statt dessen führte ich Florida nun zu jenem Baum, der mir hier an dem Wäldchen als erster begegnet ist: Ich begrüßte den Wächter des Waldes, umarmte und küßte ihn und stellte mich zwischen ihn und die befreundete Eiche, indem ich die Arme ausstreckte und die linke Hand an ihn, die Buche, die rechte an die Eiche legte. Wieder wollte ich schnell Geheimnisse wissen, doch der Wächter blieb kalt. Ich tröstete mich damit, daß dieser Baum unendlich weise, seine Weisheit aber von der hohen, fernen Art sei; außerdem sei es Winter und ich müsse eben noch Geduld haben: Noch bin ich nicht reif für diese Art von Erkenntnis und für die Einweihung, die hier vielleicht auf mich warten mag.
Ungeduldig wollte ich weiterstürzen, doch Florida stand lange Zeit versunken und angetan vor dem Baum. Also begann ich ebenfalls zu *schauen*. Da es aber dunkel war, veränderte die mir nun schon vertraute Buche ihre Gestalt mehrmals. Sie verwandelte sich von einem greisen Mann in einen Soldaten mit Gewehr, dann in eine Frau mit langem Gewand, in einen Astronauten, in einen Außerirdischen und in andere Figuren, die keine Benennung mehr zulassen. Das brachte mich auf

den Gedanken, daß dieses Wesen überhaupt kein Baum, sondern ein – verzauberter? – Mensch sein könnte! Hier steht ein Mensch!
Ich nahm außerdem eine breite *Aura* um den Baum wahr (etwa einen Meter zu beiden Seiten). Nun, daß dieses Wesen von einem starken Schutz begleitet ist, war mir stets klar, denn waghalsig dicht steht es an der Straße.
Doch als Florida und ich später, im Hasbruch, unsere Beobachtungen austauschten und ich von dem Baum als mutigem Wächter und die Hände erhebenden Beschützer sprach, befand ihn Florida für gefährdet und schutzbedürftig. Etwas wahrlich höchst Außergewöhnlichem seien wir da begegnet. Vielleicht hat Florida recht? Hatte ich bei Tage nicht auch den Eindruck, der weise Wächter halte sich mit seinen zwei Ästen wie mit Armen im Blattwerk der Eiche fest? Die Kameradschaft zwischen der Eiche und dieser Buche ist offensichtlich; beider Zweigwerk durchdringt sich gegenseitig. Schutz und Schutzbedürftigkeit, Weisheit und Verzauberung, Mahnung und Hilferuf, Sich-Vorwagen und An-den-Rand-Gedrängt-Sein – diese Ambivalenz weist auf Rätselhaftes und Höheres hin. Es gilt, diese Ambivalenz nicht nach einer Seite hin aufzulösen, sondern sie zu durchdringen und zu umgreifen durch die Überwindung des Widerspruchs in der eigenen Seele.
Das Ziel unserer Reise war der den Feen geweihte Platz unter der *Hohen (Schwarzen) Buche* zwischen Brücke und Jagdhütte im Hasbruch. Wir hielten uns unter dem Schutz der Hohen Buche auf. Es war zwanzig vor zwölf, als wir dort ankamen, und gerade rechtzeitg zum Beginn des neuen Jahres war der Glühwein fertig, den ich auf einem altmodischen Spirituskocher am Fuß der Hohen Buche warm machte. Ringsum krachte und knallte es von den Rändern des Hasbruchs her.
An der nahen Ilex-Lichtung ließ ich mich vom Energiestrom des Kosmischen Tanzes durchfluten. Bemerkenswert war, daß Florida an derselben Stelle – am Rande der Ilex-Lich-

tung, wohlgemerkt, nicht etwa in ihrer Mitte – nicht die kosmischen Rhythmen verspürte, sondern eine fortwährend im Uhrzeigersinn drehende Kraft. Sie gewann den Eindruck, daß hier zugleich etwas von oben einstrahle als auch von unten ausstrahle. Die drehende Erdkraft hatte ich indes auch an der Buche wahrgenommen, und so ist es sinnfällig, daß sich hier an diesem Feenort im Schütze der Baumkuppel und des bogenförmigen Bachlaufs Himmel und Erde in Harmonie vereinen.
Lebt gut, ihr Geister des Waldes! Dieses Jahr sei euch geweiht!

8. Januar 1994

Ein grauer Tag in Oldenburg, nicht zu kalt. Um kurz nach halb vier war ich in Hude. Ich nahm den kürzesten und musikalischsten Weg – durch die Bach-, Mozart- und Beethoven-Straße – zu dem bekannten Wäldchen. Ich begrüßte die Heilige Buche mit ihren tausend Gesichtern. Der verknorpelte Stamm erschien mir von Mal zu Mal schöner: Sind hier nicht tausend Geschichten und Bilder und Gestalten verewigt? Am dicken Wulst auf der Rückseite des Stammes versuchte ich, *sehend* zu werden. Zweimal hatte ich in der kurzen Zeit, die ich mir zur Einfühlung nahm, den Eindruck, daß sich »durch das Sehen hindurch« nach Art des »Weichen Blickes« eine Gestalt aus den Strukturen der Rinde heraus manifestiere. Es kam darauf an, den Blick nicht an die physische Oberfläche zu heften, sondern die geöffneten Augen durchlässig zu machen für etwas, was eher von innen oder aus der Luft heraus antwortete. Der Schatten einer menschenähnlichen Gestalt mit Kopf und Schultern erschien mir aus dem Baum heraus.
Ich begrüßte noch den Wächter des Waldes. Wann werde ich das Geheimnis dieses Baumes ganz in Erfahrung bringen?
Der Himmel in Hude war weniger grau als in Oldenburg; die

Wolkendecke lag höher und hatte einen lichten blauen und rosafarbenen Schimmer; jetzt aber leuchtete ein glutroter Sonnenball zwischen Himmel und Erde am Horizont hervor.
Ich machte mich schnell auf den Weiterweg, um in freier Landschaft etwas von der Poesie des über den Rand der Erde rollenden Rades zu erfassen. Ich wanderte am Bach entlang, dann über verschiedene Wege nach Süden. Das war die Huder Landschaft: Weite Felder oder Koppeln, mittendrin hie und da feingliedrig verästelte Bäume oder Baumpaare.
Aus bescheidener Ferne durchwirkte das Summen und modulierende Rauschen der Autobahn die Atmosphäre der Landschaft; mochte es hier auch gering an Lautstärke sein, seine Allgegenwart schleicht sich doch ein in das Herz aller Wesen, die hier leben, und seine Wirkung ist wie ein schwaches Gift – es führt zur Allergie, nicht zum Tod. Mögen wir physisch auch ein ganzes Leben mit diesem Geräusch verbringen: Das Wesen einer offenen Landschaft ist die Stille, und dieses Wesen ist angegriffen von dem Verkehr auf den großen, breiten Straßen.
Endlich war ich in jener Gegend, in der ich bestimmte Landschaftskonturen genauer in Augenschein nehmen wollte, die in der Karte als Dünen verzeichnet sind. Es dämmerte und dunkelte nun rasch; am Ziel angekommen, las ich gerade noch ein Hinweisschild *Zur Ahnenstätte* an einem nach links führenden Waldweg, während ich mich nach rechts in das Moorgebiet hatte wenden wollen. Ich folgte dem Weg zur Linken.

Die »Ahnenstätte« war kaum mehr zu verfehlen: Sie breitet sich über annähernd einen Hektar aus und gliedert sich in zwei Teile: Zur einen Seite, im Norden, liegen hinter einem hölzernen Tor drei flache Grabhügel, wie sie in der Bronzezeit angelegt worden sind; es sind nur flache Aufwölbungen

der Erde, wobei diese hier aber mit je einem kleinen Findling gekrönt sind, was freilich erst in jüngerer Zeit geschehen sein kann und irgendwie unpassend wirkt.
Die ganze Gepflegtheit und Umgrenzung der Anlage, an deren hinterer Seite ein etwa ein Meter hoher Erdwall noch deutlich sichtbar ist und die mit niedriger Heide bepflanzt ist, läßt ihre vorgeschichtliche Bedeutsamkeit erahnen.
Der etwas größere südliche Teil ist ein Friedhof, dessen frischeste Gräber aus allerjüngster Zeit stammen, dessen Anlage und Atmosphäre aber rasch auf den Geist der Nazi-Zeit schließen ließen. Ich fühlte mich sofort an »Ehrenhaine« aus jener Zeit erinnert. Hier jedenfalls war die Vereinnahmung eines geweihten Ortes der Vorzeit für die Germanentümelei der jüngeren Vergangenheit augenscheinlich.
Dieses ist kein normaler Friedhof. Nicht nur sind seine Wege in verschlungenen, auf und ab führenden Pfaden angelegt, nicht nur ist dieser Friedhof seinem Charakter nach eigentlich ein Hain, der mit Kiefern und Rhododendren bestanden ist, sondern die Grabmale sind ausschließlich unbehauene Findlinge, selten über einen Meter groß, stets flach liegend und mit einfachen eingravierten Namenszügen und Jahreszahlen versehen. Kein Kreuz, kein blanker Marmorstein! Der Friedhof ist außerdem von niedrigen Erdwällen umgrenzt und durchzogen. Die flachen Grabhügel im nördlichen Teil sprechen für sich, nämlich für die Vorgeschichte dieses Ortes oder der Anlage; die Atmosphäre und der Untergrund des Friedhofs sprechen jedoch eine noch ganz andere Sprache.
Ein Holztor im Wald, das den eigentlichen Eingang zum Friedhof darstellt, führt zu einem Platz, der etwa eineinhalb Meter tiefer liegt als das übrige Gelände; es ist ein flacher Kessel, der von einem Wall umgeben und nach einer Seite, zum Tor hin offen ist. Der Kesselboden ist eine schöne Ruhezone mit Bänken, geharkten Wegen und einem von zwei Bäumen gebildeten Tor; eine Tür führt offenbar in eine klei-

ne Gruft, ein im Boden eingelassenes Gitter schützt etwas, was darunter liegen muß – eine Grube oder eine Zisterne? Ein Rhododendronbusch legt seine Zweige in einem geschützten Winkel wie zur Überwölbung einer Erdhöhle aus; ich fühlte mich sogleich an einen Erdorakelplatz erinnert und nach dorthin gezogen. Ich stellte mich in die Höhle des strauchüberspannten Platzes und empfand eine leichte irdische Schwingung, die sich als Verdrehung des Körpers gegen den Uhrzeigersinn bemerkbar machte. Handelte es sich bei diesem Kraftpunkt um einen Aquastaten, einen nach oben steigenden, aber nicht aus der Erde dringenden Wasserwirbel? Ist dies eine alte Kultstätte? Eine Art Kral, eine Wallburg? Überzeugt davon, etwas gefunden zu haben, das im Landschaftsgefüge von Bedeutung ist, trat ich den Heimweg an. Zu Hause nahm ich noch einmal die Karte zur Hand.
Auf der Karte ist ein Grabhügel 300 Meter von der Ahnenstätte entfernt verzeichnet. Und die Gegend, in der ich auf die merkwürdige Ahnenstätte gestoßen war, heißt *Heiligenloh*!

4

Von Sunderburg und Engelsberg

31. Januar 1994

Meine Wege führten mich und Florida für eine Woche in die alte Heimat, nach Fürstenfeldbruck westlich von München. Wenn man solange in anderen Heimaten weilt, schärft sich natürlich der Blick für Veränderungen, und da es die Spuren der Kindheit sind, die ich hier unter die Füße nahm, liegt die Schwelle zur Empfindlichkeit entsprechend niedriger. Es ist erstaunlich und eigentlich katastrophal, wie radikal sich das Erscheinungsbild der oberbayerischen Dörfer allein in den vergangenen zehn Jahren verändert hat. Noch stehen die alten Bauernhöfe, und noch krähen die Hähne auf den Misthaufen – oft sogar dreimal –, aber das Wesen der alten Dorfgemeinschaft ist längst zerbrochen, die Dörfer sind zu Schlafstädten geworden, die sich kaum noch von den anderen Münchner Vororten unterscheiden. München ist bekannt und hochgeschätzt für sein grünes Umland, aber das Umland ist nicht mehr der Starnberger See und der Ammersee, die Isarauen und das Erdinger Moos, sondern es reicht schon von Herrenchiemsee bis Neuschwanstein, und die ganze Alpennordseite betrachten die Münchner als »Hausberge«. Was man einst zum Umland zählte, ist sozusagen längst ein Stadtteil geworden.

Die Stürme der letzten Tage hatten wieder einmal ihre Reisespuren in die Wälder gehauen; nun war die Luft auf dem Lande klar und trocken, und ein bodenschwerer, herber Landgeruch kitzelte unsere verkümmerten Nasen.

An einem der Nachmittage fand ich Zeit für mich allein. Ich

besuchte die *Sunderburg*, jene erhabene Stelle am Ufer der *Amper*, des Flusses meiner Heimat, die im Wald zwischen Schöngeising und Grafrath über einer Enge thront. Die Sunderburg ist in ihrer heutigen Gestalt nichts als ein großer Erdhügel. Einst stand hier ein Jagdhaus der Wittelsbacher, und da man annimmt, daß die alte Salzstraße durch diesen Wald führte, ist es wahrscheinlich, daß an derselben Stelle schon zur Zeit der Römer eine befestigte Zuflucht gestanden haben mag. Die Nähe zu zwei keltischen Opfersteinen, die in unmittelbarer Nähe im Wald verborgen liegen, macht es wahrscheinlich, daß diese Stelle bereits von den Kelten besiedelt war – wie sonst kämen die Wittelsbacher auf die Idee, diesen Ort für ihre Burg zu wählen? Ich streifte über das Gelände hoch über der Amperschlucht, doch erfuhr ich nichts, was mir von früher her nicht schon bekannt gewesen wäre. Ich wurde des weit dahinstreifenden Ausblicks gewahr, der sich einem hier zwischen den winterkahlen Bäumen hindurch über die Wälder des westlichen Landkreises bietet, über die Rothschwaige in der Ferne und über den Forst von Schöngeising.

Unweit der Sunderburg, dort, wo sich von der Höhe der Gletschermoräne ein Einschnitt des Hangs zur Tiefe der Amper hinunterschwingt, hat der Wind eine schreckliche Schneise in den Wald geschlagen. Forstarbeiter zersägen die Bäume in handliche Stangen ... Es ist stets von großer Traurigkeit, Veränderungen in der Heimat wahrnehmen zu müssen, denn jede Veränderung bringt einen Wandel im Gemüt der Landschaft und der mit ihr verbundenen Menschen mit sich.

Die allgemeinen Holzfällerarbeiten, das Herausschneiden der Bäume, der Windbruch haben in ihrer gemeinsamen Gefräßigkeit nun beinahe auch das Hainfeld der keltischen Opfersteine in der Nähe der Sunderburg erreicht, jenen Raum, der heute so unauffällig im Stangengehölz verschwindet und längst nicht mehr als *Ort*, als heiliges Feld zu erkennen ist. Eine Tarnung? Ich näherte mich den Steinen, in deren Umkreis ich bei meinem letzten Besuch im Spätsommer einen starken magischen Schutzwall, eine geistige Schwelle gespürt hatte, dieses Mal von Osten her, vom Hang herab. Ich nahm mir vor, mir den Ort nun ein wenig weiter zu erschließen. Ich suchte nach Zeichen, die durch Bäume gegeben sein könnten. Allein hier waren keine »besonderen Bäume«, hier waren nur die armen Fichtensoldaten, die stramm und an ihren Gliedern verkrüppelt dazustehen hatten. Jedoch stehen da zwei schlanke, junge, fast wie Gartensträucher hochwachsende Buchen am Wegesrand, und zwar just dort, wo die Entfernung vom Weg zu den Steinen die kürzeste ist. Der tatsächliche, durch viele Schritte in den Boden gedrückte Pfad zu den Steinen nimmt zwar einen ein wenig schrägen und gewundenen Verlauf, doch hatte ich sofort den Eindruck, daß diese jungen, keineswegs Macht und Ehrfurcht gebietenden, eher ängstlich zwischen den über »mächtigen, doch seelisch verkümmerten Fichten stehenden Bäume den Torweg zu den Steinen markieren. Ich trat zu der einen der beiden schlanken Buchen und sah, daß ihre ohnehin spärlich aufschießende Krone auch noch einen ihrer Äste verloren hatte. Es war dies ein etwa zwei Finger dicker Stecken, der dort oben in der Mitte abgebrochen war, nun aber als zweigliedrige Astgabel noch an dem zähen Holz der Abbruchstelle hing, und zwar so, daß die Spitzen des Zweigwerks mitten in den Weg hineinragten. Ich lehnte mich mit beiden Handflächen an den Baum und fragte ihn, was ich tun sollte. Ich empfing innerlich die Bitte des Baumes, ihn von dem halb abgebrochenen Astwerk ganz zu befreien, was mir nach einiger Zeit und mit einiger Mühe auch gelang.

Ich besah mir die nähere Umgebung und fand die beiden Torbäume in einer fast spiegelbildlichen Anordnung auf der anderen Seite des Weges noch einmal stehen. Sollte dies ein zweites Tor sein? Die Bäume waren ja nur dadurch gegenüber der Umgebung herausgehoben, daß sie Buchen inmitten des Fichtenforstes, sozusagen Perlen unter Murmeln waren. In der Tat führte in einer Verlängerungslinie von den Steinen zu den Torbäumen eine von erwachsenen Stämmen freie, gestrüppartig dicht von allerjüngsten Fichtenbäumchen bewachsene Furt weiter nach unten, den sich steiler und steiler neigenden Hang hinab. Der dichte Bewuchs mit zartgrünen Fichten, keine höher als ein Kind, war mir auffällig, da es sonst in der Umgebung kaum eine freistehende »Baumschule« gab, und dies war nicht etwa eine abgezäunte Schonung. Ich folgte der Furt der Fichtenschar hangabwärts. Dort, wo der Berg endlich abfiel zu der dem Fluß vorgelagerten Ebene, hatte ich einen freien Blick zum Fuß des Hanges. Hier standen einige prächtige, hochgewachsene Buchen, so als hätten sie sich zum Tanzen an just diesem Platz versammelt. Dahinter war wiederum eine Fichtenplantage angelegt. Aber am Fuß des Hangs: Ein Buchenplatz, ein Buchentanzplatz!

Eine der Buchen steht in der Mitte, die hielt ich für die Hauptbuche. Ich begab mich wenig später zu dem Platz hinunter und hielt durch meine Hände Zwiesprache mit der großen Buche, doch blieb ich ohne eine Antwort, die über meine erste Intuition hinausging. Demnach muß dieser Platz am Fuße des Hangs, der so licht und schön ist unter der Kuppel der Buchenkronen, von irgendeiner Bedeutung sein, denn er steht ja über die Linie, die heute durch junges Fichtengrün gekennzeichnet ist und eine tiefere Bedeutung hat, mit den keltischen Steinen in Beziehung.

Vorerst aber wandte ich mich wieder den Opfersteinen zu und trat dieses Mal durch das Buchentor hindurch, um zu der Senke mit den Steinen zu gelangen. Die beiden Steine – der eine von der Größe eines Seelöwen und der andere von der eines Bären, beide mit Moos bewachsen, das zum Teil die Vertiefungen und Rillen überdeckt – waren übersät mit Fichtenzweigen und Nadeln, die die Stürme hier hinuntergeschleudert hatten. Ich machte mich an die Reinigung und kehrte mit der bloßen Hand das Gröbste von den Flächen, putzte mit den Fingern die Vertiefungen und Rinnen der Opfersteine. Ein dem Okkulten zugetaner oder einfach nur feinsinniger Mensch hatte den Steinen einen Eschenzweig dargebracht, den legte ich dem flachen, vorderen Stein wieder auf. In der unzugänglichsten und geheimnisvollsten Vertiefung des hinteren Steins aber versenkte ich zwei Glasperlen. Ich deckte sie wieder mit etwas Erde und Nadeln zu – mögen sie Opfer sein, den Göttern zum Geschenk oder den Zwergen oder gar einem Menschen, der sie, nicht wenig verwundert wahrscheinlich, finden mag. Als ich dies getan hatte, hielt ich nach einem Zeichen Ausschau. Ein Ruf im Himmel erregte meine Aufmerksamkeit, und über meinem Kopf hinweg in etwa dreifacher Baumhöhe zog eine Schar von Wildenten hinweg – nach Süden. Was hatte das für mich zu bedeuten?

Dieser Ort zeigt uns heutzutage nicht seine wahre Gestalt. Es muß einen Hain gegeben haben und so etwas wie eine geweihte Senke. Der Fichtenforst tötete den Charakter der Landschaft, denn es gibt ja keinen Zweifel darüber, daß der ursprüngliche Wald völlig anders ausgesehen hat. Ich begriff jedoch in einem Moment der inneren Schau, daß die Entstellung des Ortes, wie sie sich gegenwärtig zeigt, nicht nur Barbarentum der Menschen ist, das es etwa um jeden Preis rückgängig zu machen gälte; diese Entstellung ist auch Schutz, denn die wahre Gestalt des Ortes ist als Kraftmuster noch immer in der Erde enthalten, und es schlummert dort und überdauert die unwissenden Zeiten, bis es wieder gestaltend wirkt. Der Fichtenwald täuscht einen falschen Eindruck vom Ort vor, doch er schützt den Ort auch. Die vier Buchen jedoch und die Furt der jungen Bäume (in deren Schutz sich etwas Neues vorbereiten mag) sind das Zeichen der Zukunft, der Hoffnung.

Die eiszeitliche Endmoräne des Ammergletschers bildet in dieser Gegend eigentlich *zwei* Moränenwälle, die von der Amper durchbrochen werden; die Sunderburg bezeichnet den höchsten Punkt des äußeren Walls. Zwischen dieser und einer zweiten Höhe, dem inneren Wall, liegt auf der Ostseite der Amper eine Weide, die an drei Seiten von Wald eingerahmt wird, sich auf der vierten aber zum Fluß hin öffnet. Den Saum des Waldes und vor allem die Ecken der Viehweide bilden schöne, charaktervolle Weidenbäume.[1] Ich empfand sie im Vorüberwandern als liebende Bäume, die zum Schutz des offenen Platzes ihre Äste weit in die Wiese hinein beugen.

Ich setzte meinen Weg fort entlang des Steilhangs des zweiten Moränendurchstoßes und trat nahe am Flußufer von der Wiese her wieder in den Wald ein. Dieser am Hang bis zur Uferlinie hinab stehende Wald ist von ganz anderem Charakter als der am Steilhang unterhalb der Sunderburg: Urwüchsiger und lichter ist er, denn es stehen hier statt des Industrieholzes fast ausnahmslos Buchen. Sind nicht die Buchenwälder stets Tempel des Lichts, besonders im Frühjahr, wenn Luft und Raum zwischen den silbergrauen Stämmen zartgrüne Farbe annehmen?

Kaum hatte ich also diesen schönsten Abschnitt des Weges durch die Amperschlucht betreten – und freilich waren da zu dieser Jahreszeit noch keine Blätter am Buchenhimmel – so gewahrte ich eine starke, hoch und kräftig gewachsene Buche, die einen Astbogen über den Pfad hinweg bildet, der bis zum Wasser hinüberreicht. Dort breitet er ein kuppelartiges Flechtwerk seiner Äste und Zweige aus. Der Astbogen ist stark und fest, und wo er sich anschickt, sein Dach über dem Uferwasser auszubreiten, tut er es mit einer Verschlingung zweier starker Äste kurz nach ihrer Gabelung – ein Astkreuz ist zu sehen. Die Amper wiederum schuf auf ihre Weise an dieser Stelle einen wohnlichen Ort: In einer kleinen Ausbuchtung

Opfersteine

oder Aushöhlung des Kiesufers kommt sie dem Baum entgegen. Ist dies nicht ein wunderbarer Platz für die Nixen, für die Geister des Wassers? Wölbt der Astbogen sich nicht zum Schutze aller Wanderer über den Pfad?
Ich ging weiter und suchte mit den Augen nach einem Baum, der ebenso vielsagend wie dieser sein könnte. Ich erkannte ihn, wie er weiter oben, hangaufwärts zwischen anderen Bruderbäumen stand, doch ging ich zunächst weiter durch den immer prächtiger werdenden Buchenwald am Hang. Ein zügig zum Fluß hinab sich senkendes Tal durchbricht diesen nochmals. Ein Hauptbaum? Dutzende von großen, hochaufschießenden Charakter-Buchen stehen hier zwischen schlichteren Schwesterbäumen. Besonders häufen sich die Charakter-Buchen am Rande des Waldes zur höher gelegenen Ebene hin. Ich setzte meinen Weg bis zu diesem Waldsaum fort, bewunderte die teils recht wagemutig verästelten Bäume und blickte zu jenem Hügel hinüber, der die höchste Erhebung

im Norden der Ammersee-Senke darstellt. Der Hügel – was ist drin? Ist es ein »heiliger Hügel«? Aber was ist heilig? – Die Erde lehrt uns: *Alles* ist heilig!
Ich machte kehrt und steuerte nun, von oben den Hang herabkommend, auf den bereits vom Nixenbogen aus gesichteten *Hauptbaum* zu. Und wirklich! Es *ist* der Hauptbaum, der Zeugenbaum der Gegend! Dieser Baum ist ein Königsbaum, genauer: ein Königsthron oder treffender noch: ein Feensitz. Die *Königsthron-Buche*, wie ich sie nennen will, ist stark, von großem Stammumfang, doch ist sie nicht sehr hoch. In etwa vier Meter Höhe fächert sich der Stamm in schlangengleiche, starke Stämme und Äste auf, die teils weiter nach oben streben, teils sich nach vorne recken und einen wunderschönen natürlichen Sitz abgeben. Die Krone stellt einen fast kesselartigen, Geborgenheit und dabei erhabene Aussicht bietenden Sitz dar. Es wunderte mich wenig, auf den Hauptästen drei angenagelte Bretter zu sehen, doch gleichzeitig packte mich auch ein Anflug von heiligem Zorn: Dies ist kein Platz, der für Menschen bestimmt ist, seien es Forstwächter oder spielende Buben! Der Baum selbst sagt es deutlich: In allerniedrigster Höhe sprießen vom Boden an bis in Brusthöhe, um den mächtigen Stamm herum und aus diesem hervor, junge, dicht verflochtene Asttriebe. Der Baum trägt einen Dornenkranz! Diese wurzelartigen, feinen, dürren, doch lebendig-zähen und kurzen Äste und Zweige sind am Fuße einer ausgewachsenen Buche und in dieser kranzartigen Dichte etwas höchst Merkwürdiges. Sie wachsen so dicht und gestrüppartig am Baum herauf, daß ein Durchklettern nicht mehr möglich war – bis auf einen kaminartigen Durchschlupf, den die Baumhausbauer sich zunutze gemacht oder ihn extra geschlagen hatten. Es war eindeutig: Die Buche schützte ihren Thronsitz mit dem gleichsam verfilzten Kranz von Trieben gegen unliebsame Möchtegernkönige. Ich war verblüfft. Mein erster Impuls war, die zerfallenden Bretter des Hochsitzes ganz wegzurei-

ßen. Ich trat jedoch zunächst an die Buche heran und nahm über meine Handflächen ein Gespräch mit ihr auf. Ich holte mir so nicht nur die Erlaubnis und Aufforderung, das Vorgehabte zu tun, sondern mir kam während dieser Kommunikation die ganze geschilderte Bedeutung des Baumes erst so recht zu Bewußtsein. Demnach ist dieser Baum so etwas wie der Sitz eines übergeordneten Elementarwesens, das über die Landschaft, namentlich die Ufer der Amper, wacht. Ich fragte, ob es noch mehr dieser Königssitze, Wachtposten vergleichbar, nach Norden hin bis zum Kloster Fürstenfeld gäbe. Die Buche sprach in mir: »Ja, drei.« Ich fragte, ob ich die Bretter entfernen solle. Die Buche sprach in mir: »Ja, und beeile dich damit!«
Mit heißem, heiligem Ernst ging ich an die Arbeit, kletterte durch die einzige Lücke im Dornenkranz in die Krone hoch und trat, riß und stemmte die halbmorschen Bretter, die mit noch unverrosteten Nägeln eingeschlagen waren, von ihrem Platz. Ich fand Stücke von Teerpappe, beseitigte diese Reste, wo sie nicht ins Holz eingewachsen waren, und befreite das Astwerk der Krone von abgestorbenen, nun verfangen dreinhängenden Ästen. Auch reinigte ich das dichte Kranzwerk, mußte jedoch auch einiges darin lassen, um nicht unnötige Schäden in dieser kleinen Welt anzurichten, die längst schon ein Mikrokosmos für allerlei Insekten und Vögel geworden war. Das zum Kranze gewachsene, wurzelwüchsige Zweigwerk wies an einigen Stellen wunderschöne Astkreuze auf, was ich als Zeichen einer Bewohnung durch Elementarwesen nahm.

Ich räumte also auf, was ich aufräumen konnte, anderes beließ ich und überließ es der Natur, damit anzufangen, was sie wolle; die herausgerissenen Bretter aber sammelte ich alle wieder am Boden ein und stapelte sie ordentlich an einem Nachbarbaum, um den sich betrogen und geschädigt fühlenden Menschen ein Zeichen zu geben, daß nicht ein Vandale, sondern ein Schüler

der Erde hier zu Werke gegangen war. Ob es etwas nützen wird?
Bevor ich ging, dankte ich und grüßte den Baum und hinterließ zwei Glasperlen in einer Höhlung im Stamm.
Das Besondere dieses Feensitzes war für mich, daß ich Bäume von ähnlicher Art bereits am Stollberg bei Bordelum (Nordfriesland) und im Hasbruch entdeckt hatte. All diese drei Bäume, die in so weit voneinander entfernten Landschaften stehen, hatten etwas gemeinsam. Ich kann das Gemeinsame nur mit dem Gefühl umschreiben, darin Thronsitze für übergeordnete Wesen der Landschaft, die das Leben von Pflanzen- und Tierwelt schützen und bewachen, entdeckt zu haben.
Ich nahm die Landschaft meiner Kindheit, deren Wälder ich schon als Knabe neugierig durchstreifte, nun mit anderen Augen wahr; mit feineren Ohren hörte ich auf den Klang vertrauter Namen. *Engelsberg* wird eine Anhöhe genannt, die hinter dem Kloster Fürstenfeld liegt und den südöstlichen Ortsrand von Fürstenfeldbruck beschließt. Die Höhe ist Teil der langgezogenen *Amperleiten*, die das Flußtal im Südosten begrenzen. Das eigentliche Herzstück des Engelsberges ist eine Lichtung inmitten schöner Buchen und Lindenbäume, die hoch über dem Tal der Stadt liegt und zu jeder Jahreszeit wegen ihrer heiligen Ruhe und Anmut gern von Spaziergängern aufgesucht wird.
Am Abend dieses Tages besuchte ich noch für einen kurzen Rundgang den Berg der Engel. Ich gewahrte im Schein der Straßenlaternen die zwei riesigen Buchen, die auf halber Höhe aufragen und sich mit ihren Kronen zu den Kronen des Hochplateaus gesellen. Alles, was ich jedoch in diesem kurzen Nachtbesuch an Besonderem meinem Gedächtnis einbeschreiben konnte, war ein bemerkenswerter Astbogen einer Eiche über dem ungefähr im Osten gelegenen Zugang zum Plateau.
Warum heißt der Ort Engelsberg?

Welche Bedeutung kommt ihm zu – die eines Atmungspunktes, eines Ortes also, an dem kosmische – oder geistige? – Energien sich der Erde mitteilen, um weiter verwandelt zu werden und ihre lebensfördernde Wirkung zu entfalten?

4. Februar 1994

Heute vormittag blieb mir noch einmal Zeit und Gelegenheit, mit Florida zusammen den Engelsberg zu begehen. Ich besah mir noch einmal den Astbogen: Er erweckt den Eindruck einer Pforte, durch die hindurch man die Freifläche des Plateaus betritt.
An einem Baum auf der gegenüberliegenden Seite war noch der gebogene Stumpf eines starken Astes zu erkennen, so daß sich wirklich einst durch den Wuchs der beiden Bäume ein gewaltiges Portal an dieser Stelle gebildet haben mußte. Der noch vorhandene Astbogen ist in einem schlechten Zustand.
Aber erst nun, da ich mit neuen Augen den Ort betrat, der mir von früher her schon vertraut war, *sah* ich, und ich begriff, welch großartige Naturkathedrale hier oben errichtet war. Dieses Plateau ist recht einzigartig, wenngleich auch von Menschenhand geformt. Heutzutage ist kaum jemandem der Name, der dem Ort gegeben ist, in irgendeiner Weise Anstoß zum Nachdenken. Aber es *kann* kein beliebiger Zufall sein, daß diese Anhöhe *Engelsberg* getauft wurde – und an ihrem Fuß von Zisterziensern, die ja über ein großes esoterisches Wissen verfügten, ein Kloster erbaut wurde. Auch heute noch ist der Engelsberg Ort einer jährlich wiederkehrenden spirituellen Feier: Am vierten Advent hält die evangelische Kirchengemeinde hier ihre »Waldweihnacht« ab, einen Gottesdienst im Freien, zu dessen Hunderten von Besuchern längst auch schon Menschen von außerhalb zählen. Den Gottesdienst

beendet meist eine feierliche Intrada des Posaunenchors (wobei den Bläsern nicht selten die Instrumente einfrieren), und unter den Klängen der Trompeten und Posaunen ergießt sich ein Strom von Fackellichtern, die die vielen Menschen während des Gottesdienstes entzündet haben, über die gewundenen Wege hinab vom Engelsberg zum Kloster hin und in die Stadt hinein.
Der vierte Advent indes ist ein Tag, der nicht jedes Jahr auf dasselbe Datum fällt. Er kann frühestens am 18., spätestens am 24. Dezember sein, fällt also stets auf ein Datum um den 21. Dezember herum. Der 21. Dezember aber ist der Tag der Wintersonnenwende, des alt-germanischen Julfestes. Ist also in der Waldweihnacht der evangelischen Kirchengemeinde ein uralter Brauch noch lebendig, der zur Wintersonnenwende den rituellen Pilgergang zu diesem Ort der Engel zum Inhalt hatte?
Unterhalb des Plateaus liegt das Kloster Fürstenfeld. In der Umgebung des Engelsberges ist der ganze Höhenzug zu beiden Seiten des Plateaus bestanden von einem wunderschönen, lichten Buchenwald. Das Plateau selbst fällt auf durch seine nach zwei Seiten hin sehr steil abfallenden Flanken, während es nach Osten zu von einem Wallgraben begrenzt wird, auf dessen äußerer Seite ein kleiner Hügel mit einem der Maria geweihten Denkmal – ein sogenanntes Marterl mit einer großen Holzstatue – zu finden ist. Was ist an der Form dieser Anhöhe natürlichen Ursprungs, was ist künstlich geschaffen? An der Westflanke bemerkte ich Reste eines alten, abgerutschten Fundaments – handelt es sich um die Überreste der einstigen Marienkapelle, wie sie auf einem alten Stich noch auf der Anhöhe des Engelsberges zu sehen ist? Die Gestalt des Plateaus ist so, daß der innere, weite Platz durch zwei Baumreihen zum Hang hin abgegrenzt wird, wobei der Platz von der Reihe der zweiten Baumallee zusätzlich umrahmt und hervorgehoben wird. Somit ergibt sich ein äußerer Umlauf-

gang, gleich den Seitenschiffen einer Kathedrale oder den Arkaden eines Kreuzganges. Auf welche Zeit geht diese Landschaftsgestaltung zurück? Was hat die Natur in jüngerer Zeit hier ihrerseits nachgeschaffen, um den alten Ort als natürlichen Tempel für seine ihm innewohnende ursprüngliche Funktion zurückzugewinnen? Denn daß es sich hier um einen bedeutsamen geomantischen Ort, um ein *Organ der Landschaft* handelt, durch das diese lebt und atmet und mit Bewußtsein ausgestattet ist, stand für mich nun außer Frage.
Am äußeren Rande des Plateaus steht eine verkrüppelte Linde, die viele Ausstülpungen und Wülste aufweist und einen starken, fast waagrecht ausladenden Ast, der zum Sitzen einlädt. Ich erkletterte die Linde und hockte mich in ihre Krone, als sei ich ein Troll des Waldes. Unter mir lag das Kloster, in naher Ferne das Tal von Fürstenfeldbruck. Welche Geheimnisse mochten in der alten Heimat noch zu entdecken sein?
Diese Frage im Gemüt bewegend, streifte ich umher. Ich gewahrte, daß eine der Buchen, die in der äußeren Reihe stehen, ihre schmalen Arme in zwei waagrechten Kreuzen von sich spreizt, so daß die vier Himmelsrichtungen dabei angedeutet werden. Ich erkannte die schlanke, geistvolle Buche als den Zeugenbaum des Ortes, der in besonderer Weise Wissen zu speichern und zu vermitteln berufen ist, der Mittler ist zu der hier waltenden Naturintelligenz. Ich versenkte mich in eine Zwiesprache mit der Buche, indem ich beide Handflächen an den Stamm legte:
Ob das Plateau und die Schlucht, die durch die in einer S-Kurve hindurchführenden Straße durchschnitten ist, natürlich entstanden oder von Menschenhand so eingerichtet seien, wollte ich wissen. Die Buche gab Antwort, und ihre Worte nahm ich im Herzen wahr: »Die Natur hat Berg und Schlucht geschaffen, aber der Mensch hat daran weiter gestaltet. Der steile Hang ist von natürlicher Form, er ist durch Erosion lange vor unseren Zeiten entstanden.«

Ich fragte, was denn die Bedeutung des Ortes in heutiger Zeit sei. Was gäbe es für mich zu lernen? – Der Ort sei in einem schlechten Zustand, übermittelte mir die Buche, die Zerstörung sei sichtbar. Aus dem Wissen über die wahren (also geistigen) Ursachen der Zerstörung ergäbe sich die Pflicht zum Handeln, zur Heilung.
Ich wollte nun wissen, wo ich noch mehr über den Engelsberg würde erfahren können. Würde die Kirche etwas wissen? Ich dachte dabei an die Pfarrei der evangelischen Kirche, da diese doch offenbar einen alten Brauch aufrechterhielt. – Ich fühlte die Buche deutlich mir diese knappe Botschaft übermitteln: »Die Kirche. Archive fragen. *Die Kirche*! *Pater Maria Anselm*.«
Es war für mich neu und erstaunlich, in einem solchen Zwiegespräch auf der Ebene der Intuition, der Einfühlung, einen Namen als Antwort zu erhalten. Gewiß, den Namen *Anselm* hatte ich dunkel in Erinnerung. Ich hatte ihn irgendwo schon einmal gehört ... Dennoch mußte ich erst eine Weile meine Erinnerungen ordnen, bis mir schließlich einfiel, daß es ja eine Abt-Anselm-Straße im Westen der Stadt gibt! Und was die Kirche betrifft: Dort unten steht doch das Kloster! *Hier* muß man in den Archiven forschen! Das Kloster, der Zisterzienserorden muß Träger des Wissens vom Engelsberg sein!
Bei meiner weiteren Recherche sollten sich in der Tat diese Fäden weiter miteinander verweben. Doch stellte ich noch eine Frage an die Buche: Ob ich noch einen besonderen Baum gleich dem Feensitz finden würde? Und wo der dann zu finden sei? – Die Zeugenbuche wies mir die nordöstliche Richtung des Hangs.
Dorthin ging ich nun, und Florida begleitete mich. Ich suchte nach bemerkenswerten Bäumen. Gleich neben dem Plateau sah ich einen, mit dem ich mich aber erst vertraut machen wollte, wenn wir zurückkämen. Wir fanden dann bemerkenswerte Buchen im großen Buchenwald am Hang, solche näm-

lich, deren glatter Stamm bis in zehn bis fünfzehn Meter Höhe aufschießt, bevor sich eine Krone entwickelt. Wichtiger erschienen mir jedoch die Quellen am Hang, derer ich sieben zählte. Zwei davon sind durch Brunnen erschlossen, die anderen durch Betonröhren unter den Weg verlegt, damit sie diesen nicht unterspülen. Sieben Quellen.

Wir kehrten zurück zum Plateau, ohne einen Königssitz gefunden zu haben. Da besah ich mir jene schwarz verwitterte, alte Buche, welche ich vorher übergangen hatte, genauer: Hoch ist sie und gerade, sie hat überall geschwülstartige Ausbuchtungen und streckt ihre Äste in alle Richtungen. Ihr Alter, ihre überstandenen oder auch schwelenden Krankheiten, ihre schwarze, mit grünlichen Flechten bewachsene Rinde, ihre klare Gliederung im kerzengeraden Stamm und die aus diesem strikt horizontal ausgreifenden Äste machen sie fürwahr zu einem beherrschenden Baum der Umgebung, dem Ehre gebührt. Ich hielt es für möglich, daß diese schwarze Buche tatsächlich der gesuchte Feenthron sein könnte. Die *Königsbuche* in der Amperschlucht hatte mir in dem inneren Gespräch ja angedeutet, daß drei weitere Thronsitze dieser Art am diesseitigen Ufer der Amper zu finden seien. Dann wäre dies der dritte, direkt am Kloster gelegene. Ganz sicher war ich mir aber nicht – zu sehr hatten die Ranken und Ränke von eigenen Gedanken und Forscher-Ehrgeiz schon die Intuition überwuchert.

»In Tal und Einsamkeit« war das Kloster erbaut worden. Noch am selben Vormittag besuchte ich das historische Museum des Klosters und kaufte mir Bücher. Mit den Augen der Phantasie sah ich zurück in die Vergangenheit, ins Mittelalter. Ich sah Herzog Ludwig II. in großer Eile durch den Wald reiten, drei Pferde zu Tode hetzen und mit dem Schwert seine Frau erschlagen. Seither nannte man ihn »den Strengen«. Den Ehebruch, dessen Herzog Ludwig II. der Strenge seine Frau verdächtigte, hatte sie aber gar nicht begangen. Sie war

unschuldig gewesen, Herzog Ludwig II. nun aber schuldig geworden. Zur Sühne erlegte ihm Papst Alexander IV. auf, ein Kartäuserkloster zu gründen. Ein Mutterkloster dieses nach äußerst strengen Regeln lebenden Reformordens war in Bayern nicht zu finden; statt dessen ließ sich 1256 eine Gründungsgemeinschaft von zwölf Mönchen des Zisterzienserordens aus dem Mutterkloster Aldersbach in Thal an der Glonn nieder. 1261 zog sie in die Amperniederung bei Olching um, und erst 1263 wurde der endgültige Standort flußaufwärts, am Fuße des Engelsberges, ausgewählt. Der erste Abt dieser Mönchsgemeinschaft hieß *Abt Anselm.*
Als Oberhaupt der Mönchsgemeinschaft muß er eine entscheidende Rolle bei der Wahl des Standorts des Klosters gespielt haben. War er eingeweiht in das heilige Geheimnis des Engelsberges? Die Geschichtsschreibung nennt stets die Brücke über die Amper, die Salzstraße und das wirtschaftlich-politische Kalkül von Herzog Ludwig II. als ausschlaggebende Gründe für die Wahl des Standorts. Dann aber sind dem Herzog offenbar die Furt über die Amper, die alte Salzstraße nach Augsburg und die wirtschaftliche Bedeutung eines Klosters erst eingefallen, als die Mönche schon zweimal im Sumpf gebaut hatten, einmal an der Glonn und einmal an der Amper.
Ich glaube nicht an diese Geschichte. Nicht die wirtschaftlichen und politischen Erwägungen des Herzog Ludwig entschieden über die endgültige Wahl des Standorts, sondern das geistige und geomantische Wissen, die Intuition und Einsichten des Abt Anselm.
Das Kloster wurde 1803 säkularisiert. Heute befindet sich in den weitläufigen Gebäuden der in der Barockzeit erweiterten Anlage eine Polizeischule.

5

Die Madonna hinter der Feuerwand

11. Februar 1994

Nach meiner Rückkehr aus dem Süden zog es mich wieder nach Hude. Ich wollte dieses Mal eigentlich den Bach flußabwärts entlangwandern. Es regnete, und ich blieb im Klosterpark. Ich bemerkte heute nun auch, daß die Reihe markanter, großer Buchen im rückwärtigen Teil des Parks eine gerade Linie mit den beiden mächtigen, ganz bzw. beinahe abgestorbenen Buchen bildet – jenen Buchen, von denen eine die merkwürdige Kreuzbuche ist. Ich vermochte jedoch nicht, etwas aus dem Muster von Hebungen und Senkungen, aus dem Muster der Wälle und Gräben, Hügel und Senken herauszulesen.

Ein Traktor war im Park unterwegs: Die gestürzte Buche wurde abgeräumt. Spatzen und andere Vögel quietschten und zwitscherten die ganze Zeit über: Der Klang kommender Wärme hauchte eine neue Farbe in den mir vertrauter werdenden Ort.

Ich ging zu der in den feuchten Weidegrund auslaufenden Eichenallee, deren mächtige Eichen in vergangenen Stürmen gewaltige Äste aus der Krone verloren haben. Die Allee bildet den nördlichen Rand eines aus dem Park ausgegliederten, in die Weide hineinragenden Wald-Karrees. Buchen und Weiden, alle von stattlicher Größe und wilder Gestalt, stehen hier in lichten Abständen. Dazwischen aber wuchern Ilex-Sträucher in großer Zahl. Dieser kleine Hag wirkt dadurch licht und ur-

wüchsig zugleich. Das Karree blieb mir ein Rätsel: Ein Labyrinth ist es, ein Ilex-Labyrinth, dessen Sinn und Wege ich noch nicht kenne.
Die südliche Reihe von Buchen, die zur Eichenallee parallel verläuft und den Hain abschließt, bildet mit ihren weit in die Weide ausladenden Ästen eine Art Vordach oder Galerie entlang des Hags. An einer markanten Stelle stehen drei charaktervolle, an den Wurzeln zusammengewachsene Buchen – ich taufte sie die *Drei Schwestern.*
Ich begann auf diesem Spaziergang zu begreifen, wie unterschiedlich in ihrem Charakter die einzelnen Baumarten sind: Die Buchen, die mir vertrautesten Bäume, sind stolz, meistens gerade, zielstrebig in den Himmel wachsend. Sie treiben mächtige Äste aus ihrem Stamm heraus; mit Klarheit und Weisheit sind sie gesegnet. Die Eichen sind oft wahre Kraftprotze, weniger einen lichten und klaren, als vielmehr einen dunklen und erdkräftigen Eindruck machend, zur Knorrigkeit neigend, starr, bis sie ausgehöhlt sind und brechen.
Rudolf Steiner spricht vom »Bildekräfteleib« als dem ätherischen Körper der Lebewesen. Dieses Wort gefällt mir gut, und es paßt sehr auf die Bäume! Gerade an Bäumen läßt sich gut nachvollziehen, was es heißt, daß etwas durch ein von außen her Durchdringendes, von innen her Bestimmendes zu seiner Form gelangt.

Offenbar habe ich eine besondere Beziehung zu Buchen – mehr als zu anderen Bäumen. Hat dies auch mit der Schriftstellerei zu tun? Von den *Buchen* stammen ja die *Buchenstäbe*, die im Altertum geworfen wurden, um das Orakel zu befragen. Später wurden aus den *Buchenstäben* die *Buchstaben* des Runenalphabets. Die *Buchstaben* werden als Schriftzeichen auf Papier, das aus dem *Holz* der Bäume gewonnen ist, niedergelegt. Viel Papier macht ein *Buch.*
Ich streunte weiter durch den Park, am Ufer der Teiche ent-

lang. Ich suchte irgendwie nach dem Kraftpunkt des Ortes. Ich sah eine Ilex-Gruppe, auf die die Beschreibung Jan Joses paßte. Sie steht in einer Linie mit drei stattlichen Eichen, ebenso in verlängerter Richtung eines blind auslaufenden Stichgrabens.

Teichmoos zauberte einen wundersamen grünen Teppich auf die dunklen Teiche; Strömung und Wind haben ihn in schlierige Streifen getrieben – *Teich mit grünem Schleier*. An einem der Teiche machte ich Halt. Eine entzweigebrochene weiße Bank steht am Ufer, es ist die *Philosophenbank*, ein beliebter Platz im Park. Ich schaute in das ruhige, dunkle Februarteichwasser, in dem sich die pfeilerartig den Teich umstehenden Eichenbäume, das gotisch zulaufende Gewölbe ihrer Äste, als ein mystischer Abgrund spiegeln. Mir war, als blickte ich im gleichsam »virtuellen Bildraum« des Wassers in einen sakralen Raum. Dieses Bild, dieser im Wasser geschaffene Raum, war von solcher Kraft und Schönheit, daß ich lange dort stand, meinen Geist darin versenkte und die Imagination in diesem Raum spielen ließ. Dabei erzitterte das feingeästelte Bild und verschwamm vor meinen Augen: Ein leiser Wind erregte die Welt im Teich und brachte sie zum Schwingen. Ja, so muß die Welt beschaffen sein! Dies war ein vollkommenes Abbild des Wesens der Wirklichkeit: *Schwingung*. Die in den Gestalten aller Körper verborgenen Dichten, die wir Teilchen nennen, *tanzen* unentwegt! Ich bemerkte, daß die von einer feinen Wellenbewegung der Wasseroberfläche hervorgerufenen Schwingungen meines Teichbildes sich in eine Richtung bewegten, und zwar von links nach rechts. Bewegte ich ebenfalls meinen Kopf von links nach rechts, stand das Bild mit einem Male still – nichts zitterte, nichts flimmerte mehr. Ich konnte die Lebendigkeit des tiefen Bildes also durch meine Kopfbewegung fördern oder erstarren lassen. Zu gern hätte ich diese dunkle, im Zittern leuchtende Kathedrale betreten. Das Kloster mochte nur noch eine Ruine sein – hier in diesem Teich dauerte es fort, nur von

wenigen bemerkt, denn der Giebel, die höchste Höhe dieses heiligen Raumes wies nach unten, in die Erde. Man mußte einen Sprung tun, dies zu verstehen, man mußte durch den Zauberspiegel hindurchgehen, um dies zu sehen.
In der Mitte der Klosterruine nahm ich noch einmal Fühlung auf. Von Modellen und Zeichnungen hatte ich eine Vorstellung, wie schlank das Kirchenschiff einst gewesen sein mußte. Ich suchte den Yang-Punkt. Jedoch war ich nicht mit der nötigen Aufnahmebereitschaft gekommen, und ich spürte vergebens zwischen den Trümmern umher. Oder ist dieser Punkt eben doch geradewegs unter der Schlangeneibe zu finden, an jenem Platz, den ich so liebe und den ich als durchflutet von erdhafter Ausstrahlung empfinde? Ich gab auf: Nein, den Yang-Punkt und die Leylinien, von deren Existenz ich wußte, fand ich nicht. [1]

18. Februar 1994

In Oldenburg hatte ich in der Nähe des Schloßparks eine weitere dreigliedrige Roßkastanie entdeckt, die gut ins Gruppenbild zu den Roßkastanien auf der anderen Seite des Schloßparks paßt. Sie teilt sich auf noch im dritten Glied, aber nicht mehr in allen drei Stämmen. Sie ist die bisher größte und beeindruckendste *Göttin-Kastanie* mit der charakteristischen Dreierverzweigung.

20. Februar 1994

Es war ein kalter Tag im Griff des seit über einer Woche vorherrschenden Ostwinds, es sollte sogar schneien, obwohl man manchmal auch einen roten Ball am Himmel spielen sah, und alle Gewässer, bis auf den braunen Huder Bach, waren so zugefroren, daß man darauf laufen konnte. Freunde aus Worpswede wollten kommen, um Kloster, Park und die Landschaft um Hude kennenzulernen und sich auf das Erdheilungsseminar einzustimmen. Ich war eine Stunde vor der vereinbarten Zeit in Hude und unternahm einen Rundgang zu dem kleinen Wald am Bach. Ich begrüßte den Wächterbaum und lehnte mich mit dem Rücken an seinen Stamm. Wie schon sooft, versuchte ich, etwas über diese merkwürdige Buche und über die Verhältnisse der unmittelbaren Umgebung im inneren Schauen herauszufinden. Ich fand nichts heraus. Ich stellte fest, daß ich nun geradezu ehrgeizig geworden war, etwas herauszufinden. Das kurze Verweilen schenkte mir indes diese Einsicht: Es ist sinnlos, mit Ehrgeiz und Forscherdrang nach Menschenart mit Natur und Landschaft in Beziehung treten zu wollen. Wozu muß ich unbedingt »etwas herausfinden«? Braucht die Natur dieses Forschertum der Menschen? Der Erde hilft das intellektuelle Forschen nicht (es

Drei Schwestern

führt auch von diesem kein Weg zum intuitiven Erkennen), sie braucht allenfalls *Verstehen* und ganz bestimmt *Liebe.*

Ich suchte noch die heilige Buche mit den vielen Gesichtern auf und versuchte, sie zu zeichnen. Es gelang kaum, und mir war, als müsse mich dieser Baum der tausend Bilder geradezu auslachen. Es ist eine *Fröhliche Buche.*

27. Februar 1994

Gegen fünf Uhr an diesem ersten Frühlingssonntagnachmittag wanderte ich durch die Feuchtwiesen im Westen Oldenburgs. Die Vögel sangen ganz vorfrühlingshaft, und die allerkleinsten Zaunkönige flöteten die größten Töne. Ein Graureiher segelte heran und setzte sich auf die Brachwiese. An den Uferrändern des Flüßchens schimmerten Eisreste, und die Enten dümpelten im braunen Wasser. Allerlei Unrat schwamm auch darin.
An einer kleinen Holzbrücke steht eine Buche – ein Schutzbaum, möchte ich sagen. Mir kommt diese Schutzaufgabe von Bäumen an Brücken mit jedem neuen Beispiel, dessen ich gewahr werde, deutlicher zu Bewußtsein.

28. Februar 1994

Heute endlich setzte ich mein Vorhaben um, dem Huder Bach in die andere Richtung zu folgen – dorthin, wo er Berne heißt, unschön in gerade Bahn gefaßt ist und nur noch ein durchs Moor ziehender Entwässerungskanal ist. In Oldenburg wollte es gerade regnen, hier in Hude jedoch zupften Sonnenstrahlen an den Frühlingssaiten. Ich besah mir die Veränderungen an der Klosterruine, spekulierte aufs Neue über

die Lage des Yang-Punktes (obwohl ich ihn bereits schon einmal annähernd erspürt hatte) und beseitigte ein rostiges Fahrrad und einigen Unrat aus dem Park.
Ich trat meine Wanderung auf einem angenehmen Uferweg an. Drei oder vier Stauwerke zählte ich, bis die braune Suppe endgültig in einem bequem breiten Bett träge nach Norden schwappt. Hinter der letzten Staustufe fließen von links und rechts kleinere Gräben zu: Das ist der Geestrandgraben, der großräumig um die Ost- und Nordflanke Hudes herumläuft. Ich mußte auf dem weiteren Weg den Fluß verlassen und fand meinen Rückweg, indem ich ein gutes Stück auf dem Bahndamm ging.
Ich hatte gehofft, irgend etwas zu finden, was »von Bedeutung« war, aber ich fand nichts. Diese ganze flache Seite, so dachte ich in der ersten Enttäuschung, ist von schauernder Erbärmlichkeit, ist von Menschen ausgenutztes, lieblos hergerichtetes Land. Freilich, es ist ja altes Marschland und Moorboden! Es ist »Unland« in der Sprache der Bauern, urbar gemacht erst in der jüngeren Geschichte, die auch hier keine ruhmvolle ist. (Es waren die »Moorsoldaten«, Strafgefangene, die einen Großteil der Arbeit geleistet haben.) Hier war bis vor zwei Jahrhunderten überhaupt keine Ansiedlung möglich! Das wahre herrschende Element ist hier *Wasser*, nicht Erde! Was hatte ich denn zu finden gehofft? Ich durfte nicht finden: Dies ist Niemandes Land, gesichtslos an diesem wieder grau gewordenen Nachmittag.[2] Die Richtung war falsch, doch nun kenne ich das »Jenseits« der Huder Landschaft, die durch den Rand der Wildeshauser Geest begrenzt ist.
Am Abend stellte ich Vermutungen an über die Lage des Klosters und die Gestalt und Gliederung der Landschaft. Legt man die alte Landschaftsgestalt zugrunde, so liegt das Kloster an äußerst exponierter Stelle am Rande des Schwemmlandes, das halb Meer, halb Moor ist. Es liegt auf einer Geestzunge, wovon auch der Name Hude herrührt,

der »Fährstelle, Anlegestelle« bedeutet. Hude liegt etwa auf halbem Weg zwischen Oldenburg und Bremen, genau in südlicher Verlängerung der Einmündung der Weser in das Meer (oder des Meeres in die Weser, je nach Gezeitenströmung), und in dieser Verlängerung, die den Huder Bach (nördlich: Berne, südlich: Kimmer Bake) als Richtung nimmt, liegt es auch genau nördlich von Wildeshausen. Ich bin nun der Meinung, daß man Wildeshausen unbedingt hinzuziehen muß, wenn man diese Landschaft in ihren ätherischen, wesensmäßigen oder *geheiligten* Aspekten verstehen will, ja man muß wohl die Wildeshauser Geest mit ihren überreichen Funden an vorgeschichtlicher Kultur als deren Mittelpunkt betrachten. Dann ist Hude und das vermutete alte Heiligtum im Klosterpark der nördliche Ableger der heiligen Stätten jenes Gebietes – oder der über allem strahlende Stern am Rande der Geest, am Rande der Wasser; der Leuchtturm an der Scheide zwischen wegsamem und unwegsamem Gebiet.

2. März 1994

In Bremen in der Rembertistraße steht die schönste Buche, der schönste Baum überhaupt, den ich je getroffen habe. Die Gebäude des Rembertistifts bilden ein nur an zwei Ecken von Zufahrtsstraßen unterbrochenes Karree und umschließen so einen rechteckigen Innenhof. Ich trat durch einen Torbogen, durch den ich zunächst nur den Stamm der Buche erblickt hatte, von der Seite her ein. Der Stamm ist mächtig und gerade gewachsen, wenn auch von »Furunkeln« nicht ganz frei. Der Hof ist artig angelegt mit Rhododendren und anderen Ziersträuchern, doch weist er (so meine ich es in Erinnerung zu haben) keine weiteren Bäume auf; alles ist auf den einen hin zugeschnitten. Die Buche steht exakt im geometrischen Zentrum des Gevierts, und ein mit Steinen und Stiefmütterchen abgesteckter Kreis von etwa dreißig Schritt Durchmesser enthebt sie in Würde jeglicher Zudringlichkeit, will man nicht den magischen Kreis, das säuberlich gepflegte Blumenbeet, durchschreiten, um der Gebietenden nahe zu kommen. Der Stamm schießt auf und fächert sich mit starken Ästen zu einer gewaltigen, ganz ebenmäßig ausgebildeten Krone, die keine großen Astbrüche aufweist und also gleichmäßig über dem markierten Bodenkreis schwebt, den ganzen heiligen Raum im Hof ausfüllend. Welch heiliger, rings beschützter Platz unter der Buchenkrone! Ich schritt im Hof umher, um von einem der Eckpunkte aus das Baumwunder auf mich wirken zu lassen. Dutzende von Augenpaaren hinter bestickten Gardinen müssen mir gefolgt sein. Ich achtete den Ort und trat nicht in den magischen Kreis, um den Stamm zu berühren. Statt dessen nahm ich von ferne Kontakt mit der Buche auf, versenkte mich in sie hinein. Sie nahm mich tatsächlich in sich auf, ich wurde zu ihr hingezogen und ging in den Knien nach vorne mit, zu ihr hin.

Die Regenwälder der Tropen werden die Lungen der Erde genannt; tatsächlich aber ist doch jeder einzelne Baum eine solche *Lunge der Erde*, man betrachte ihn nur einmal genau! Wir erfahren in den Schulen und anderswo von der Photosynthese und Reinigung bzw. Anreicherung der Luft durch den Atmungsprozeß der Bäume, aber dies ist nur ein kleiner Ausschnitt der ganzen Wahrheit. In viel genauerer Weise sind sie wirklich einer Lunge gleichzusetzen: Der über Blätter eingeatmete Lebensstrom fließt über den Stamm in die Erde und wird über die spiegelbildliche »Wurzelkrone« in den Erdboden hineingeatmet, und in umgekehrter Weise geschieht die Ausatmung. Es geht dabei nicht nur um Stoffwechselprozesse, sondern auch um feinstofflich-ätherische Energien. Ich halte dies für den Grund, warum sich bedeutende große Bäume in den Städten halten, wo ihnen das Leben eigentlich absolut feindlich sein müßte: Sie erfüllen eine wichtige Aufgabe für die Stadtlandschaft als Teil der Erde; die Erde selbst durchströmt sie mit Leben und gibt ihnen Kraft und Mut, ihre Atmungsaufgabe zu erfüllen. Welch großes Schicksal, welch Kreuzesleiden der tapferen Bäume!

Es war im Bürgerpark zu Bremen, wo ich zwei Jahre zuvor beim Betrachten der Parklandschaft *sah*, wie sehr Bäume Gliedmaßen oder Organe der Erde sind. Das an Dingen und Einzelheiten geschulte Bewußtsein, mit dem wir aufwachsen, sagt: Hier ist Erdboden, der ist flach oder so und so geformt. Dann steht darauf ein Baum, der ist ein Ding, das eben dort gewachsen ist, weil sein Samen in die Erde fiel; er steht auf dem Boden und krallt sich mit den Wurzeln fest. Ein ganzheitliches Naturbetrachten erkennt aber, daß Erdboden und Bäume eine Einheit bilden, daß die Kronen der Bäume mit dem Erdboden *eine* unendlich verzweigte Oberfläche formen, daß Bäume Poren, ausgestülpte Atmungsorgane der Erdhaut sind. Schreitet man in dieser Art des Betrachtens fort, wird man auch die Tiere als *bewegliche* Organe des Erdwesens erkennen können.

Als ich nun aber hier vor dieser Königin aller Buchen stand und mit ihr verschmolz, ließ mich die Buche ihr Atmen spüren: Ich wurde mir meines eigenen Atems bewußt und atmete nun tief und langsam, worin ich das Atmen der Buche selbst erfuhr. Die Buche sprach: »Ja, ich atme, ich bin Lunge und Atemkanal zwischen Himmel und Erde, ich stehe in dieser Stadt und genieße den Schutz dieses weise um mich herum errichteten Hofes.«

Einige Zeit stand ich so, erfuhr das Atmen des Baumes und wurde sanft und gütig wieder in meine eigene Haltung entlassen – es war wirklich ein Schieben, ein Nachlassen der Spannung, ein langsames Zurückfedern weg vom Baume –, als ich um Entlassung bat, um weiterzueilen an diesem Tag.

19. März 1994

Ich fuhr nach Hude; mein Ziel war die Ahnenstätte. Als ich sie betrat – dieses Mal durch das Haupttor –, empfand ich sogleich, daß mich mein damaliger erster Eindruck im Dunkeln nicht getäuscht hatte.

Die Kesselform, die »Grotte«, der zentrale Platz und der Platz unter dem Rhododendron: All dies machte den Eindruck eines besonderen Ortes auf mich. Ich nannte ihn damals einen *Kral* oder *Gralsplatz*, doch ist letzteres ein Ausdruck, der zu hoch gegriffen ist, da er die Erwartung erweckt, mit dem Gralsgeschehen des Mittelalters in Verbindung zu stehen. Unter einem »Kralsplatz« stelle ich mir einen von einem Ringwall umschlossenen Versammlungs- und Kultplatz vor. Es fließen hier die Vorstellungen einer Schanze oder eines »Heidenwalls« (wie die Ringwallanlagen heute genannt werden) und einer Thingstätte zusammen. *Kral* ist eigentlich die Bezeichnung für das afrikanische Runddorf, bringt aber die Verhältnisse, die mit der runden Kesselform gegeben sind, sehr schön zum Ausdruck. Gleiches gilt für den *Gralsplatz*, denn der Gral als mystisches Gefäß der Lebens- und Geistesfülle hat sich seinem symbolischen Ursprung nach aus dem lebensspendenden *Kessel der Göttin* entwickelt (aus welchem später der *Hexenkessel* wurde).

Um den zentralen Platz herum sind drei Steine mit Inschriften verteilt. Die erste Inschrift lautet: »Erhaltet die Heide auf dieser Stätte, die schon unseren Ahnen heilig war.« Es gibt keinen Grund anzuzweifeln, daß dies schon in älteren Zeiten ein Heiligtum war, denn diese Flur wird auch *Hilligenloh* (Heiligenloh) genannt, und nebenan liegen die Grabhügel aus der Bronzezeit.

Die Ahnenstätte ist im Geiste der Nazi-Zeit angelegt worden, als man also mit allen Mitteln versuchte, das Menschsein auf eine Rassenabkunft zu gründen. Die Altertumsforschung, aber auch die wissenschaftliche Erforschung geomantischer Phänomene standen in den zwanziger und dreißiger Jahren in großer Blüte. Hatte man, von dem bloßen Vorhandensein der alten Grabhügel abgesehen, Anhaltspunkte darüber, welcher Art dieser Platz war?

Ich befaßte mich mit dem Brunnen und der Tür zu der Gruft, ohne doch etwas herauszubekommen, dann wandte ich mich dem Platz unter dem schirmartig gewachsenen Rhododendron zu. Ich maß dieser Stelle die Qualität eines Erdorakels bei, und ich bedurfte des Rates dieses Orakels, um mir über einige Fragen in meinem Inneren Klarheit zu verschaffen:

Ich hatte eine Reise nach Zypern gebucht und wußte plötzlich nicht mehr, was ich dort eigentlich suchte. Ich hatte diesen Impuls nach einem Gespräch mit einer Freundin gehabt, in dessen Verlauf sie beiläufig von ihrer eigenen Zypernreise erzählte. Als sie den Namen jener großen Göttin aussprach, der wie kein zweiter mit dieser Insel verbunden ist, klang etwas in meinem Inneren an, und ich war unweigerlich auf den Weg nach Zypern, zur Insel der Aphrodite gesetzt. Nun aber hatte mein Verstand Schwierigkeiten damit, diese Reise zu billigen. War es vernünftig, in ein Land zu fliegen, von dem ich keine Ahnung hatte? War ich nicht von jeher dem Norden verbunden, zog es mich nicht nach Schweden, nach Norwegen, niemals ans Mittelmeer?

Ich stellte mich auf den Platz unter dem Rhododendron-Strauch. Es schneite dicke, nasse Flocken. Die Erde strömte mit einer sehr langsamen Schwingung durch meine Beine – drehend, dann auch in Pendel- und Kreisbewegungen, die allerdings durch mein eigenes Zutun eintraten. So langsam hatte ich eine derartige Schwingung noch nie zuvor erlebt. Sie hatte anfangs das Tempo einer sehr langsamen, meditativen Schrittfolge, wurde aber während der Viertelstunde meiner Meditation schneller. Der erste Impuls, der mir gegeben wurde, war sehr eindeutig: Nach Zypern! Andere Gedanken,

Ausflüchte, wurden gar nicht zugelassen. Nun wollte ich aber auch soviel wie möglich über diesen Ort in Erfahrung bringen. Ich bat innerlich um Erhellung. Die Bilder, die sich mir auftaten, waren schwach und wirr. Offensichtlich hing ich zu sehr meinen eigenen Gedanken nach. Dennoch empfing ich Bilder von dem Kultplatz, von Germanen, die den inneren Platz umstanden, von einem blutigen Ritual, das Tieropfer oder Menschenopfer gewesen sein könnte. Die *Bilder* mochten – in diesem Fall – meiner Imagination entsprungen sein, aber die *Botschaft* war: Hier war viel Magie im Spiel – und Blut. Und Trommeln! Ich hörte und sah Trommeln, ich spürte ihre Rhythmen, ich spürte, wie ich selbst dem Abheben in das Reich der Geister nahe war.

Aber im nachhinein mußte ich erkennen, daß diese Eindrücke allzusehr geprägt waren von meiner momentanen Beschäftigung mit der Magie der Rhythmen. Es verhielt sich wohl so, daß die wahre Bedeutung dieses Platzes sich mir nur in kleinen Ausschnitten offenbaren konnte, und sie kleidete sich in symbolische Formen, die in Resonanz standen mit dem, was zu erfassen ich imstande war. Die Bilder von Trommeln usw. waren die Einkleidung, in die die Wahrnehmungen sich hüllten, ihrer Botschaft nach aber zeigten sie den rituellen, schamanischen Charakter der Zeremonien an diesem Ort.

Noch einmal kehrte ich während dieser Meditation im Geiste zurück zu meiner bevorstehenden Zypernreise. Da öffnete sich mir hinter feinen Schleiern eine blühende Landschaft. Sie verschwand, als ich eingriff und darin sogleich einen Weg, eine »Reiseroute« durch die Insel finden wollte. Nun kamen mir Orte in den Sinn, von denen ich in Reiseführern gelesen hatte: das Kloster Kykkos; das »Bad der Aphrodite«, dessem Wasser wundertätige, weil liebeweckende Wirkung zugeschrieben wird. »Suche das Kloster auf!« vernahm ich im Inneren – nicht in Worten, sondern in erfühlten Gedanken.

Zuletzt veränderte sich mein innerer Zustand während dieser

Meditation; Licht- und Farbwechsel traten ein und wurden intensiver, doch blieben sie ungeordnet und ohne Zeichen und Muster. Allein eine Madonna mit dem Kind auf dem Arm konnte ich ausmachen; sie verschwand aber hinter einer Feuerwand von Licht- und Farbwechseln. Sie wandte sich ab, mit dem Kind auf dem Arm. Ich versuchte, sie zurückzuholen. Sie wandte sich mir zu, blieb aber hinter dem Bilderrausch, versank und verbrannte schließlich darin.

Auf dem Rückweg nach Hude versuchte ich, mir ein verständliches Bild dieser letzten Erlebnisse zusammenzusetzen. Das südländisch blühende Tal setzte ich unwillkürlich zu Bildern der mir sehr viel vertrauteren alpinen Täler und Hochtäler in Beziehung. Ich verstand: Die Erde ist nicht *nur* diese rauhe, bescheidene Kargheit, die ich kannte, in der ich mich stets zu Hause fühlte. Ich sollte den üppig aufblühenden, fruchtbaren Schoß der Erde sehen, wie er in wärmeren Gegenden sich reich den Menschen darbietet! Die Botschaft lautete etwa: »Du willst dein Leben dem Dienst an der Erde widmen? Dann erlebe, wie reich und großzügig die Erde in Wahrheit sein kann und sein könnte für die Menschen!«

Die nicht zu mir hindurchdringende Madonna verstand ich so: Eine bestimmte Wesenheit (die Göttin, die Erde, Gaia, ein anderer Mensch) kann nicht zu meinem Herzen durchdringen, weil der herrschsüchtige Intellekt alle anderen Weisen des Denkens und Empfindens blockiert. Das Feuer der Bilder mag einerseits der (geistige, materielle, reale) Krieg gewesen sein, der die Erde (die Mutter) verzehrt, es war aber auch das Feuerwerk meiner eigenen Gedanken (der Ratio), die überall lenkend eingreifen wollen. Ist im Grunde aber nicht beides – der reale Krieg und die Herrschsucht der Gedanken – dasselbe? [3]

Nun begriff ich aber auch, daß meine Streifzüge durch die Landschaft von Hude, mit denen ich Erkenntnisse über die »heiligen« Orte dieser Landschaft für das bevorstehende

Heilungsseminar beizusteuern gedachte, an sich ohne große Bedeutung waren. Ich hatte mir selbst das Ziel gesetzt, eine Art »Aufnahmearbeit« über die Huder Landschaft anzufertigen, die freilich nicht verlangt war. Zweifellos hatte ich einige besondere Plätze ausfindig gemacht. Nun aber ahnte ich, daß ich nach den vielen kleinen Schritten, die ich dahin und dorthin richtete, einen sehr viel wesentlicheren Schritt zu tun hatte – einen entbehrungsvollen, schmerzensreichen. Ich würde beginnen müssen, mich selbst aus freiem Willen zu verändern. Ich hatte mich auf ein Reinemachen, auf eine Reinigung vorzubereiten. Die Natur – das sind wir. Nicht die Huder Landschaft war also das Ziel meiner Wanderungen gewesen, sondern ich selbst.
P.S. Ich erkannte zuletzt auch, daß das Vogelzeichen, das mir in Fürstenfeldbruck an den keltischen Opfersteinen gegeben worden war, als ich um ein Zeichen bat, sich nun bewahrheitete: Die Schar Wildenten war nach Süden mit Osteinschlag geflogen. Damals interpretierte ich Süden eher mit Südtirol, also »irgendwie südlich«. Nun aber sollte es genau in die Richtung gehen, die der Wildentenflug angezeigt hatte! [4]

27. März 1994

Ich besuchte Rudolf zur Lippe in Hude. Wir schritten zur Abendstunde durch das Ruinengelände des Klosters, um uns die Umgestaltungsarbeiten, die hier seit einigen Wochen in Gang sind, zu besehen. Die Klosterruine, bislang hinter einem Zaun im dichten Gestrüpp vor sich hin träumend, soll öffentlich zugänglich werden. Die Arbeiten sind weit fortgeschritten, die neue Gestalt des Ortes ist greifbar. Noch winken die Bäume mit ihren kahlen Zweigen als Schatten in den Abendhimmel hinein; es wird schön und licht und grün hier sein im Mai, wenn Marko Pogacnik sein Heilungswerk beginnen wird. Mit dem Plan in der Hand, den der Erdheiler von der geomantischen Struktur des Parks gezeichnet hatte, war es Rudolf zur Lippe gelungen, auf die Neugestaltung des Ruinengeländes Einfluß zu nehmen. Aus diesem Plan geht unter anderem hervor, daß die drei Eiben, die mir so vertraut geworden sind, jeweils über Tiefwasserquellen (Aquastaten) stehen. Drei Punkte kosmischer Einstrahlung sind verzeichnet. Eineinhalb Meter neben dem einzelnen Pfeiler im Osten ist der Kreuzungspunkt zweier Leylinien zu finden, von denen eine nach Cappenberg/Westfalen führt. Der Kreuzungspunkt ist der Ort, an dem einst der Altar stand. Auf meiner Suche nach dem Yang-Punkt hatte ich mich um wenige Meter geirrt, wobei ich möglicherweise eine der beiden Leylinien erspürte. Offenbar hatte sich die Ausstrahlung dieses Kreuzungspunktes aufgefächert; vielleicht war sie auch nie derart fokussiert, wie man sich die Kreuzung zweier Linien eben vorstellt. Leylinien sind energetische Phänomene, verlaufen in Schlangenlinien und haben mitunter einige Meter Breite sowie Energiewirbel zu beiden Seiten. In einem Kreuzungsbereich kann es durchaus so sein, daß einzelne Menschen sich zu verschiedenen »Knotenpunkten« oder Wirbeln hingezogen fühlen.

Rudolf zur Lippe zeigte sich sehr zufrieden mit der werdenden Gestalt des Ortes. Zwei der drei Eiben sollten alten Plänen der Gemeinde zufolge umgehauen und beseitigt werden. Nun aber wird ein Weg zwischen der breitesten – und ältesten – Eibe und ihrer Schwester hindurchführen. Ich befand, es sei um die Äste der schlangenartig gewachsenen Eibe zu fürchten, doch der Prinz sagte, daß der Landschaftsarchitekt eine im wahrsten Sinne des Wortes gesunde Idee habe: Er will die Leute sich bücken lassen!

6

Heilung

5.–8. Mai 1994

Beinahe hätte ich auf Zypern das Flugzeug verpaßt. Nun aber war ich zurück, und am nächsten Tag würde das Wochenendseminar, das sich der Heilung des Huder Klosterbezirks widmet, beginnen. Rudolf zur Lippe bat mich, Marko Pogacnik abends vom Bahnhof abzuholen, da er an diesem Tage erst spät von einer Tagung zurückkehrte; gern übernahm ich diese Aufgabe, und so ergab sich auch die Möglichkeit eines Austausches, bei dem ich meine Eindrücke von der Huder Landschaft schildern und an der ganz anders gearteten Sicht des Erdheilers teilhaben konnte.

Ich erläuterte meinen Eindruck, den ich vom Marschland nördlich von Hude gewonnen hatte (ein Land, das noch nicht weiß, wo es hingehört, nannte es der Erdheiler), ich erwähnte den Hasbruch, die Buchen am Huder Bach und die Ahnenstätte im Heiligenloh. Meine Schilderung von der Ahnenstätte und dem Hasbruch deutete Marko Pogacnik später auf der Karte als ein Dreieck, das Bezüge in der Landschaft versinnbildlicht.

Am Haus des Prinzen angekommen, begab sich Marko Pogacnik sogleich zur Klosterruine und in den Park: Er zeigte sich erfreut über den Stand der Umgestaltung im Bereich der Ruine, besonders angesichts der erfolgten Verlegung der Kriegsgedenkstätte. Es ist in der Tat ungewöhnlich und selten, daß diese hartnäckigen Denkmäler abgeräumt (oder verlegt) werden zugunsten einer schlichteren Gestaltung eines Parks mit einer alten Ruine.

Ich hatte die Nacht im Gutshaus verbracht und durfte so an dem Gespräch, das sich während eines späten (zweiten) Frühstücks zwischen dem Professor und dem Erdheiler entspann, teilhaben. Über das bevorstehende Seminar offenbarte Marko Pogacnik dabei Unerwartetes: Nach den wesentlichen Energiepunkten des Parks und der Huder Umgebung mußte er nicht mehr suchen, sondern sie waren ihm bereits mitgeteilt worden. So wie die älteste seiner drei Töchter Aira hat nun auch die jüngste Tochter Ana Kontakt zu Engelwesen, in ihrem Fall zu einem *Engel der Erdheilung* mit dem Namen Devos, der alles Wissen über jeden beliebigen Punkt auf der Erde in sich versammelt hält. Marko Pogacnik hatte bereits vor seiner Ankunft konkrete Informationen über die Lage von Ein- und Ausstrahlungspunkten in Hude, er kannte bereits die Lage des Energiezentrums des Parks und des heiligen Klosterbezirks, die schwachen oder gestörten Fokuspunkte der Elementarwesen, und er hat auch die genaue Form des Heilungsrituals mitgeteilt bekommen. Der Erdheiler kam also mit »Instruktionen aus dem Himmel«, mit Anleitungen aus der geistigen Welt nach Hude, und dies sollte während des Seminars mehr als einmal ein unbehagliches Nachfragen, das Äußern von Befangenheit bei den Teilnehmern auslösen. Eine der übersinnlichen Mitteilungen ließ mich besonders aufhorchen: Es gebe demnach einen seelischen Bruch, der den Park entlang einer scharfen Trennungslinie vom Klosterbereich abtrenne. Der seelische Bruch erkläre sich, so teilte der Engel mit, dadurch, daß zu einer bestimmten Zeit ein Angreifer versuchte, sich des Ortes und des Klosters zu bemächtigen; der Angreifer wurde vom rechtmäßigen Besitzer zurückgeschlagen, doch fügte er der Ganzheit des Ortes durch Anwendung von Bosheit schweren Schaden zu. Nun ist der Ort in zwei Teile zerschlagen, die es wieder zu verbinden gilt.

Was könnte der historische Hintergrund dieses Bruches sein und wer war es, der den Ort aus Rachsucht dergestalt verletzt und entweiht hat?
Rudolf zur Lippe erzählte hierauf die Geschichte von den Stedingern, an denen zum ersten Mal in Mitteleuropa ein regelrechter Völkermord verübt worden war. Das Kloster aber, das zwei Jahre vor der entscheidenden Schlacht bei Altenesch 1234 gegründet worden war, erhielt reiche Schenkungen an Ländereien, die der Abtei entweder abgabepflichtig waren oder von den Laienbrüdern selbst bewirtschaftet wurden. Es paßt aber auch noch eine andere Geschichte zum Wesen dieses Bruchs, eine Geschichte aus den letzten Tagen des Klosters, und wahrscheinlich trifft sie eher zu als die aus den Gründungstagen: Fällt die Gründung des Klosters im 13. Jahrhundert unmittelbar zusammen mit der Vereinnahmung des Landes durch den Bischof von Bremen, so ist sein Ende und seine Zerstörung ebenfalls mit unstillbarem Machthunger verbunden: Im 16. Jahrhundert machte der Bischof von Münster dem Bischof von Bremen das Land streitig, wohl mit Einvernehmen oder Unterstützung der Grafen von Oldenburg, und als er es sich auf politischem Wege nicht zuschlagen konnte, brannte er Kloster, Land und Macht der Bremer einfach nieder.[1] Ist diese Geschichte der Hintergrund für das Tauziehen um diesen heiligen Ort?

Marko Pogacnik hatte die Absicht, noch vor dem Seminar einige vitalenergetisch und seelisch bedeutsame Punkte im Park und im Ort Hude aufzuspüren. Er holte eine Landkarte hervor und zeigte mir drei Punkte, die mit Bleistiftkreuzen markiert waren und ätherische *Atmungspunkte* der Landschaft darstellten. Das eine Kreuz ruhte genau im Scheitel der beiden nach Westen und Norden sich trennenden Eisenbahnlinien, ziemlich genau am Bahnhof! Der zweite Punkt war durch die höchste Erhebung der Gegend auf natürliche Wei-

se hervorgehoben und war unweit des Klosters zum nahen Wald, dem Reiherholz, hin zu suchen, der dritte schließlich war östlich von Hude am Geestrand verzeichnet – ihn aufzusuchen und zu beleben blieb uns im Rahmen des Seminars dann keine Gelegenheit mehr. Er schien allerdings nicht von gleich großer Bedeutung oder von ähnlich großer Verstockung oder Schädigung zu sein wie die anderen.
Über den Gesprächen war es Nachmittag geworden, und es blieb uns schließlich nur noch eine Stunde, um die Punkte in der Umgebung selbst aufzusuchen. Wir sausten im Wagen unter dem Regen hindurch ins Ortszentrum von Hude und eilten zum Bahnhof, um das Energiezentrum von Hude aufzuspüren. Ich führte Marko Pogacnik auf den mittleren Bahnsteig, der die eigenartigen Gleisnummern 4 und 10 trägt und auffallend breit angelegt ist. Die Gleisanlagen von Hude sind, gemessen an der Bedeutung und Größe des Ortes, ziemlich überdimensioniert. Der große Güterbahnhof liegt längst brach, doch das breite Band der Gleise zerschneidet den Ort nach wie vor in zwei Teile. Auf dem überbreiten Mittelbahnsteig steht das Bahnhofsgebäude. Ich hatte mich stets über die merkwürdige Insellage der Schalterhalle auf dem breiten Bahnsteig gewundert – das Gebäude ist nur zu Fuß durch eine lange Unterführung zu erreichen –, doch nun offenbarte sich mir ein verblüffendes Zusammenspiel der verschiedenen Wirklichkeitsebenen, die wie Puzzleteile ineinanderpaßten: Das gesuchte Energiezentrum lag genau auf der Mitte des Bahnsteigs, dort, wo man erst in jüngster Zeit ein Karree mit frischem Rasen neu angelegt hat. Drei junge Baumpflänzchen markieren unmittelbar den gesuchten Ort, den Marko Pogacnik mit sensibler Hand – er hielt die Hand dabei nach vorne geöffnet und locker im Arm schwingend, die Fingerspitzen leicht gespreizt – aufgespürt hat. Zehn Meter weiter grünen stattliche junge Roßkastanien. Der Erdheiler war betrübt darüber, diesen Punkt von der Bahnhofsanlage

überbaut zu finden; er entschied sogleich, daß für das Heilungsritual ein Ersatzort zu finden sei, den er dann am Fuß eines kleinen Hügels unter einer kräftigen Roßkastanie neben dem Bahnhofsgelände fand. Ich jedoch war eher positiv überrascht, denn mir schien die Situation weniger die zu sein, daß diese für den Ort und die Landschaft so wichtige Stelle von den Gleisen überbaut war, als vielmehr die, daß bei einer so überdimensionierten Gleisanlage wie dieser just dieser Punkt freigeblieben war: Er war eben nicht unter den Schienen und der geladenen Oberleitung begraben, sondern lag frei inmitten des breiten Bahnsteigs. Steigt man aus der Unterführung die Treppen auf den Bahnsteig hinauf, so geht man geradewegs auf diesen geheiligten Punkt zu, der inmitten der kleinen profanen Grünanlage liegt. Dennoch ist die Energie an diesem Ort blockiert und bedurfte unserer Heilungsarbeit an diesem Wochenende.

Wir fuhren anschließend aus dem Ort hinaus, um die Ahnenstätte in Augenschein zu nehmen. Rudolf zur Lippe kannte sie noch nicht. Auf Marko Pogacnik machte sie einen zwiespältigen Eindruck. Wir betraten die »heilige Stätte« durch das Haupttor und standen sogleich in dem Kessel. Marko Pogacnik strebte jedoch bald den drei flachen Grabhügeln zu, die er hellfühlend erkundete. Er kam zu dem Schluß, daß die Grabhügel zwar echt, die Steine darauf aber unecht, also erst in jüngster Zeit in diese Position gerückt seien. Dann verschwand er zwischen den Bäumen und Grabsteinen des Heidefriedhofs und sprach mit den Bäumen, indem er seine Hände an sie legte und sie um Mitteilung bat. Wir stimmten darin überein, daß dieser Ort von äußerst zwiespältigem Charakter war; Marko Pogacnik spürte die verkrampfte Überformung des Ortes durch die Menschen, die ihm sein heutiges Gesicht in Anlehnung an alte Kulte und Völker gaben, ohne eine echte innere Verbindung mit dem Alten aufnehmen und herstellen zu können. Dies sei zweifellos ein alter heiliger Ort, sagte er,

aber durch die falsch verstandene Rückwendung der jüngsten Gestalter sei die Verkrampfung in allem spürbar. Es blieb uns allerdings keine Zeit, dem nun noch weiter nachzugehen.
Wir fuhren zurück und machten noch einen kurzen Abstecher in Richtung des Waldes: Marko Pogacnik wollte noch einen weiteren wichtigen Fokuspunkt, den Ort der Ausatmung von Hude, auffinden. Wir standen schließlich vor einem monotonen großen Feld mit sanften kurzen Weizensprößlingen und vor einem neuen Rätsel. Betreten wollte der Erdheiler das Feld nicht. Irgendwo in seiner Mitte, von allen Rändern wohl je etwa zwei- bis dreihundert Meter entfernt, mußte der der Heilung bedürfende Ausatmungspunkt zu finden sein ... Wir fuhren zurück, es war vier Uhr, in einer guten Stunde sollte das Seminar beginnen.
Etwa 25 Teilnehmer hatten sich im Saalzimmer des Prinzen versammelt und stellten sich nach einer kurzen Einführung durch Rudolf zur Lippe der Reihe nach vor. Freunde aus Worpswede waren da, Florida kam später; Teilnehmer/innen aus Bremen, Freiburg und München, ja sogar aus Frankreich waren angereist.
In einem Vortrag erläuterte Marko Pogacnik uns, wie er versucht, die Erde durch Akupunktur zu spürbaren Veränderungen anzuregen. Dann setzte er uns auseinander, wie man sich das Verständnis einer Landschaft oder eines Ortes von drei Ebenen her erarbeiten kann: Die erste Ebene ist die physisch-geologische, und schon auf dieser Ebene lassen sich bei genügend hoher Aufmerksamkeit die Vorgänge auf den übergeordneten Ebenen oder gar eine Schädigung im seelischen Bereich erkennen. Ein Beispiel dafür ist die slowenische Hauptstadt Ljubljana, die sich aus einem kleinen Ortskern am Fluß in das – später kanalisierte – Flußbett und in ein hierfür trockengelegtes Moorgebiet hinein ausgebreitet hat und mit ihren Hochhäusern am Stadtrand das Gleichgewicht zwischen Moorsenke (Yin) und umliegenden Hügeln (Yang) im Bereich

der Ökologie für immer durcheinandergebracht hat. Die zweite Ebene ist die vitalenergetische, die dritte schließlich die seelische Ebene der Landschaft. Die vitalenergetische Ebene beinhaltet die feinstofflichen Kraftstrukturen, die allen Lebensprozessen zugrunde liegen und die bei erhöhter Sensitivität oder mit Hilfe radiästhetischer Hilfsmittel durch den Menschen wahrgenommen werden können, während auf der seelischen Ebene das »Bewußtsein« einer Landschaft und ihrer Wesen angesiedelt ist, das sich uns in übersinnlicher Wahrnehmung mitteilen kann.

Dabei ist immer wieder zu beachten, daß die Natur *ohne* uns Menschen zurechtkommt; wir Menschen sind es, die durch die Fühlungnahme auf den subtileren Ebenen dazulernen sollen, um den notwendigen Bewußtseinsschritt zu vollziehen – auch an Heilungshandlungen, wie wir sie in Hude vornehmen sollten, haben in erster Linie *wir* zu lernen. Die Natur selbst ist es, die uns das Rechte im rechten Augenblick lehrt, wenn wir nur aufmerksam sind und an uns arbeiten.

Es sollte in diesem Seminar also neben dem Heilen auch um ein Wahrnehmen-Üben, um das Sensibiliseren der inneren Sinne gehen. Die Blockaden in uns selbst haben wir zu akupunktieren, nicht nur die des Ortes. Nur dann fließen die Energien frei in uns selbst, und wir sind frei, das Fließen der Energien in unserer Umgebung zuzulassen und zu fördern.

Im Wahrnehmen eines Ortes gilt es, der Seele des Ortes Zeit zu geben, sich unserem Inneren mitzuteilen. Zeit und Muße sind vonnöten, damit sich in den schwachen Strömen von Klängen und Bildern, von Gefühlen oder Gedanken – oder in allen gleichzeitig – der Dialog mit dem Ort ereignen kann, ohne daß wir, mit unseren eigenen Konzepten und Gedanken eindringend, dem Ort zuvorkommen und ihm das Wort abschneiden ... Sich dem anderen überlassen können – auch dies ist eine Kunst, die wir zu lernen haben, wollen wir mit der Erde wieder vertraut werden. Auch gilt es, in diesem Sinne mehr als eine Antwort, die sich in unsere Seele ergießt, gelten lassen zu können; alle Antworten – unsere eigenen zu verschiedenen Zeiten, die verschiedenen der verschiedenen Teilnehmer – sind recht und richtig!

Es war spät geworden über diese Einführung. Dennoch wollte sich Marko Pogacnik am Samstagmorgen noch die Zeit nehmen, das nachzuholen, was wir am Freitagnachmittag nicht zuwege gebracht hatten; wenigstens den Hasbruch wollte er noch kennenlernen. Um halb acht trafen wir uns zu dritt – Florida begleitete uns – am Gutshaus, um zum Hasbruch zu fahren. Wir hatten nur eine Stunde Zeit für diese Erkundungsfahrt; den Wächter des Waldes grüßten wir nur im Vorbeifahren.

Es war ein feuchter, schwerer Schleiermorgen; bleigraue Nässe lag dämpfend auf dem Land; allein in diesem Meer der kühlen Melancholie durch den triefenden, in Marien- und Morgengrün explodierenden Wald zu wandern, war uns allen etwas Willkommenes für den Beginn eines Tages, der all unserer seelischen Kräfte bedürfen würde. Wir sprachen gedämpft und im Rhythmus unserer Schritte miteinander, der Atem des Waldes legte sich wie Tau auf unsere Zungen. Wir schafften es nicht bis zur Jagdhütte, doch führte uns der vom Parkplatz aus eingeschlagene Weg geradewegs in den schönsten Teil des Urwaldes. Wir bogen vom Weg ab in die grüne Säulenhalle des Laubwaldes hinein, wo die gespenstischen, größtenteils dahinsterbenden Riesenstümpfe der alten Eichen stehen. Wir schritten mal hierhin, mal dorthin in die tief uns aufnehmenden Laubhallen; Marko Pogacnik war sehr angetan von dem Urwald, der sich dadurch auszeichnet, daß die Baumleiber nach ihrem Ableben nicht heraustransportiert werden, sondern unter ihren Brüdern und Schwestern verbleiben und aus sich neues, gewandeltes Leben gebären. Er erklärte uns, in einem solchen Urwald habe er das große Prinzip der drei Lebensalter erkannt und verstanden, die

Dreigliederung in die drei Lebensaspekte, die durch die Jungfrau-Göttin (Symbolfarbe Weiß), die Muttergöttin (Rot) und die Göttin der Wandlung (Schwarz) gekennzeichnet seien.
Wir kehrten bald nach Hude zurück. Als um Viertel nach neun die Gruppe vollständig war, begaben wir uns zunächst zu der »Grotte«, die wahrscheinlich im letzten Jahrhundert, im Zuge der Umgestaltung des Parks zu einem Englischen Garten zwischen den ehemaligen Fischteichen angelegt worden war. Sie liegt auf einer Linie mit dem alten Graben und ist im wesentlichen durch die gebrochenen Findlinge, die hier im Halbkreis liegen, angedeutet. Eine Sitzbank steht davor. Die Grotte entstand durch Einschneiden eines Hügels, so erläuterte uns Marko Pogacnik den Platz; der Hügel war einmal ein wesentlicher Teil eines alten Kultplatzsystems. Von dem Hügel, der nun zur Grotte verunstaltet ist, läuft ein klar erkennbarer Wall in gerader Ausrichtung nach Süden; er grenzt den Park zu der etwa zwei Meter tiefer gelegenen Feuchtwiese hin ab, die sich zwischen dem Park und dem kanalisierten Huder Bach befindet. Der Weg führt heute in einer leichten Schlangenlinie am Wall entlang; Marko Pogacnik äußerte die Vermutung, daß die leichte Schlängelbewegung ebenfalls ein Gestaltungsakt im Sinne des Englischen Landschaftsparks gewesen sei; der alte Prozessionsweg jedenfalls habe *auf* dem Wall gelegen und in gerader Ausrichtung zum Hauptheiligtum geführt, das wir in einem großen Hügel im hinteren Teil des Parks zu gewahren haben, welcher heute durch einen quer zum Wall getriebenen Entwässerungsgraben durchtrennt, aber noch aufs deutlichste gekennzeichnet ist durch die beiden Buchen, die hier auf dem Wall stehen. Die Buchenstämme sind unterschiedlich stark abgestorben; eine der beiden Buchen ist die merkwürdige Kreuzbuche. An diesem Hügel enden der Prozessionsweg und der Wall; dahinter, heute bezeichnet durch das Ilex-Labyrinth und eine wenig attraktive Fichtenschonung, die eine »Leerstelle« oder einen Platzhalter für das wahre Zentrum

darstellt, liegt das Hauptoder Sonnenheiligtum, welches demnach in Verbindung mit den drei Elementen Fußhügel (Grotte), Prozessionsweg (Wall) und Kopfhügel (nun gespalten) steht. Dieses System muß natürlich in Verbindung mit dem wichtigen Platz der Klosterkirche selbst gesehen werden, mit welchem es vermutlich einst durch einen sanft an der Grotte abknickenden *geistigen Pfad*, also einem Prozessionsweg, verbunden war.

Die Gruppe stellte sich in einem größeren Kreis vor der Grotte auf. In einer geführten Meditation gaben wir uns durch Visualisation von Licht einen *mental-energetischen Schutzmantel*, zunächst uns selbst als Individuen, dann als Gruppe: Es galt, sich zu konzentrieren, und dann sprach Marko Pogacnik ruhig und fest und in klaren Silben, wie es seine Art ist. Seine Worte sollten uns zu unserem Herzen, der Mitte des Daseins, führen, von wo aus wir eine Hülle aus Licht visualisierten, die uns eiförmig in genügend großem Umkreise einschließen sollte; dann galt es, durch Visualisierung über dem ganzen versammelten Kreis einen Lichtdom zu schaffen. Dies alles hatte seinen guten Grund und war notwendig; des Schutzes und der Energie bedarf man nicht zu wenig, wenn man seine Kräfte in den Dienst einer geistigen Heilungsarbeit stellt, dies sollte jede Teilnehmerin und jeder Teilnehmer noch zu spüren bekommen in diesen zwei Tagen.

Nun begaben wir uns – für mich sehr überraschend – auf die Feuchtwiese, die zwischen dem Park und dem Huder Bach liegt. Etwa in ihrer Mitte machte Marko Pogacnik halt und sagte: Hier ist der Kraftpunkt des gesamten Ortes (also des Klosterparks), ein Punkt, der dem Herz-Chakra des Menschen entspricht!

Ein brauner Moderfleck von einem lange liegengebliebenen Heuhaufen lag zu unseren Füßen. Wir hielten es für ein sichtbares Zeichen. Eine der Teilnehmerinnen, die hellsichtig ist, ortete das geschwächte bzw. gestörte Kraftzentrum dagegen

etwa drei Meter weiter östlich, fast auf dem Scheitelpunkt einer sanft gewölbten Kuppe. Die Feuchtwiese fällt zum Bach hin in ihrer Mitte noch einmal sanft um einen halben Meter ab; ihr westlicher Teil dürfte vorzeiten dem mäandernden und die Ufer überschwemmenden Bachlauf angehört haben, wir befanden uns also am alten Bachufer. Der ganzen Wiese ist im größeren Zusammenhang des Ortes eine Yin-Qualität zuzuschreiben, da sie als feuchtes und flaches Landschaftselement dem Yang des Parks mit seinen Bäumen (vital, emporstrebend) gegenübersteht. Mit dem Wissen, daß es sich um den Haupt-Energiepunkt des Ortes handelt und dieser geschwächt, im Lauf der Jahrhunderte unterdrückt worden ist, nahmen wir in freier Aufstellung in einem weiteren Umkreis auf der Wiese nach Belieben Plätze ein, um den Ort und seine wie auch immer geartete Ausstrahlung in uns aufzunehmen.
Später bestätigten einige Teilnehmer den Eindruck der Schwäche und Energieblockade. Meine eigenen Empfindungen jedoch hatten es an diesen Tagen schwer, sich durch das Gestrüpp meiner anderweitig gefangenen Gedanken hindurch mitzuteilen, und verdichteten sich oft erst im nachhinein zu größerer Gewißheit in diesen Dingen, dann nämlich, wenn sie durch die Mitteilungen aus der Gruppe eine Bestätigung empfingen. Mir teilte sich der Ort in einer Schwere und Stokkung des Atems mit; der Versuch, eine bestimmte Schwingung aus der Körperwahrnehmung herauszufiltern, führte zu einem chaotischen Pendeln zwischen eher dem Kosmischen und eher dem Irdischen zugehörigen Frequenzen. Wegen dieser Ungewißheit richtete ich meine Konzentration auf den Bereich des inneren Hörens und lauschte bald, so ungewöhnlich das klingen mag, einer Saxophon-Improvisation im Stil der Experimentalmusik der neueren Zeit – auch hier war die Botschaft also Ungeordnetheit, Chaos. Es blieb ein Gesamteindruck der Schwäche, der Verletztheit zurück. Diese schien

nun dem Energiepunkt tatsächlich anzuhaften, obwohl ich sehr im Zweifel war, ob ich etwas von außen Kommendes erfühlt oder ob ich nur hingebungsvoll meiner eigenen Einbildung gelauscht hatte. Es sollte sich am Abend und am nächsten Tag herausstellen, daß auch viele andere Teilnehmer mit der Ungewißheit zu kämpfen hatten, ob sie ihrer Wahrnehmung vertrauen durften oder ob sie einer Autosuggestion aufsaßen. Da war ich dankbar für das Wort einer Teilnehmerin, die mir später an diesem Tag zu bedenken gab, daß auch das, was wir für ein abtrennbares, unterscheidbares Ergebnis der Suggestion halten, mit dem allgemeinen Bereich der seelischen Wahrnehmung untrennbar verbunden sei und eben doch Ausdruck von etwas sein könne, das von außen auf uns einwirkt. Wir empfinden richtig, doch der Verstand macht uns im nachhinein unsere Empfindungen streitig, indem er die Empfindungen als Suggestion abtut. Vielleicht erhöht die auf das Bewußtsein wirkende Kraft der Suggestion auch die Durchlässigkeit für Wahrnehmungen von außen? Suggerierte Bilder stünden dann neben empfangenen Bildern – eine schwierige Gratwanderung. Einzig die Übung, die Praxis, kann darüber entscheiden.[2]

Nachdem wir uns also über die Hilfebedürftigkeit des Ortes vergewissert und Eindrücke als Referenz für ein späteres Vergleichen mit dem wiederbelebten Ort gewonnen hatten, begannen wir das Heilungswerk. Wir stellten uns in drei konzentrischen Kreisen dergestalt auf, daß im inneren Kreis fünf, im mittleren sieben und im äußeren Kreis die restlichen Teilnehmer versammelt waren. Dann sangen wir, wir *chanteten.* Marko Pogacnik hatte einen verhältnismäßig hohen Ton angestimmt, den er aus seinem Gespür heraus entwickelt hatte. War ich zuvor noch über meine Eindrücke unsicher gewesen, so bemerkte ich nun, daß ziemlich bald nach Anheben des harmonischen Singens dem Ort eine spürbare Verbesserung seiner energetischen Ausstrahlung zuteil wurde; Entspannung

und mögliche Heilung widerfuhr ihm durch die starke Schwingung unseres heilenden Kreises. Es war ein wirkliches Erlebnis, dieses in Resonanz mit der eigenen Stimme und mit den anderen, ja mit dem Ort selbst, spürend aufzunehmen. Wir nahmen uns vor, später auf die Wiese an den Ort unseres Wirkens zurückzukehren, um Strahlung und Kraft aufs neue zu erspüren; nun aber begaben wir uns zurück an den Platz vor der Grotte, der von einer nahe am Teich stehenden, riesigen Rotbuche schön befriedet ist.
Eine Linie quer über den zum Kloster führenden Weg, die auf den Teich zulief, wurde durch zwei dürre Äste, die im Boden staken, bezeichnet. Marko Pogacnik eröffnete der Gruppe, daß sich entlang dieser Linie der erwähnte emotionale bzw. seelische Bruch durch den Park ziehe: Der Park sei dadurch in zwei Hälften auseinandergerissen – hier die Klosterruine und das Abthaus, dort der Park mit seinem Buchenbestand und dem alten Heiligtum. Die Seele des Ortes, seine Kraft, seien damit entzweit, gebrochen. Wir waren nun gehalten, den Bruch selbst nachzuempfinden, zu erspüren. Tastend, die ganze Aufmerksamkeit nach innen gerichtet, manchmal wie Blinde suchend und sich vorwärts schiebend, bewegten wir uns über das weitere Umfeld der abgesteckten Linie. Ich wußte, daß die zu erwartenden Anzeichen dieses Bruchs sich eher in einem psychischen, denn in einem energetischen Moment offenbaren müsse, doch konnte ich hier beim besten Willen nichts herausfinden. Ich spreizte meine linke Hand in einem leichten Spannungszustand, und es gelang mir schließlich, einen gewissen Bereich, der sich oval und asymmetrisch zu beiden Seiten der Trennlinie erstreckte, als energetisch »geladener« oder spannungsreicher auszumachen, als es das übrige Umfeld war. Ich fühlte, daß ich selbst zu sehr unter Spannung stand, zu sehr mit mir selbst uneins war in diesen Tagen, um solche subtilen Dinge wahrzunehmen. Erst später kam ich, mir das ganze Geschehen nochmals ver-

gegenwärtigend, zu der Einsicht, daß gerade das Erfühlen dieser Gespanntheit, dieser innere Zustand des Uneins-Seins in jenem Moment, der Ausdruck des Ortes und seiner inneren Spaltung gewesen sein muß. Was ich für ein individuelles Moment des inneren Ringens hielt, war verbunden mit dem Wesen des Ortes und seines seelischen Bruchs; die Wahrnehmung der Seele des Ortes kam im Kleide der Zerrissenheit in der eigenen Seele daher.

Das Wesen dieses Bruches, dies bleibt nachzutragen, ist dergestalt, daß nicht etwa wie mit einem Vermessungsinstrument eine schnurgerade Trennlinie gezogen wurde; eher mag der Park in seiner seelischen Einheit auseinandergebrochen sein wie eine Eisscholle, die gegensätzlichen Druckverhältnissen ausgesetzt ist.

Nach einer kleinen Teepause stellten wir uns entlang der Bruchlinie in zwei Reihen auf. In einer Meditation und Licht-Visualisation »überbrückten« wir die Bruchlinie. Dann stellten wir uns unter der großen Rotbuche auf und übten ein von dem Engel der Erdheilung gegebenes Ritual ein. Zwei Kreise, die wir konzentrisch ineinander unter der Rotbuche auf weitem Platz gebildet hatten, hatten zueinander gegenläufige Bewegungen zu vollziehen. Es wurde ein sehr gelungener, in seinem Ernst große Schönheit bergender Tanz, von dessen heilender Wirkung ich tief überzeugt bin. Eine der schönsten Heilhandlungen im Park war vollzogen!

Wir begaben uns zurück zum Kraftpunkt, zum *Herzzentrum* des Parks, und nahmen das veränderte Feld in uns auf: Eine spürbare Verbesserung und Gleichmäßigkeit strahlte dieses nun aus; alle Teilnehmer stimmten aber darin überein, daß dem Ort noch etwas Zartes, auch Verletzliches zu eigen sei. In einem größeren Kreis in weiten Einzelabständen stellten wir uns mit dem Gesicht nach außen gerichtet auf und vollzogen nun in innerer Konzentration das Aussenden der Energie des Herzzentrums in seine Umgebung, der es ja Kraft und Mitte

sein sollte. Dann wandten wir uns nach innen um und bauten durch Visualisierung eine Schutzhülle in Gestalt eines Lichtdoms über dem Ort auf.
Der Himmel hatte sich an diesem Vormittag nicht recht entscheiden können, ob er seine bleiernen Hüllen zerreißen wollte oder nicht, nun aber brach der goldene Glanz der Sonne aus den wankelmütigen Kulissen hervor ...
Am Nachmittag führte uns Marko Pogacnik an Orte im näheren Umkreis von Klosterruine und Klosterpark, die er uns als *Verankerungspunkte* des uns nun vertrauten Kraftzentrums vorstellte. Es sind ihrer drei, denn mit drei Punkten ist ein Gebilde sicher in der Landschaft verankert.[3] Einer dieser Punkte ist in der Wiese zu finden, die südlich der Klostermühle auf der westlichen Seite des Huder Baches an denselben grenzt, ein zweiter ist im Park jenseits des Weges, der um die Teiche im Bogen herumführt, zu suchen, und der dritte ist auf originelle Weise durch Baumgestalten gekennzeichnet, die mir von einem früheren Erkunden des Parks aufs beste vertraut sind: Es sind die Buchen, die an der Wegkreuzung unweit des weißen Tors stehen, und Marko Pogacnik zeigte, als wir den Ort aufsuchten, der Gruppe jene drei Baumzeichen, die ich einst nachzuzeichnen versucht hatte. Es handelt sich um den Hakenbaum, den Baum mit der ringförmigen Wulst und den Baum mit den Augenzeichen. Die drei Buchen geben eine sinnvolle Dreiheit von Nase, Ohr und Auge ab ... Welcher Kobold war hier am Werk? Wir begaben uns nun abermals zum Energiezentrum auf der Wiese und nahmen durch Harmonisches Singen in drei ineinander gestaffelten Kreisen eine Verankerung des Kraftortes in den drei besagten Punkten vor.
Nun sollten wir die *Atmungspunkte* des *Landschaftstempels Huder Klosterruine und Klosterpark* kennenlernen. Der Ort der Einatmung wurde an einem zögerlich mit Farnen umstandenen Platz in der Mitte des Parks lokalisiert. Eine Buche, die

sich vielarmig einer kreisrunden Öffnung im Blätterdach der Bäume zuwendet, kennzeichnet den Platz. Marko Pogacnik entschied sich jedoch, dessen Zentrum als drei bis vier Meter südlicher liegend anzusehen. Wir umringten, Hand in Hand in sehr dichten Kreisen stehend, die bezeichnete Stelle und belebten die Einstrahlung der kosmischen Energien mit unseren, in breitgefächerten harmonischen Frequenzen ertönenden Stimmen. Wir wurden dabei sehr von Mücken geplagt und mußten öfter die Hände den Nachbarn entziehen und uns zur Wehr setzen. Ärgerten uns die Mücken, weil wir uns doch nicht am rechten Platz anstrengten?
Den *Ausatmungspunkt* dergestalt zu beleben, gestaltete sich schwieriger: Er liegt unter dem mächtigen Pfeilerwerk der südöstlichen, also rechten Ecke der einstigen Torkapelle des Klosters und heutigen Pfarrkirche begraben. Marko Pogacnik erklärte uns, daß das Setzen des rechten Pfeilers einer Kirche auf Kraftpunkte eines Ortes zur Methode der Christianisierung der heidnischen Landstriche gehörte. Wir hatten drei Halbkreise zu bilden, die sich von Mauerwerk zu Mauerwerk schließen sollten, und es galt wieder, den richtigen Ton anzustimmen.

In der Kirche – sie ist der Heiligen Elisabeth geweiht – hatten am selben Tage ein oder zwei Trauungen stattgefunden; nun war sie verschlossen, und Rudolf zur Lippe organisierte uns den Schlüssel, damit wir Zutritt zu den in ihr verborgenen Schätzen des in Symbole gekleideten Wissens hatten. Welch unerwartete mystische Welt tat sich da auf in diesem Kleinod aus dem 14. Jahrhundert! Das Undenkbare hatte hier unter der Hand der Zisterziensermönche Gestalt angenommen: Der »Teufel« -in Wahrheit ein in einer Maske ausgestalteter Pan – hatte seinen Platz direkt über dem Kreuz des Christus erhalten! Eine Deva und ein Wolf erschienen in anderen Masken; Lebensbäume mit kosmischer Zahlensymbolik sind dargestellt, und darin waren alle drei Ebenen der Schöpfungswirklichkeit vertreten: die physische, die vitalenergetische, die seelische Ebene.

Am Abend versammelten wir uns im Saalzimmer des Gutshauses zu einer regelrechten Märchenstunde. Die »Märchen« handelten von Feen, Zwergen und anderen Geistern – von Elementarwesen also, die wahrzunehmen der Erdheiler fähig ist. So erfuhren wir, daß Zwerge punktförmig fokussierte Wesen seien und in Hecken und Steinen wohnen. Das ist auch der Grund, warum wir manches Mal etwa von einem Flußkiesel angetan sind und ihn mitnehmen, nicht ahnend, was sich in den Adern seines Inneren verbirgt. Andere Zwerge bewohnen beispielsweise die Mulden der Näpfchensteine[4], mit denen sie wie durch eine Art »ätherische Nabelschnur« verbunden sind.[5]
Am Sonntagmorgen grüßte uns die Sonne und sandte Strahlen durch das Blätterwerk. Geruhsam begannen wir unsere neuen Erkundungen. Nun führte uns Marko Pogacnik in den heiligen Bezirk der Ruine, um das erstaunliche Werden dieses *Naturtempels* zu erläutern. Zu Zeiten des Seminars wurde hier gegraben und gebaggert; die neuen Wege, die unter Berücksichtigung geomantischer Gesichtspunkte geplant worden sind, sind abgesteckt und in ihrem Verlauf erkennbar. Wir versammelten uns in der Mitte zwischen dem ehrwürdig aufragenden Gemäuer und seiner natürlichen Wiederauferstehung aus Pappel, Ilex und Efeu dort, wo es abgetragen und zusammengestürzt war. Wir erfuhren, daß der Ort lange vor der Errichtung der Kirche stets der Sitz der Elementarwesen für die nähere Landschaft von Hude gewesen war; es war ein Naturtempel, der als Sitz der Elementargeister auch kenntlich gewesen war. Als die Zisterziensermönche sich die Kräfte, mit denen die Damaligen noch vertraut waren, unterwarfen und *ihrem* heiligen Ort einverleibten, waren sie immer-

hin den alten Kräften noch so verbunden, daß sie ihnen in dem neuen Tempel einen festen Platz zuwiesen. Diese Plätze sind heute noch vorhanden – es sind die Tier- oder Teufelsmasken, die überall die Pfeiler an den Kapitellen unter den Bögenansätzen zieren. So ist die Maske an dem freistehenden nordöstlichen Pfeiler, die man für eine Teufelsmaske hält und die den Altarraum überschaut, in Wahrheit eine Huldigung an den Pan. Marko Pogacnik erzählte, wie nach der Zerstörung und schrittweisen Abtragung des Kirchenbaus bis zu seinem heutigen Zustand nach und nach die Elementargeister wieder ihre alten Plätze besetzten, sich neue suchten oder sich in den am Mauerwerk eingenommenen auf Dauer einrichteten. Die spirituellen Kräfte der Natur bemächtigten sich der Ruine und gestalteten sie zu dem um, was heute jeden Besucher magisch in seinen Bann zieht.

Im Klosterpark sind die Wesenheiten aller vier Elemente vorhanden. Dem Wasserelement jedoch war schwerer Schaden zugefügt worden, und so galten diesem unsere nächsten Heilbemühungen auf der energetischen und seelischen Ebene.

Wir begaben uns jenseits des mittleren Teiches in den schönen Buchenwald hinein zu einer Stelle, die der Ort einer tiefliegenden Blindquelle, eines Aquastaten, ist. Dieser Punkt bedurfte einer Heilbehandlung durch Singen und Visualisation, wobei es hier um ein energetisches Einwirken auf den Punkt, um eine Art *Akupressur* ging. Die Stelle ist übrigens durch eine nahe Buche gekennzeichnet, die hoch aufschießt und in einer schlanken Gabelung ihres Stammes ein kreisrundes Loch aufweist. Die Buche symbolisiert sozusagen die Fokussierung von Kraft, die wir hier erreichen wollten. Wir bildeten zwei Kreise, deren innerer sieben Glieder zählte, und ließen unsere Stimmen mit Kraft ertönen. Dazu gossen wir weißes und gelbes Licht aus unserem Inneren über den Ort. Dieses Mal vertrieben wir die lästigen Mücken mit unseren Tönen.

An einer Wegkreuzung zwischen den Teichen und einer wenig

ansehnlichen Fichtenschonung im Ostteil des Parks hatte Marko Pogacnik ein aus dem heiligen Bezirk der Klosterruine vertriebenes Elementarwesen ausgemacht: Die Nymphe des Orts, die weibliche Seite der Wassergeister, sitze hier in sich zusammengesunken, seitdem sie einst dorthin gebannt worden war. Wasser war als hochstehendes Grundwasser im moorreichen Gebiet der Feind der Bauleute, und daher wurde dieses Element am meisten bekämpft. Wir hatten den Wassergeistern eine Brücke zurück in die Ganzheit der Naturkräfte zu bauen. Der armen, dürren Nymphenkraft am Wegesrand brachten wir in lockerer Aufstellung um sie herum ein besonderes Ständchen dar: nicht kraftvoll-energetisch, sondern zart auffordernd stimmten wir, jede und jeder für sich, harmonisch verlaufende Melodiebahnen an, die sich ineinander verwoben. Dazu spendeten wir liebliches Himmelblau, wobei uns wieder Mücken umsummten. Wollten sie mittanzen? Abschließend sprach Marko Pogacnik ein Gebet, in dem er die Wesen der Natur um Verzeihung bat für die Gewalt und den bösen Zauber früherer Menschengenerationen. Möge von nun an der Nymphe und der Natur an diesem Ort Gutes widerfahren von den Menschen!
Alsdann besuchten wir den Wassermann, das männlich polarisierte Wasserelementarwesen des Orts, das sich nach seiner Verbannung aus dem Naturtempel an der hübschen, aber leider entzweigebrochenen Holzbank, der »Philosophenbank« am Ende der Teiche, unweit der verbannten Nymphe, angesiedelt hatte. Dem Wassermann muß man Raum lassen, und so stellten wir uns in respektvollem Abstand in Chorformation am Ufer des Teichs auf und stimmten wieder statische Harmonien an. Dabei sandten wir violettes Licht zur Bank hinüber. Auch diesen Heilungsakt bekräftigte Marko Pogacnik mit einem kurzen Gebet.
Um das alte Heiligtum in seiner ganzen Ausdehnung zu erfahren, begaben wir uns in das mit der Sonne korrespon-

dierende Heiligtum am Südende des Parks. Wir gingen im weitläufigen Bereich dieses ehemals heiligen Bezirks umher, um unsere Wahrnehmung zu schulen. Am Südrand des Parks fanden die Drei Schwestern großes Gefallen. Insbesondere ist das Verwachsen einer der Buchen mit ihrer Schwester über einen Ast bemerkenswert, der durch nichts erkennen läßt, von welcher der Buchen er nun entsprossen ist: Die Nahtstelle ist nicht auszumachen. Dies ist ein wahrhaftes Naturwunder.
Nach der Mittagspause bahnten wir nun der Nymphe und dem Wassermann einen Rückweg zu ihresgleichen, indem wir uns nach einigem Diskutieren für eine Art Staffellauf entschieden, wobei wir möglichst aufrecht laufen und dabei die Knie hochziehen sollten. Dies waren die lustigsten Minuten des Wochenendes. Man hätte uns für verrückt erklären können, und jede und jeder von uns war knapp davor, angesichts der Laufenden in lautes Lachen auszubrechen. Der Ernst, unser Glaube an unser Tun und nicht zuletzt der Anstand, bewahrten uns davor, die energetische Bahn zusammenbrechen zu lassen, die wir da guten Willens aufzubauen versuchten. Ob es die richtige Maßnahme war? Wir schafften etwa drei Umläufe, indem wir ohne Unterbrechung vom Fokuspunkt der Nymphe weg, an der Bank des Wassermanns vorbei zu dem nordöstlichen, freistehenden Pfeiler der Ruine und zurück liefen, uns unterwegs entgegenkommend und durch die Verteilung im Abstand von je zehn Metern eine »Prozessionsschleife« bildend. Nun also sollte der Pfeiler die neue Heimat der Wassergeister sein. Wohl ihnen!
Schwieriges war noch zu vollbringen: Unsere wichtigsten Aufgaben im Park waren vollendet, doch galt es, auch Wesentliches für den blockierten Energiefluß in Hude selbst zu tun. Wir fuhren zum Bahnhof, der menschenleer war, da gerade die Zeit der sonntäglichen Nachmittagsruhe begonnen hatte. Das kam uns sehr gelegen, da wir etwas zu tun hatten, was Außenstehenden wie eine Verrücktheit anmuten mußte.

Pan - Maske

Wir versammelten uns in zwei dicht beisammenstehenden Kreisen unter der Roßkastanie auf einem staubigen Parkplatz neben der Gleisanlage. Uns auf den eigentlichen Ort der Einatmung der kosmischen Kraft, der mitten auf dem Bahnsteig zu finden ist, konzentrierend, führten wir an diesem das Heilritual durch, indem wir mit den Füßen, einer Lockerung gleich, auf den Boden einstampften und eintrampelten. Wir taten dies in mehreren Wellen schneller werdend und abflauend. Nach einigen Minuten ließen wir ab und fuhren zum Kloster zurück.

Es war Teezeit geworden, und wir versammelten uns zu einer abschließenden Runde wieder auf der Terrasse. Das Gespräch kreiste um die Frage nach der *Methode* des Erdheilers, die einzelnen nicht immer nachvollziehbar war: Welche Art Geist offenbart sich uns, wenn uns Botschaften von außen gestatten, unser Handeln zu bestimmen? Welche Gewißheit hat man im Folgen? Gibt es nicht auch böse Engel? – Diesen Einwand mochte Marko Pogacnik nicht von der Hand weisen. Er empfahl, im Zweifelsfalle unbedingt die Finger von Eingriffen in die Seele der Natur zu lassen. Auch wußte er von manchen Schädigungen zu berichten, die Menschen in Unkenntnis der wahren Verhältnisse oder aufgrund unlauterer Absichten anrichten konnten.

So kann eine vermeintlich gute Tat dem egoistischen Verlangen entspringen, eine gute Tat zu tun und nicht den wirklichen Notwendigkeiten am Ort selbst. Viel Wissen, ein klarer Überblick über die Dinge und große Selbstdisziplin – eben eine geomantische, geistige und moralische Schulung – sind vonnöten, wenn man sich zum Heilen berufen fühlt.[6]

Wir müssen nicht glauben, daß die Erde auf Gedeih und Verderb unserer Heilung bedarf. Die Erde und die Natur kommen allein zurecht. *Wir* bedürfen der Heilung des Bewußtseins, und geomantisches Lernen und Handeln ist einer der Wege, auf denen ein solcher Heilungsprozeß beschritten werden kann.

Der Himmel war grau geworden im Laufe des Nachmittags. In die gedämpfte Stimmung des fortgeschrittenen Tages hinein strebte die Gruppe bald auseinander. Es war aber doch noch etwas zu tun. Mit einem Kern von Freiwilligen, die nicht durch eine Abreise verhindert waren, machten wir uns zu Fuß auf zu einem wichtigen Ort, der der Heilung bedurfte: Der Ausatmungspunkt von Hude auf der Erhebung zwischen Kloster und Wald (Reiherholz), die als noch junges Weizenfeld in ihrer Blöße dalag. Irgendwo im Feld, an dessen Rande wir standen und das wir etwa nach Süden überblickten, mußte der gesuchte Energiepunkt liegen. Wir waren unschlüssig, ob wir in das Feld hineingehen sollten. Eine Teilnehmerin nahm eine stoßweise pulsierende Ausströmung am Horizont wahr; sie sagte, der Energiefluß sei krampfartig blockiert, so, als stecke viel gehemmte Kraft in ihm, die auch herausgeschleudert werden könne. Wir rätselten im kühlen, grauen Wind, was zu tun sei, und mein Vorschlag wurde angenommen: Durch ruhiges, aber kräftiges und festes Atmen einen Atemrhythmus im eigenen Leibe vorzugeben und ihn durch Konzentration auf jenen fernen Punkt zu übertragen. Dazu stellten wir uns in einem Abstand von zehn Metern zueinander in einer Reihe entlang des Weges auf, um wegen der großen Entfernung zu jenem Punkt unsere Kräfte wie bei einem Parabolspiegel besser auf jene Stelle konzentrieren zu können. Auch dieses Werk war bald vollbracht.
Welche Bedeutung mochte unser Tun hier in Hude für die Zukunft haben? Ich erkannte nun, auch aus anderen Quellen, immer besser: Es gilt, Menschen und Orte auf eine in der Zukunft sich neu gestaltende Erde vorzubereiten. Ich bin sicher, daß das Werk in Hude im Zeichen dieser Aufgabe stand.

7

Braut und Bräutigam

24. Juli 1994

Wir haben einen ungewohnt heißen Sommer. Am Sonntagabend strichen Cirruswolken über den hohen Himmel, und die Sonne versank glutrot, als wollte sie vom Regen künden, doch nichts dergleichen geschah. Florida und ich rüsteten uns für eine Radwanderung, die uns in die Wildeshauser Geest, zu den großen Steinen, führen sollte. Noch am Abend brachen wir in Oldenburg auf.

Auf ruhigen Wegen fuhren wir Richtung Osten. Wir erreichten die *Thingstätte*, auf die heute noch der Ortsname *Dingstede* hindeutet, in später Dämmerung, die uns die Sicht bald verhüllte und uns anderen Sinnen überließ. Die Thingstätte ist 1973 in der heutigen Form wiedererrichtet worden, jedoch weder an dem originalen Ort noch mit den originalen Steinen. (Man weiß aber, daß sie hier irgendwo gelegen haben muß, und zwar westlich im sandigen Wald.) Wir traten unbefangen an die Stätte heran und fragten uns, ob nicht wenigstens der eine oder andere Findling ein alter Gefährte der echten Stätte sein könnte. Ein etwa zwölf mal sechs Meter großer Platz wird von mittelgroßen Findlingen umzäunt, so daß eine Art Gehege entstanden ist, das in den hinteren, dem Weg abgewandten Ecken zu beiden Seiten in dunkles Strauchwerk getaucht ist. Das lange Gras war frisch gemäht und verdorrte zu Heu; deutlich ließ sich erkennen, daß alle Besucher nach Betreten der »Pforte«, die durch zwei größere, spitze Steine gestaltet worden war, einen Weg nach rechts und dann nach links zu dem großen zentralen Stein hin wählten. Man hat nämlich gleich hinter der Pforte einem Dornenbusch zu der einen oder anderen Seite auszuweichen, und dieses Herumgehen um ein Hindernis macht Sinn, denn es zwingt die Seele, sich in Bewußtheit eines zu gehenden Weges dem dolmenartigen zentralen Stein zu nähern.

Der *Große Stein* oder *Richterstein*, wie ich ihn nennen will, ruht auf drei Findlingen, die, zum größten Teil im Erdreich eingelassen, im Dreieck zueinander stehen und den Großen Stein über einem düsteren Zwischenraum von Luft schweben lassen. Von vorne gesehen ist die linke untere Ecke des Steinblocks abgesprungen und läßt eine Höhlung frei, was wir allerdings erst am nächsten Morgen genau sahen. Jetzt in der Nacht aber war es günstig, die Antennen zur Hand zu nehmen und sich ein wenig in Radiästhesie zu üben. Ich benützte hierfür sogenannte Winkelsonden, die ich mir aus zwei Drahtkleiderbügeln zurechtgebogen hatte. Ich erhielt ein uneinheitliches Bild, da meine ersten Ergebnisse keiner zweiten und dritten Prüfung standhielten. Auch ohne Antennen aber stimmten Florida und ich in der Empfindung überein, daß in der hinteren linken Ecke des Karrees eine ungute, dunkle Wesenheit hauste (nun gut: Die Ecke unter den Sträuchern *war* dunkel).

Wir philosophierten uns die Bedeutung des Wortes *Thing* zusammen: *Thing* meint im Althochdeutschen *Verhandlung*, *Versammlung*, dann *Verhandlungsgegenstand*. Daraus wurde das *Ding*, englisch: *thing*.

Welche Funktion aber hat der zentrale Große Stein, damals und heute? War er Altar, Hinrichtungsstätte gar? Letzteres ist sicher unzutreffend, denn ein Urteil der alten Germanen war oftmals ein Gottesurteil, bei dem der Verurteilte seinem Schicksal inmitten einer lebensbedrohlichen Naturgewalt überlassen blieb oder mit einer gewaltigen Aufgabe konfrontiert war.

Der Gebrauch der Antennen war uns nicht von Nutzen – es war meine erste Übung – doch nahmen wir beide mit Überraschung eine außerordentlich intensive Schwingung des Großen

Steines wahr, als wir beide Hände an ihn legten. Insbesondere pulsierte über meine Hände ein starker *Strom* vom Stein durch meinen Leib in die Erde und zwischen diesen beiden Polen hin und her, wenn ich an der Südostecke des Steines stand. Florida drückte es so aus, daß die Erde sich bewege und der Stein nur an einem einzigen Punkt mit der Erde Berührung habe. Der Stein schwebt, sagte sie. Daß er das tatsächlich tut und nur auf drei Punkten gelagert ist, nahm sie erst anderntags am Morgen mit den Augen wahr – in der Nacht hatte sie dies am Stein *erfühlt*. Ich wagte es noch, mich der Länge nach auf den Stein zu legen, um die Art der Einstrahlung aus dem Kosmos zu erspüren. Ein leichtes Unbehagen befiel mich, doch ich hielt stand und gewahrte die Anwesenheit einer schnellen, präzisen Schwingung. Solche Schwingungen können Bezüge zu bestimmten Planetensphären haben, und ich mutmaßte, daß dieser Stein unter dem Einfluß des Jupiters steht.
Was auch immer sich hier finden lassen mochte, der Ort muß ja doch im wesentlichen durch die Menschen des Jahres 1973 geprägt sein. [1]
Neben der Thingstätte befindet sich ein Fischteich. Er wirkt wie ein Yin-Gegenpol zur Yang-Qualität der Thingstätte. Wir schlugen unser Nachtlager in der Nähe der Steine auf, nicht wissend, daß es Wildschweine in dieser Gegend gibt. Wir schliefen aber ruhig.

25. Juli 1994

Am nächsten Morgen suchten wir zwei Steingräber auf, die in einem Nachbardorf mit dem sinnfälligen Namen *Steinkimmen* zu finden waren. In sengender Mittagsglut erreichten wir dann in einer Gegend, die so sinnige Flurnamen wie »Vor dem Wehe«, »Ohe« und »Hinter dem Wehe« trägt, den *Hexenstein*. Er liegt an einem Hang auf freiem Feld nahe der Wald-

grenze und ist als Naturdenkmal geschützt; ein Hinweisschild ist ordentlich angebracht, zwei Holzpflöcke markieren eine Pforte und Schwelle, die zur inneren Sammlung mahnt. Etwa zwei Dutzend Mulden oder Näpfchen sind auf der Oberfläche des riesenhaften Steines zu finden, einige jedoch sind schwer zu erkennen. Manche weisen Spuren rötlicher Erdfarbe auf. Der Stein ist ein ziemlich großer Findling – er wäre zu groß gewesen, um als Menhir oder als Deckstein eines Steingrabs aufgestellt zu werden. (Obgleich es in England und Frankreich Steine dieser Größe gibt, die zu diesem Zweck bewegt worden sind. Es ist eben alles eine Frage der *Kraft*)
Ein eindrucksvolles Wunder, ein Zeuge äonengleicher Zeitläufe ist dieser gewaltige Findling, der, einem Eisberg gleich, der Welt nur seine kleine obere Spitze zeigt und tief im verborgenen gründet. Ich war jedoch wenig verwundert, nach altem Brauchtum Getreidekörner als Opfergaben in vielen der Mulden und Näpfchen zu finden.
Ich nahm eine Übung mit den Antennen vor. Ich konnte meine Ergebnisse nicht jedesmal an allen Stellen genau reproduzieren, doch zum Schluß kam ich probehalber und vorläufig zu einem Bild des am Stein vorherrschenden Polarisierungsmusters. Mein sicherster Eindruck war der, daß quer zu dem markierten Pfad, der vom Feldweg auf den Stein zugeht[2], Bänder verlaufen, und zwar findet sich zunächst ein positiv polarisiertes Feld, dann ein negatives und wieder ein positives.
Ich versuchte mich im Wahrnehmen von Elementarwesen zu üben. Das brachte jedoch nichts. Es war nun sehr heiß.

Unser Weg führte nach *Dötlingen.* Dieser Ort wartete mit vielen Überraschungen auf. Schon bei einem ersten flüchtigen Besuch Anfang März, als mich ein mit dem Prinzen befreundetes Ehepaar in die Geheimnisse der Wildeshauser Geest eingeführt hatte, hatte sich der Wunsch nach Wiederkehr tief in mir eingegraben. In Dötlingen weht der Wind eines alten Landes, hier liegt die Steinzeit ganz nahe an der Oberfläche. Dötlingen vermittelte mir auf Anhieb den Eindruck eines seelischen und energetischen Zentrums der näheren Landschaft in der Wildeshauser Geest, möglicherweise ist es auch von noch größerer und weitreichenderer Kraft und Bedeutung. Solche Empfindungen offenbaren sich der Seele stets als *Gesamteindruck*. Die äußeren Anzeichen sind: Eine wunderschöne Lage in einem sichelförmigen Tal am Nordufer der Hunte, spürbar und sichtbar ein idealer Siedlungsplatz (es gibt Quellen in der Nähe); außerdem der bis heute auf wundersame Weise erhaltene dörfliche Charakter des Ortes, dessen offene Struktur und Nebeneinander so vieler alter Häuser staunen läßt. Das Dorf ist noch nicht durch Straßenbau in die Verstädterung getrieben worden, es gibt viele Buchen und Eichen hier – ein lichtes und zugleich schattiges Dorf im Huntetal. Dötlingen machte schon im März den Eindruck auf mich, daß hier noch alter Germanengeist herrscht.

Zentraler Ort des Gefühls, in vergangene Zeiten, oder besser: in eine nie vergehende Zeitlosigkeit versetzt zu sein, ist der Kirchhof. Viel Erstaunliches und deutliche Zeichen einer alten, vorchristlichen Bedeutung als heiliger Ort treten dem aufmerksamen Beobachter hier entgegen. Die Kirche von Dötlingen liegt auf einer Anhöhe über dem auenhaften, sanften Tal, das der Fluß herausgespült hat und in dem heute zur Kirche hin zwei Weiher liegen. Westlich dieser Anhöhe fließt ein kleiner Bach herbei und bildet eine schöne Senke; hier stehen stolze Buchen zu einem lichten Wald zusammen. Der Ort, die Anhöhe, der Platz, den die Kirche beherrscht, erschloß sich mir erst nach und nach als ein Bezirk, der von alters her geweiht sein muß.

Eine große Rolle spielte bei dieser Entdeckung, die Bäume als Zeichen zu lesen. Eigentlich außerhalb dieses Bezirkes steht eine gigantische, dicke, uralte Eiche an einer Straßenkreuzung;

ihr Stamm mißt etliche Meter im Umfang und weist einen gewaltigen Hohlraum auf, der groß genug wäre, um einem Asketen als Wohnung zu dienen. Die größten Aste sind abgebrochen oder abgestorben, und die Rinde des Baumleibes nährt heute nur noch einen einzigen Ast. Der aber ist voll grünen Eichenlaubs.

Eine gewaltige Kastanie steht nahe am Eingang, im Nordwesten der Kirche, sie könnte viele Stunden Regens von Zufluchtsuchenden abhalten und tat es für uns einige Minuten. Zu dem mir wichtigsten Baum wurde die Esche, die östlich der Kirche den freien Platz beherrscht. Auch sie ist, wie die Eiche, nicht mehr Herrin ihrer *ganzen* Gestalt. Doch spricht sie in ihrem Erscheinungsbild, im Verschränken ihrer Äste, in ihrer Lebensschwingung auch heute noch von alten, heiligen Zeiten – und neuen? Ich legte beide Hände an ihren furchigen Stamm, erlebte bald einen sehr lebendigen, pulsierenden Strom von Energie und fragte nach dem Ort, nach der Umgebung. Von der Esche erfuhr ich, daß der Ort der Kirche wie auch der Ort Dötlingen selbst als weitgefaßter Bezirk zu sehen ist. Der Bezirk der Kirche ist demnach von einem *Umlauf* (der vermutlich radiästhetisch mutbar ist) eingefaßt, und der Kult des *Feuers* spielte hier eine gewisse Rolle.

Zu Füßen der Esche liegen heute Steinplatten, die eine Grabstätte oder ein Denkmal markieren; eine niedrige Mauer lädt zum Sitzen ein; und ein Eisengitter soll den Fuß des Baumes vor irgend etwas schützen. Der Eisenring ist längst zu klein. Die lebende Rinde des Baumes ist um die Stäbe herumgewachsen – das Gitter, das einschließt, ist eingeschlossen. Ich legte eine blaue Glasperle in einer Höhlung des Baumes nieder ...[3]

Ich hatte bereits erfahren, daß in das Fundament der Kirche alte Steine eingemauert sind, die beim Bau hier vorgefunden worden waren. Nun besah ich mir die Kirche genauer. Was ich im Innern an Fresken vorfand, übertraf alle Erwartungen von dem, was ich an Spuren des alten Ortes vorzufinden hoffte. Es kann noch nicht zu lange her sein, da man bei der Restaurierung der Kirche die alten Fresken freilegte: Symbolische Darstellungen aus der germanischen Mythologie finden sich am Deckengewölbe zwischen dem zweiten und dritten Paar der Grundpfeiler des Kirchenschiffes. Was zunächst aber mein Auge mehr gefangennahm und meinen Geist in Arbeit versetzte, waren abstrakte Zeichnungen, die in kästchenförmigen Abschnitten wie Briefmarken – nur größer – den ganzen, auf dem zweiten Pfeilerpaar ruhenden Bogen verzieren. Es sind Ornamente und abstrakte Muster, alle in einem blauen und orangefarbenen Ton gemalt. Schlangenlinien und Kreise tanzen da zumeist auf den Bildflächen, und ihr inneres Muster gehorcht stets einer Punkt- oder Achsensymmetrie. Diese Zeichnungen würde ich weder als ornamental noch als abstrakt bezeichnen – es sind *Schwingungsbilder*. Sie folgen den verborgenen Gesetzen einer visuellen Rhythmik, eines harmonikalen Gefüges. Die Ähnlichkeit mit den Mustern, die uns heute – physikalisch erzeugt – als *Chladnische Klangfiguren* bekannt sind, ist verblüffend. Es gibt insgesamt vierundzwanzig und ein kleineres, weiteres dieser Muster, und sie zieren den ganzen Bogen von einem Fuß zum anderen.

Das daran anschließende Gewölbe zeigt dann in einer Art »Fünfling« mit einer Windrose in der Mitte und vier Kreisen in den vier Richtungen der Kreuzrippenbögen symbolische Formen und Figuren.

Auf einem der vier Trabantenkreise erkannte ich nur Kreise, die kleinere Kreise oder Punkte umschließen, wobei der große Kreis, der alle anderen einschließt, eine Art Wurmfortsatz oder Nabel nach außen hin hat. Wäre es nicht ein bißchen abwegig, so hielte ich diese Figuren für Eizellen oder Einzeller – Sinnbild von Fruchtbarkeit, Geburt und Leben! Der nächste Kreis im Uhrzeigersinn zeigt ein Fabelwesen, das mit dem Stier verwandt sein könnte; dann ist die Darstellung eines ei-

förmigen Körpers mit kleinem Kopf und zehn Beinchen zu sehen, die einen Käfer darstellen könnte (Skarabäus?), schließlich ein Trabantenkreis, der den Lebensbaum mit je neun eingeringelten Blättern oder Zweigen auf jeder Seite zeigt.
Der Bogen zum dritten Gewölbe zeigt wieder eine Art Schwingungsmuster in kurzen, gekrümmten Pinselstrichen; im dritten Gewölbe finden sich Rauten als Muster, und der Bogen zum vierten Gewölbe weist lediglich schräg verlaufende Striche auf.
Im Altarraum finden sich weitere Symbole einer kaum christlichen Tradition. Keltische Kreuze prangen graublau an der Ostwand der Apsis, und links und rechts des Altars blühen Lebensbäume mit je acht Lilienblättern und einer dreigeteilten Spitze in Lilienform. Noch nicht alle der alten Fresken sind wieder zum Vorschein gekommen; unter dem Putz liegen noch große Flächen verborgen. Doch selbst auf dem Boden vor dem Altar fand ich merkwürdige Zeichen, die ich jedoch nicht zu entschlüsseln vermochte.
Ich versuchte, die Schwingungsmuster der feinstofflichen Ebene zu erspüren. Am Altar nahm ich eine sanfte Schwingung der Erde wahr; an der Kanzel aber, die an der Südwand der Kirche steht, das schnellere Muster kosmischer Einstrahlung. Im Deckengewölbe der Apsis entdeckte ich ein weiteres Symbol, das mir Rätsel aufgab: ein fünfgliedriger Baum mit pik- oder herzförmigen Blättern, die an die Blätter des Trompetenbaums erinnern.
Den Altar zierten an diesem Tage zwei schöne Sträuße gelber Margeriten, zwischen ihnen lag die Bibel aufgeschlagen, und der Predigttext für diese Woche war i. Korinther, Kap. 6, 9-14 und 18-20. Der ganze Predigttext gab mir zu denken. Der Schluß war kursiv hervorgehoben und lautete so:

Oder wisset ihr nicht, daß euer Leib ein Tempel des heiligen Geistes ist, der in euch ist, welchen ihr habt von Gott, und seid nicht euer eigen? Denn ihr seid teuer erkauft; darum so preiset Gott an eurem Leibe.

Ließ sich das auch geomantisch deuten in dem Sinne, daß also, wer das Göttliche in der Natur sucht, zunächst ein Bewußtsein von jenem Naturtempel entwickeln muß, der ihm der nächste ist – der eigene Körper?

Dicke Regentropfen eines heranziehenden Gewitters fielen draußen auf uns herab; wir radelten noch los, suchten aber bald in einem nahen Eichenwald unterhalb einer Anhöhe, die als *Gierenberg* bezeichnet wird, Schutz vor dem kurzen, aber heftigen Gewitterguß.
So kamen wir zu der Stelle, an der die Karte einen Findling als »Naturdenkmal« verzeichnet. Diesen zu sehen war mir im vorhinein als weniger wichtig erschienen – bis wir dann auf der Anhöhe standen, den riesigen Stein gewahrten und von dem kreisrunden Plateau, das durch zwei Steinkreise stufenartig abgesetzt ist, überrascht waren. An das Plateau schließt sich in südöstlicher Richtung ein freier Platz von der Größe eines kleinen Fußballfeldes an, an dessen unterem Ende – er neigt sich mit sanftem Gefälle dem Ortsausgang von Dötlingen zu – verstreut einige Findlinge mittleren bis kleinen Formats liegen. Welche Bedeutung hat dieses Feld – die eines Versammlungsplatzes? Mit bloßen Händen und mit der Antenne prüfend, ergab sich mir nur ein unklares radiästhetisches Bild. Jedoch ging ich den erhöhten kreisrunden Platz mehrmals mit den Antennen in der Hand ab und glaubte erkennen zu können, daß die erste Steinring-Stufe ein positives Feld aufweist, die zweite Stufe bzw. der Rand des Plateaus ein negatives. Der große Stein selbst, der in gewagter Position sehr dicht am Westrand der Anhöhe liegt, ist ebenfalls negativ polarisiert. Gegenüber steht eine Bank, und ihr Umfeld stellt im Schwingungsbild einen Gegenpol dar. Nach Norden hin liegt

das Plateau in einem reinen Eichenwald eingebettet, was dem Ort eine magische Stimmung einhaucht; hinter der Bank liegen unter den jungen Eichen verstreut noch einige Findlinge, die wohl einst zu der Anlage gehörten. Zwei spitz aufragende Findlinge zu beiden Seiten bilden eine Art Pforte, durch die hindurch man auf das kreisrunde Plateau gelangt, wenn man von Norden her den Pfad durch den Eichenwald heraufkommt. Unbestreitbar hatte die Anlage einmal die Bedeutung eines Kultplatzes – aus welcher Zeit auch immer sie sei.

Der große Stein gab Rätsel auf. Ich konnte von ihm nur ein schwaches, undeutliches Bild seiner Schwingungen gewinnen. Jedoch weist er an seiner Unterseite eine kreisrunde Einfräsung von etwa achtzig Zentimeter Durchmesser auf, die zur Hälfte vom Boden verdeckt ist. Ein solches, gleichmäßig gestaltetes Mal kann eigentlich nur von einer maschinellen Bearbeitung herrühren – wenn man es nicht dem Mahlen eines schweren Mühlsteins andichten will. Aber was soll ein »Mahlmal« auf diesem Stein, ohne erkennbares Zeichen einer Bohrung für eine senkrechte Achse? Was hat diese Einfräsung zu bedeuten? [4]

Von welcher Bedeutung ist der gesamte Platz, dessen Plateau aus zwei Steinringen offenbar nachgemacht ist? Ich fühlte mich in den Ort ein und gewann den Eindruck, daß dieser Kult- und Versammlungsplatz einem Stiergott oder Thor geweiht gewesen sein müsse; Feuer hatte wohl in dem Kult eine Rolle gespielt, und ich machte die Kraft zur Einigung und Einung, zur Einheit und Vereinheitlichung aus.

Wenn ich mutmaße, so kommt mir eine Bedeutung des Ortes als *Herzzentrum* oder *Kraftzentrum* der Umgebung in den Sinn. Wie groß man sich die Umgebung zu diesem Zentrum vorzustellen hat, wird eine Aufgabe weiterer Nachforschung sein.

Der kurze Gewitterguß war überstanden, es war immer noch drückend heiß. Nach einem kurzen Bad im Fluß unter dem

Dach einer weit ausladenden Buche war es dann nicht mehr weit zu den Steingräbern von Glane, die friedvoll und erhaben in einer Heidelandschaft liegen. Hohes, sanftes Gras wogt um die Hügel mit den Steinfundamenten herum – ein Ort der Stille, des Eintauchens in die Vergangenheit.
Es schloß sich eine längere Radwanderung an, die uns in das Steingräbergebiet von Visbek bringen sollte, dem Endziel und Umkehrpunkt unserer kleinen Reise. Wir hatten die Autobahn überquert, deren graues Rauschen weithin das Klangbild der Landschaft durchdringt, und trafen auf die ersten Zeugen der Steinzeit an einer langen geraden Straße: Da liegen die *Hohen Steine*, zwar von einem Schild bezeichnet, aber versteckt im Wald abseits der Straße – unter viel Rankenwerk und Dornengestrüpp, das das Grab wieder dem Versinken und Vergessenwerden entgegenschlafen läßt. Der Ort strahlt in einer Ruhe voller Magie und Ahnungen von jenen Zeiten, in denen das Grab den Leuten vom Dorf bekannt war und für einen Ort galt, der nicht ganz geheuer war.
Unsere Entdeckungsfahrt führte uns weiter zur *Bargloyer Steinkiste*, die uns Rätsel aufgab. Wenn dieses Grab ein Steinkistengrab ist, dann haben die Kistenleute genügend Erde darauf geworfen, um es wie einen gewöhnlichen Hügel aussehen zu lassen. Eine steile Böschung ragt etwa zwei Meter hoch aus dem Umland hervor, der Hügel mißt etwa zehn mal fünfzehn Meter in der Grundfläche, und vor ihm liegen zum Teil zerbrochene Findlinge, um als steinerne Landmarken den Weg zum Erdaufwurf zu weisen. Daß auf dem Hügel, der von Bäumen auf schöne Weise zu einem Hain umstanden ist, eine bemerkenswert flache Steinplatte auf drei kleineren Steinen ruht, fällt aus dem Rahmen. Die Platte ist etwa ein mal eineinhalb Meter groß und von großer Regelmäßigkeit in ihrer Dicke (etwa zwanzig bis fünfundzwanzig Zentimeter), kaum aber im Umriß. Eine Opferplatte auf einem Steingrab – sollen wir glauben, daß die authentisch ist? Ich meditierte am Ort und kam zu der

Überzeugung, daß sie erst nachträglich dem Hügel aufgelegt worden ist, möglicherweise um 1900 oder auch erst in allerjüngster Zeit. Ist sie um den Beginn unserer Zeitrechnung herum hier in diese Umgebung geschafft worden? Offenbar haben spätere Völker diesen Grabhügel für Opferzwecke benutzt. »Welchem Gott wurde geopfert?« fragte ich mich innerlich. In der Ferne wieherte ein Pferd plötzlich laut auf. War dies ein Zeichen, ein Hinweis? Es könnte also Wotan gewesen sein.

Es dunkelte nun rasch; leichter Regen kam auf. In einem Wäldchen breiteten wir unsere Schlafsäcke aus und kochten Tee und Suppe, bevor wir unter dem zarten Licht der Sterne ruhten, die durch die windbewegten Zweige hindurchblinkten.

26. Juli 1994

Ein neuer frischer Tag! Unser nächster Besuch galt dem Steingrab, das als *Große Steine* bekannt ist. Es liegt nahe am Wegesrand in einem Wald in schöner ländlicher Abgeschiedenheit und ist von einem, im Geviert verlaufenden, kleinen Wall umgeben. Zwei Grabkammern sind darin diagonal angeordnet. Ich experimentierte mit den Antennen und stellte ein negativ polarisiertes Feld am Ringwall, ein positiv polarisiertes an dem großen Deckstein in der Mitte fest.

Nun stellte sich uns eine Aufgabe, bei der uns die Antennen gewisse Dienste leisten konnten, denn das nächste auf der Karte verzeichnete Grab auf unserem Weg Richtung Visbek schien sich vor uns im Dickicht des Waldes zu verstecken. Ich erspürte ein negativ polarisiertes Band, das quer über den Weg vor dem Zugang zum Grab verläuft; und durch Gucken und Suchen machte ich schließlich einen mit Beerensträuchern und jungen Birken überwachsenen Haufen zusammengefallener Steine aus. Von dort läuft ein Knickwall am

Waldesrand entlang nach Südosten hin – ein zweites Grab muß dort im Wald versteckt liegen, oder dieses eine war einst von sehr großen Ausmaßen, vergleichbar den Kleinenknetener Steinen.
Nicht weit von diesem »Fund«, der sich unserem Auge nicht sehr befriedigend offenbarte, spürten wir schließlich auch noch das dritte Grab in dieser Gegend auf, das abseits der Straße auf einer Anhöhe liegt, aus der der Sand herausgebaggert wird; die Sandgrube hat sich nahe an die Grabstätte herangefressen. Das Grab mit einem ungewöhnlich großen, noch in seiner alten Position aufliegenden Deckstein ist gut erhalten und in seiner versteckten Lage und bei seinem guten Zustand von großer und kraftvoller Schönheit.
Aber dies alles war ja nur ein Vorspiel! Nun begann das Hauptstück:
Es war einmal ein reicher Bauer, der hatte eine Tochter, die hieß Gretchen und war sehr schön. Der Bauer hatte einen Nachbarn, der war arm und hatte einen Sohn namens Konrad. Es war nun aber nicht anders, als daß das Gretchen den Konrad sehr lieb hatte, und der Konrad das Gretchen auch. Und ihre Liebe zueinander wuchs von Tag zu Tag, bis sie groß waren. Als sie in das Alter kamen, da man auf Kirchweihfesten zu tanzen beginnt, da durfte die Grete hingehen und tanzen, der Konrad aber mußte zu Hause das Vieh hüten. So kam es, daß Grete bald einen Verehrer hatte, der war prahlerisch und hatte reiche Eltern. Der reiche Prahler hielt beim Bauern um Gretes Hand an, und sie war ihm auch bald versprochen. Der Hochzeitstag wurde festgesetzt, und Grete mußte willenlos zusehen, wie man alles zu ihrer Vermählung bereitete.
In der Ferne läuteten die Glocken von Visbek, als sich der Brautzug in Bewegung setzte, und von einer anderen Seite her nahte der festlich geschmückte Zug des Bräutigams. Da richtete sich die Braut im Wagen auf und flehte ihren Vater an:

»Laßt uns umkehren, noch ist es Zeit. Ich mag ihn nicht und will ihn nicht; ich liebe einen andern!« Aber der Alte trieb die Pferde mit der Peitsche nur zu schnellerem Lauf an. Da rief Gretchen laut:

Haltet ein, haltet ein!
Lieber werde ich zu Stein,
als daß ich werde sein!

Plötzlich zuckte ein Blitz, und zugleich ertönte ein furchtbarer Donnerschlag. Die beiden Brautzüge standen in Stein verwandelt da; man nennt sie Visbeker Braut und Bräutigam.

Wie staunt man erst, wenn man vor den mächtigen vier, aufrecht stehenden Steinen an der Stirnseite der *Visbeker Braut* steht! Da atmet die Zeit noch den Geruch des Lebens mit den großen geheimnisvollen Steinen, die mehr waren als robustes Baumaterial, die beseelt waren von dem Geist schlafender Riesen und in denen große Kräfte schlummerten. Und diese Zeit steht still und wartet und achtet der Besucher in kurzen Hosen nicht, die die achtzig Meter lange Grabanlage als Teil ihres Wanderwegs durchqueren und verschwunden sind, ohne am Ort andere als vergängliche Spuren zu hinterlassen. Ich fühlte die Steine: Einer der mittleren (der dritte von links, wenn man innen steht) machte sich mit einem spürbaren Puls bemerkbar; die Antennen zeigten mir ein negativ polarisiertes Band vor der Ostseite der Grabanlage. Den größten Eindruck beim radiästhetischen Muten machte mir die einzig offene von mehreren Grabkammern (die ganz bestimmt den Namen »Steinkiste« verdient hätte); sie war von einer starken Strahlung durchdrungen, die ich jedoch nicht näher bezeichnen konnte.
Wir folgten dem *Brautweg* und dachten, die in der Karte verzeichneten *Kellersteine* ebenfalls in Augenschein zu nehmen,

die etwa einen halben Kilometer abseits von dem Weg zu finden sein mußten. Wir fanden sie nicht, jedenfalls nicht eindeutig: offenbar sind diese Steine unter einem struppigen Hügel von Blatt- und Rankenwerk im jungen Forst verborgen. Zum Hauptweg zurückkehrend, bemerkten wir einen einzigen, aufrecht stehenden Findling, der von jungen Eichen umgeben war; eine der Eichen machte Zeichen.

Weiter westlich, nicht weit von dem Hain des *Bräutigams*, gibt es abermals ein Steingrab, das als *Kellersteine* bezeichnet wird. Das Grab ist in seiner Form gut erhalten und trägt einen mächtigen Deckstein, der zu einer Seite hin abgerutscht ist. Wenn man den kleinen Hain betritt, so liegt es so anmutig da, daß es wie das Urbild aller Dolmen erscheint, Sinnbild *und reale Verkörperung* des Schoßes der Magna Mater, der Großen Göttin von Geburt, Leben und Tod. Kraftvoll und von dem Dahineilen der Zeit ungetrübt, erscheint es, hingestellt als Zeichen der Ewigkeit von den hohen Mächten, mit denen die Steinzeitleute in Verbindung standen. Der Ort ist gut besucht; eine Familie verweilte dort, als wir ankamen; und um die Bänke herum quoll der Müll aus den Körben und kroch in den Wald hinein unter die jungen Birken. Ich mutete den Deckstein; über ihm nahm ich ein positives Feld, unter ihm ein negativ polarisiertes wahr. Eine blaue Glasperle hinterließ ich als späte Grabbeigabe.

Es stellte sich heraus, daß der Verlauf unserer Tour von Nord nach Süd, von Ost nach West nicht ohne geheimen Sinn gewählt war, denn das etwa hundert Meter lange Grab des *Visbeker Bräutigams* und der sogenannte *Heidenopfertisch*, den wir bald darauf zu sehen bekamen, schenkten uns wahrlich den Höhepunkt dieser kurzen Reise, bevor wir am späten Nachmittag den Heimweg anzutreten hatten.

Ein kleiner Wall umläuft großzügig den Buchenwald, der außer dem Bräutigam noch das *Brautwagen* genannte Grab und drei weitere Grabstellen in sich birgt. Die Autobahn ist

hier wieder in guter Nähe zum Brautweg und den Gräbern; grau rauscht es durch die Blätter und zwischen den Stämmen hindurch, trotz des grün hereinflutenden Sonnenlichts. Doch als wir zunächst am Brautwagen standen und die vier wuchtigen, gleichmäßig aufliegenden Decksteine bewunderten, bemerkte Florida, daß die Autobahn sich nicht nur durch die Luft hindurch mit ungutem Schall verbreitet, sondern daß auch die mächtigen Steine die graue Schwingung in sich aufgenommen hatten und sie abstrahlten.
Ich hantierte mit den Antennen, ohne klare Ergebnisse zu bekommen. Doch bemerkte ich sehr wohl, wieder meinen Verstand und die Augen benützend statt der gebogenen Drahtstücke, daß vier Eichen über dem Brautwagen zu beiden Seiten stehen und ein großes Tor bilden, durch das er jederzeit hindurchfahren könnte.
Das Bräutigam genannte Steingrab selbst hat an seiner östlichen Stirnseite drei gewaltige Steine gleichsam als Wächter beigestellt; am westlichen Ende gibt es sich geruhsam dem Gelände hin. Hier, am westlichen Ende, steht unweit der Steinmauer auf der südlichen Seite eine hohe, schlanke Buche, deren Rinde erkennen läßt, daß der Baum, in sich einer Drehung folgend, aufgewachsen ist; er dreht sich nach rechts, also im Uhrzeigersinn, um seine eigene Achse. Ich machte die Knie weich und wurde regelrecht mitgerissen von der starken Drehung – gegen den Uhrzeigersinn! –, die mich wie einen Kreisel hätte tanzen lassen, wenn die Füße sich nicht fest an den Boden gehalten hätten. Bei Florida erfolgte die Drehbewegung nun genau in die entgegengesetzte Richtung, und als ich mich erneut dem Ort überließ, fuhr eine zwischen beiden Drehrichtungen wechselnde Kraft durch mich hindurch. Der Wechsel folgte einem sehr langsamen Puls, ich zählte etwa sechzehn Sekunden zwischen den Wechseln von einer in die andere Richtung. Die gedrehte Buche und die schon mittels des gewöhnlichen Körpersinns spürbare Kraft[5] sind ein deutli-

Kellersteine

ches Zeichen für einen Aquastaten, eine Strömung von Grundwasser, die aus tieferen Schichten des Erdreichs senkrecht nach oben schießt, aber vor Erreichen der Oberfläche seitlich abfließt. Die starke Strahlung einer solchen Blinden Quelle wurde von jeher als besondere magische Kraft anerkannt, die einen Ort zum Kultort, zum geheiligten Boden werden läßt. Welch seltsame Sage hat man im Mittelalter diesen geweihten Orten übergestülpt! [6]

Von der eigentlichen Grabkammer des Bräutigams selbst, die nur etwa ein Zehntel der Gesamtlänge des Grabes ausmacht, blieb mir der fünfte Deckstein (von Westen her gezählt) in Erinnerung, er weist ein starkes, in meinem Fall negativ polarisiertes Feld auf. (Die Negativ-/Positiv-Aussagen, die man mit den Antennen oder der Rute gewinnt, sind nicht absolut zu verstehen, sie können bei anderen Menschen genau vertauscht sein.) Ich brachte drei Glasperlen in den Farben der

Göttin als Opfergabe dar, dann verließen wir diesen magischen Ort. Mögen wir wiederkehren und mehr in Erfahrung bringen!
Der Heidenopfertisch bei der *Engelmannsbäke* setzte uns nun wirklich in Erstaunen. Schlanke, drahtig verschlungene Hainbuchen stehen hier dicht an dicht im Viereck zusammen und bilden einen erhabenen Naturtempel für die Hauptdarsteller in der Mitte: die gewaltige »Opferplatte« und die charaktervolle, mächtige Eiche, die dahinter mit ausladenden, stämmigen Ästen steht. Hier ist Herrschaft und Geschichte und geistige Energie! Die Steinplatte ist von gewaltigen Ausmaßen und liegt heute schief auf; an einem Ende wurde sie einst von einer Eiche angehoben, von der heute nur noch der Stumpf steht, und Holz und Stein (einer der Tragsteine) sind ganz und gar miteinander verwachsen während des langen Lebens des Holzes, das für den Stein nur ein warmer Sommertag ist im längeren Winter seines Werdens und Vergehens ... Der große Deckstein, die Opferplatte, läßt einen großen Hohlraum unter sich frei, in dem wir die Spuren einer frischen Feuerstelle fanden.
Welche ist die Bedeutung des Opfertisches, auf dem gut drei Ochsen Platz fänden, um die Götter gnädig zu stimmen? Im Faltblatt des benachbarten Gasthofs liest man, der Opfertisch sei keiner, sondern die große Platte sei der Deckstein eines steinzeitlichen Grabes. Tatsächlich lassen sich sehr deutlich nach Osten hin die alte Grabkammer und deren Tragsteine erkennen. Freilich war dies ein steinzeitliches Grab! Erst in späteren Zeiten, um und nach Christi Geburt, wurde offenbar das Grab anderen Zwecken geweiht. Die Funktion als Opferplatz muß der Ort noch innegehabt haben, als die Missionare in dieser Gegend ihr Werk begannen. Ohne Zweifel ist der Ort selbst, ob mit oder ohne Dolmen, ob mit oder ohne Opfertisch, von einiger Bedeutung für die Landschaft, und das mag er auch schon zu Zeiten der großen Steine ge-

wesen sein: Man betrachte nur die Hainbuchen, an denen die Wesenheiten der Natur dergestalt wirken, daß sie mit ihren Ästen und Zweigen einen Tempel aus verschlungenen Säulen formen, man betrachte die Eiche am Stein, die Eichengestalten in der unmittelbaren Umgebung. Welchem Gott wurde hier mit blutigen Opfern gehuldigt? Ich erspürte, es müsse der Kriegsgott gewesen sein, sofern ich meiner Intuition Glauben schenken darf. Florida und ich machten ein Experiment und legten uns beide nacheinander auf die große Steinplatte. Florida empfand einen großen Druck, der auf ihr lastete, ich dagegen wurde in eine Leichtheit und Heiterkeit emporgehoben, das Atmen ging frei, der Ort atmete den Himmel. Ein Widerspruch? Oder zeigten nicht gerade diese, einander widersprechenden Empfindungen das Wesen der Opferhandlung, die Leben tötet, um Kräfte aus dem »Himmel« herabzurufen, und dabei negative Spuren hinterläßt?
Auf der Anhöhe vor dem magischen Ort stehen zwei riesenhafte Eichen – Eichen von größerer Bizarrheit und Stärke und drohenderer Willenskraft hatte ich nie zuvor gesehen, auch nicht im Hasbruch, dem Wald der steinalten Eichen.
Wir hielten Vesper und machten uns dann auf den Heimweg. Doch noch war die Reise nicht zu Ende: Eine wundersame, etwa einen Kilometer lange Buchenallee bei *Großenkneten* war unser Ziel und nahm uns auf. Langsam gingen wir die Straße hinab, auf der die Autos entlangbrausen unter den liebevoll beschirmenden Buchen. Was mochten uns die Buchen sagen mit ihren charaktervollen, individuellen Gesichtern? Sind es psychologische Baumgestalten, Baum gewordene Geister, die das Innenleben der Menschen kennen und wie in einem überzeichnenden, lebendigen Spiegel zum Ausdruck bringen? Wer hat die Allee angelegt?
Welche Bedeutung hat die Richtung, in der sie verläuft? Stand an ihrem Ende einst ein Schloß? Buchen werden nicht sehr alt – die Alleebäume müßten aus dem 19. Jahrhundert stammen.

War hier zuvor eine Allee oder eine gerade Straße? Hat die Buchenallee Bedeutung als *Energiekanal* für die Landschaft? Eine Entdeckung, die wir ganz zum Schluß machten, könnte für diese Möglichkeit sprechen. Offenbar verbindet die Allee ein Oberland und ein Unterland durch diesen Kanal über eine unsichtbare energetische oder seelische Grenze in der Landschaft hinweg.
Die hohen Buchen neigen sich einander über der Straße zu; nach außen hin biegen sie ihre Äste in einem weiten, flachen Gewölbe über die Feldränder und bilden je zu beiden Seiten der Allee eine weitere Gasse. Die Geister, Holz geworden im lebendigen Gesicht der Bäume, wachen über dem Durchgang ... All diese Gedanken strömten in meinen Geist, als ich mit der letzten (bzw. ersten) Buche der westlichen Reihe in ein Zwiegespräch trat und viele Fragen stellte. Von einem *Atmungskanal* sprach die Buche, von der Nachbildung der Geister, davon, daß die Entstehung dieser Allee vielleicht sogar in der Zeit des Dreißigjährigen Krieges zu suchen sei. Als ich im März diesen Jahres zum ersten Mal hierher geführt worden war, wurden gerade über einen Teil der Strecke hinweg viele der alten Baumpersönlichkeiten gefällt; nun wachsen hier junge, im alten Abstand gepflanzte Buchen nach. Ich bin nicht im Zweifel darüber, daß sie wieder bizarre, ausdrucksstarke Formen annehmen werden. Es gilt, zurückzukehren und in jedem einzelnen dieser Bäume zu lesen! Sind es nicht in geheime Runen gefaltete Botschaften, die uns da entgegenstehen und geduldig auf die rechte Zeit und die rechten Menschen warten, die sie zu entschlüsseln vermögen und die die Buchenallee lesen als das Buch, das sie ist?
Am Ortseingang von Großenkneten dann fand sich ein von zwei Straßen eingefaßtes Dreieck mit hohem Gras und einer Sitzbank, und in seiner Mitte ruht ein Findling. An der Nordseite schirmt, auffallend dicht zusammenstehend, eine Mauer von vier Bäumen (Buche-Eiche -Buche-Eiche) den Platz ab.

Der Stein ist nach meinem Empfinden der Brennpunkt des Einatmungsstromes, der hier in die Erde fließt und womöglich in besonderer Weise über die Buchenallee, in deren gerader Verlängerung der Stein zweifelsfrei steht, weitergeleitet wird. Dieser Platz ist ein Atmungsorgan der Landschaft. Auf einem hölzernen Schild steht in Reliefschrift:

Ob Menschen, Tiere oder Baum:
Allem Leben seinen Raum!

Die Räder trugen uns in die untergehende Sonne hinein in rascher Fahrt nach Hause.

8

Mani

27.–29. Juli 1994

Am Tag nach der Rückkehr von unserer Reise ins Land der Steine feierte J. P. seinen Geburtstag. Wir besorgten uns eine Flasche Sekt und fuhren zur Festlichkeit. Der Sekt war willkommen (wir waren es auch), aber die Party nahm einen ziemlich eigenartigen Verlauf.

Es war Zeit zu gehen. Im Flurzimmer saß ein Mann auf einem Stapel von Kisten mit Elektroteilen. Er hatte einen Vollbart und blickte mit aufmerksamen Augen um sich. Ich hatte ihn zweimal mit einem Blick gestreift, aber ich war von der Party bereits wie gelähmt und wagte es nicht, ihn anzusprechen. Ihm mag es genauso gegangen sein, und ich spürte, daß er ebenso wie wir ans Gehen dachte. Als ich mich endlich auf dem Weg zur Tür durch den Flur schob, nickte ich dem andern schließlich doch noch freundlich zu, und da wir in jenem Moment einander Spiegel unserer Empfindungen und Impulse waren, beeilte er sich sofort, ein Gespräch an den Gruß zu knüpfen. Ich war dankbar, aber unsicher, worüber die nächsten Worte fallen könnten. Ich fragte ihn, wo er denn herkäme. »Aus *Nuttel*«, sagte er, aber das würde mir bestimmt nichts sagen. »O doch«, sagte ich, »ist das nicht das Nuttel, das südlich von Dingstede liegt, dort wo die Steine der Thingstätte sind, und nordöstlich von Ohe bei Dötlingen, wo der Hexenstein liegt?« Florida und ich waren vor zwei Tagen durch dieses nicht mehr als ein Dutzend Häuser zählende Nuttel hindurchgefahren, und ich las in meinem Inneren die Ortsnamen von der Karte ab, wie ich sie in Erinnerung hatte. Ich versuchte dabei, mich in den Richtungen so präzise wie möglich auszudrücken. Die Augen des anderen begannen zu leuchten. Er sprang auf, umarmte mich und rief: »Willkommen Bruder!« Ich zog mir einen Hocker heran, und er nahm wieder auf den Kisten mit den Elektroteilen Platz. Für die nächsten drei Stunden bildeten wir eine Art magische Pforte, die den Durchgang bewachte; die anderen Gäste zwängten sich zwischen uns hindurch, doch unser Gespräch konnte durch nichts unterbrochen werden. Der ganze Raum, die Party – alles war ausgeblendet und vergessen. Wir schufen uns unseren eigenen Raum, und der war groß und weit und angefüllt mit den Geheimnissen der Landschaften, über die wir sprachen, und der Herrlichkeit des Geistes, durch den wir verbunden waren und der uns hier zusammengeführt hatte.

So lernte ich Mani Rüscher kennen. »Mani heiße ich«, sagte er, »mit langem a: Maani.«

Am Nachmittag des nächsten Tages stand ich unter den Eichen- und Kastanienbäumen hinter dem Haus, das Mani mit seiner Familie bewohnt. Ich lernte Iris, seine Frau, und die beiden Kinder Jaro und Asja kennen und wurde auf das Herzlichste aufgenommen. Wir setzten das am Vorabend begonnene Gespräch den ganzen Nachmittag und Abend über fort, und es ging am nächsten Tag weiter und dauert bis heute noch an. An jenem Tag aber erfuhr ich eine ganze Menge über die Landschaft, die ich mit Florida Tage zuvor erst erkundet hatte, und auch über die Sonnwendfeiern in Stonehenge und Glastonbury, die Mani und Iris (und die Kinder) Jahr für Jahr in England miterleben. Doch waren die spannendsten Dinge buchstäblich vor der eigenen Türe zu finden, und als wir an jenem Nachmittag durch den großen Garten streiften, ahnten wir noch nichts davon, welchen Wandel der Ort und unser Wissen in den nächsten Monaten nehmen sollten.

Das Grundstück liegt frei in weiter Flur, inmitten eines ehemaligen Moorgebiets, es ist von dreieckiger Form und von einem Fichtenwäldchen auf der einen, von einer Buchenhecke auf der anderen Seite gesäumt. Manis Vater hatte seinerzeit das Land urbar gemacht, die Bäume gepflanzt und das Haus gebaut, in dem Mani später geboren wurde und in dem er noch heute lebt. Im Garten gedeihen vielerlei Arten von Bäumen, und sie gedeihen prächtig, denn der Vater hatte eine Hand für Pflanzen – und offenbar für die Erde, in der sie wachsen. »Mein Vater muß *doch* mehr gewußt haben«, ist ein Satz, den ich von Mani später oft hörte. Es sollte immer offensichtlicher werden, daß bei der Gestaltung des Anwesens (oder schon bei der Wahl des Ortes?) die subtilen Kräfte der Erde berücksichtigt worden sind – oder sogar eine aktive, von sich aus mitgestaltende Rolle spielten.

Vor dem Haus stehen Eiben, eine Platane und eine Rotbuche, ein Trompetenbaum mit seinen riesigen, leuchtend grünen Herzblättern, Hamamelissträucher und andere Bäume; hinter dem Haus blüht ein Weißdorn, bilden Kastanien und eine Eiche ein großes Blätterdach, das im Sommer Schatten spendet. Dahinter liegt ein Teich, ohne Zufluß, aber Wohnstatt für Goldfische und Frösche. Im fernen Eck des Grundstücks gibt es einen Küchengarten und einen Walnußbaum und Apfelbäume ...

Mani führte mich zu den Steinen vor dem Haus, zu den großen Findlingen, die sein Vater zu Lebzeiten dort plaziert hat. Einer der drei Steine ruht direkt vor der Hausecke und trägt eine Laterne, wofür er leider eigens durchbohrt worden ist, ein anderer steht spitz und aufrecht und ist möglicherweise Brennpunkt einer Energiebahn, die man erspürt, wenn man sich mit beiden Füßen auf die Spitze des Steines stellt, die hierfür zwei eigenartige Aussparungen und eine Naht dazwischen vorgesehen zu haben scheint; der dritte Stein aber bildet eine Schale, in der sich das Regenwasser sammelt. Manis Vater hatte die Steine einst aus dem nahen Wald gezogen, als dort

Sand abgebaut wurde; zumindest zwei von ihnen scheinen nicht zum ersten Mal in den Händen von Menschen gewesen zu sein. Viel Wissen über die Natur und vor allem eine echte, tiefe und wahre Liebe zu ihr, wie ich sie noch bei keinem Menschen erlebt habe, hat Mani von seinem Vater mit auf den Weg bekommen.
Doch sind Väter den erwachsen werdenden Söhnen auch die großen Gegenspieler, deren Schatten es zu überwinden gilt, und da wir über dieses sprachen, meinte ich, über dem Anwesen den Hauch eines Schattens zu verspüren, mochte er auch aus anderem Zusammenhang herrühren. Es war die Spur einer Gegenkraft, die den Ort überschattete und den Durchbruch zu seiner Heiligkeit hinderte, den Segen der Vollkommenheit verwehrte. Ich teilte Mani meine Wahrnehmung mit, und er brachte den Schatten mit etwas in Verbindung, das magischer Art war und seine Wurzeln ganz in der Nähe hatte.
Gegen Abend brachen wir zu einem Spaziergang auf. Wir wählten einen Weg in östliche Richtung, und bald zog sich Mani die Schuhe von den Füßen und ging barfuß weiter, und ich tat es ihm nach. Ein Gewitter war vorübergezogen und hatte die schwüle Luft mit Regen gewaschen, aber die Pflastersteine waren gewärmt vom Tage, und warm war auch der feuchte Sand zwischen unseren Zehen. Mani deutete nach links auf eine Viehweide: Dort hinten, in der Ecke, gebe es eine Senke, erklärte er, und vor nicht langer Zeit hatte er dort einmal das Traumgesicht eines Wolfes wahrgenommen, als er sich ohne besondere Absicht, sich ganz einer spontanen Intuition überlassend, dort niedergesetzt und meditiert hatte. In der anderen Richtung vom Grundstück aber liegt das *Nutteler Moor*, und dort sei ein Freund einmal spazierengegangen, aber recht bald umgedreht und nach Hause gelaufen, als er aus dem Moor heraus den gräßlichen Schrei einer Frau vernommen hatte, die nirgends zu sehen war. Dann aber erzählte

mir Mani die seltsamste Geschichte, die ich bis dahin gehört hatte:
Ein Freund der Familie war einmal zu Besuch gekommen, und man hatte einen Nachmittagsspaziergang in den Kiefernwald und die Dünen des *Braker Sands* unternommen. Schon als sie sich dem Waldrand näherten, nahmen sie merkwürdige Zeichen wahr: Entlang des Weges waren Baumstämme aufgereiht, je einer an den nächsten anschließend, eine lange gerade Linie bildend: eine ungewöhnliche Lagerungsmethode für geschlagenes Holz. Am Waldrand wurden die Hunde störrisch; sie weigerten sich weiterzugehen, mußten an die Leine genommen und mitgezerrt werden. Am Steilhang einer Sanddüne mitten im Walde breiteten die Eltern eine Decke für die Kinder aus; die Kinder spielten. Mani strich im Walde umher und fand eine ziemlich frische Feuerstelle; daneben lag ein Messer, dessen Anflug von Rost von der Berührung mit Blut zeugte; er fand ein Glas mit einer ekelhaften braunen Flüssigkeit, und schließlich in einem Busch Bänder, die zu Knoten geknüpft waren. Das reichte. Schnell packten die Eltern die Kinder und verließen eilends den Wald: Hier hatten Unbekannte Schwarze Magie getrieben und im Gewebe der Landschaft ihren Schmutz hinterlassen!
Indem er mir dieses erzählte, hatten wir eine Straße überquert und liefen auf einem Sandweg weiter in die Dunkelheit hinein, Büsche umgaben uns rechter Hand, Bäume zur Linken. Ich versuchte, dieses merkwürdige Kribbeln auf dem Rücken, das man bekommt, wenn man im Dunkeln derartigen Geschichten lauscht, zu ignorieren. Schweigsam hörte ich zu. Plötzlich aber blieb Mani stehen, hielt im Erzählen inne, packte mich am Arm und sagte: »Vor uns ist etwas, da gehe ich nicht hinein, laß uns umkehren.« Er war ganz erregt und unter Spannung. Ob ich etwas wahrnehmen würde, fragte er, und ich sagte ihm, daß ich schon die ganze Zeit über etwas wahrnehmen würde, und zwar meine Gänsehaut auf dem

Rücken, aber ich dächte, es käme von dieser abscheulichen Geschichte her. Mani aber hatte ein ziemlich ähnliches Gefühl wie ich in diesem Moment, und offenbar hatte es eine andere Ursache. Wir machten kehrt, und die Spannung ließ nach, sobald wir auf unserem Rückweg die Landstraße überschritten hatten. Jene Geschichte hatte sich vor einigen Jahren zugetragen. Hätte ein anderer mir diese Geschichte erzählt, ich hätte sie als Unfug verworfen. Mani aber glaube ich jedes Wort in diesen Dingen: Er ist ein *Auserwählter der Geister*, wenn auch ohne Ausbildung, allein seiner Intuition vertrauend. Wir waren dann bald zum Haus zurückgekehrt. Ich schlief draußen am Teich und hatte eine unruhige Nacht: Ich sah die Kronen der Kastanien voller Hexen und Gespenster.

Jenen unglücklichen Platz zwischen den bewaldeten Hügeln des Braker Sands sah ich am nächsten Tag selbst: Wir machten einen kleinen Ausflug dorthin, und die Kinder waren wieder mit uns. Mani zeigte mir die verborgene Feuerstelle von damals, den Ort der verräterischen Funde. Der Platz selbst ist nach meinem Empfinden ganz und gar unschuldig, es ist dies kein »böser« Ort. Aber er liegt abseits aller Straßen im Wald verborgen, er wurde mißbraucht – und der Mißbrauch, die Verletzung, die ungute Energie der Schwarzmagier ist heute noch spürbar. Offenbar zog der Ort daraufhin Menschen aus der Umgebung an, die zum Teil negative Einstellungen pflegen: Wir sahen es an den Dingen, die wir in der Umgebung fanden. Es deutete alles auf einen Treffpunkt faschistisch denkender Menschen hin. Der Ort war schwach, nun ist er ihr Opfer geworden und die sich hier Versammelnden Opfer des Ortes ... Hier gab es etwas zu tun; es heißt gegenzusteuern, dem Dunklen nicht Feld, Flur und Landschaft zu überlassen.

10. August 1994

Ich mußte meine Wohnung räumen. Dieses Unglück brachte jedoch auch Glück mit sich: Ich zog nach Hude. Rudolf zur Lippe hatte mir seine Gastwohnung angeboten, und da lebte ich nun in unmittelbarer Nachbarschaft der erhabenen Ruinen, mit Ausblick auf den Park und seine nicht minder erhabenen Bäume. Es ergab sich außerdem eine Aussicht darauf, ein altes, zur Zeit leerstehendes Bauernhaus in unmittelbarer Nähe des Klosterbezirks zumindest bis zum nächsten Frühjahr zu bewohnen. War es der Ort gewesen, der mich zu sich gerufen hatte? Ein lang gehegter Wunsch erfüllte sich nun.
Ich suchte die Ruine auf, um mich in Dankbarkeit an den Genius loci zu wenden. Die Umgestaltung des Ruinengeländes ist nun abgeschlossen, und das Gelände ist öffentlich zugänglich. Allerdings wurden im Apsisbereich – entgegen der Absprachen – Ulmen gefällt. Und meiner lieben Tanzenden Eibe in der Mitte des Kirchenschiffs hat man zwei Äste abgehauen, wo es zuvor noch geheißen hat: Sollen die Spaziergänger sich halt bücken! Aus dieser Leibesübung wurde nichts. Die Eibe mußte Äste lassen. Das ist ein Vergehen: Sie ist heilig an diesem Ort!

17. August 1994

Eine Familienangelegenheit führte mich heute nach Worpswede, in das berühmte Künstlerdorf nordöstlich von Bremen. Ich machte mich am Abend frei und unternahm einen Spaziergang über den *Weiherberg*, jene Erhebung, an dessen Rand sich das Dorf ausgebreitet hat. Nach kurzem Wege über verborgene Pfade gelangte ich an eine Ecke des riesigen Feldes auf der offenen Kuppe des Hügels. Unversehens stand ich dort einem Kranz von jungen, knorrig und vielstämmig wachsenden

Buchen gegenüber, die in drei Gruppen zu je einem knappen Dutzend Stämme zusammenstehen. In ihrer Mitte fühlte ich sofort die Ausstrahlung eines durch die seltsam dicht beieinander stehenden Buchen markierten Ortes, der zweierlei Welten zugleich angehört – der physischen und einer ätherischen oder auch astralen. Die drei Gruppen der Bäume scheinen je einen gemeinsamen Wurzelstock zu haben, streben jedoch als eigenständige Stämme aus dem Boden heraus. Ich versuchte, mich einzufühlen. Ich bemerkte, daß es sich nicht unbedingt um einen »Kraftplatz«, um einen Energiefokus handelt, sondern vielmehr um etwas Geistiges. Ich legte Stirn und Hände an eine der größeren Buchen und lauschte. Ein Feenort? Nun, der Pan selbst ist anwesend im Kranze des lichten Buchentempels! Es ist der Hüter der Landschaft um den Weiherberg, der Pan der in vielen Bildern verklärten Landschaft von Worpswede mit ihrem *Teufelsmoor*, das mit seiner magischen Ausstrahlung die Künstler in seinen Bann gezogen hat. (Teufelsmoor? – Der »Teufel« ist allzuoft eigentlich der *gehörnte Part*, ausgestoßen und verflucht von einer Religion, die die Natur verteufeln muß, um den Menschen zu erheben. Aber sind wahre Künstler nicht stets Sensitive, die die wahren Qualitäten der Natur fühlen und in ihrer Kunst auszudrücken vermögen, welche exakt zu benennen ihnen aber nicht unbedingt in den Sinn kommt?)

Hörte ich nicht die Blätter rascheln und rauschen, wispern und flüstern und Kunde bringen dem Pan aus dem ganzen Land? Ich lauschte, konnte die vieltausend Stimmen jedoch nicht in eine Sprache übersetzen, die ich verstanden hätte. Es ging ein böiger, frischer Wind von Westen her. Die Sonne warf vor ihrem Versinken feurige Strahlen auf die Bauchseite der Sturmwolken. Schon war ich mit wenigen Schritten wieder dem tieferen Grunde einer Landschaft auf der Spur. Ist auf dem Weiherberg (Weihberg, geweihter Berg; die höchste Erhebung in der weiteren Umgebung!) ein Energiezentrum zu

finden? Am höchsten Punkt, wo noch einmal eine Kuppe aufgeworfen ist (darunter liegt, so läßt der Augenschein mich vermuten, ein Wasserspeicher), fühlte ich die Schwerelosigkeit des Atmens, das Einströmen von Energie aus dem Kosmos. Der Weiherberg ist demnach Einatmungspunkt für die hiesige Landschaft. Ich lief weiter über seine westliche Flanke und fand in dem Steindenkmal, das dem Moorkoloniengründer Findorff gesetzt ist, die Markierung eines Ortes, der besondere Aufmerksamkeit verdient. Ein schöner, parkähnlicher Buchen- und Eichenwald steht hier; der Ort ist möglicherweise ein geomantischer Verankerungspunkt des Hauptenergiezentrums, doch fiel mir das Atmen schwer und Energie wurde mir genommen; irgend etwas ist hier nicht in Ordnung. Von diesem Ort aus verläuft in etwa südliche Richtung ein Weg unter einer Reihe von Eichen, die zum Hang hin stehen; eine wundervolle Aussicht öffnet sich zur westlichen weiten Landschaft hin. Der Weg führt zum dritten markanten Punkt an den Flanken des Weiherberges, nämlich zu jenem eigenartigen Monument *Niedersachsenstein*, das ein Kriegerdenkmal ist, in seiner Monstrosität aber eher als Kriegsdenkmal anzusehen ist.
Das Monument dominiert ein weites Plateau, das dadurch zum Vorplatz wird; vor ihm zieht eine Reihe kleiner Findlinge mit den Namen und Lebensdaten der Gefallenen eine Grenze. Nach meinem Empfinden fiel für das Kriegerdenkmal nicht von ungefähr die Wahl auf diesen Ort; hier muß früher schon ein Ort des Kultes und ein symbolträchtiges Steinmonument seinen Platz gehabt haben.
So hatte ich in der kurzen Zeit dieses Abendspaziergangs um den Weiherberg ein Dreieck interessanter Punkte ausgemacht – für eine eingehendere Beschäftigung, die auch nach dem fragen müßte, was von der Ortsgeschichte her schon bekannt ist, war keine Zeit.

4. September 1994

Dankbar bin ich für das Wehr an der Klostermühle, an dem das Wasser rauscht und Klarheit in die Gedanken bringt. In der Nacht verharrte ich lange am Wehr; dabei hatte ich die schattenhafte Wahrnehmung, daß allerhand Gestalten sich um mich herum auf der Brücke bewegten.
Ich suchte die Klosterruine auf, um Zwiesprache zu halten mit den heiligen kosmischen Kräften des Ortes. Irgend etwas war in der Mitte der Ruine in Bewegung. In der Luft tanzte grünliches Licht, das ich mehr ahnte als sah; alles war in Schwingung begriffen und kreiste umher. Beging der Ort selbst seine heiligen Feste mit seinen Naturgeistern? Ich erfuhr abermals, welch Aufladung mit Energie, welch große Gnade mir in dem alten Kloster zuteil wird, wenn ich ihrer bedarf. Ich fühlte mich einst in einer Meditation am Ort geradezu aufgefordert, täglich hier für eine Stunde zu verweilen und Kraft zu schöpfen.
Die tägliche Meditation wird mir zunehmend zum Bedürfnis. Die Tage, an denen ich sie der Zeit halber nicht pflegte, hatten prompt unangenehme Folgen.

Auf dem großen Feld zwischen dem Kloster und dem zum Gutsbesitz gehörenden Reiherholz ruht genau dort, wo Marko Pogacnik zufolge der Ausatmungspunkt für Hude liegt, ein großer Feldsteinbrocken auf dem Acker. Er kam offenbar beim jüngsten Pflügen zutage. Er liegt etwa in jenem Bereich, wo wir das Austreten der Atemspirale aus dem Erdinneren lokalisiert hatten. Ob der Stein mit der Atmungsfunktion in Zusammenhang steht, den Punkt der Atmung markiert – oder den Atmungskanal einst sogar blockierte? Ob das eine Folge unseres Tuns ist, daß der blockierende Stein dem röchelnden Land aus dem Hals fällt?

7. September 1994

Am Nachmittag streifte ich unter bleigrauem Himmel auf dem Fahrrad durch das Land nordöstlich von Hude.
Auf meiner Karte hatte ich mir bei der Erdheilungsarbeit im Mai den Angaben Marko Pogacniks entsprechend ein Kreuz eingezeichnet, das einen für die Landschaft oder den Ort Hude wichtigen geomantischen Punkt markiert, den wir aber damals aus Zeitgründen nicht mehr besuchen konnten. Ich hielt mich an die Markierung auf der Karte und hatte keine Mühe, sie in die Landschaft hinein zu interpretieren. Es liegt kein Wald und kein Gehöft in der unmittelbaren Nähe; nur Kuhweiden weit und breit. Zu meinem Erstaunen erwies sich die Stelle, die gemeint sein mußte, als von Moorgrasbüscheln durchsetztes, schlecht gerodetes Land; zwar zeugten Kuhfladen von einer Nutzung als Viehweide, doch sieht dieses Land eher wie »Unland« aus, wie es in der Sprache der Bauern genannt wird. Und im hinteren Kernbereich der bezeichneten Stelle wächst dicht und gestrüppartig ein Geflecht von Ranken und dornigen Beerensträuchern! Dieser Teil der Weide ist fast vollständig mit Strauchwerk zugewachsen, und nur schmale, labyrinthartige Gänge bahnen sich hindurch; ein Vordringen ins Zentrum war auch so noch mit erheblichen Unannehmlichkeiten verbunden. Ich beließ es bei einer vorsichtigen Annäherung. Ich war zwar körperlich in einer matten, müden Verfassung, jedoch meinte ich, den Rhythmus kosmischer Einstrahlung zu verspüren, und mein Leibesgefühl vermittelte mir die Anzeichen einer *Einatmung*. Also muß dies der Einatmungspunkt für die Landschaft um Hude sein – bestens geschützt durch die Sträucher, die in der ganzen Umgebung einzig und allein an dieser Stelle wachsen. Die Welt ist voller Wunder. Bedurfte der Ort heilender Tätigkeit? Ich vergaß dies fast. Als ich schon wieder am Rand der Weide war, hob ich meine Hände zu der Stelle, bat um Leitung

und Energie für den Schutz und visualisierte weißes und grünes Licht, das ich zu dem Platz hinübersandte.

9. September 1994

Mani besuchte mich am Nachmittag. Wir kamen bald auf unser Lieblingsthema zu sprechen: Die Geomantie der hiesigen Landschaft. Wir tauschten Informationen über allerlei Linien aus, von deren Existenz wir gelesen hatten oder die wir uns erschlossen hatten.

Ich führte Mani durch den Park. Im Klosterbereich stellte er sich bald unter die hochgewachsene Eibe – die ich *Eibe des Pan* zu nennen pflegte, denn als *Sitz des Pan* hatte Marko Pogacnik bei der Erdheilung im Mai diese Eibe charakterisiert – und die Pan-Wesenheit teilte sich Mani über Ahnungen von seinem Vater mit. An dem Yang-Punkt bekam er Schwierigkeiten mit dem Zwerchfell; und wir vermuten gemeinsam, daß man nicht von einem einzigen Punkt sprechen kann, sondern daß die Kreuzung der Yang-Linien sich als *Energiegeflecht* bemerkbar macht im gesamten Chorbereich unter den Mauertrümmern der ehemaligen Kirche. Wir nahmen den Hintereingang in den Park. Kurz vor den Teichen fühlte Mani zwischen zwei starken Eichen so etwas wie eine Schwelle.

Auf der anderen Seite des Gutshauses stehen vier hohe Kiefern zu einem Kranz zusammen, in dessen Mitte ein Stein ruht. Wir bemerkten die Unechtheit dieser Anordnung. An der sogenannten »Grotte«, dem Halbrund aus Steinen mit dem Punkt kosmischer Einstrahlung, ging Mani auf einen einzeln liegenden Findling zu. Der Stein wolle ans Licht, sagte er, er sei traurig ...

An der Stelle des alten, durch die Heilungsarbeit überwundenen Bruchs erspürte Mani die zwei ineinanderdrehenden Kreise, die wir damals getanzt hatten, und er fühlte die Herz-Bedeutung des Ortes an der Kreuzbuche.

An den Drei Schwestern zeigte ich ihm den seltsamen, dünnen Astbogen, der aus dem einen Stamm heraus und in den anderen wieder hineinwächst. Der Ast sieht aus wie der Funkenbogen bei der Entladung zwischen zwei Hochspannungselektroden. Mani schlüpfte dreimal durch dieses Tor hindurch – als wäre dies ein Platz der Heilung ähnlich den megalithischen Lochsteinen, bei denen dieses Ritual aus alter Zeit überliefert ist. In der vorgelagerten Wiese, die als Pferdekoppel von vier prächtigen Friesen bewohnt wird, bemerkten wir, daß ein Teil des Erdbodens abgesackt war. Die Senke war von eigenwilliger und eigenartiger Form, und neben ihr schien sich eine Mondsichel aus dem Boden herauszuformen. Mani meinte, die Mondsichel müsse zum Sonnenheiligtum gehören ...
Der Freund erspürte im Klosterpark viel von dem, was ich wußte. Es war eine große Übereinstimmung zwischen uns.

5. November 1994

Nach Regenschauern und einem gnädigen Einsatz des Südwestwindes, der rasch die Bäume kahlfegte, haben wir wieder sonniges und beinahe frühlingswarmes Wetter. Ich bin nun der »Kalfaktor« in meinem eigenen »Kloster« geworden, heute installierte ich die Öfen im Bauernhaus. Am Nachmittag nahm ich Platz auf dem großen, schön gewölbten Findling, der an der Südseite des Hauses, nahe der stolzen Linde, liegt. Ich wandte mein Gesicht der sich hinter Wolkenwänden verschleiernden Sonne zu. Ein Heißluftballon schwebte an niedrigem Himmel vorüber und kündigte ab und an mit einem Fauchen sein Höhersteigen an. Ich fragte den Stein, woher er käme, und er sagte mir, er habe mit dem Kultplatz am jenseitigen Ufer des Baches zu tun, sogar mit dem »Herzen«, dem Kraftzentrum. Zwar sei er nicht gerade ein angebeteter Menhir gewesen – so sieht er auch nicht aus –, aber er sei mit anderen Steinen zu einer heiligen Setzung vereint gewesen, wobei seine besondere Funktion die einer Art Spiegelung der Energiefelder gewesen sei. Erst spät und im Zusammenhang mit der Bewohnung dieses Bauernhauses sei er an jenen Platz geschafft worden, wo er heute liegt. (Der ältere Stallteil des Hauses stammt aus dem Jahr 1820; der Anbau des neuen, größeren Wohnhauses ist jünger, der Platz jedoch sehr alt; die Position der Eichen und eine Lehmschicht in geringer Tiefe vor dem Haus weisen auf ein Gebäude hin, das dort vor mindestens 500 Jahren gestanden haben muß.) Der Stein erzählte mir dann noch eine ziemlich merkwürdige Geschichte von einem Jäger und einem Riesenhasen, die sich in Bäume verwandelten ... Diese Bäume stehen auf der Weide, die an das Anwesen grenzt, ihre Formen sind bizarr und zeugen von eigenwilliger Persönlichkeit.

6. November 1994

An einem milden Novemberabend saß ich auf dem Stein vor dem Bauernhaus. Ein zischendes Fauchen klang vom Himmel herab – wieder ein Heißluftballon. Der Wind klingelte sanft in den restlichen dürren Blättern der Linde, und wieder, wie so häufig, kreischte ein Güterzug seinen eisernen Lärm über die alte Viehweide zum Kloster hinüber.

Mani besuchte mich an diesem Sonntag. Er hatte wieder viele Neuigkeiten zu berichten von Orten und Menschen, die nach den Orten suchen. Er sprach von Gegenkräften, die im Begriff seien, ebenfalls an den heiligen Orten wirksam zu werden. Auf welche Weise? Wir wissen es beide nicht. Ich stelle mir vor, daß Träger von Gegenkräften diejenigen Menschen sind, die Zugang finden zur besonderen Weise geomantischer und geistiger Wahrnehmung, aber dieses Wissen und diesen

Zugang im Sinne des alten Paradigma des »Alles-ist-machbar“ benutzen. Ist es nicht so für denjenigen, der nur erstmal mit dem Göttlichen in der Natur in Berührung gekommen ist: Je mehr er weiß, um so weniger darf er tun und eingreifen, wenn er dazu nicht berufen ist? Nun wird die Geomantie auch auf eine Weise vermittelt, die dazu dienen soll, die eigenen Vorhaben *noch* effektiver zu verfolgen, als dies bisher der Fall ist. Wo stelle ich mein Haus hin, wie richte ich es aus? – Solche und ähnliche Fragen stellen sich bei der einseitig praktischen Variante der Geomantie. Sie dient dem persönlichen Wohlbefinden einzelner. Nein – mir ist die Geomantie etwas Heiliges. Wir haben uns dem Ort, der Erde, unterzuordnen, nicht den Ort uns.
Ist in diesem anderen Verständnis eine Gegenkraft zu suchen? Hat eine Gegenkraft am Ende durch mich selbst Zugang zu diesem Ort, da ich alles andere als ein von Fehlern freier Mensch bin?

11. Dezember 1994

Eine Art nordischer Föhnsturm, ein warmer Wind, wie er seit Jahren um Weihnachten oder Silvester herum Träume vom Reisen in die Ferne, Kinderträume eben, mit sich bringt, weht heulend ums Haus. Ich zog die Wanderstiefel an, fühlte mich darin wohl und verankert auf dieser Erde, und trat an die *Drei Eichen* heran, die am Rand des Huder Bachs in der sumpfigen Viehweide, die das Bauernhaus umgibt, zusammenstehen. Der eine Baum ist nur mehr ein Stumpf, abgebrochen in drei Meter Höhe, entrindet und vor sich hin modernd. Der zweite steht noch in voller Größe da, ist aber tot. An einem einzigen starken Ast wächst noch feines Zweigwerk hervor. Der dritte Baum, dem Weg am nächsten, lebt und wird im Frühjahr wieder Knospen treiben. Als Tor empfand

Mani einmal diese drei Eichen – als Tor zum Haus? Stehen sie mit den vier Eichenriesen auf der anderen Seite des Hofes in Beziehung? Wie Krakenarme ragen die starren Äste der mittleren Eiche in den gespensterblassen Himmel. Die mittlere Eiche ist Todes- und Lebensbaum zugleich, so empfinde ich. Sie steht zwischen Tod und Leben. (Den Tod brachten die Kühe: Sie wetzten sich mit ihren Leibern an den Stämmen, um die Flöhe aus dem Fell zu kratzen. Ein Baum aber trägt seine Seele auf der Rindenhaut. So stirbt er.) In der dritten Eiche, die noch verschont geblieben ist, klafft ein Riß, der den ganzen Stamm von der Krone bis in die Wurzeln hinab verläuft: Hier hat Thor seinen Donnerhammer hinabgeschleudert. Was werden mir diese Eichen noch erzählen? Ich weiß es nicht. Aber ich entdeckte, daß eine Linie, die die drei beschreiben, in ihrer Verlängerung genau zum Ort der Kraft jenseits des Flusses führt, zu jenem Herzen des Ortes in der Weide am Park also, für dessen Belebung wir soviel unternommen hatten.
Und da entdeckte ich eine weitere Eigentümlichkeit, die mir nur jetzt im Winter, da die Bäume und Büsche kein verdekkendes Laub tragen, offenbar werden konnte: Das Bauernhaus ist in seiner Längsachse exakt auf eben jenen Punkt ausgerichtet. Die schöne Giebelfront steht mit dem Gesicht zum energiespendenden Ort, mit dem Gesicht zum Sonnenheiligtum bei der Kreuzbuche im Park.
Ebenso auf den Energiepunkt ausgerichtet ist der Graben südlich der Eichen. Es ergibt sich also, eins, zwei, drei, mit einem Mal das Bild eines Strahlenkranzes, der vom energetischen Zentrum des Ortes herausstrebt. Ich wußte stets, daß diese Seite des Baches, das Dreieck zwischen Bach, Bahndamm und Straße, die Senke mit der grünen Viehweide und den skurill-knorrigen Baumgestalten, ein Andenken an den *alten Ort* bewahrt. Ich konnte es fühlen, sooft ich meinen Blick vom Weg aus über die Weiden zum Haus schweifen

ließ, in dem ich nun aufgrund glücklicher Umstände in diesem Winter leben und diese Zeilen schreiben darf.
Weiter führte mich mein Spaziergang in die Dämmerung hinein. Weiter oben am Bach steht eine gewaltige dreistämmige Eiche. Sie wollte mir eine Geschichte von ihren Wurzeln erzählen, die unter dem Wasser hindurchgehen und einem sagenhaften Ameisenvolk als Tunnel dienen. Ich muß noch einmal zurückkehren und genauer hinhorchen.

22. Dezember 1994

Es ist sechs Uhr früh. Die längste Nacht des Jahres liegt hinter uns. Ich war mit Florida im Park. Wir schritten schweigend den alten Prozessionsweg vom Ort der Klosterkirche zum Sonnenzentrum im hinteren Teil des Parks ab. Ich hatte vor, bis in das kleine Gehölz vorzudringen, das den Ort des alten Heiligtums bezeichnet. Ich verspürte schon im Herannahen ein aktives energetisches Feld und verstand, als ich zweimal durch einen alten Stacheldraht zwischen den Bäumen im Fortschreiten gehindert wurde, daß ich nicht ins Allerheiligste vordringen sollte. Ich hatte im Wahrnehmen des Ortes den Eindruck einer starken Aktivität an jener Stelle – hier mochte in dieser bedeutsamen Nacht des Jahres einiges an wiederbelebender Aktivität auf energetischer und geistig-seelischer Ebene im Gange sein! Ich spürte es deutlich, ich sah es verschwommen. Sonne, beginne einen neuen Lauf ...

23. Dezember 1994

Am Vorabend der Weihnacht führte mich ein kleiner Spaziergang durch die feierliche Kälte auf das dunkel-gewölbt im Nachtfrost daliegende Feld zwischen Kloster und Wald. Ich erblickte ein riesiges Sternbild, dessen Sterne zueinander wie ein einfaches, nicht gestrecktes Kreuz standen. Ich hatte es nie zuvor gesehen. Es war das *Kosmische Kreuz*. Was ich sodann im inneren Lauschen vernahm, ließ das Zeichen als eine nicht zufällige Konstellation erscheinen: Diese Weihnacht ist wie ein Geburtstag in meinem Inneren. Etwas ist in Bewegung gekommen und strahlt auf die Erde herab ...

9

Merlinstab und Zirbelzweig

15. Januar 1995

Am gestrigen Samstag wanderte ich vom Kloster in Hude bis zum Haus der Freunde im Nutteler Moor – zu Fuß, immer am Huder Bach entlang, der bald Kimmer Bake oder einfach nur Bake heißt. Mir war wenige Tage zuvor aufgefallen, daß die Familie und ich – trotz der Entfernung von fünfzehn Kilometern – sozusagen Nachbarn sind, da der Bachlauf uns auf geheimnisvolle Weise verbindet. Ich bewältigte den Weg in ziemlich genau drei Stunden und war, mit Ausnahme von etwa zwei Kilometern, stets dem Wasserlauf gefolgt. Ich patschte durch morastige Weiden, übersprang allerlei Gräben und hatte unzählige stachlige Weidezäune zu überwinden. Schön mäandert der Bach südlich von Hude durch sein flaches Tal. Nördlich von Dingstede aber hat man ihm ein starr geradeaus laufendes Bett bereitet, in dem das Wasser gleichförmig-zügig dahineilt. Hinter Dingstede, nach Nuttel zu, wurde es gar noch ärger, die Bake ist hier zu einem Kanal geworden, dessen Wasser man möglichst schnell aus der Welt haben will.

Unterwegs entdeckte ich einen seltsamen Hügel, der beinahe die Größe einer richtigen Erdburg erreicht. Der Hügel liegt exponiert etwa hundert Meter westlich des Bachlaufs im Land. Zu seinen Füßen liegt ein Tümpel; der Hügel selbst ist von jungen Eichen und Birken bestanden und in der topographischen Karte nicht verzeichnet. Es muß aber ein Grabhügel sein, womöglich ein Grab für Tiere, d.h. ein kultischer Opferplatz. Woher ich meine Vermutung habe? Aus der Einflüsterung einer jungen Eiche auf dem Hügel. Man suche den Hügel auf und lasse den Blick ringsum schweifen: Eine ausgezeichnete Sicht auf das sanft gewellte Tal und Umland tut sich auf. Der Hügel liegt an exponierter, ausgezeichneter Stelle.

17. Januar 1995

Mit Mani besuchte ich den Vortrag eines Radiästheten über *Erdstrahlen* und über das Rutengehen. Anschließend suchten wir den *Platz der kosmischen Katastrophe* am Huder Bach auf. Es war kurz nach Vollmond. Eine kalte, klare Nacht umspann diesen Teil der Erde, auf dem wir mit Spürsinn im Herzen unseren Weg am Bach entlang nahmen.
Zwei Eichen kurz vor einer ersten Brücke, die den nördlichen Eintritt in das Wäldchen bezeichnet, empfand Mani als magisches Schwellentor. Ich machte ihn bekannt mir der alten, heiligen Fröhlichen Buche mit den hundert Gesichtern; ich stellte ihn dem Wächter des Waldes vor, dessen Prophetengesicht er sofort erkannte; ich führte ihn zum fraglichen Ort. Der schlangenförmigen Buche und dem Hügel, auf dem sie steht, mochte sich der Freund ohne weiteres nähern, in das dahinterliegende Dreieck aber, an dessen Spitze vor einiger Zeit der Blitz seinen Weg durch eine stattliche Kiefer hindurch – diese spaltend – ins Innere der Erde gefunden hatte, konnte und wollte er nicht vordringen. Das unheimliche, aber deutliche Gefühl einer negativen Kraft, einer dunklen Macht ließ ihn zurückprallen. Der Eindruck eines Energiesogs an diesem Ort fand also seine Bestätigung. Nutzbringend und hilfreich für die weitere Sorge um den Ort war Manis Feststellung, daß der Hügel, auf dem die Buche steht, zwar von der negativen Kraft in Mitleidenschaft gezogen sein und ganz in ihrem Bann stehen mag, aber nicht eigentlich die Quelle des Übels ist. Die liegt im magischen Dreieck dahinter.

Der Hügel und die Fluchtbewegung der Buche gehören also nicht zum System der negativen Energien, die den eigentlichen Ort der kosmischen Katastrophe bezeichnen und an dem fortwährend große Energieflüsse unter die Erde »abgesaugt« werden.
Mani sah das Bild eines *Hahnes* bei der Fühlungnahme am Ort. Ob die Besetzung des Gebietes durch französische Truppen (auf dem Rußlandfeldzug Napoleons) etwas mit den zerstörerischen Kräften, die hier am Werke sind, zu tun hat?

22. Januar 1995

Bernard, ein Freund aus der Schweiz, reiste eigens an, um uns für ein paar Tage zu besuchen. Hude wurde ihm ein Quell der Inspiration und Kraft für seine eigene Suche, die wie die unsere eine Suche nach dem Weg hin zur Erde und zur Natur ist. Er sagte, er hätte zunächst selber nicht gewußt, warum er für drei Tage einen derart langen Weg auf sich nähme. Als wir dann gemeinsam die Klosterruinen und den Park besichtigt, uns mit den Bäumen vertraut gemacht und schließlich Mani besucht hatten, wußte er, daß seine Intuition ihn richtig geführt hatte.
Am Sonntag fuhren wir zum *Pestruper Gräberfeld*, dem größten Gräberfeld Europas, südlich von Wildeshausen. Etwa achthundert flachgewölbte Erdhügel sind hier auf einer Fläche von ungefähr hundert Hektar in der Heidelandschaft verteilt. Sie stammen aus der Bronzezeit.
Mani hatte sich mittlerweile vom heimischen Haselstrauch eine Rute geschnitten und brachte sie – praktisch ohne eine Zeit der Einübung und Vorbereitung – mit der kindlich-unschuldigsten Selbstverständlichkeit und mit der Sicherheit eines Schlafwandlers zur Anwendung.

Man betritt das Pestruper Gräberfeld von Osten her und erreicht auf dem Hauptpfade bald ein Schafgehege nebst reetgedecktem Stall. Das Schafgehege kennt im Inneren gleich neben dem Gatter eine kreisrunde Setzung kleinerer Findlinge, in deren Mitte ein einzelner Stein ruht. Der Kreis mißt etwa drei Meter im Durchmesser. Die bezeichnete Mitte ist durch einen starken Energiestrom ausgezeichnet, der dem Freunde die Rute geradezu nach oben riß. Wir stellten fest, daß sich offenbar mit der Rute ebenfalls eine Aussage über die Polarisation treffen läßt, wobei uns noch nicht klar ist, was die Richtungen – Ausschlag nach oben oder nach unten – dann genau bezeichnen.

Am Hauptweg durch die Heide befindet sich eine Senke – etwa drei Meter im Durchmesser –, an deren Rand zwei Punkte mit unterschiedlichen Strahlungsqualitäten zu bezeichnen sind. An einem Punkt sind offenbar kosmische Kräfte am Werke, am gegenüberliegenden tellurische (irdische). Zu jenem zog es Mani, der stets die Plätze hoher Intensität instinktiv aufspürt.

P.S. Auf dem Rückweg nahm ich am Parkplatz Kontakt mit einer Eiche auf, die an dem Hang steht, der hinab in den Auwald an der Hunte führt. Sie erzählte mir von einem Bruderkrieg bzw. Glaubenskrieg an diesem Ort. Es ging meiner Intuition nach um den Übergang von der alten Bestattungsform in Grabkammern zur Urnenbestattung unter einfachen Erdhügeln, was dem Übergang von der Jungsteinzeit zur Bronzezeit, der Ablösung der alten matriarchalischen Kultur durch eine darauffolgende patriarchalische entspricht. Die neuen Techniken im praktischen Bereich waren durch neue Ansichten und Mythen der Götterwelt bedingt, und um die alte Frage, welcher Weg zu Gott der richtige ist, begann man an diesem Ort, sich gegenseitig zu bekriegen.

26. Januar 1995

Gestern abend besuchte ich, in völlige Dunkelheit gehüllt, die Ruinen des alten Klosters. Der Regen stachelte auf den Blättern und Nadeln der heiligen Bäume und zog den Vorhang vor einer verzauberten Welt beiseite. Im Inneren des Ruinentempels nahm ich eine erhöhte Bewegung der feineren »Licht«-Energien wahr. Waren meine Sinne hierfür feiner geworden, ohne doch schon Gestalten differenzieren zu können?
Ich führte innerlich ein Gespräch mit der Erde am Ort der Schlangenkraft unter der Eibe. Ich wurde ermahnt, daß man reinen Herzens sein müsse, um weiter den Weg der Geomantie zu gehen. War ich's immer?

7. Februar 1995

Ich hatte bei den Freunden vor einiger Zeit Mareike kennengelernt. Nun war sie wieder für ein paar Tage in der Gegend. Am Donnerstag spazierten wir nachmittags durch den Park. Am Ort der kleinen Grotte schälte Mareike ihr Didgeridoo aus der Stoffhülle und blies hinein, während sie sanft über den Boden schritt. Sie behielt das Spielen bei, bis wir bei der Kreuzbuche, der Buche von Leben und Tod, angelangt waren. Wußte sie vom alten Prozessionsweg, auf dem wir gegangen waren? Die beiden Buchen betrachtete sie lange. Sie spielte das aus Bambus gefertigte Didgeridoo. Dann faßte sie das Rohr mit beiden Händen in der Mitte und ließ es, von Süden her gegen die Kreuzbuche gewandt, dreimal kreisen – rechtsherum, linksherum und wieder rechtsherum.
All dies setzte mich sehr in Erstaunen, hatte ich doch kaum Worte über den Ort verloren. Mareike tat aber etwas sehr Angemessenes und Richtiges: Am Ort der Polarität von Leben und Tod, von Yin und Yang drehte sie das Sonnenrad,

die Swastika, in seine beiden Richtungen. Das war sehr feinfühlig erspürt. Wir besuchten die *Drei Schwestern* und schlüpften je dreimal unter dem verwunderlichen Astbogen hindurch.

Am Abend traf ich Rudolf zur Lippe im Bauernhaus. Er frischte mein Wissen von jener Stelle im Park noch einmal auf: Es sind ja zwei Bänder, eine Yin-Linie und eine Yang-Linie, die sich am zerteilten Hügel, auf dem die beiden Buchen (die *Zwei Brüder* bzw. die Kreuzbuche) stehen, vereinigen. Leicht ist dies sichtbar: Das Yin-Band kommt von Osten her und ist mit einer großen Zahl hoch aufschießender Buchen bewachsen; das Yang-Band ist durch die gerade Reihe von mächtigen Eichen gekennzeichnet. Die Bänder verschlingen sich am Ort der Kreuzbuche – die Buche macht die Bewegung der Vereinigung symbolisch und real mit und gibt damit ein augenfälliges Bild – und liegen als Yin-Yang-Band dem Prozessionsweg zum Kloster zum Grunde.

Der Prinz gestand ein, daß er all diese Dinge nicht im einzelnen vermittels eines leibhaften Gefühls verspüre, aber daß sich die Qualitäten des Ortes ihm in einer allgemein-ahnungsvollen Weise vermitteln und ihn handeln lassen – so etwa, indem er sich den Ort zum Wohnsitz gewählt hatte und ihm nun zu seinem Recht verhilft durch seine Initiative und Fürsorge.

19. Februar 1995

An einem der vorigen Tage führte mir Mani mit seiner neuen Wünschelrute, die er aus einem etwa fünf Millimeter dicken, weichen Metall zurechtgebogen hatte, seine Entdeckungen auf dem Nutteler Grundstück vor. Jene Stelle am Teich, an der ich bei meinem ersten Besuch im Sommer genächtigt hatte, ist hineinverwoben in ein ganzes Netz von Energiepunkten, -linien und -gefügen. Es nimmt uns nicht mehr

wunder, daß ich kaum zu Schlaf und Träumen gefunden hatte, und wenn, dann nur zu schlechten.
Eine Art Rautenform, ein Kreis und eine Spiralform hatten sich durch das Aufspüren von Energiepunkten, die jeweils die Rute nach oben oder nach unten ausschlagen ließen, ergeben. Mani hatte die gefundenen Punkte mit mittelgroßen Feldsteinen markiert und damit ihre Kraft fixiert und verstärkt.
Vor einigen Wochen hat Mani in einem Moment der Inspiration einen »Merlin-Stab« zusammengefügt, eine Art magisches Werkzeug, das aus einem gedrechselten, etwa ellenlangen Weißdorn-Stab mit einem durchlochten Fauststein am einen Ende, einem Kristall am anderen Ende und einem Kupferdraht zwischen den beiden Enden besteht. Wann immer er nun mit der Rute in der Hand durch den Garten pirscht, stellt er den Merlin-Stab an die große Eiche zwischen Haus und Teich. Unmittelbar am Eichenstamm läßt nämlich die Energiebahn die Rute nach oben weisen; steht aber der Stab dort am Stamm, so weitet sich das Feld langsam aus, bis es einen Radius von zwei bis drei Metern erreicht, und gleichzeitig intensiviert sich offenbar das gesamte Energiegefüge des Grundstücks. Das Abgehen und Muten des Grundstücks ist nun stets von der heiligen Handlung des Aufstellens des Stabes begleitet. Es ist klar, daß mit der Entdeckung jener Grundformen und Symbole, die sich aus der Anordnung der Energiepunkte ergeben, Mani etwas ganz anderem auf der Spur ist als jenem schematisch gedachten Netz des Hartmann- und Curry-Gitters, von dem die Radiästheten sprechen. Wie alt ist der Ort, an dem Manis Vater vor sechzig Jahren das dreieckige Grundstück aus Heide und Torfboden herausgeschnitten hat, und an dem auf so wunderbare Weise der größte Pflanzenreichtum gedeiht?
Ein Stein, etwa 150 Meter vom Grundstück entfernt an der Straße liegend, den wir vor Wochen bei einem Spaziergang mit vereinten Kräften zurechtgerückt hatten, ist nun ebenfalls

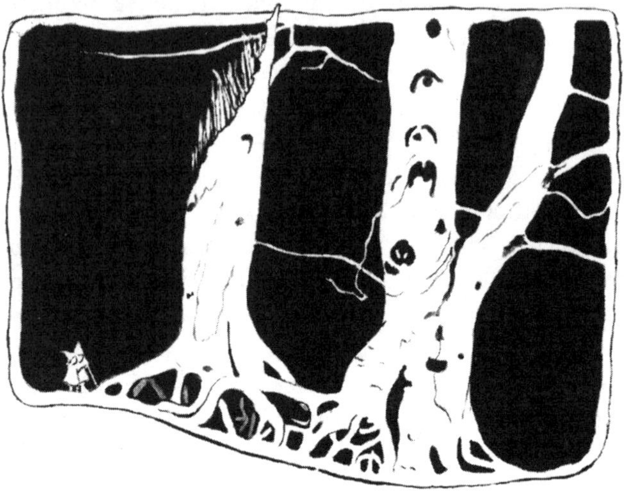

Zwei Brüder

spürbar von einem Kraftfluß durchströmt und markiert eine Linie, die in etwa der Straße folgt, sie aber im sehr spitzen Winkel schneidet, an der Grundstücksgrenze entlang läuft und in der anderen Richtung ebenfalls durch einen Stein markiert ist; diese Linie bezeichnet möglicherweise den genauen Verlauf des alten Weges nach Bremen.

23. Februar 1995

Spät abends rief mich Mani an, und dann noch einmal nachts. Erst mit der Wünschelrute, dann, spät abends in der warmen Stube, mit dem Bleistift in der Hand, hat er aus den energetischen Punkten zwischen Haus und Teich nun einen Kreis mit fünfzehn Punkten herausentwickelt. Was bedeutet der Kreis? Im zweiten Anruf teilte er mir mit, daß sich ein bzw. drei Pentagramme aus der Zeichnung ergeben hätten und nochmals ein Davidstern. Er spüre, daß er einer Ordnung auf der Spur sei, von der er bislang nur marginale Orientierungspunkte zu fassen bekommen habe und in der er wie ein Blinder umhertappe. Aber Stück für Stück scheint Manis Grundstück ein großes Geheimnis preiszugeben. Ist nun der richtige Sohn an diesem Ort geboren? Ich zweifle nicht daran, daß es Besonderes mit dem Grund und Boden auf sich hat, auf dem Mani geboren ist und auf dem er lebt. Der Genius des Ortes hat seine Aufgabe gestellt.

2. März 1995

Ich begab mich in der Dämmerung in den Park. Schwärme von wilden Tauben flogen immer wieder von den hohen Buchen auf, deren aufschießende Stämme und fächerartige Kronen sie wie afrikanische Bäume aussehen läßt. In der Nähe der Kreuzbuche hinten im Park gewahrte ich eine Schnur, die von einer hohen Buche mit gedrehtem Stamm, die vor dem Hügel steht, herabhing. Aus irgendeinem Grunde wagte ich es nicht, die Schnur zu berühren. Schnüre können Knoten haben, und Knoten können Hexenknoten sein, dachte ich. Um mich in der Schnur nicht zu verfangen, schlug ich daher den morschen Ast ab, an dem sie festgebunden war. Gleich darauf, als ich in Begriff war weiterzugehen, fiel mein Blick auf ein am Boden liegendes Aststück. Es war etwa einen halben Meter lang und wies im oberen Drittel kleine knotenartige Verdickungen auf. Ich nahm den Ast in die Hand und – erkannte Gnomengesichter in den Knoten! Ich hatte für meine Tat ein wunderbares Geschenk von den Waldgeistern erhalten, einen »Zirbelstab«!

3. März 1995

Vor ein paar Tagen hatte mir Mani abends, im Schein brennender Kerzen, seine neuesten geomantischen Entdeckungen vor seiner Haustüre vorgeführt. Die Kerzen flackerten; Mani hatte den Merlin-Stab an die Eiche gelehnt, dann nahm er die Rute zwischen beide Hände und schritt, Fuß vor Fuß setzend, zielstrebig im Garten umher. »Schau!« sagte er jedesmal, wenn sich an einem bestimmten Punkt die Rute hob oder, umgekehrt, senkte; bald sagte er auch nichts mehr, sondern blickte nur noch bedeutungsvoll zu mir hinüber. Wind kam auf, es wurde uns bald kalt, wir rochen Regen, der von der Ferne her auf uns zutrieb. Am Himmel gab es ein unbestimmtes Leuchten von Blitzen in großer Höhe. Wir waren schon in der Tür, da fiel Mani der Zauberstab ein; er lief zur Eiche zurück, faßte den Stab – und im selben Augenblick gab es am Himmel einen Blitz, während am Boden Wind auffuhr und ums Haus fegte. Als Mani wieder in der Tür war, machte ich eine Bemerkung wie »Gerade noch rechtzeitig!«, da ich den Eindruck hatte, Mani hätte den Stab kurz vor der Entladung in der Luft noch weggeholt. Mani aber versicherte mir, er habe das deutliche Gefühl gehabt, beim Greifen des Stabes in Kontakt mit den Wettermächten geraten zu sein. Er hatte den Blitz – die Luft war schon geladen – geradezu ausgelöst. Heute telefonierten wir, und da erzählte mir Mani neue Einzelheiten aus dem Garten. Aus dem Kreis oder der Spirale, die er zu Anfang gemutet zu haben glaubte, war ein 15-zackiger Stern geworden. Mani war nach seiner gebräuchlichen Methode des Buchaufschlagens auf eine interessante Stelle gestoßen. Er nimmt ein Buch, z.B. die Bibel, zur Hand, schlägt es an einer beliebigen Stelle auf und beginnt zu lesen. Die Textstelle gewinnt dann den Wert eines Orakelspruchs. Er las mir Jesaja 6 vor, wo der Prophet von seiner Berufung Zeugnis gibt:

Und ich hörte die Stimme des Herrn, wie er sprach: Wen soll ich senden? Wer will unser Bote sein? Ich aber sprach: Hier bin ich, sende mich! Und er sprach: Geh hin und sprich zu diesem Volk: Höret und verstehet's nicht; sehet und merket's nicht! Verstocke das Herz dieses Volks und laß ihre Ohren taub sein und ihre Augen blind, daß sie nicht sehen mit ihren Augen noch hören mit ihren Ohren noch verstehen mit ihrem Herzen und sich nicht bekehren und genesen. Ich aber sprach: Herr, wie lange? Er sprach: Bis die Städte wüst werden, ohne Einwohner, und die Häuser ohne Menschen und das Feld ganz wüst daliegt. Denn der Herr wird die Menschen weit wegtun, so daß das Land sehr verlassen sein wird. Auch wenn nur der zehnte Teil darin bleibt, so wird es abermals verheert werden, doch wie bei einer Eiche und Linde, von denen beim Fällen noch ein Stumpf bleibt. Ein heiliger Same wird solcher Stumpf sein.

Vor Manis Haus stehen eine Eiche und eine Linde zusammen. Den Kreis – oder Stern – kann er nun genau als ein in die vier Himmelsrichtungen eingespanntes Rad verorten, wobei den Kardinalpunkten nach keltischem Brauch zusätzlich je eine Farbe und ein Element zugeordnet sind. Das große Rätsel, das uns nun beschäftigt: Was bedeutet die Zahl 15?

5. März 1995

Die lieben Freunde besuchten mich an diesem Sonntag in »meinem« Bauernhaus in Hude. Wir tafelten und machten Musik. Irgendwann kam ich auf die Idee, mir eine Wünschelrute aus einem Drahtkleiderbügel zurechtzubiegen. Wir testeten sie, und Mani hielt sie für überraschend sensibel; ich hatte dagegen nur selten eindeutige Ergebnisse an diesem Tag. Aber es war ein Anfang! Mani entdeckte im Haus einen markanten Punkt auf der Mittelachse des Flures in Höhe der Mauersäule, die die nebeneinanderliegenden Türen zu Keller und Dachboden voneinander trennt. Der nächste Punkt lag etwa sechs Schritte weiter. Der übernächste Punkt ließ die Rute genau auf der Türschwelle zur Diele, den ehemaligen Stallungen, nach oben ausschlagen; in die andere Richtung ließ sich der nächste Punkt genau auf der Schwelle der Haustüre orten. Ich hatte ja vor einigen Wochen entdeckt, daß die Ausrichtung des Hauses, die nach den Kriterien von Himmelsrichtung und Geländegegebenheiten völlig unverständlich bleiben muß, nach jenem Herzpunkt des Klosterbezirks in der Wiese jenseits des Baches erfolgt ist. Die Mittelachse des Hauses, die sich in der inneren Architektur auf äußerst markante Weise in einem mächtigen Korridor manifestiert, der das Haus der Länge nach in zwei Hälften teilt, zielt geradewegs auf den Kraftpunkt sowie auf die Kreuzbuche im Park zu. Dazu kommt, daß Mani einen erhöhten Energiefluß durch das kleine Gartentor an der Straße hindurch wahrgenommen hat; das Gartentor liegt zwar nicht exakt auf der Achse des Hauses, aber sehr nahe dran. Nun stellte sich heraus, daß es nicht nur die Ausrichtung ist, die es an geomantischen Bezügen an dem Haus, dessen Bewohner ich auf märchenhafte Weise geworden bin, zu entdecken gibt. Der Grundriß des (vermutlich Anfang diesen Jahrhunderts) neu gebauten Wohnteils ist durch eine weitere Einteilung bzw. Vierteilung gekennzeichnet, die sich um einen Herzpunkt im Haus herum anordnet. »Zufällig« hatte ich genau in Höhe dieses Mittelpunktes vor zwei Wochen eine Art Klanginstallation aufgestellt, die aus einem Eisenring und einem Holzgestell entstanden war. Mani registrierte an diesem Punkt eine stärkere Ausstrahlung als an den übrigen Punkten.

Vor der Tür schneite es plötzlich nasse Flocken, ein scharfer Wind trieb sie vor sich her. Mani, der aus dem Fenster gestarrt hatte, forderte mich mit einem Mal auf, ihm nach draußen zu folgen. Er führte mich zu einer Gruppe von Maulwurfshügeln, die exakt auf der Achse Herzzentrum des Parks – Bauernhaus lagen. Er hatte dort vom Zimmer aus Kräfte *gesehen*, prüfte nun mit seiner Metallrute nach und fand bestätigt, was er an Strahlungsintensität erwartet hatte. Er kam auf die Idee, diesen Punkt als Kopfpunkt einer gedachten Figur des menschlichen Leibes zu bezeichnen – als Scheitel- oder Kronenchakra, um genau zu sein. Er blickte zu einer Gruppe von Maulwurfshügeln, die sich etwa fünf Meter nördlich dieses Punktes, an dem wir gerade standen, in der Wiese auftaten, und warnte mich davor, diese Stelle ungeschützt und ahnungslos zu betreten – eine schlechte Energie ginge von dort aus.

Ins Haus zurückgekehrt, kam er auf die Idee, nun auch den Stall zu untersuchen – und fand auf der Mittelachse einen Punkt stärkerer Ausstrahlung, dem er die Qualität des Wurzelchakras beimaß. Mit den anderen ging er später dorthin, um zu singen, was eine starke Resonanz des Ortes zur Folge hatte. Es war kaum zu glauben: Das schöne alte Bauernhaus, das soviel gelitten hatte in neuerer Zeit und nicht mehr so recht benutzt wurde, war in großer Harmonie mit den Energien des Ortes errichtet worden. Die Menschen, die es erbaut hatten, mußten, wenn nicht ein ausgefeiltes Wissen, so doch ein sensibles Gespür dafür gehabt haben, daß ein Haus recht eigentlich der erweiterte Leib des Menschen ist.

Wir rätselten nun hin und her, ob die Chakra-Qualitäten der von uns gemuteten Punkte auf der Mittelachse am Platz schon vorhanden waren oder sich erst im Zuge der Bewohnung des Hauses, durch Leben und Gewohnheiten seiner Bewohner, herausbildeten. Wir kamen zu keinem endgültigen Ergebnis.

15. März 1995

Gestern abend Spaziergang: eisiger Wind, wolkenlos; der fast volle Mond war von einem riesigen Halo umgeben. Als ich in die Ruine trat, flog von der Hohen Eibe, der Eibe des Pan, lautlos ein schwarzer Schatten gen Norden.

Heute morgen lag Schnee! Der Winter war für ein kurzes Zwischenspiel zurückgekehrt. Am Abend grüßte die Sonne von fern, als sie bereits unterm Horizont war; ein zartblauer Himmel und rosa Ränder an der abziehenden Wolkendecke machten Hoffnung auf wiederkehrende Wärme. Ich stand in der Abenddämmerung minutenlang regungslos vor dem Haus und trank diese Stimmung in mich hinein. Das Gras der Weiden um die krummen Baumgestalten dampfte, es war ein Bild, das mich an Sommerstunden nach warmen Gewittern erinnerte. Alle süße Pracht des Lebens wohnte als Hoffnung, ja als Versprechen in dieser Stimmung, die als Saat in der feuchten Luft glomm.

Gegen elf Uhr abends unternahm ich meinen täglichen Gang zum Kloster. An der Eibe des Pan flogen erst eine, dann, als ich mich in Versenkung befand, plötzlich noch einmal drei weitere wilde Tauben auf. Hoch im Himmel hörte ich die Schreie durchreisender Vögel – ich meinte, es seien Möwen, wenn dies auch etwas verwunderlich war. Ich hörte sie Minuten später erneut rufen. Seltsam ist die Welt. Könnte ich die Sprache der Vögel verstehen wie der treue Johannes, sie würden mir so manches erzählen über die geheimen Pfade der Erde, denen sie in der Luft folgen!

17. März 1995

Mani hat vor seinem Haus zwei gerade Linien mit der Rute verfolgen können, bis er weit über das Grundstück hinaus gelangte. Kreuzen sich hier also zwei Leylinien und verhelfen dem Ort zu Kraft und Ausstrahlung? Das brachte ihn auf die Idee, daß wir einmal auf den Linien entlangwandern könnten – wohin werden sie uns führen?

Als er das Bauernhaus eines Freundes vor zwei Tagen mit der Rute abging, stieß er auf die gleiche Struktur wie in dem von mir bewohnten: eine starke Mittelachse mit Wurzel-, Herz- und Scheitelchakra. Dem Gefühl nach entstanden diese kleinen Kraftpunkte durch ein zu diesem Zweck durchgeführtes Ritual.

29. März 1995

Seit einiger Zeit sehe ich aus Gründen, die mir unbekannt sind – sofern es nicht ganz einfach an Vitaminmangel oder Überreizung liegt – öfter Lichtreflexe, die sich bei Veränderungen der Blickrichtung, beim Aufheben der Augen etwa, vornehmlich an den Rändern des Sehfelds zeigen. Sind das erste Anzeichen einer Entwicklung von Augen, die mehr sehen werden als das Gewohnte? Ist die »andere Welt« oder sind tausend andere Welten nur einen Lidschlag von der einen, in der wir uns gewöhnlich befinden, entfernt? Alles scheint ganz nah und doch verborgen. Ein Augenzwinkern nur, und plötzlich mögen sich die geheimen Fäden, die mich mit der Welt verbinden, von mir fort zu Blumen und Bäumen, zu Steinen, zur Sonne selbst spinnen.

2. April 1995

Die Kreuzbuche (bzw. die *Zwei Brüder* oder der *Lebens- und Todesbaum*) offenbarte mir ein Stück ihres Seins. »Warum die Kreuzform?« wunderte ich mich; meine Stirn lag an ihren Stamm gelehnt. Nun, daß hier der Ort der Vereinigung eines Yang-Bandes und eines Yin-Bandes, gekennzeichnet durch eine einreihige Allee von Eichen bzw. Buchen, zu gewärtigen ist, das war mir bekannt. Wie kann man das Durchkreuzen und Verbinden besser symbolisieren als in dieser Form des Baumes, dessen einer Stamm den anderen durchkreuzt?

Ich lief mit der Rute den »Prozessionsweg« entlang und gewahrte alle sechs Schritte Strahlungspunkte, mit abwechselnder Polarität.

Ich folgte dem Huder Bach. Auch hier hatte ich regelmäßige Rutenausschläge! Neben einer zweiten Kreuzung von Weg und Bach, an die ich kam, stehen die Reste eines runden, aus großen Steinen gefügten Baus. Seine Bedeutung ist mir unklar. Das Gelände gehört zu einem Jugendheim und stellt die äußerste Ecke des Grundstücks dar. Zwei große Buchen stehen hier. Eine kleine Birke macht mit einer dicken Geschwulst in Kopfhöhe Zeichen, die niedrige Krone hat sich krüppelartig in grotesken Winkeln zu einem kleinen Dach ausgefächert. Eine Kastanie läßt einen großen Ast ab einer bestimmten Stelle zunächst dem Boden zuwachsen und dann in einem Bogen die Rundung der eigenartigen Ruine aufnehmen. Ziemlich genau im Zentrum dieser Rundung ist ein starker radiästhetischer Punkt zu finden. Ein Stein von Fußballgröße hatte ihn markiert und liegt nun *neben* seiner ursprünglichen Position; der alte Abdruck mit dem niedergedrückten, braunen Gras ist noch frisch. Ich gewann den Eindruck, daß sich von dem zentralen Punkt die Kraft spiralförmig ausbreitet – es könnte sich also um einen Aquastaten handeln, der eine starke Strahlung hervorruft.

Heute hat Mani zusammen mit Freunden einen schweren Stein, den er in der Umgebung am Waldrand entdeckt hatte und stets den *Mondstein* nannte, mit einiger Mühe an den heimischen Teich gezogen und in der Mitte des radiästhetisch gemuteten Kreises einen kleinen Dolmen damit erbaut. Unter den Stein legte er einen Bergkristall, und Iris sah innerlich in dem Steinkreis ein Pentagramm weiß aufleuchten. Der Platz ist geheiligt, der Stein ist sein Altar. Ich schreibe dies sehr knapp, obwohl mir die Freunde mit Feuerflammen auf ihren Zungen davon erzählten. Ich sehe diese Dinge immer etwas nüchterner: Wollen wir denn zu einem Steinkult, Kristallkult, Weihrauchkult usw. zurück? Bedarf es nicht so unendlich wenig, um zu Gott zu kommen? (Und zugleich soviel!)

8. April 1995

Mani hat nun im hinteren Teil des Gartens, auf der wilden Wiese bei den Apfelbäumen, eine neue geomantische Kreisstruktur entdeckt. Außerdem hatte er in den letzten Tagen beobachtet, wie die Katzen auf einer bestimmten Linie vom Steinkreis zur Feuerstelle – dort, wo ich bei meinem ersten Besuch so schlecht geschlafen hatte – wie wild hin- und herrennen. Mani meint, dies könnte die Leylinie sein, die vermutlich nach Hude führt. Die Katzen reiben sich im übrigen mit großer Zärtlichkeit und Hingabe an einem der Steine, die in dem 15-strahligen Kreis zusätzlich die Himmelsrichtungen markieren.

Die Zahl 15 hatte ich ihm inzwischen mit dem Hinweis auf *Saturn* ausgedeutet, denn 15 ist die Quersumme im kleinsten »magischen Quadrat«, im 3 mal 3-Quadrat.[1] Saturn – das ist der vom Zeus gestürzte Gott der alten Ordnung (Kronos, Saturn), der in einer Höhle in der Unterwelt eines neuen Zeitalters harrt. Saturn ist das verdrängte Prinzip der erdgebundenen Gottheit. Saturn, der Planet, ist der »kosmische Kontrolleur«.

Auch in anderen Bauernhäusern, die nach dem gleichen Prinzip gebaut sind wie dasjenige, in dem ich zur Zeit lebe, hat Mani inzwischen mit der Rute eine energetische Mittellinie ausgemacht, die dieselben Merkmale aufweist wie die hier gefundenen, also sieben Chakren von der Wurzel bis zum Scheitel. Mani sagt, diese Chakren könnten durch Rituale entstanden sein. Ich äußerte die Vermutung, daß, nachdem das Haus auf eine bereits vorhandene Energielinie gesetzt worden war, sich die Chakren von selbst durch die rechte Lebensweise und die traditionelle Bewohnung, Benutzung und Belebung eines Bauernhauses herausbilden könnten. Sie sind die anthropomorphen energetischen Abbilder der Lebensgemeinschaft. Wir kamen überein, daß beides der Fall sein könnte und zusammenwirke: Rituale bzw. alte Kulte und Bräuche bereiten vor, was sich dann in einem Prozeß von dynamischer Selbstorganisation noch verstärkt und zu wirksamen Fokuspunkten ausbildet.

15. April 1995

Den Karsamstag habe ich bei den Freunden in Nuttel verbracht. Am späten Nachmittag hörte es auf, zu regnen, und es wurde ein phantastischer Abend mit Trommeln, Feuer, Gesang und Flötenmusik und einem großen Frieden und Glanz, der auf uns allen lag. Es war ein Osterfest, das unter der Gnade Gottes stand, ein Fest der Freude mehr denn je – es war die Freude der Erlösung. Nach einer Pause gesellte ich mich gegen zehn Uhr abends wieder zu den Freunden am Feuer, und wir machten intensiv Musik. Die Frösche, die Bewohner des Teichs, kamen ganz ans Ufer gekrochen, nahe ans Feuer, und quakten und grunzten sehr vertraulich. Ich erlebte

nun sehr deutlich, daß wir musizierenden Menschen und die quakenden Frösche nicht mehr voneinander getrennt waren. Sie suchten unsere Nähe, wir spürten die ihre, und unser beider Klänge vereinigten sich zu einem einmaligen Naturkonzert.
Als ich später, nach dem Auslöschen des Feuers, als letzter ins Haus ging, nahm ich eigens Abschied von dem Garten, von dieser Nacht. Ich stellte mich auf den zentralen Stein in dem Steinkreis. Ziemlich bald stellte sich ein anderer Bewußtseinszustand ein, und ich sah innerlich ein visionäres Bild: eine Art gotisches Fenster, aber dieses Fenster war der Kopf einer weißen Hirschkuh (!) mit einem überaus langen, spitzen Geweih, das in schmalem Abstand mit nur winzigen Verzweigungen streng nach oben strebte. Zwischen den Hörnern wanden sich unaufhörlich in einem grünlich-weißen Licht zwei Schlangen um einen Stab.
Als ich Mani von dieser Vision erzählte, verstand er zu meinem Erstaunen ziemlich schnell, wovon ich sprach. Er konnte das Bild in allen Einzelheiten nachvollziehen. Er hatte es so ähnlich selbst schon dort gesehen.

16. April 1995

Mani fuhr mich am Ostersonntag mit dem Wagen nach Hude zurück. Wir unterhielten uns über Dötlingen. In der Kirche von Dötlingen hatte ich bei meinem letzten Besuch zum ersten Mal die ganze Bedeutung dessen erfaßt, daß da ja der Erzengel Michael, in buntes Glas gefaßt, über dem Westportal steht und von innen zu sehen ist, wenn man unter dem Turm steht. Ein klarer Hinweis auf die Bedeutung des Ortes als Zentrum kosmischer und tellurischer Kraftströme!
Im Dritten Reich war Dötlingen das erste *Musterdorf* der Nationalsozialisten. Dötlingen war die erste Gemeinde mit

nationalsozialistischem Bürgermeister und Gemeinderat, es hat also eine ausgeprägte Nazi-Vergangenheit, die offenbar bis zum heutigen Tag verschleiert und totgeschwiegen wird. Auch heute ist Dötlingen mit seinen alten Fachwerkhäusern und den verwinkelten Straßen wieder ein »Musterdorf« – es ist *Schönstes Dorf*, mit Prädikat. Dötlingen *ist* schön! Warum aber manifestierte sich die nationalsozialistische Macht gerade in Dötlingen so schnell und deutlich? Was passierte auf dem Gierenberg, wo heute der geschändete Stein auf der falschen Seite liegt?

Offenbar ist in Dötlingen ganz gezielt ein Zentrum der braunen Macht etabliert worden. Das ist nicht unbedeutend, denn zählt man alle Eindrücke, die Mani und ich durch eigene Beobachtungen in Dötlingen gewonnen haben, zusammen und stellt man die ganz besondere Atmosphäre, die diesem Ort zweifelsfrei anhaftet, in Rechnung, so ergibt sich in diesem Puzzlespiel mehr und mehr das Bild eines Ortes von nicht geringer geomantischer Bedeutung. Ist Dötlingen das *Zentrum* der Wildeshauser Geest mit ihren bedeutenden steinzeitlichen Grabmonumenten und dem größten Gräberfeld Europas?

Es regnete, als mich Mani nach Hause fuhr. Wir nahmen den kürzesten Weg nach Hude, der über ein Dorf namens Hurrel führt. Nach der Überquerung der Autobahn findet sich linker Hand ein Waldstück; hier vermutete der Freund seit langem ein Steingrab. Er trat plötzlich auf die Bremse: Er hatte einen Stein im Wald entdeckt.

Mit Hilfe von Pendel und Rute maß Mani den Stein aus; der Stein ist »tot«, liegt aber auf einer Linie, die den Freund weiter nach Westen führte. Ich ging indessen zu einer Kiefer, die in der Nähe des Steines steht und gleich über dem Wurzelstock fünffach verzweigt ist. *Be-imbo* oder so ähnlich sei ihr Name, teilte sie mir mit, und ich erfuhr, daß es wenig Sinn hatte, *hier* weiterzusuchen; aber es gebe tatsächlich Steine in dem (von einem Knickwall eingefaßten) Waldstück, und zwar zerbrochene. Ein auseinandergebroches Steingrab kenne der Ort. Diese Botschaften waren vage, und ich nahm sie nicht sehr ernst. Ich streunte durch das Gehölz und arbeitete mich in eine bestimmte Richtung vor, dann bog ich nach rechts, direkt auf Mani zu. Der stand auf einem im Boden versunkenen Stein, vor ihm waren Trümmer von Findlingen. Wir hatten den Baum also richtig verstanden. Wir machten die Andeutung eines länglichen Hügels aus, der in Ost-West-Richtung daliegt.

Es begann nun stärker zu regnen, aber kurz nach der Überquerung einer Bundesstraße mußten wir erneut Halt machen. Zwischen Birken, die in gerader Reihe auf einem Knick stehen, der frei über eine Strecke von einhundert Metern im Feld verläuft, hatte Mani etwas Weißes entdeckt, und wir konnten aus der Ferne nicht erkennen, ob es ein Stein oder eine Plastiktüte war. Wir stiegen aus, und Mani lief mit der Rute die Wallhecke ab. Er stellte eine durchgehende Energielinie fest. Ein runder Stein liegt auf dem Knick; die Birken stehen in unregelmäßigen Abständen. Dann ergab sich eine Überraschung. Die Wallhecke endet mit einer *Steinsetzung*! Ein etwa einen halben Meter hoher, ein Meter langer und recht schmaler Stein steht in eindeutiger Ausrichtung auf dem Knick, und der Stein weist eine durch Absprengung entstandene plane Flachseite auf, die über und über von kristallinen Einsprengseln bedeckt ist. Das ist etwas Besonderes. Nie habe ich einen vergleichbaren Stein gesehen. Mani war entzückt. Wir sahen uns um und entdeckten an einer freistehenden Eiche, die an einem Graben steht, der in südwestliche Richtung verläuft, etwas Undefinierbares, das auf ihren Wurzeln liegt. War es Müll? Wir eilten hin.

Es waren Feldsteine, die an der Eiche liegen. Die Eiche ist auf einer Seite – auf der, von der wir uns angenähert haben – ihrer Rinde entblößt. Sie war vom Blitz getroffen worden; aber die andere Seite, die andere Hälfte lebt noch. Mani hatte das Gefühl, unter den Steinen nach etwas Verborgenem graben zu müssen; aber als ich den Baum selbst befragte, wußte ich, daß es zwecklos war, obwohl etwas zu finden gewesen wäre -aber eben nichts Gutes. »Grabt *nicht*«, sprach die Eiche. Jeder Baum hat sein Schicksal, *Karma*. Dieser trägt an dem seinen. Wir umfaßten den Stamm mit unseren Armen und Händen und segneten ihn, und als mich zur Antwort ein Schauer von Glück überlief, wußte ich, daß den Baum unsere Botschaft erreicht hatte und ihm geholfen war.

10

Von Lichtern und Schatten

22. April 1995

Ich machte einen Spaziergang im Klosterpark. Ich ging dieses Mal hinüber zu einer großen Buche, die neben der Brücke am Bachufer steht und ihre Äste und Zweige über das Wasser hält. Sie bildet so eine geschützte Stelle unter ihrem Blätterdach, denn sie neigt sich schräg dem Bach zu. In dieser Nische stand ich und sah, daß die Buche blutete. Klebrige, dunkelrote Blutstropfen quollen aus der Rinde, ohne daß ich eine wirkliche Verletzung hätte erkennen können. Allerdings bemerkte ich, daß Ameisen sich entlang einer senkrechten Furt im Stamm bewegten – der Baum scheint bereits beträchtlich ausgehöhlt zu sein. Und dann bemerkte ich etwas anderes: Das vor Wochen zwecks Reparatur von einem Autokran herausgehobene Mühlrad steht am jenseitigen Bachufer genau mit den Schaufeln auf die Buche ausgerichtet! Strahlt es schlechte Energien aus? Schließlich fiel es mir wie Schuppen von den Augen: Das Mühlrad muß genau auf dem einen der drei Verankerungspunkte des Herz-Kraftzentrums stehen, der hier zu finden ist.

Mein Nachbar, ein Zimmermann, hatte mich gesehen und kam auf mich zu. Er erzählte mir, daß der Pächter des Teichs am letzten Wochenende rund um den Teich kleinere Bäume abgehauen hatte. Wir waren beide empört darüber.

Ich sah nun die Zusammenhänge von Zeichen (die blutende Wunde der Buche), eigentlicher Ursache (das Mühlrad auf dem Verankerungspunkt) und weiteren Folgen (die Untat des Pächters) eines Geschehens an einem sensiblen Punkt. Ander-

tags prüfte ich mit Wünschelrute und Pendel nach, ob das Mühlrad wirklich auf dem fraglichen Punkt stehe und ob von ihm dadurch eine schlechte Wirkung ausgehe. Ich fand dabei heraus, daß offenbar jeder Verankerungspunkt drei weitere, kleinere Verankerungspunkte aufweist, und immer so weiter, der unendlichen Dreier-Verzweigung der energetischen Struktur in der Landschaft entsprechend. [1]
Durch die Befragung des Pendels wurde ich darüber belehrt, daß von der Struktur des Mühlrads, die einem Malteserkreuz entspricht, durchaus keine schlechte Wirkung in Richtung der Achse, von der Breitseite also, ausgehe – das Mühlrad steht in der Tat auf dem Hauptpunkt der diesseitigen Verankerung. Die Schmalseite mit den Schaufeln allerdings bewirkte eine Abschattung oder schlechte Abstrahlung in Richtung der Buche und des Teichs. Ob ich ein Ritual mit dem Didgeridoo abhalten oder an der Buche einen magischen Spiegel anbringen soll, fragte ich. Nein, lautete die (über das Pendel gegebene) Antwort; andere sind zum Handeln aufgerufen; das Mühlrad soll bald wieder eingebaut werden.

27. April 1995

Gegen drei Uhr nachts machte ich einen Gang zum Kloster. Es war dunkel, Bindfädchenregen setzte ein. Ich brauchte Rat von Mutter Erde und stellte mich unter die Tanzende Eibe, um mich im inneren Gespräch mit dem Orakel mit der Weisheit der Erde zu verbinden. Es geht darum, *das Lernen zu lernen* – das war die Botschaft, die sich mir auf all mein Fragen hin vermittelte. Ich dankte, und ein Schauer von Energie überlief mich.
Dann kam ich auf die Idee, die Leylinien zu erspüren. Ich trat in den Altarbezirk. Vor meinen Augen begann sich etwas zu bewegen: Ich sah etwas tanzen, das nicht aus den dunklen

Sträuchern und Bäumen im Hintergrund bestand, etwas, was sein eigenes Lichtleben besaß, ohne doch helles, sichtbares Licht zu sein. Ich merkte, daß ich in etwas hineingeplatzt war, was für sich sein wollte. Hinten im Park lief ein Tier davon, ich konnte es hören, es raschelte nicht wie ein Kaninchen und konnte auch kein Reh gewesen sein. Das Licht tanzte weiter. Dann ertönte der einzelne Ruf einer Krähe. Und schließlich hörte ich aus der Luft und in weiter Ferne Vogelrufe – es waren Wildgänse.
Wildgänse? – Dann mußten sie auf dem Durchzug von Holland nach Nordfriesland sein, und weiter nach Sibirien. Ich war mir sicher, daß sie das Kloster überfliegen würden, aber ich konnte sie nicht sehen. Ich spürte genau, wie ich durch meine Anwesenheit in diesem Moment an dieser Stelle mit all den Tierbewegungen in Verbindung stand. Schließlich hörte der Nieselregen auf.

2. Mai 1995

Peter und Sam, zwei Bekannte aus England, waren bei Mani zu Gast. Mit den beiden und einigen anderen Freunden hatten wir die Nacht zum 1. Mai an den Externsteinen im Teutoburger Wald verbracht. Am Nachmittag nun kam die ganze Schar nach Hude. Unter der hohen Linde neben dem Bauernhaus, die so wunderlich ihre Zweige zu einer glockenförmigen Kuppel ausfächert, breiteten wir Decken aus und hielten ein großes Familienpicknick ab. Sam hatte seinen Dudelsack bei sich und spielte auf zum Tanz. Er lehrte uns schottische Reigentänze, und bald fegten wir in herrlichster Ausgelassenheit über die Wiese am Haus. Mitten im heiteren Reigen ging Peter plötzlich beiseite und ließ sich im Gras nieder. Es war ihm aber nicht etwa schwindlig geworden vom Tanz, sondern er war ergriffen von einer intensiven inneren

Wahrnehmung; Bilder stiegen in ihm auf, er hatte eine Vision. Er erzählte mir kurz darauf, daß er einen alten Mann gesehen habe mit einem langen Bart und einem weißen Gewand. Er sei barfuß drüben im Weidegrund, der zwischen dem Haus und dem Bahndamm liegt, umhergegangen. Das hing wohl damit zusammen, daß ich ihm zuvor von den Bäumen dort in der Weide erzählt hatte, die alle irgendwie seltsame Tierfiguren zu verkörpern scheinen. Eine zweite Vision hatte der Freund, und es war die von einem jungen Mann, der Bäume fällen mußte, mit einer Axt und gegen seinen Willen, und deshalb sehr traurig war. Die Traurigkeit dieser Figur war so groß, daß Peter sich von ihr erfaßt fühlte und unter Tränen zu Boden sank. Diese beiden Visionen erinnerten mich auf verblüffend deutliche Weise an die Bruchstücke von der Gründungsgeschichte des Klosters, die mir, abgesehen von dem, was ich von der Heilungsarbeit vor einem Jahr her wußte, zuteil geworden waren, als ich an einem Abend im Dezember letzten Jahres die Eibe des Pan um Auskunft über den Ort gebeten hatte. Ich erzählte Peter von der Geschichte, wie ich sie *gehört* hatte:

»Als die Mönche den endgültigen Platz für die Gründung ihres Klosters, für die Grundsteinlegung der Kirche gefunden hatten, kam es zu einer Art Kampf zwischen den Mönchen und den Naturgeistern, die hier ihren »Tempel« hatten. Die Elementarwesen hatten durchaus ihre Möglichkeiten, dem Besitzanspruch der Mönche und ihres Glaubens etwas entgegenzusetzen, und es herrschte eine Zeitlang Gleichstand im Kräftemessen. Da verfielen die Mönche auf die Idee, dem Ort buchstäblich das Wasser abzugraben, um so ein die Ganzheit zerstörendes Ungleichgewicht zu schaffen, das die Naturwesenheiten, besonders den allumfassenden Pan, empfindlich treffen müßte. So war es auch. Als das Wasser gebannt war, was die Mönche natürlich ohnehin vorhatten, da sie ja bauen und eine Mühle und Fischteiche anlegen wollten, waren auch die zugehörigen Wesenheiten des Wassers in ihrem Wirken gebannt. Die Naturgeister unterlagen im Kampf. Ihren restlichen Kräften und Wesenheiten, die man doch nicht ganz besiegen konnte und wollte, wies man Plätze in der neu entstehenden Kirche zu, man schuf die Masken, die ihnen als Sitz (als Brennpunkt ihrer Energie) dienten. Die Wassergeister aber, Nymphe und Wassermann, verbannte man durch entsprechende Rituale in die nahe Umgebung. Es war aber so, daß ein junger Mönch unter den Gründungsmitgliedern der Klostergemeinschaft war, der diese Eroberung des Ortes gegen den Willen der Naturkräfte nicht mittragen konnte in seinem Herzen. Da er aber gegen seine Mitbrüder nichts ausrichten konnte, wählte er das Einsiedlerleben außerhalb der Klostermauern. Er ließ sich ganz in der Nähe nieder, in jenem Wäldchen, in dem heute die drei charaktervollen Buchen stehen.«

Peter und ich gewannen den Eindruck, daß beides zusammenpaßte – seine inneren Bilder und meine innere Geschichte. Peter hielt es für möglich, daß dem jungen Mann, der in seiner Schau die Bäume fällt, dies vom Abt des Klosters als Strafe auferlegt worden sein könnte. Das Bild des Holzfällers war »geschichtlich«, das des alten Mannes in der Weide dagegen »gegenwärtig«, d.h., der Alte *war jetzt* dort und gehört zum Ort wie die Bäume mit dem tierhaften Aussehen. Peter schrieb dieses Erlebnis später nieder:

1. Der Pilger

Ein alter Mann nähert sich langsam; er geht entlang der Baumreihe in der Weide westlich [eigentlich: südlich] des Bauernhauses. Er hat einen langen weißen Bart und trägt ein weißes Gewand wie das der Zisterzienser. Er hat einen langen Stab in der Hand. Er ist nicht unbedingt ein lebendiger Mensch, aber

er könnte es einmal gewesen sein, obwohl er eher einer Deva oder einem Engel gleicht. Er war hier, bevor die Mönche kamen, und er ist immer noch hier. Er trägt ein weißes Gewand, um von den Mönchen als Pilger wahrgenommen zu werden. Das Wort *Angelas* ist mit ihm verbunden, vielleicht ist es auch sein Name.
NB: Angelus könnte die latinisierte Form von Engel sein; es könnte aber auch ein Name sein. Angelus ist auch das Wort für eine Glocke und für eine Gebetsform im klösterlichen Leben.[2]
Dieses Bild *sah* ich, als ich unter der Linde war.

2. Der Holzfäller
Ein junger Mann, um die dreißig, fällt Bäume in einer Waldlichtung. Er ist entweder ein Mönch oder ein Laienbruder. Er ist zu dieser Arbeit gezwungen; entweder hat er sich diese Pflicht selbst auferlegt, oder sie ist ihm von einem anderen auferlegt worden. Er fühlt den Schmerz der Bäume, er leidet mit ihnen und weint. Sein Name hat etwas mit *Axt* zu tun. Vielleicht heißt der junge Mann *Axel*, vielleicht ist *Der Mann mit der Axt* oder etwas Ähnliches sein Beiname.
NB: Eine Welle von Traurigkeit wogte in mir in Reaktion auf dieses Aufblitzen der Vergangenheit. Es löste Erinnerungen aus meiner Kindheit aus. Das Bild tauchte zum ersten Mal auf, als ich mit Klaus auf der Tanzwiese sprach, es war verbunden mit der Erzählung von einem, der bei der Gründung des Kloster dabei war und abseits der Mönchsgemeinschaft lebte. Der junge Mann war ein Holzfäller, bevor er zu den Mönchen stieß, daher hat er möglicherweise seinen Namen. Die anderen Mönche hatten kein Verständnis für den Schmerz, den er beim Fällen von Bäumen empfand, und setzten ihn für diese Arbeit ein. Der junge Mann steht in irgendeiner Weise in Beziehung zu dem weißen Pilger.
NB: Das innere Bild wurde klarer (und ich fühlte mich ruhi-

ger), als ich bei den drei Eichen am Bach im Süden des Bauernhauses stand.
Spätere Gedanken – nach dem Gespräch mit Klaus – gaben mir das Gefühl, daß der alte Pilger und der junge Mann eine gewisse Kontinuität zwischen der alten Religion und dem Aufkommen des Christentums repräsentieren. Sie waren darum bemüht, etwas aus der Vergangenheit mit hinüberzutragen und zu bewahren. Für den jungen Mann war dies schmerzhaft, da er etwas in sich zerstören mußte, indem er einen heiligen Baum fällte, um in der neuen Welt überleben zu können. Der junge Mann wußte mehr über den weißen Pilger als die anderen Mönche, aber er bewahrte Stillschweigen über all diese Dinge. Auch könnte die Axt nicht nur Bäume gefällt, sondern Verwendung in einer Schlacht gefunden haben. Der junge Mann, wie er den heiligen Baum fällt, ist *vor* dem Baubeginn der Klostergebäude in Hude zu sehen.

3. Mai 1995

So anmutig der gestrige Abend gewesen war, so angefüllt mit Neuem war der heutige Tag. Es rumpelte und rumorte im Haus: Die Handwerker kamen, nun endgültig. Das Haus wird instand gesetzt, meine Aufgabe als »Kalfaktor« und die schöne Zeit, die ich hier hatte, neigen sich dem Ende zu. Wie passend, daß wir gestern dieses Maienfest feierten!
Peter hatte bei mir übernachtet, und gegen neun Uhr morgens fuhren wir mit den Rädern zu dem Wäldchen am Huder Bach. Ich fühlte, daß ich Peter die drei Buchen zeigen mußte, von denen ich den Wächter für eng verbunden mit Peters Visionen halte. Besonders gespannt war ich zu erfahren, was Peter von dem Platz der kosmischen Katastrophe halten würde. Dort angekommen, erzählte ich ihm die Geschichte von der versunkenen Sonne, die ich von der *Schlangenbuche*

Wächter

einmal erlauscht hatte. Dies war ein ziemlich absonderliches Märchen, in dem die Mächte der Unterwelt die Sonne unter die Erde locken und gefangenhalten. Die Buche, von einem Engel gesät, hilft der Sonne beim Wiederaufstieg, muß aber um den Mond, der hier als Gegenspieler auftritt und den Platz besetzt hält, herumwachsen – daher ihre ausweichende, gewundene und überhängende Gestalt.
Peter nun hatte – ohne meine Geschichte zu kennen – die Eingebung, daß es sich bei dem Hügel, auf dem diese Buche steht, um ein *Grab des König Artus* handeln könne, was bedeuten soll, daß hier Kräfte schlummern, die auf den Tag ihrer Erweckung, ihres Erwachens warten. In der ganzen Sage von König Artus steckt eigentlich ein alter keltischer Sonnenmythos, unsere Eingebungen passen also gut zusammen. Peter sah in der polaren Spannung, die sich zwischen

dieser Buche und der Eiche, die neben der Brücke am gegenüberliegenden Bachufer steht, eine Art Kreislauf, der unten im Erdreich über die Wurzeln und oben, über dem Wasser, über die Kronen geschlossen wird. Er interpretierte die Bewegung des Baumes als ein Hinüberlehnen. (Dem muß ich aus meiner eigenen Anschauung heraus innerlich widersprechen, denn die Krone der Buche macht eindeutig eine Bewegung weg von der Eiche, um den eigenen Überhang des Stammes aufzufangen, während der Stamm in seiner Krümmung nicht zu etwas hinstrebt, sondern von etwas weg.)
Peter fand einen schönen Namen für den von mir gelegentlich *Fliehende Buche* oder Schlangenbuche genannten Baum: *The Sleeper of the Hill*. Den Platz dahinter empfand er als gar nicht so negativ, wie ich ihn stets erlebte. Er sagte es so: Es sei ein Ort, an dem gut »tabula rasa« zu machen sei mit sich selbst, er sei weder gut noch schlecht. Er ziehe einfach alles aus dem Inneren ab, man müsse vorsichtig damit umgehen.
Da ich für den heutigen und die nächsten Tage durch die Teilnahme an einem Colloquium im Gutshaus gebunden war, ließ ich Peter an diesem Ort allein und eilte den Bach entlang zum Kloster. Peter berichtete mir am Abend, daß er sich plötzlich von einer Schar fröhlicher Kinder umringt sah, als er gerade im Gespräch mit dem Baum war ...

4. Mai 1995

Eigenartige Erlebnisse hatte ich an diesem Tag! Ich war den Gesprächen in kleiner Runde über »Virtual Reality«, dem intellektuellen Diskurs über die Bedingungen und Folgen der »Mediatisierung« der Kultur nur mit Mühe gefolgt. Zwar war ich hierzu eingeladen, weil ich mich auf die elektronischen Medien in meinem bisherigen Leben sehr weit eingelassen hatte, doch war ich inzwischen mit ebenso großem Eifer, wie ich mir diese Welt erobert hatte, bestrebt, sie hinter mir zu lassen. Anstatt mich in den Schlaufen der einzelnen Gedankengänge zu verlieren, richtete ich meine Aufmerksamkeit bald darauf, *wie* die einzelnen Teilnehmer etwas vorbrachten, welche Motivation, welcher Lebenshintergrund, welcher Geist jeweils in den Aussagen zur Wirkung kam. Das führte allerdings dazu, daß ich mich am Nachmittag zunehmend unwohl fühlte. Ich fühlte etwas im Raum, was nicht zu meinen Vorstellungen vom geisterfüllten Philosophieren passen wollte, es war da ein Schatten im Tonfall, in den Äußerungen mancher Teilnehmer, den ich nicht zu fassen bekam, und der doch konkret und mächtig war.

Am Abend ging ich früh zu Bett, obwohl ich zwei Freunde zu Gast hatte. Florida war es, die nun einen Schatten *an mir* bemerkte und mir half, dasjenige auszusprechen, was mir am Tage begegnet war. Wir standen wieder auf und gingen in sternenklarer Nacht auf freiem Felde spazieren. Ich versuchte, eine Zusammenfassung der Gespräche zu geben, und verfiel in denselben Tonfall, wie er zuvor in den Gesprächen benutzt worden war. Florida bemerkte es. In einem Moment plötzlicher und starker, unerklärlicher Erregung – ich zitterte am ganzen Leibe und spürte mit einem Mal die Macht, die in den Sternen liegt, aber auch eine unheimliche Macht, durch die ich von den Sternen getrennt war – fand ich dann meine Wahrnehmung wieder. Ich sagte zu Florida: »Wie das Auge des Bösen, aus der Festung Minas Morgul blickend, war es gewesen, was ich da während der Gesprächsrunden wahrgenommen hatte«. Das Auge des Herrn der Ringe[3], das Bewußtseinsfeld einer unbekannten dunklen Macht, war an diesem Donnerstag über das Land gestrichen, war vorgekrochen in den Park und in das Gutshaus eingedrungen. Indem es sich zweier Menschen bemächtigte, ihre Gedanken und ihre Redeweise färbte, nahm es Fühlung unter den Menschen auf. Ein Schatten lag auf dem Land.

Gemeinsam fanden wir Worte, unsere Wahrnehmung zu präzisieren und uns bewußtzumachen, was da, unbemerkt und ungesehen von den Freunden und von den übrigen Teilnehmern des Colloquiums, ungesehen auch von den meisten anderen Menschen, sich über das Land ausbreitet wie eine schwarze Hand.

Als wir wieder im Haus waren, wollte noch immer kein Schlaf über mich kommen. Ich verfiel in Fieberträume, sah dunkle Schlünde, wie ich sie nur im ärgsten Fieber meiner Kinderkrankheiten gesehen hatte. Diese Träume waren für mich ein Zeichen, daß wir an Wesentliches gerührt hatten, daß wir verstrickt waren in geistige Vorgänge, von denen wir eben erst einen winzigen Zipfel der unzähligen Schleier ergriffen hatten.

Und doch waren Florida und ich nicht die einzigen, die die finstere Energie wahrgenommen hatten. Am nächsten Morgen sahen wir Peter wieder, der zum Frühstück bei uns vorbei kam, und er berichtete, wie sowohl er als auch Mani einen schlechten Tag und eine unruhige Nacht gehabt hatten. Sie waren schließlich mitten in der Nacht aufgestanden und hatten getrommelt. Als wir darüber sprachen, wie es dazu kommt, daß man im Geiste solche negativen Erfahrungen machen kann, erinnerte mich Peter daran, daß der Pfad des Geistes nicht automatisch schon zu einem reinen und vollkommenen Leben führt: Hohe Empfindsamkeit bedeutet eben auch hohe Verletzlichkeit.

6. Mai 1995

Mani und Peter holten mich ab. Wir wollten ein paar Steine in der Landschaft ansehen. Wir machten an einem Acker halt, auf dem seltsame Steine sozusagen blühen, um Peter mit dem *Spiegelstein* mit der Quarzfläche und dem eigenartigen Ort vertraut zu machen. Als wir am Rand des Ackers standen, lief Mani plötzlich quer über die flachen Furchen auf eine ganz bestimmte Stelle zu, die er als besonderen Energiepunkt wahrgenommen hatte. Die Rute klappte nach unten. »Würde mich nicht wundern, wenn wir hier ein paar alte Steine finden«, sagte der Freund. Schlurfend – wir waren alle barfuß – schritten wir über die gewalzte Erde. Nach ein paar Metern bückte ich mich, grub mit den Händen in der Erde und rief dem Freunde zu: »Meinst du sowas wie das hier?« Ich hatte einen wunderschönen Faustkeil mit abgesplitterter Flintspitze gefunden. Er lag gut in der Hand, und das mit Sicherheit in der meinen nicht zum ersten Mal.

9. Mai 1995

Ich kam von einer Fahrt nach Köln zurück, wo ich die Künstlerin und Geomantin Mary Bauermeister und die Ausbildungsgruppe der Geomantieschule Hagia Chora kennengelernt hatte. Mani holte mich am Bahnhof ab. Ich hatte neue Anhaltspunkte erhalten, was die Anzeichen gewisser negativer Einwirkungen in Hude in letzter Zeit betrifft, und bat Mani, zunächst zum Kloster zu fahren. Wir stellten, uns am Mühlrad auf, das ja seit seinem Ausbau just auf einem der Verankerungspunkte der Herzkraft steht. Mani hielt sein Pendel in der Hand, und ich berührte seinen Arm. Ich fragte nun innerlich: »Ist dies der Verankerungspunkt der i. Ordnung, wie Marko Pogacnik ihn damals bezeichnet hat?« Die Antwort war Ja. Ich fragte: »Ist alles in Ordnung – mit dem Mühlrad, wie es hier steht?« Die Antwort: Nein. Dann nahm ich das Pendel selbst in die Hand. Es ließen sich nicht mehr ganz die eindeutigen Ergebnisse meiner früheren Untersuchungen feststellen wie: nach vorne ist das Mühlrad von guter Ausstrahlung, zur Seite von schlechter. Das Ganze schien sich gewandelt zu haben, der Einfluß des Mühlrads schien unbestimmter, aber keinesfalls positiver.

Mani fühlte sich indes an dem Mühlrad ganz und gar nicht wohl. Irgend etwas traf ihn im Bereich des Solarplexus. Welche Kraft war hier am Werk, welche Kraft – ich forschte nach einer möglichen Ferneinwirkung auf den Ort – nahm hier vielleicht gar Notiz von unserer Anwesenheit? Wir stiegen in den Wagen und fuhren in Richtung Nuttel; an jener Stelle, an der wir vor kurzem mit Peter waren, stoppten wir, und Mani suchte im Eilschritt den Stein mit der Quarzfläche (Spiegelstein) auf, der auf der Linie eines Knicks, eines Birkenwalls, steht. Er hockte sich davor, den Rücken an die Quarzfläche gelehnt. Er mußte sich regenerieren. Er befragte das Pendel und brachte zu unserem Erstaunen heraus, daß der Spiegelstein direkt mit Hude und dem Verankerungspunkt verbunden sei. Ich hatte kurz zuvor dem Freund das Prinzip der unendlichen Dreiheit in der Landschaft erklärt, und Mani sah in diesem Prinzip das Verbindende zwischen beiden Punkten. Ich widersprach, denn der Spiegelstein könne in dieser Entfernung vom Herzzentrum – wir waren etwa sechs Kilometer von Hude entfernt – nicht Element des lokalen Verankerungssystems sein. Es mußte sich also um eine Verbindung anderer Art handeln. Ich stellte schließlich die Behauptung auf, daß diese Verbindung erst durch das ungünstig stehende und ungleich abstrahlende Mühlrad geschaffen worden sein könnte. Dabei wirke der Spiegelstein im übrigen wie ein Katzenauge: Er vermag das Licht oder eine andere Energieform nicht zu bündeln, aber wird er von einem gebündelten »Energiestrahl« getroffen, so wirft er ihn zurück und streut ihn breit in alle Richtungen. Die Achse des Mühlrads und damit seine ganze Gestalt in Form eines bereiften Doppelkreuzes (aus Eisenteilen und Holz) zeigt allerdings ziemlich genau nach Süden, nicht nach Südwesten, wo der

Spiegelstein liegt. Auszuschließen ist eine solche Sender-Empfänger-Wirkung jedoch nicht. [4]
Als wir durch Hurrel hindurch in Richtung Autobahn fuhren, kamen wir auch an dem Wäldchen mit den gebrochenen Steinen vorbei. Mani erzählte mir, daß Peter an diesem Ort die schmerzliche Empfindung gehabt habe, daß er als »Fremder« unerwünscht sei. War das ebenfalls eine Botschaft einer dunklen Macht?
Zu Hause in Nuttel bat ich den Freund, auf der Karte von der Wildeshauser Geest nach den Verbindungslinien von Hude zu anderen Punkten zu suchen und festzustellen, ob eine ungute Kraft auf der Karte zu verorten ist. Von einer der Linien glaubt Mani sagen zu können, daß sie ganz gewiß vom Kloster nach Süden und dann an seinem Haus vorbeiläuft; die Thingstätte von Dingstede liegt auf ihr und, mit einer Abweichung nach Westen, der Hexenstein bei Ohe, schließlich der Gierenberg in Dötlingen. Es gibt aber weitere Linien. Zu unserer Überraschung verortete Mani mit dem Pendel eine starke Kraft unguter Ausstrahlung im – Braker Sand! Auf die Frage, ob eine negative Kraft ganz in der Nähe ihren Ausgangspunkt habe, hatte er ein Ja erhalten und war so an den entscheidenden Punkt auf der Karte herangeführt worden. Die Freunde hatten dort in den letzten Wochen und Monaten nichts Außergewöhnliches mehr gesehen oder erlebt. Ich äußerte die Vermutung, daß ein Ort durch ein einmaliges Ritual (wie am Braker Sand vor etwa zwei Jahren) für lange Zeit in den Dienst eines bestimmten Systems genommen werden könnte. Wenn der Hügel am Braker Sand in die Hand eines schwarzmagischen Kreises von Menschen gebracht worden ist, dann benutzen diese Menschen ihn heute womöglich als Schaltstelle und wirken aus der Ferne über ihn in die hiesige Landschaft hinein. Es war also eine Aktivität im Gang, die den Ansätzen zur Heilung in der Landschaft entgegengerichtet war.

Auf der Heimfahrt äußerte ich die Vermutung, daß die Zeit kommen könnte, in der Menschen für ihr Wissen in diesen Dingen verfolgt werden würden, indem eine neue poltische Macht die Freiheit beschränkt und sich die Wahrheit und ihre Vertreter vom Leibe schafft. Mani war dieser Gedanke nicht fremd. Was einzelne wie wir wissen können, wird die Gegenmacht über die frei verfügbaren Informationskanäle ebenfalls wissen. Zugleich werden aber viele Menschen auf dem Gebiet der Geomantie kundig genug sein, um Ungeist und Zerstörung, Ungerechtigkeit und Schwarze Magie einer wie auch immer gearteten Macht nicht unwidersprochen hinzunehmen. Wahr ist, daß die Menschen, die Diener des Ungeistes geworden sind, ebenfalls wissen können, was die Kräfte der Erde sind und wie sie wirken. Aber wenn in der jetzigen Offenbarwerdung dieses Wissens, das früher nur dem in die Geheimwissenschaft Eingeweihten zugänglich war, ein Sinn liegt – denn es wird ja auch das Wissen verwässert und verunreinigt dadurch, daß es öffentlich gemacht wird –, dann vielleicht der: Indem alle Menschen wissen oder wissen können, was Geomantie ist und wie sie wirkt, ist die *Verantwortung* in die Hände der Gemeinschaft gelegt. Vielleicht wird den Menschen in Deutschland, ein halbes oder ganzes Jahrhundert nach seinem moralischen Versagen, ein neuer Prüfstein gegeben?

P.S. Mani bemerkte, daß Mahnmale des zweiten Weltkriegs und Gefallenengedenksteine usw. eine merkwürdige Eigenheit an sich haben: Sie besetzen bestimmte Punkte in der Landschaft. Aber mit welcher Kraft? Was strahlt ein Stein aus, der der Toten gedenkt, die treu für falsche Ziele töteten und getötet worden sind?

11

Auf Drachenpfaden

16. Mai 1995

Es sind kühle Maientage. Gegen Mittag klärte sich der Himmel über Hude, und die schon kraftvolle Sonne wärmte die Erde. Mit Rute und Pendel machte ich mich auf den Weg, der Leylinie nachzuspüren, die unserer Vermutung nach parallel zum Huder Bach vom Kloster nach Süden sich hinzieht. Ich begann meine Suche in den Klosterruinen dort, wo ehedem der Altar gestanden haben muß, also an der Leylinienkreuzung, dem kosmischen Yang-Punkt. Zuvor bat ich die Hohe Eibe und den Pan darin um Mithilfe. Abermals gab mir der Pan durch eine intuitive Botschaft zu verstehen, daß ich mein Seelenleben, das Empfindungs- und Gefühlsbewußtsein, weiter freimachen und aktivieren müsse. Die Geomantie ist mir als Weg gegeben, um abseits aller Pfade der großen Religionen und ihrer Bekenntnisse, Traditionen und überkommenen Kultformen, das Reich der sich zum Geist hinsehnenden Seele zurückzugewinnen, das ich im Laufe der Jugend durch falsche Emotionen und in der späteren Entwicklung durch die Übermacht der mentalen Weltbewußtheit verloren hatte.

Ich erspürte die Drachenkräfte diesmal nicht an den gewohnten Stellen in der Klosterruine. Irgendwann hatte ich beim Queren des Pfades, der von der Hohen Eibe her am nächsten am Altarbereich vorbeiläuft, einen deutlichen Rutenausschlag nach unten, und ich bildete mir ein, das müsse die Leylinie sein. Rasch hatte ich ihre Richtung aufgenommen. Sie läuft in den Park hinein, in den Bereich hinter dem Gutshaus. Ich hatte

den Plan, den Marko Pogacnik vom Park und dem Verlauf der Linien gezeichnet hat, in ungefährer Erinnerung. Demnach macht eine der Linien im Park kehrt und läuft geradewegs in der Mittelachse des Gutshauses in ost-westlicher Richtung unter diesem hindurch. Hatte ich die Gutshaus-Linie erspürt? Gibt es noch eine zweite, die das Gutshaus in Nord-Süd-Richtung quert?
Die von mir verfolgte Linie führt auf eine erste Baumgruppe in der Schafwiese hinter dem Ruinengelände zu, die durch eine hohe, dicht gewachsene Fichte gekennzeichnet ist. Ich ging um die Bäume herum und konnte hinter ihnen die Kraftlinie wieder aufnehmen. Ich machte es mir zur Methode, die gedachte Richtung der annähernd – aber eben nur annähernd! – gerade verlaufenden Linie in Schlangenlinien immer wieder zu kreuzen, um durch den Rutenausschlag immer wieder einen Anhaltspunkt zu bekommen. Die Schafwiese war durchquert. Am Rand des Parkwaldes stehen einige starke und kräftige Bäume auf der Linie. Dann geht die Linie schräg unter einer Ecke des nördlichsten Fischteichs hindurch, danach unter der Wegkreuzung zwischen den Teichen. Ich erwartete nun ein baldiges Abbiegen der Linie und hatte zunächst Schwierigkeiten, den Kraftstrom wiederzufinden. Er verläuft aber nach wie vor in gerader Richtung weiter durch den Park. Eine Eiche mit einem krebsartigen Auswuchs in etwa einem Meter Höhe gab mir einen Hinweis. Tatsächlich: Hier war die Linie! Ich nahm sie erneut auf und ließ mich von einigen Bäumen führen, bis ich am Rande des Parks angelangt war: Der Bahndamm schneidet den Park einfach ab. Zu vier Metern Höhe ist er aufgeschüttet, und ein Graben trennt ihn von den erhabenen Bäumen des Parks. Zwischen den Bäumen fiel mir eine winzige Lichtung auf, die nur von ganz jungen, zarten Ahornstämmchen von etwa zwei bis drei Meter Höhe bestanden ist. War hier der Umkehrpunkt? Ich hatte zunächst Schwierigkeiten, die Linie wiederzufinden.

Dann befragte ich die stattliche Eiche, die mir zuletzt Orientierungspunkt gewesen war. Leicht legte ich meine Handflächen an den furchigen Stamm, in Liebe bat ich den Faun um Antwort auf meine Fragen. Macht die Leylinie hier kehrt? – Nein. Geht sie jenseits des Bahndammes weiter? – Ja. Geht sie über das Waldstück jenseits des Dammes hinaus? – Jein. Geht sie über Hude hinaus? – Nein. Macht sie kehrt? – Ja.
Ich nahm die Linie nun am Rand des Grabens wieder auf. Spielende Kinder hatten zwei Meter neben der Linie mit Strohballen einen Bogenschießstand errichtet. Als ich den Bahndamm erklommen hatte, prüfte ich den Verlauf der Linie links und rechts neben den Gleisen – sie ließ sich tatsächlich feststellen; auf der anderen Seite half mir eine große Buche, sie wieder aufzunehmen. Vom Bahndamm in Schrägrichtung durchkreuzt, aber nicht unterbrochen, läuft sie in gerader Linie weiter. Es ist offensichtlich, daß der Bahndamm nicht die alte Parkgrenze markiert, sondern die parallel verlaufende Straße, die deshalb ja auch Parkstraße heißt. Das parkähnliche Waldstück zwischen der Eisenbahnstrecke und der Straße gehört seiner Natur nach zum Klosterbereich – wie stiefmütterlich wird es doch behandelt!
In der weiteren Verfolgung des Verlaufs der Leylinie half mir wieder eine Eiche mit Wuchsanomalie, also mit einem »Krebsknoten«, dann eine Kette starker Eichen- und Buchenstämme, bis ich der Straße und damit der eigentlichen Grenze des von dem heiligen Boden des Klosterhügels geschützten Bereichs nahe war. Ich bat nun die Eiche, die das letzte deutliche Zeichen macht, um Hilfe. – Macht die Linie noch hier zwischen den Bäumen kehrt, wo ich sie verloren hatte? – Nein. Läuft sie Weiter? – Ja. Wo macht sie kehrt? – In der Straße. Du wirst einen Baum finden, der mit einem Ast ein Zeichen macht.
Der Rand des Waldes ist von einem Knickwall gesäumt. Darauf stehen junge Ahorn- und Buchenbäume, die eine

dichte Blätterwand von beachtlicher Höhe gegen die Straße errichtet haben. Ich suchte lange vergebens nach dem Umkehrpunkt, sowohl mit den Augen von der Straße her, dann mit der Rute (ich bekam tatsächlich ein Stück Linie angezeigt), als auch mit den Händen, durch die meine innerlichen Fragen an die jungen Bäume strömten. Eine Buche legt dort zwei junge Äste übereinander, was ich für das gesuchte Zeichen hielt. Schließlich aber, ich befragte nun eine etwas größere Buche mit Hilfe des Pendels, um präzise Ja-/Nein-Antworten zu erhalten, entdeckte ich das richtige, wenig dramatische Zeichen an einer anderen Buche. Ein Ast von etwa einer Handbreit Durchmesser macht nach zwei Metern, die er vom Stamm weg waagerecht auf die Straße hinausstrebt, halt und biegt rechtwinklig nach oben ab. Dieser Astknick befindet sich noch fast über dem Wall. Der Wall selbst bildet also für den Energiefluß der Leylinie die Grenze! Auf ihm stehend konnte ich nun mit der Rute den Umkehrpunkt genau orten. Der nach oben abknickende Ast versinnbildlicht das Zurückprallen des Energiemusters an der Straße. Ich kam zu der Überzeugung, daß der ursprüngliche Umkehrpunkt dort zu suchen ist, wo nun die harte Asphaltdecke alles Erdreich bedeckt, und daß die Natur diesen Umkehrpunkt einst deutlich bezeichnet hatte. Ein wichtiger Punkt im geomantischen System des Klosterbereichs ist also überbaut worden; denn der Umkehrpunkt der Leylinie war möglicherweise zugleich eine Quelle tellurischer Kraft oder ein Einstrahlpunkt kosmischer Energien.

Als ich nun Schwierigkeiten hatte, zwischen den Bäumen die neue Richtung der Linie aufzunehmen, wurde ich von einer der jungen Buchen zu einer älteren Schwester mit stattlichem Stamm in dreißig Metern Entfernung geführt. Sie markiert die neue Richtung. Ein verliebter Schnitzkünstler hat Vorjahren ein Herz in ihren Stamm geritzt, und als ich den Stamm auch von der anderen Seite her untersuchte, entdeckte ich eine zweite

Herzform – aber eine von der Natur gebildete! Auf meine Fragen hin vermittelte mir diese Buche eine Sichtweise des Umkehrpunktes, die weniger geometrisch und systematisch-exakt war. Es handelt sich heute, da für die Straße – vermutlich im Zuge ihrer Verbreiterung – das äußerste Ende des Parks gekappt worden ist, eher um einen verschwommenen *Umkehrbereich*, wobei der Wall die wesentliche Funktion übernimmt. Jedenfalls hätte ich in ihr den neuen Verlauf der Leylinie gefunden, so sagte die Buche. Fünf Meter südlich von ihr steht eine weitere interessante Buche, mit einer wulstgesäumten Baumhöhlung in ungefähr drei bis vier Meter Höhe, die sogar sehr schön ist. Ich konnte nun nahe am Wall die neue Richtung der Linie erspüren und hatte, indem ich von hier die Herzbuche anpeilte, einen Anhaltspunkt für ihren weiteren Verlauf. Zum Bahndamm hin wurzeln noch starke Stämme auf der Linie; und ich hatte keine Mühe, auf dem Damm und jenseits davon im inneren Teil des Klosterparks dem Verlauf zu folgen. Ich kam nun rascher voran. Mächtige Buchen- und Eichenriesen zeichneten den Weg vor; was nicht heißen soll, daß nicht ebenso mächtige Bäume überall im Park beiderseits der Linie zu finden wären. Eine Buche mit interessantem, charakteristischem Wuchs (diese und die nächste Buche auf der Linie weisen an ihrem glatten Stamm einen »Schädel mit Geweih« aus Ästen auf, ebenso eine dritte Buche im nahen Umkreis) half mir erneut mit Hinweisen und der Ermutigung, auf dem richtigen Weg zu sein. Die Linie führt etwa zehn Meter südlich des Kraftbrennpunktes an der *Lochbuche* vorüber, an dem wir im Mai des Vorjahres durch kräftiges, energiereiches Singen, einer Akupressur gleich, Heilungsarbeit geleistet hatten. Jetzt ging es quer durch den Park, durch Laub und Unterholz, in südliche Richtung, noch immer *annähernd* in ein- und derselben Richtung vom Umkehrpunkt weg.

Als ich über Laub und durch Unterholz stapfte, verstand ich etwas Wesentliches: Leylinien sind nicht wirklich absolut schnurgerade, wie sie oft dargestellt werden. Sie passen sich der Landschaft an, wie es einer naturhaften Erscheinungsform, einem Organ im Organismus der Natur, Nervenbahnen vielleicht vergleichbar, eben zukommt. Wenn eine frühere Kultur in England »straight tracks« zwischen heiligen Orten (Energiezentren) angelegt hat, die heute noch kenntlich sind, dann ist das, wie ich mit einem Mal erkannte, als ein kulturelles Phänomen, als Überformung der Landschaft durch den Eingriff des Menschen zu verstehen. Meine Vermutung geht dahin, daß auch in England und anderswo die Drachenoder Leylinien in Krümmungen und sanften Schlangenlinien verlaufen (die chinesische Geomantie sieht das Phänomen der Energielinien stets *in Einheit mit* den Formen der Landschaft, wobei die Landschaftsformen Ausdruck der zugrundeliegenden Energiestrukturen sind), daß sie aber durch den Menschen an die darübergelegten geraden Wege gebunden werden konnten. Dies geschah durch magische Eingriffe und in einer Art »Einschleifeffekt« durch die häufige Benutzung.
Die Natur folgt dem Gesetz der Ökonomie, aber sie kennt eine andere Ökonomie als der Mensch. Die Ökonomie der Natur verwirklicht sich durch das bestmögliche Verteilen des Lebenspotentials (Energie, Kraft, Nährstoffe ...) in das *gesamte* Gewebe der Landschaft hinein, von den Quellen der Kräfte ausströmend über die Hauptbahnen in immer feinere Verzweigungen. Der letzte Landzipfel im fernsten Meer wird dabei nicht vergessen, und jede Zelle des Erdorganismus hat teil am Strömen des Ganzen, leistet ihren Dienst und wird in ausreichender Weise gemäß der Aufgabe ernährt, die sie zu erfüllen hat. Die Ökonomie des Menschen ist anders, und sie begann sich offenbar in Anschluß an jene Zeit, die uns als Jungsteinzeit bekannt (und zugleich völlig unbekannt) ist, von der Ökonomie der Natur zu sondern. Die Ökonomie des

Menschen im Zeichen des Patriarchats ist die Ökonomie der starken Pendelausschläge. Die Kräfte werden an einem Ort konzentriert, um in konzentrierter Form in eine Richtung gelenkt zu werden, die dem Willen des Menschen – der Mächtigen – unterworfen ist. Der Weg von der natürlichen Quelle der Kraft zu dem Ort ihrer Anwendung wird nunmehr als Energieverlust empfunden. Die Ökonomie des Menschen unterscheidet also in Nutzen und Verlust und handelt danach, indem sie dem Leben hier nimmt und es verkümmern läßt, um dort das Leben zu bereichern und wuchern zu lassen. Das geomantische Landschaftssystem der »old straight tracks«, wie sie von Alfred Watkins in England wiederentdeckt worden waren, war ein System der Kontrolle und Sicherung des sozialen, spirituellen und wirtschaftlichen Zusammenhalts einer Kultur, und die Leylinien müssen einerseits Energie in der Kultur des Landes verteilt und andererseits Energie aus der Natur eingesammelt haben. Als man dem »Drachen« (der Drache symbolisiert die schlangenförmig verlaufende Lebensenergie in der Landschaft) einen geraden Pfad bahnte, nahm er dankend an und belohnte den Menschen mit einer Mehrung seiner Kraft an den Knoten- und Endpunkten. Diese waren allesamt *Kultorte*, Quellen der Kraft, die jene Kulturen mit ihrem wichtigsten Rohstoff versorgten: tellurischer und kosmischer Energie.

Es handelt sich also um einen prähistorischen Akt der Beschleunigung, Abstraktion und »Rationalisierung«, vermutlich mit den typischen Folgen: Die in gerade Bahnen geleitete Energie fließt sozusagen schneller ab (wenn man dieses nicht ganz zutreffende *Bild* zur Hilfe nehmen darf) und wird der umliegenden Landschaft im selben Maß entzogen. Die Analogie für die Maßnahme und die Folgen sehe ich in der heutigen Begradigung von Bach- und Flußläufen. Marko Pogacnik beschreibt die Leylinien als sanft mäandrierende Kraftströme, von denen sich zu beiden Seiten spiralförmige Kraftwirbel ablösen und in die Landschaft hinaus ausbreiten. In dieser Analogie liegt also ein weiteres Indiz für den ursprünglich mäanderförmigen Verlauf der Kraftströme: Wer von den Autoren, die behaupten, daß diese oder jene Leylinie diese oder jene Punkte verbinden würde, ist die Linie je Schritt für Schritt abgegangen? Ich zweifle nicht an der Existenz dieser Linien; aber daß man sie als schnurgerade Verbindungen sieht, ist ein typisches Beispiel verstandesmäßiger Abstraktion: Die kürzeste Verbindung zwischen zwei Punkten ist die Gerade. So müssen die englischen *Leys* entstanden sein: durch Peilung von Punkt zu Punkt, nicht durch Abschreiten! Die Leylinien müssen also in der Zeit des Neolithikums anders verlaufen sein. Ihren geraden Verlauf verdanken sie einer Kultur, die sich astronomischen Wissens und mathematischer Prinzipien bediente.

Da hinein spielt auch meine Vermutung, daß Drachen- oder Leylinien ihre kosmische Kraft von jenen Sternen und aus jenen Himmelsräumen beziehen, die gerade über dem Horizont die Achse ihrer *Hauptrichtung* durchziehen. Eine Kultur, die dieses Prinzip erkannte, konnte dann ohne weiteres auf die Idee kommen, diese spezifische kosmische Einwirkung durch eine Begradigung der Leylinie zu *verstärken.* [1]

Doch zurück zum Klosterpark! Die letzte Buche, in die ich mich einfühlte, hatte mir eine Überraschung versprochen. In der Tat hielt ich mit der Rute in der Hand nun im spitzen Winkel auf den Prozessionsweg zur Kreuzbuche zu. Die Fischteiche liegen alle westlich der Linie. Die nächste, überdeutliche Markierung setzt die große Buche auf dem Hügel *vor* der Kreuzbuche, deren Rinde spiralartig eingefurcht ist – eine drehende Kraft ist hier am Werk. Von dieser Buche stammt mein »Zirbelstab«, er lag auf der Linie, wie ich nun entdeckte. Die Linie geht östlich an den Zwei Brüdern – der Kreuzbuche und ihrem toten Bruder – vorbei, direkt auf die Fichtenschonung über dem alten Sonnentempel zu. Alles fügte sich also durchaus sinnvoll; die Linie durch das Gutshaus aber, nach der ich eigentlich suchte, muß einem zweiten System angehören. Hier am Hauptheiligtum verlor ich die Linie. Sie geht zwar auf die *Drei Schwestern* zu bzw. östlich an ihnen vorbei, aber die mittlere der *Drei Schwestern* klärte mich darüber auf, daß in diesem so wichtigen Bereich mehrere Transformationen und Durchdringungen der verschiedenen Kräfte zu gewärtigen seien. Auch die Mondsichel in der Weide gehört noch zu diesem Bereich und verschleiert den Verlauf der Linie.

Die Buche riet mir, dem Verlauf des Yang-Bandes, das von Westen her kommt und durch die Eichenreihe gekennzeichnet ist, bis zum Bach zu folgen und, im Bogen gehend, die Linie wieder aufzunehmen. (Das Yin-Yang-System, das sich am Ort der Kreuzbuche vereinigt und als polarisiertes Wechselband dem Prozessionswall zugrunde liegt, ist eines jener zusätzlichen Kraftsysteme, die am Ort wirken.) Ich tat so, begriff dadurch auch die Fortsetzung des Yang-Bandes im Weidegrund jenseits des Huder Baches, lief am Ufer entlang und nahm in der Weide den Faden der Kraft wieder auf. Ab nun verlief die Reise fast wie erwartet. Eine einzelne große Eiche säumt den zweiten Bahndamm und diente als Orientierungspunkt. Jenseits von Damm und parallel verlaufender Straße verläuft die Linie unter einer Baumhecke neben dem. Weg. Dieses Wegstück entlang des Huder Bachs ist als besonderer Pfad zu sehen: Er wirkt belebend. Eine Gruppe mächtiger Eichen, die aus einem einzigen Punkt zu wachsen scheinen und mir in einer früheren Begegnung etwas von einem *Ameisentunnel* erzählten, der von hier zum anderen Ufer des Baches unterirdisch verlaufe, stehen auf der Drachenlinie. Somit klärte sich die merkwürdige Erzählung der Eichen: Der Tunnel oder die unterirdische Brücke, die sich nach drüben schlagen, ist eine Kraftstrombrücke und leitet einen besonders starken Kraftwirbel – symbolisiert durch den Ameisenverkehr – hinüber in den Bereich der dort stehenden Schule.

Auf der zur Schule führenden Straße nahm ich die Linie durch Querung mit der Rute wieder auf. Als ich sie erspürt hatte, wandte ich mich nach rechts, dorthin, wo ein geheimnisvolles rundes, zerfallenes Steinhaus steht und die Bäume Zeichen machen, und gewahrte eine Buche mit verwachsenem Stamm, die genau auf der Linie steht. Der Stamm zeigt Gesichter und Zeichen. Hinter dem Stamm liegt ein kleiner Findling *genau* auf der Linie. Die Buche übrigens hat nach Süden, zum Licht hin, rote Blätter, ist aber keine reine Rotbuche. Wo ihre Krone von den nahen anderen großen Bäumen gesäumt und beschattet wird, zeigt sie grüne Blätter. Ich bat eine Kastanie, die einen kreisenden Ast in den ovalen Steintempel hineinwachsen läßt, um Auskunft. Ich solle auf weitere Baumzeichen achten und vorsichtig *handeln*, hieß es, und konkreter: Es gibt ein Problem durch Steine, die im Oval liegen und eine problematische Kraftstruktur an diesem Ort der Verwirbelung und Ein- bzw. Ausstrahlung schaffen.
Das andere Baumzeichen kannte ich bereits: Es ist eine kleine Birke mit einem enormen Krebsgeschwür und einer flachen, verkrüppelten Krone. Ich hielt meine Handflächen an ihren Stamm und stimmte leise und in harmonischer Folge einige Töne an, was soviel heißen sollte wie: Ich komme wieder! Von den drei Natursteinen, die aus der etwa vier Fuß hohen Mauer des Ovals herausgebrochen waren, konnte ich zwei mit Mühe aus dem Kreis entfernen und an den Fuß der Mauer wälzen. Ein dritter Stein wartet auf vier Hände und die Kraft von *zwei* Männern.
Ich setzte meinen Weg fort und nahm die Drachenlinie wieder auf. Eine große Rotbuche steht darauf. Eine oft geköpfte Weide an einem Haus – es handelt sich um das Gelände eines Jugendheims – steht nahe daran. Eine Torwand auf der Rasenfläche steht mitten darauf- allerdings nicht in der Achse, so daß das Schießen oft daneben gehen muß. Ein Erdhügel im hinteren Teil des Gartens, der mein Interesse weckte, liegt

abseits. Ein gläsernes Gewächshaus steht nahe dran; dann verlor ich die Linie unter verschiedenen Komposthaufen. Durch eine Gartentür gelangte ich in das angrenzende Fichtengehölz, das das nördliche Ende jenes Wäldchens markiert, in dem die drei charaktervollen Buchen stehen. Erst nahe des Weges, der vom Bach hinauf zur Tanzenden (Fröhlichen) Buche führt, konnte ich die Linie wieder aufnehmen. Die gemeinsame Grenze des Gartens mit dem Gehölz blieb mir auf fünfzig Meter ein »weißer Fleck«; die Linie scheint hier einen leichten Knick zu machen. Aber ich hatte sie wiedergefunden! Im spitzen Winkel nähert sie sich von Westen her dem geraden (!) Weg, der durch das Wäldchen auf das »Schwarze Dreieck«, den Platz der kosmischen Katastrophe, zuläuft. Die Tanzende Buche steht also *nicht* auf dieser Leylinie. Möglicherweise gehört sie einem anderen Kraftsystem an, monumental und heilig, wie sie ist. Entlang des geraden Weges markieren große Kiefern, die alle in einer Reihe stehen, den Verlauf der Linie. Die letzte ist jene, die der Himmelsblitz erschlagen hat. Am dunklen Dreieck, dem Endpunkt meiner Fußreise, nahm ich Kontakt zur Erde auf, reinigte mein Innerstes mit violetter Farbe, die ich im Inneren visualisierte, und ließ das Lichtgemisch von der Erde aufnehmen. Ich mußte schnell sein beim »Reinigen«: Wie von einem reißenden Gebirgsstrom wurde alles, was nicht fest in mir verankert war, unter meinen Füßen in die Unterwelt hineingesogen.

Hoffentlich tat ich nichts Unrechtes, indem ich etwa »seelische Schlacken« an diesem Ort in die Erde entließ? Überraschenderweise stieg aber kurz darauf, wie zur Antwort, ein Gefühl des Wohlwollens, ein kurzer Segen der Erde von unten herauf. Alles geschah mit erstaunlicher Geschwindigkeit. Peter hatte mir mit seiner Wahrnehmung einen neuen Zugang zu diesem Ort eröffnet.

Jenseits des besagten Dreiecks nahm ich die Linie ein letztes

Mal auf: Sie bleibt auf dieser Seite des Baches und verläuft vermutlich am östlichen Steilufer – dort, wo immer neue Häuser nahe an den Bach gebaut werden. Hier, am Fuß des merkwürdigen Dreiecksplatzes, macht der Bach ja einen scharfen Knick hin zur Linie bzw. – in Flußrichtung – weg vom Ort der kosmischen Katastrophe (bzw. vom Ort des Einsaugens der »verbrauchten« Ätheranteile).
Als ich zum Bauernhaus zurückkehrte, bestätigte sich, daß das Mühlrad, das man vor einiger Zeit ausgebaut hatte, in ungefähr südliche Richtung zeigt. Wirkt es als Sender oder Empfänger für die Kraft der Drachenlinie? Welche Interferenzen ergeben sich dadurch, daß es zugleich seit seinem Ausbau, seit Wochen also, auf einem der Verankerungspunkte steht?
Im Park fand ich Reste verbrannter Notenblätter. Zeichen von Vandalismus sind Zeichen eines Ungleichgewichts der Kräfte. Die blutende Buche in der Nähe des Mühlrads am anderen Bachufer ist schon länger krank, wie man an der Krone erkennen kann. Sie wird eines nicht mehr fernen Tages fallen.

20. Mai 1995

Im Wagen von Freunden fuhr ich am Samstag zum zweiten Mal innerhalb von acht Tagen die lange Strecke nach Nordfriesland. Dieses Mal war die Einladung lieber Freunde in Langenhorn zu einer Art Kommunikations-Seminar der Anlaß zu der Fahrt; ahnungsvolle Wahrträume gingen dem Tag voraus und ließen mich fühlen, daß ich insgeheim eine Aufgabe hatte. Worin die bestand, konnte ich nur ahnen.
Ich nutzte die Freiheit, die mir durch die unverhoffte Verfügung über ein Auto gegeben war, zu verschiedenen Abstechern. Ich hatte gelesen [2], daß die Orte Vollerwiek, Oldenswort und Witzwort im Landstrich Eiderstedt eine Linie

bilden, die auf den Sonnenaufgangspunkt am Tag der Sommersonnenwende ausgerichtet ist. Es ist hier also ein Stück sakraler Landschaftsgestaltung der alten Kulturen zu finden, denn die Kirchen stehen alle auf den Plätzen alter Heiligtümer, die zum Zweck der geometrischen Ausrichtung zum Teil sogar verlegt worden waren. Dem wollte ich nachgehen.
Ich fuhr also durch das *Land der Kirchen*, wie die Gegend nördlich von Tönning auch genannt wird, und besuchte zunächst die Kirche von Oldenswort, dann die von Witzwort. Der Anblick der Kirche von Witzwort, wie sie auf ihrem Hügel mitten im Zentrum des Dorfes thront und von zwei Weidebäumen umgeben ist, gab mir sofort innere Klarheit darüber, daß es sich hier um einen Ort von besonderer, gleichwohl geheimnisvoller Bedeutung handelt. Ich mußte dazu keine Überlegungen anstellen – der Ort selbst erweckte in mir das Gefühl für seine ihm innewohnende Kraft. Von Oldenswort kommend, läuft die Straße von Süden her auf den Hügel mit der Backsteinkirche zu und umrundet diesen nach links, um die Westseite herum. Ich hatte zunächst Zweifel an der Ausrichtung der Kirche, erkannte aber schließlich, daß sie ganz normal geostet ist. Eine Weide steht an ihrer Südflanke, ebenso wächst näher zur Apsis hin ein alter Flieder. Die Warft selbst ist ebenso wie die von Oldenswort zugleich Friedhof, zumindest an der Süd- und an der Nordflanke. Nahe des südlichen Eingangs liegt ein Erdhügel von etwa einem mal drei Meter Ausdehnung. Ich nahm später Fühlung zu ihm auf und wurde mit Impulsen bedacht, die auf einen Ort der Anwesenheit von Erdelementarwesen, also von »Zwergen«, den lebendigen Kräften der Erde, hinweisen. Der Glockenturm ist hier, anders als in Oldenswort, ein freistehender Holzturm; und die Weide, die neben ihm steht, ist etwas Besonderes: Mit ihrem verwachsenen Stamm und ihren verwinkelten Ästen bildet sie ein anmutiges Kuppeldach, das zu dieser Jahreszeit jedoch noch ohne Blätter war. Ein regel-

rechtes Loch formt die Weide mit ihrem Stamm und einem der Hauptäste, ein überdeutliches Zeichen, das auf die Anwesenheit von Kräften aufmerksam macht, die für das Umland bedeutsam sind. Sehr groß ist die Öffnung, die da in den Raum geschnitten ist. Mit einem zweiten Astkreuz bildet die Weide noch ein weiteres, kleineres Loch. Die große Öffnung erinnert an die Wirkung der Lochsteine, die in sich Heilkräfte konzentrieren. (Etwa so wie bei den *Drei Schwestern*, den Buchen im Klosterpark Hude.) Ich wäre gern hier hindurchgestiegen, aber die Kletterei wäre dann doch zu umständlich gewesen. Ich kehrte, nachdem ich mich der Kirche zugewandt hatte, hierher zurück, steckte meinen »Zirbelstab«, den ich kurz vor der Reise noch durch das Anbringen von kleinen Steinen vollendet hatte, in den Boden, versah ihn am oberen Ende mit einem gelben Onyx (meinem »Augenstein«, wie ich ihn der Form wegen nenne) und versuchte durch ihn den Ort zu *sehen*. Statt Bilder kamen mir ständig Aussagen in den Sinn, die ich mir angelesen hatte.[3] Wenn diese Erinnerungen zu Recht in meiner Fühlungnahme auftauchten, so folgere ich daraus, daß die Weide den Brennpunkt von *Raumfeen* bezeichnet. Von hier greifen diese Luftwesen mit ihrer Liebe und ihrem fruchtbaren Segen in die Landschaft aus und kehren, über die Erde dahingleitend, mit jedem rhythmischen Atemimpuls hierher zurück.

Als ich auf dem kleinen Erdhügel Fühlung nahm, wurde ich außerdem darüber belehrt, daß an diesem Ort alle vier Elementarkräfte anwesend seien – d.h., auch die Feuergeister (also *Musen*?) und die Wesenheiten des Wasserelements sind vertreten, wenngleich letzteren arg zugesetzt wurde in den vergangenen Jahrzehnten und Jahrhunderten. Als ich mich vor dem Gehen nochmals in diesen Feenhügel versenkte, stieg ich im Inneren einen Schacht hinunter. Ich wartete dort auf ein weiteres Erleben, bis ich endlich einen Spalt in tiefster Tiefe sah, aus dem geheimnisvolles Licht in violetter Farbe

quoll. Was hatte das zu bedeuten? [4]
An der Westseite der Kirche finden sich drei Buchen und einige Gedenktafeln, deren Bedeutung ich nicht recht einzuordnen wußte. Man betritt die Kirche unter der Woche, wenn kein Gottesdienst ist, durch das Nordtor. Ich wünschte, der Südeingang wäre offen gewesen. Der Innenraum der der Maria geweihten Kirche ist recht schlicht und bot kaum etwas dar, worüber nachzudenken sich gelohnt hätte – so dachte ich im ersten Moment. Dann gewahrte ich die außerordentlich fein geschnitzte Kanzel aus dem 16. Jahrhundert, die in der äußersten rechten der fünf Relieftafeln die Auferstehung Christi zeigt. Aber was tut der wiederauferstandene Heiland? Mit einem Bein steht er noch im Sarg, den anderen Fuß hat er auf einen Drachen gesetzt, dem er mit einer Lanze in der linken Hand in den Rachen fährt. Der Heilige Georg und der Christus in *einem* Bildnis vereint – was hat das nun wieder zu bedeuten? Sind Lanze und Drachentötung ein Hinweis auf die Erdenergien am Ort? Die Kanzel ist außerdem reich mit Tierköpfen verziert, meist sind es Löwen. Im Chor finden sich oben an den Wänden zu beiden Seiten je zwei Masken aus Stein, die jedoch kaum noch die volle Schönheit ihres Antlitzes zeigen. Sie müssen aus ältester Zeit, vom ältesten Kirchenbau her stammen – das Kirchenschiff wurde im letzten Jahrhundert umgestaltet. [5]
Ich prüfte den Ort mit meiner aus einem Kleiderbügel zurechtgebogenen Rute. Ich fand, angefangen beim Eingangstor zum Kichhof, insgesamt sieben Punkte oder *Schwellen*, die auf dem Weg zum südlichen Kirchenportal liegen. Die erste Schwelle war positiv polarisiert, die nächsten drei negativ, die letzten drei wieder positiv. Als ich diese Schwellen abschließend in umgekehrter Richtung zu erspüren suchte, ergab sich allerdings eine ganz andere Verteilung der Polaritäten. Die radiästhetischen Phänomene zeigten sich hier also je nach der Richtung, in die man die Schwellen überschreitet, verschieden.

In der Kirche zählte ich von der Schranke bis zum Altar fünf energetische Schwellen, und der Altar ist ganz klar auf oder unter dem Brennpunkt einer Strahlungsquelle aufgestellt.
An der Südmauer, die mit drei starken Mauerstreben verstärkt ist, fand ich vier Punkte, an denen die Rute ausschlug. Dieses Ergebnis war nicht überraschend – die starken Stützpfeiler schienen mir irgendwie verdächtig, vermutlich blockieren sie wichtige Energielinien oder Atmungspunkte.
Als ich den Kirchhof verließ, hatte sich der Himmel überraschenderweise ganz und gar aufgeklärt. Die bedrohlich umherziehenden Wolken waren verschwunden. Haben sich die Raumfeen unter der Weide also über meinen Besuch gefreut?

21. Mai 1995

Am Sonntagnachmittag fuhr ich zum Rantzauer Forst südlich von Leck. Ich hatte zwei Tage zuvor die Eingebung gehabt, hierher, auf die Rantzau-Höhe, zurückkehren zu müssen, nachdem ich diesen und andere Orte in Nordfriesland vor einer Woche bei einem Erdheilungsseminar von Marko Pogacnik in besonderer Weise kennengelernt hatte.[6] Die Rantzau-Höhe bezeichnete der Erdheiler als Ausgießungspunkt der Yin-Quelle des lokalen vitalenergetischen Systems; zugleich stellt sie den Bereich des Jungfrau-Aspekts (allumfassende Ganzheit) auf der geistig-seelischen Ebene der Landschaft innerhalb der drei Aspekte Ganzheit-Lebensfülle-Wandlung dar. Diese Anhöhe – eine der höchsten Erhebungen in diesem flachen Landstrich – liegt in unmittelbarer Nähe des einzig noch erhaltenen Teils des historischen Ochsenwegs, dessen Verlauf sich von Jütland bis nach Hamburg erstreckt. Ich war mir ganz und gar nicht im klaren darüber, weshalb ich hierher gekommen war und was ich hier eigentlich wollte. Träume waren hinzugekommen, und es war da eine Spannung, etwas Unbekanntem in einer Art Offenbarung zu begegnen. Nun – üben wollte ich jedenfalls, Fühlung nehmen mit dem Ort, kommunizieren mit dem Unsichtbaren. Eine schöne Übungsaufgabe (dafür hielt ich sie) gab es für mich am Ort: Die Yang-Quelle des von Marko Pogacnik so benannten »Herzsystems« von Nordfriesland zu finden. Von der Existenz dieser Quelle hatte der Erdheiler noch gesprochen, doch war sie unter dem Zeitdruck der vielen anderen Heilungsaufgaben an jenem Wochenende unberücksichtigt geblieben. Sie mußte, so hatte er noch mitgeteilt, irgendwo in der Wiese vor dem Waldrand liegen. Als ich nun die letzten Meter im Wagen fuhr, faßte ich ein großes Weidegebiet neben der Straße ins Auge. Als ich aber an den Sanddünen des Ochsenwegs stand, hielt ich es für wahrscheinlicher, daß der Punkt in der hiesigen Weide, die sich nach Westen zu ausstreckt, zu suchen sei, dort, wo gerade Jungvieh graste. Eine ziemlich kümmerliche Eiche – ich hätte sie für einen Apfelbaum halten mögen – stand frei nahe am Weg. Ich pflanzte meinen Zirbelstab auf, legte den gelben Onyx, den Augenstein, auf des Stabes Spitze und unterredete mich mit dem Baum. Die Unterhaltung war recht diffus – ich wußte nicht recht, was ich hier zu schaffen hatte, kam mir fehl am Orte vor und war in meiner Seele noch von der Fahrerei und dem soeben zu Ende gegangenen Seminar gefangen. »Ist die gesuchte Yang-Quelle hier in der Weide?« fragte ich. »Ja, in der Weide«, gab der Baum zurück. Mit Mühe ordnete ich meine diffusen Gedanken und hörte die Botschaft heraus. »Dort, wo die Kühe grasen?« fragte ich. »Näher am Zaun«, war die Rückmeldung. Ich griff meine Rute und lief kreuz und quer durch das Gras, wobei ich mich stets in der Ecke der Weide bewegte, die der Eiche am nächsten liegt. Die Rute schlug oft genug aus, aber nur ein Punkt schien mir geeignet zu sein, die Yang-Quelle anzuzeigen. Es handelte sich hier also um eine geomantische Zone von unklarem Erscheinungsbild und kaum einzuordnenden Mutungsergebnissen. Dennoch wählte ich mir diesen einen Punkt – und stimmte unvermittelt, ohne eigentliche Absicht, einzelne Töne an. Etwa fünf Minuten sang ich innig und versunken, als sei ich zum Singen hierher gekommen. Ich behandelte den Yang-Punkt mit leichter Klangmassage. Dann stürzte ich verwirrt davon, lief durch den Wald auf den Hügel der Jungfrau zu.

Rechtzeitig entsann ich mich der unsichtbaren Schwellen, welche von den Druiden vergangener Zeiten als magischer Schutzwall um den Berg herum angelegt worden waren. Was hat es mit diesen Schwellen auf sich? Warum sieht man sie nicht und warum gelangt man ungehindert dennoch auf den Scheitel des Hügels, wenn man sie nicht beachtet? Nun, magische Schwellen sind keine Mauern. Sie sind Gabelungen, Scheidewege. Wer sie nicht wahrnimmt, wird das Heiligtum ungehindert erreichen – zumindest seine äußere Hülle in der physischen Wirklichkeit, in der uns bekannten Raum-Zeit-Realität. Sein Geist wird jedoch dort zurückbleiben, wo er am Fuß des Berges schon war – bei sich selbst. Wer aber die Schwellen erkennt und das entsprechende Vermögen dazu hat, kann sie *bewußt* überschreiten – hinüber in eine Wirklichkeit, die der physischen parallel überlagert ist. Es gibt mehrere Schwellen am Fuß der Rantzau-Höhe (die wir bei der Heilungsarbeit vor einer Woche irrtümlich als Heideberg bezeichneten), und sie sind zum Teil sogar durch Ameisenhaufen am Wegesrand markiert. Ich erkannte die ersten vier oder fünf Schwellen; es gibt aber weitere, wie ich meine, und ich hatte nur die Kraft und das Vermögen, drei von ihnen bewußt zu überschreiten. Dabei hielt ich jedesmal inne und hatte in meinem Inneren eine bestimmte Frage abzuwägen, hatte bestimmte Aspekte meines Seelenlebens einer Gewissensprüfung zu unterziehen, hatte mich zu reinigen und zu läutern. Ich erklomm also drei Stufen und fühlte mich auf dem Hügel wie der kleine Prinz auf seinem kleinen Planeten – irgendwie

irreal oder überwirklich. Zu höheren Wirklichkeiten vorzudringen vermochte ich nicht. Es entscheidet sich also an den Schwellen vor dem Hügel, wieviele Schleier die Göttin vor dem Besucher hinwegzieht.
Die Krone des Hügels ist eine Lichtung, die vom Wald gesäumt wird, so wie die Tonsur den Schädel des Mönches ziert. Der gerade Weg, der hinaufführt, führt auf der anderen Seite ebenso gerade hinunter, er verläuft nicht genau über die Spitze, sondern schneidet die Kuppe an. Die Lichtung mißt etwa fünfzig mal fünfzig Meter. Was ursprünglich eine sanft gewölbte Kuppe war, weist heute einen zusätzlichen Höcker auf: Ein Hügelgrab thront auf der Spitze. Der westliche Waldsaum ist von einer Gruppe von Buchen bestanden, die Marko Pogacnik in einer früheren Begegnung den Schlüssel zum Ort wiesen. Steht man auf dem Waldweg am Fuß der Lichtung, so liegt das Hügelgrab genau in nördlicher Richtung. Der Zugang führt zwischen zwei Findlingen hindurch. Rechts liegen zwei weitere, kleine Findlinge, alle vier zusammen beschreiben einen Bogen. Ebenfalls rechter Hand, also östlich, streckt sich ein kleinerer, sichelförmiger Hügel hin, der zur alten Gestalt des heiligen Hügels gehört. Marko Pogacnik sieht in dieser Kuppe den Brennpunkt der Jungfrau-Qualität im Landschaftstempel dieser Gegend.
Ich begrüßte die Buchen an der Nordflanke der Anhöhe mit der Hand; ich umrundete die Anhöhe, setzte jedoch keinen Fuß auf den Grabhügel, da er uns als das Zeugnis eines herrschsüchtigen, die weiblichen Kräfte unterdrückenden Machtstrebens an diesem heiligen Ort vorgestellt worden war. Die Yin-Quelle, welcher unsere Heilungsarbeit vor einer Woche hauptsächlich gegolten hatte, strahlte in warmer, fließend-schöner Kraft. Unter einen Flieder, den ich als Eingang zur Unterwelt kennengelernt hatte, hockte ich mich hin. Ich versuchte hinabzutauchen, es gelang mir nicht. Daraufhin nahm ich den Zirbelstab mit dem Onyx an der Spitze zur Hilfe,

Die Weide von Witzwort

faßte die knotige Figur im Holz und brachte den Augenstein an die Stirn. Da schien sich mir die Weiße Göttin zu offenbaren. Ich spürte ihre Schönheit (sehen konnte ich sie nicht) und führte innerlich ein Gespräch mit ihr. Am dringlichsten blieb mir in Erinnerung, wie die Göttin in ihrer Liebe sprach: »Wenn du die irrige Seite der intellektuellen Methode erkannt hast – warum gehst du dann nicht viel entschiedener den anderen Weg, den ich dir in vielen Bildern deutlich vor die Seele gestellt habe? Habe Mut! Gehe den Weg, auch wenn er nicht gleich zu einem dir sichtbaren Erfolg führt. Überwinde die Herrschsucht des Intellekts. Das ist dein Weg.«
Die Begegnung mit der Weißen Göttin langte jäh an ihrem Ende an: Ein Auto jagte durch den Wald, Steine spritzten, als es am Eingang der Lichtung zu stehen kam. Dann gab der Fahrer Gas und im Nu stand der Wagen dicht vor den Felsblöcken am Fuß des Grabhügels – genau über der Yin-Quelle. »Da kommen wir drüber!« rief einer der beiden jungen Männer, die im Wagen saßen. Ich erhob mich von meinem Sitz im Unterholz. Als die beiden mich sahen, schoß der Wagen sogleich rückwärts auf den Weg zurück und stob mit durchdrehenden Rädern davon. Ich ging an den Yin-Punkt heran und hielt unwillkürlich einen Rundtanz mit fließenden Bewegungen ab. Dazu sang ich liebkosende Worte und versuchte damit, die Störung wieder gut zu machen. Mit einem Mal gewahrte ich einen Fichtenzapfen am Boden. Ich hatte ihn zuvor nicht gesehen. Es war ein Geschenk des Ortes. Ich nahm es an mich, dankte und ging.
Über das Quellental im Wald und den Ochsenweg wanderte ich zurück zum Wagen. Ich kam wieder an der Viehweide mit der zwergenhaften Eiche (Ist sie nicht ein Zeichen?) und dem wahrscheinlichen Yang-Punkt vorbei. Ich hatte nun größere Klarheit gewonnen und befragte zusätzlich das Pendel: Ja, hier ist die Quelle der Yang-Kraft. Ich konnte sie schließlich präziser orten als zuvor; sie erschien mir nun konzentrierter,

während sie zuvor offenbar auf viele kleinere Quellpunkte aufgeteilt war. War dies meine Aufgabe gewesen für diesen Tag?

In einem freundschaftlichen Gespräch auf dem Seminar hatte ich einen Tip bekommen: Ich solle doch die Großstein- und Hügelgräber von Albersdorf und Meldorf (Dithmarschen) auf der Rückfahrt nicht verpassen. Es sei ein wahrer Paradiesgarten von Steingräbern dort.
Es dämmerte und war schon Abend geworden, als ich im Zentrum von Albersdorf die Umgebungskarte studierte. Es gibt so viele Hügelgräber hier! Welches war nun das mit dem freistehenden Deckstein, von dem mir berichtet worden war? Ich suchte mir Gräber nach der Karte aus und gelangte so erst nach einigen (lohnenswerten!) Umwegen zum *Brutkamp*, wie das Megalithgrab mit dem mächtigen 25-Tonnen-Deckstein heißt, das heute mitten in einem ruhigen Wohnviertel von Albersdorf liegt. (Woher kommt der Name? Von den Alben?) Einen kleinen Streifen Grün hat man ringsum als Park dem flachen heiligen Hügel zugestanden. Aber welch Anblick bietet der Ring aus Linden, der das Grab in der Mitte beschützt und beschirmt und den Flecken heiliger Erde zu einer magischen Insel macht! Es war schon dunkel, als ich hier anlangte. Alle Linden, es mochten knapp ein Dutzend sein, sind von abenteuerlicher Wuchsform, mit gleich über dem Wurzelgrund sich verrenkenden und ausgreifenden Stämmen. Die Linden, der kreisrunde Grabhügel, der gewaltige Deckstein – all dies beeindruckte mich sehr. Auch von diesem Ort fühlte ich, daß er wiederum Fokuspunkt der Raumfeen ist, welche über der Stelle aufsteigen, in die Landschaft ausgreifen und, flach über den Boden streichend, hierher zurückkehren, um den Zyklus in ewigem Pulsen von neuem zu beginnen. Sie beziehen lebensspendende Kraft und Segen aus dem Schoß der Erde und breiten sie über das Land. So macht es

auch Sinn, daß gerade an diesem Ort ein Grab als Heiligtum zu finden ist – es ist ein Ort des Austausches mit der Unterwelt, was durchaus nichts Düsteres an sich haben muß. Es sind die Verstorbenen ja gleichzeitig auch Werdende!
Ich stellte mich auf den Deckstein und kniff die Augen zusammen. Diesmal konnte ich ohne weiteres die Energie sehen, wie sie in Bahnen an allen Lindenstämmen emporstieg und einherfloß. Was für ein Platz! Welch ein Tempel, lebendiger denn je, Vergangenheit zeigend und darin tiefste Gegenwart atmend und Ewigkeit! Die Linde, die dem Steingrab am nächsten steht, beugt einen Ast herüber und läßt ihn in der Mitte über dem Deckstein in die Höhe schießen, wo er sich wie ein schlanker Blumenstrauß auffächert. Die ganze Umgebung von Albersdorf mit ihren urtümlich anmutenden Eichenwäldern zog mich sogleich in ihren Bann. Dies hier war der Mittelpunkt des Bannkreises.

22. Mai 1995

Ich berichtete Mani von meinem Rutengang durch den Huder Park entlang der vermuteten Leylinie, den ich vor einer Woche unternommen hatte. Ich setzte ihm meine Vermutung auseinander, daß es sich bei den so deutlich *schnurgerade* verlaufenden Leys in England und Frankreich (und auch in Südamerika) um ein durch den Menschen überformtes Phänomen handeln müsse, vergleichbar der Begradigung von Flußläufen. Die Freunde stimmten mir bei. Nun ging es weiter, und wir nahmen uns das Hartmann- und Curry-Gitter vor. Von Rutengängern wird immer wieder das Phänomen aufgespürt, daß sich in einem regelmäßigen Abstand zwischen zwei und vier Metern Energieströme muten lassen. Man nimmt eine regelmäßige Gitterstruktur von netzartiger Anordnung an. Das Hartmann-Gitter verläuft in Nord-Süd-

bzw. West-Ost-Orientierung, das etwas weitere Curry-Gitter ist diagonal dazu orientiert. Gibt es nun diese energetischen Gitternetze überhaupt oder gibt es sie nicht? Ich entsann mich, daß Marko Pogacnik sie einmal eine *mentale Projektion* nannte, d.h., sie seien nicht wirklich vorhanden, aber bestimmte Phänomene offenbarten sich den Rutengängern so, *als ob* es die Gitter gäbe. Mani hatte den entscheidenden Gedanken, den wir präzisierten: Wenn ich über einer Karte pendeln kann, d.h. die bloße Abbildung, ja selbst das Schema einer Photographie, was eine Karte ja ist, schon im Feinstofflichen bestimmte Schwingungsqualitäten der wirklichen Erdoberfläche gespeichert hat bzw. die *Verbindung* zum wirklichen Ort herstellt, dann kann doch auch der umgekehrte Vorgang wirksam sein: Ich zeichne etwas in die Karte, und das erscheint dann am Ort. Tatsächlich ist das ja das Vorgehen der Planer und Architekten! Das Zeichnen von Karten ist in Wahrheit nicht etwas rein *Rationales*, der Konstruktion und Planung Zugehöriges, es ist *reinste Magie* und übt auf magische Weise Einfluß auf den Ort aus! [7]

Und die Gitternetze? Zeichnen wir nicht seit Descartes den Globus mit einem Koordinatengitter? Das würde bedeuten, daß die im Übermaß wiederholte *Abbildung* der Erde als Globus mit Längen- und Breitengraden im nachhinein das ätherische Gewebe eine solche Netzstruktur hat ausbilden lassen. Hier wirkt das Gesetz der Analogie. Aus energetischen Gründen war es für die feinstofflichen Kräfte *zwingend*, sich in diese (neue) Ordnung auszudifferenzieren. *Die Menschen* haben durch das Zeichnen von Karten der Erde das Hartmann-Gitter erst geschaffen!

Indem wir dies als mögliche Lösung des Rätsels uns zu eigen machten, begriffen wir noch ein weiteres: Marko Pogacnik *schafft* womöglich die Strukturen, die er vorfindet! Es mag also sein, daß die von ihm entdeckten Dreiheitsstrukturen zuvor so nie existent waren. Aber indem er eine latente

Energiestruktur an konkreten Punkten in der Landschaft *festmacht* und die Energien mit Hilfe der Seminarteilnehmer verstärkt, macht er diese Strukturen zu Tatsachen – er verhilft ihnen zu ihrer Existenz in der manifestierten Welt. Ich möchte nicht sagen, er zaubere sie aus dem Nichts, eher handelt es sich um ein Wechselspiel zwischen den alten und neuen Strukturen.

28. Mai 1995

Ich hatte den Himmelfahrtstag einer Tagung wegen mit Freunden an den Externsteinen zugebracht. Von Detmold aus trat ich die weite und umständliche Reise nach Allensbach am Bodensee an, um den Vogelexperten und Klangsammler Walter Tilgner zu besuchen. Ich wollte ihn bei der Arbeit belauschen.

Walter Tilgner weckte mich am nächsten Tag um drei Uhr in der Früh. Zum Frühstück gab es Müesli, in Kaffee eingeweicht, dann fuhren wir hinaus zum Büntlisried, einem Feuchtbiotop im Bodanrück am Bodensee. Es war ein vielversprechendes Erlebnis, mit Tilgner zu früher, dunkler Stunde unterwegs zu sein, aber die Vögel hatten an diesem Morgen keine Lust zum Singen. Um so fleißiger waren die Frösche, sie lärmten ohne Unterbrechung. Wir hockten auf Dreibeinhockern im Unterholz am Ufer des Rieds und verharrten eine geschlagene Stunde bewegungslos in Stille. Tilgner, der eine Aufnahme machte, hatte darin Übung, aber auch mir fiel es nicht so schwer wie erwartet. Ich ließ mein eigenes Band mitlaufen, bis die Batterien leer waren, und sah unterdessen einer Schnecke zu, wie sie über ein Löwenzahnblatt kroch. Das dauerte eine halbe Stunde. Walter Tilgner konzentrierte sich auf die Vogelstimmen und das Froschkonzert. Dann hatte ich ein eigenartiges Erlebnis. Ich sah durch die Bäume hindurch in das heller werdende Dämmerblau des

Himmels, da stiegen in mir plötzlich Gedanken an Feen und Nixen auf.

Als ich über den Grund dafür nachdachte, hatte ich das deutliche Gefühl, daß eine Wasserfee, also eine Nymphe bzw. das einer Nymphe entsprechende Bewußtseinsfeld, vor uns in der Lichtung zwischen einigen Bäumen schwebte. Ich grüßte die Wesenheit und sandte ihr Gedanken, die unser Hiersein und die technische Gerätschaft erklären sollten. Dann ließ ich spontan die linke Hand locker herabhängen, mit der Handfläche nach vorne, und der Unterarm begann, sich mit einer Pendelbewegung von einer Handbreit Ausschlag in gemäßigtem Tempo vor und zurück zu bewegen. War das das Erkennungszeichen der Nymphe, das sie mir für ihresgleichen an diesem Morgen gab? Walter Tilgner bemerkte meine abwesende Aufmerksamkeit und meine Armbewegung. Er konnte sich keinen Reim darauf machen, und ich wagte es nicht, mich ihm zu erklären.

Als gegen sechs Uhr dann die Sonnenstrahlen durch den Wald hindurchbrachen und den Nebel vertrieben, schufen sie eine Szenerie wie auf einem Bild von Caspar David Friedrich, und obwohl Walter Tilgner mit den Vögeln nicht sonderlich zufrieden war (die Frösche hatten sich dafür überlaut hervorgetan), lag auch in diesem wie in jedem neuen Morgenerwachen die großartigste Offenbarung der Natur.

12

Sonnenwende

20. Juni 1995

Meine Uhr ging an diesem Tag um exakt zwei Stunden nach. Ich war ins Schreiben vertieft und hätte dadurch beinahe mein Flugzeug verpaßt. Ein Freund brachte mich zum Bremer Flughafen. Bald darauf war ich in der Luft und reiste der Sonne nach – nach Westen. Dies war meine erste Reise nach England.

Am späten Nachmittag kam ich in Heathrow an, nahm den Bus nach Reading und dann den Zug nach Bath. Von dort aus trampte ich südwärts über Wells nach Glastonbury. In der Ebene von Somerset lag Nebel am Abend; ich wanderte durch die schlafende Stadt und näherte mich dem *Tor*, dem Ziel meiner Reise, dem sagenhaften Hügel von Avalon. Ich folgte den dumpfen Trommelklängen, die durch die Nebelnacht drangen. Die Straßen außerhalb der Stadt waren von hohen Hecken gesäumt, und überall parkten die Wohnmobile und umgebauten Lieferwagen der englischen *Traveller* am Straßenrand. Im Dunkeln folgte ich dem schmalen Pfad, der auf den Tor führt, eine Vielzahl von Menschen ging hinauf oder kam herab. Kaum daß ich meinen Fuß auf den steilen Hang gesetzt hatte, hörte ich vertraute Stimmen eine vertraute Sprache sprechen. Ich traf auf die ersten Freunde von zu Hause. Die unablässigen Rhythmen von Trommeln schufen eine dichte, eigentümliche Atmosphäre auf dem Plateau rings um den Turm; so war es bei meiner Ankunft und blieb es die ganze Nacht über, bis in den Morgen gegen sechs Uhr hinein. Es hielt mich nicht lange hier oben, es roch alles sehr nach einer Art von Feier, wie sie mir nicht besonders lag. Gerade noch rechtzeitig vor dem Ende dieses Tages traf ich auf dem Campingplatz *Ashwell Farm* bei dem Bus der Freunde ein.

21. Juni 1995

Wir hatten kaum drei Stunden geschlafen, als wir gegen vier Uhr morgens aus den Schlafsäcken krochen und uns unter der Glocke einer bleigrauen Dämmerung auf den Weg zum Gipfel des Tors begaben. Ausdauernd und mit ortsbeseelter Kraft wurde noch immer getrommelt, nunmehr auf dem Platz vor jenem Kirchturm aus dem Mittelalter, der heute einziges Relikt der einstigen Michaeliskirche und Klosteranlage ist, während in des Nebels Nacht die Trommler im Inneren des offenen Turmgemäuers sich versammelt hatten, über dessen offenem Dach an den folgenden Abenden die Sterne so wunderbar blinkten. Wild wurde im Kreis der Trommler getanzt, tranceartig wirbelten die Tänzerinnen umher. Der Himmel wurde heller; die Sonne war nicht zu sehen. Nun streiften sich die *Bristol Morris Dancers* bunte Kostüme aus Flicken und Fetzen über und führten überlieferte Tänze auf; dies hatte etwas Altertümlich-Drolliges, und die Trommler fühlten sich nicht dazu veranlaßt, ihre Rhythmen zu unterbrechen; so mischten sich die beiden Klänge – die Schellen und die Trommeln der Tänzer kamen hinzu – und bestanden nebeneinander. Dennoch hatten die Bristol Morris Dancers hart gegen die Trommeln anzukämpfen und waren dem Aufgeben nahe; allein sie hatten eine wichtige rituelle Botschaft zu dieser Stunde an diesem Ort zu übermitteln, dies ist Jahr für Jahr ihre Aufgabe.

Das war gegen sieben Uhr.

Dann gingen wir zu unserem Lagerplatz hinab und genossen froh ein reiches Frühstück. Der Nebel verschwand, dem längsten Tag schenkte sich doch noch die Sonne. Am späten Vormittag brachen wir auf zum gepflegten und üppig blühenden Garten des *Chalice Well*. Die *Rote Quelle* wird das Wasser, das hier aus der Erde hervorkommt, auch genannt, denn es entspringt nicht wie die *Weiße Quelle*, die gegenüber an der anderen Straßenseite liegt, aus dem Inneren des Tor, sondern stammt von dem Höhenzug, der im Norden liegt, und ist sehr eisenhaltig. In mehreren Becken und Kaskaden strömt das heilige Wasser herab, und draußen vor der Mauer gibt es eine zweite Wasserstelle, damit die Pilger ihre Kanister und Flaschen füllen können. Innerhalb des Gartens, der am Fuß des *Chalice Hill* liegt, gelangt man hinter dem untersten Bassin durch das Portal zweier stattlicher Eiben, wenn man den Weg über die Wiese wählt. Es gibt mehrere charaktervolle Eiben in diesem Garten; zwei weitere am Fuße eines künstlich angelegten Wasserfalls, eine direkt darüber. Es fehlte mir an Muße, Hingabe und Ruhe, mich in den Tagen meines Aufenthalts eingehender mit ihnen zu beschäftigen. Der mythische Hintergrund der Quelle und des Ortes aber ist folgender:

Es gab einen reichen Kaufmann in Jerusalem, der hieß Joseph von Arimathäa. Als Christus ans Kreuz geschlagen war, kaufte Joseph den Leichnam vom Statthalter Pilatus los und ließ ihn in seinem eigenen Grab bestatten. Joseph von Arimathäa, so heißt es, sei der Onkel Jesu gewesen. Die Legende weiß, daß er im hohen Alter nach Britannien gekommen ist. Sein Schiff machte an einer Insel im flachen Küstengewässer fest. Die Insel hieß Avalon. Zum Zeichen der Ankunft stieß er seinen Stab aus Weißdornholz in den Boden. Der Stab erblühte, und ein Ableger jenes Weißdorns vollbringt noch heute das Wunder, jedes Jahr im Winter zur Weihnachtszeit zu blühen. Die Legende berichtet auch, daß Joseph ein heiliges Gefäß mit sich brachte. Es war der Kelch des letzten Abendmahls, der Kelch, in dem Christi Blut aufgefangen wurde, als er am Kreuz die Speerwunde empfing. Diesen Kelch verbarg Joseph von Arimathäa an der alten, heiligen Quelle, die seither den Namen *Chalice Well, Kelchbrunnen*, trägt.

Unter der Eibe am Wasserfall saß Mani und meditierte; es ist der beste Platz im ganzen Garten, und ich saß am Fuß der Kaskade und lauschte den Worten, die das Wasser zu mir sprach. Über mir breitete die Eibe schützend ihre Zweige hin. Ich versenkte mich zweimal, zweimal sah ich Dinge, die mit Wasser zu tun hatten.

In der ersten Vision empfing ich die Botschaft des *Taus*, der ja nicht Regen ist und nicht fließendes Wasser; vielmehr erkannte ich ihn als etwas Drittes, das aus den Weiten des Kosmos in der Nacht zu uns kommt. Von den Sternen fällt der Tau herab, vom Mond ist er mit Kraft versehen, und er reinigt die Erde und netzt ihre Wunden, und jung wie am ersten Tage liegt sie an jedem Morgen da. In der zweiten Vision sah ich die *Nebel von Avalon*, wie sie bekannt und berühmt sind, und es war da eine Sintflut, die den Heiligen Hügel zur Insel werden ließ (was sie einst ja war), und die Sintflut stieg vom Meer heran, aber es war nicht das Wasser des Ozeans, sondern das Wasser des Himmels, das da höher und höher stieg. Ein verderbenbringender, reinigender Nebel legte sich über das Land, und der Nebel war in giftige Farben getaucht, denn er war ein Nebel des Geistes, der das Ende bereitete dem Tun des Bisherigen.

Die eigentliche Wasserstelle der Chalice-Well-Quelle aber ist heute in eine Steinskulptur gefaßt; aus einem Löwenmaul schießt das Wasser hervor. Annika, die Märchenerzählerin, schrieb mir später: In dem Murmeln des Wassers ist die Stimme der Nymphe zu hören, die denen, die zu lauschen verstehen, Geschichten erzählt und singt. Eine davon handelt von Tiamat, der Urgroßmutter aller Drachen.

Abends und nachts wurde auf dem Tor abermals die Sonnenwende gefeiert; wir wohnten dem Sonnenuntergang bei, es waren andere Leute hier als am Vortag, die Stimmung war kaum besser, und wir zogen uns bald zurück.

22. Juni 1995

Gegen vier Uhr in der Früh waren wir wieder auf dem Tor. Eine Frau zog beim Aufgang der Sonne ihr Handy hervor, um dem Freund zu Hause Bescheid zu sagen. Die Zeiten ändern sich.
Gegen ein Uhr zogen Peter aus Sheffield und ich los, um die zwei- bzw. dreitausendjährigen Eichen *Gog und Magog* zu besuchen. Wir waren dort ohne feste Zeit mit Annika verabredet, wir liefen barfuß. Es war sehr stachlig und steinig auf dem Weg. Annika war schon dort. Sie saß vor Gog, vor der jüngeren, wenngleich größeren der beiden bizarren Eichenriesen, die alle beide von dichtem Stacheldraht umzäunt sind. Wir sprachen lange Zeit kein Wort. Peter meditierte, und ich widmete mich den Energien des Ortes. Eine schleifenförmige Energiebahn – von der Form einer Acht bzw. der Lemniskate, des Unendlichkeitszeichens – verläuft zwischen beiden Bäumen; im Rhythmus der Erde wogt das Fluidum hin und her, was sich leicht erspüren läßt, wenn man in der Mitte zwischen beiden Bäumen steht. Ich lehnte mich an die jüngere Eiche und fühlte mich ein. Sie erzählte mir die folgende Geschichte:

Die Samen der beiden Eichen sind eigens von zwei Raben gebracht worden. Die Raben hatten eine lange Reise, und sie mußten auf ihrer Reise viele Beschwerlichkeiten auf sich nehmen und viele Hindernisse überwinden. Denke nur an die Reise des Samon, wie Euer Schiller sie in seiner Ballade (gemeint ist *Die Bürgschaft*) beschrieben hat. Hitze, Durst, Überfall und Fluten mußten überwunden werden. Die Raben kamen von der Bretagne her, wo sie ihre schwarze Rabenfarbe angenommen hatten, denn sie waren einst weiße Tauben gewesen. In der Bretagne, im Reich des Steinvolks, hatten sie Jahrhunderte zugebracht, und sie mußten sich dort wandeln. Die Reise aber hatten die Tauben, immer mit dem Samen in ihrem Schnabel, in Palästina begonnen, dort liegt der Ursprung, und die Samen waren vom Acker des Kain, der den Abel erschlug. Denn die Samen *sind* Kain und Abel, die beiden, die da waren als die süße und die bittere Frucht von Anbeginn an ...

Das war der Weg der Eichen Gog und Magog durch die Zeiten. [1]

Ein zweites Bild nahm Wohnung in meinem Herzen: das einer weißen Frau, der Jungfrau, an der ein Verbrechen begangen worden war an diesem Ort. Das Verbrechen aber wurde ebenfalls hier bei den Bäumen gesühnt: Der sich vergangen hatte, hing an dem einen Baum, während die weiße Frau die Scham, an der sie nicht Schuld hatte, ihr Leben lang abtrug, indem sie Zuflucht genommen hatte im anderen Baum, in dessen hohlem Stamm sie wohnte.

Auch nahm ich wahr, daß dies hier einer der Zugänge zur Unterwelt war, zur Unterwelt des Tors. Ein Rinnsal von strömendem Licht drang hier aus dem Inneren des Hügels hervor. In vergangenen Zeiten hatte man diesem Ort Gewalt angetan (die Vergewaltigung der Jungfrau), aber der Kanal ist im Begriff, seine alte Funktion wieder wahrzunehmen. Ein Rinnsal nur, aber die Kräfte der Erde sind dabei, den verschütteten Zugang freizuschaufeln.

Als wir allesamt schon wieder beim Zelt waren, sollte ich von Mani erfahren, daß er an diesem Ort ganz ähnliche Wahrnehmungen hatte; Gog und Magog – genauer gesagt: die Mitte zwischen beiden Bäumen – bezeichnen eine der wesentlichen

Leylinien, die vom Tor ausgehen (das Rinnsal von Licht), und irgendeine Last oder »Verstopfung« ist dabei, den Zugang zum Hügel, die Quelle des Lichts entweder ganz zu blockieren oder aber sie aufspringen zu lassen und die Ströme eruptionsartig freizugeben. Mani sprach sogar von einem *Exodus* der Wesenheiten aus dem heiligen Hügel.

Am selben Abend machte ich mich allein auf den Weg zum Ruinengelände der berühmten *Glastonbury Abbey*. Die Sonne war längst untergegangen, ich hatte nur noch das letzte Licht der Dämmerung für meinen Besuch. Vom Osten her stieg ich über die Mauer des weitläufigen Parks. Eine riesige Kastanie war das erste Wesen, dem ich in der friedvollen Weite des Geländes begegnete. Unter ihrem schützenden Rock fand ich allerlei Unrat, den ich mit mir nahm – und einen Stein, Pflasterstein womöglich, mit schräg zugespitzter Haube, welchen ich später mit zum Zeltplatz brachte. Ich ging die Ruinen ab und las die Schilder; ich war wenig bewandert in der ganzen Geschichte dieses ehrenvollen Platzes und hatte kaum Möglichkeit, das Gesehene in seiner Bedeutung wahrzunehmen und meinem Gedächtnis einzugliedern. So nahm ich also die Atmosphäre in mich auf, und ich trage das Bild dieses Ortes bis heute in meinem Herzen, wo ich es hervorholen kann, wenn das Wissen um den Ort, aus Büchern genommen, sich der Erinnerung hinzugesellt. Angenehm war es mir, den Ort allein, ohne die Ströme von Menschen, wie am Tage üblich, durchschreiten zu können. Von der Hauptkirche sind die beiden Bögen des Portals das Imposanteste, was noch zu sehen ist, und sie lassen Größe und Bedeutung der Abtei erahnen. Dem Portal vorgelagert ist die *Josephskapelle*; von ihr stehen noch die Mauern, und der fehlende Boden gibt den Blick auf die heiligen Räume der Unterkirche frei. Unter dem Kreuzgewölbe des Altarraums steht der steinerne Schrein, und dies ist wohl auch der Raum, in dem einst die *Schwarze Madonna* von Glastonbury ihren Platz gehabt hatte. Dieses Kryptengewölbe ist von großer Ausstrahlungskraft – ein *geerdeter* Ort. Es war nun dunkel, als ich die Ruinen der großen Kirche in Augenschein nahm, für kurze Zeit ruhte ich auf einem Stein im ehemaligen Chor. Ich begrüßte die Sommereiche, die zur Mauer nach Westen hin steht, und kehrte alsdann zum Zeltplatz zurück.

23. Juni 1995

Gegen Mittag brachen Peter, Iris, die Kinder und ich in Richtung *Taunton* auf. Die Kirche in *Ashbrittle* war unser Ziel; dort steht eine Eibe, die mindestens dreitausend Jahre alt ist. Wir erreichten den kleinen Ort zur Stunde der größten Hitze. An der Südseite der alten Kirche steht sie, und eigentlich ist die Eibe ein eigener kleiner Wald, denn es steht ein mächtiger Stamm auf einem Erdhügel, der von acht weiteren Stämmen – eigentlich sechs, von denen sich zwei jedoch gleich über dem Boden teilen – umgeben ist. All diese neun Bäume sind *ein* Baum und haben ihren gemeinsamen Wurzelstock im Inneren des Hügels, auf dem sie stehen. Ein gewaltigeres Monument und Zeichen der Natur habe ich zuvor nie gesehen. So alt und erhaben war der Ort, daß er mir weder Freundschaft noch Feindschaft zeigte, sondern gleichmütig uns aufnahm und auch wieder gehen ließ. Die Eibenpersönlichkeit war mir in ihrem Wesen verschlossen, ein Eindringen gelang mir nicht. Doch welch Bild von einem Naturwunder trug ich von da an in meinem Gedächtnis!
Wir hielten Mittagsrast vor der Kirche, und bevor wir den Ort verließen, vergaßen wir nicht, uns an den Händen zu fassen und einen Kreis um den mittleren Eibenstamm zu bilden, so daß wir von den äußeren Stämmen unsererseits umkreist waren. Im Uhrzeigersinn schritten wir dreimal im Kreis herum.

24. Juni 1995

Hatte die Sonne uns bisher mit ihren Strahlen verwöhnt, so war der Samstag von grauem Glanz, es war merklich kühler geworden. Am späten Vormittag begaben wir uns in die Innenstadt, von wo aus sich gegen zwei Uhr eine große Prozession zum Johannistag durch die Hauptstraße der Stadt zur Abtei bewegte, dort wurde mit Tausenden von Gläubigen eine Messe gefeiert. Es ging hoch her, allerlei Blasmusik hallte durch die Straßen, und die Stimme des Priesters wurde über Lautsprecher in die Stadt übertragen.

Auf dem Rückweg zur Ashwell Farm, unserem Zeltplatz, kamen Peter, Iris, die Kinder und ich an jenem Baum vorüber, von dem Mani uns schon erzählt hatte und der uns als ein Wunder und Zeichen erschien. Eine Esche steht am Südhang des Tor, just dort, wo die bucklige Wiesenfläche von einem Zaun begrenzt wird und eine unzugängliche Wildschonung den Fuß des Hügels bedeckt. Die Esche hat einen mächtigen Stamm, der aber nicht in ebenso mächtige Äste sich ausweitet, sondern in der Höhe eine Art Kragen bildet, von dem aus leichtere Arme wie die vielen Fontänen eines Springbrunnens ihren Ausgang nehmen. Die Esche hat also einen festen Rumpf, der klar von der Krone abgesetzt ist, und die Äste der Krone sind dem Rumpf im Kreis herum aufgesetzt, sie laden nach außen hin aus und lassen die Mitte frei, ganz wie ein kelchartiges Gefäß die freie Mitte umfaßt. Wir machten uns mit dem Baum vertraut, an dem die Intelligenz der Natur, die ja über die Kräfte der Formenbildung verfügt, eine so deutliche Sprache sichtbar werden läßt. Als wir an ihm herumkletterten, stellten wir fest, daß auch der mächtige Stamm inwendig hohl war, und er war auf solch perfekte Weise hohl, daß man darin gute drei Meter nach unten steigen konnte, bis man mit den Zehen die Erde berührte. Wir spielten einige Zeit in der Höhle herum, einer nach dem anderen mußte hinunterklettern. Den heiligen Baum nannten wir von da an die *Gralsesche*, da er die Form und Symbolik des Grals so voll und ganz verkörperte.

Inzwischen bedrohten schwarze und schwere Wolken den nordöstlichen Himmel, und ich rief alle Freunde zusammen, um mit einem Chant, den ich bei dem kanadischen Klangökologen Murray Schafer gelernt hatte, gutes Wetter zu machen. Mani wählte einen freien Platz etwas abseits von den Zelten, und wir waren etwa zwanzig Menschen, viele Kinder darunter, die fröhlich tanzten und den indianischen Text des Chants sangen. Alles war von guter, froher Ausstrahlung, und es wurde Mani und seiner Familie für ihr Hiersein gedankt. Hatte sich auch, für die mit feinen Sinnen Begabten wahrnehmbar, nach der Mittsommernacht – Mittwochabend – das Licht über dem Land verdunkelt, so war es eindeutig der Kreis um Mani und seine Familie, der ein Gegenpol war zu all dem Dunkel und der das Licht stets zu erneuern verstand. Den Ritualtanz betreffend, war für uns »Erfolg« auch darin beschieden, daß am nächsten Tag und den folgenden Tagen glänzendes Wetter herrschte.

Ich hatte aber noch etwas ganz Spezielles vor an jenem Tag. Es ist bekannt, daß dem Tor in seiner heutigen Gestalt einst ein Labyrinth (*the maze*), das uralte Symbol des Einweihungsweges, einbeschrieben wurde. Kenntlich zum Teil an den wulstartigen Abstufungen des Hügels, zieht sich ein Wallfahrtsweg in den Schlaufenmustern des klassischen spiralförmigen Labyrinths um den ganzen Hügel herum. Ihn zu beschreiten heißt, einen rituellen Pfad der spirituellen Einkehr an diesem Nabel der Welt auf sich zu nehmen. Das wollte ich tun und so meinem Besuch im *Neuen Jerusalem*, wie Glastonbury auch genannt wird, einen höheren Sinn verleihen. Mani warnte: Wenn man dem echten Pfad folgen will, kann

das mehrere Stunden dauern, es sei denn, man hält sich an die Drachenlinie, die als Energiebahn dem Pfad zugrunde liegt. Eine Freundin hatte einst sieben Stunden hin und zurück gebraucht!
Ich hatte im Sinn, allein aufzubrechen, aber ich wurde schließlich eines Besseren belehrt. Zunächst war es Peter, der sich mir anschloß. Wir besorgten uns Skizzen vom ursprünglichen Verlauf des Labyrinthpfades und wußten, daß Schwierigkeiten auf uns zukommen würden: Im unteren Teil des Hügels ist der ursprüngliche Weg von Hecken, Obstgärten und Waldschonungen unterbrochen. Peter packte ein wenig Proviant ein, und ich klemmte mir die Kleiderbügelrute unter den Arm. So brachen wir auf, und wir kamen überein zu schweigen, bis wir am Ziel sein würden.
Der Startpunkt liegt am Wegesrand auf dem Längsgrat am Fuße des Hügels. Die erste Umrundung ließ sich mit Hilfe von Karte und Rute gut abschreiten. Doch schon die zweite Schleife, die uns weiter nach *außen* führte, ließ uns plötzlich vor einem Stacheldraht stehen. Den Hag, der dahinter lag, hätten wir leicht umgehen können. Aber wir waren uns ohne jedes Wort darin einig, uns durch nichts vom heiligen Pfad abbringen zu lassen – und so überkletterten wir barfuß, wie wir waren, den Stacheldraht, um gleich darauf in einem Haufen von Gestrüpp und Brennesseln zu landen. Dann hatte Peter den Weg zu tief angesetzt, und die Rute lehrte mich, mich weiter hangaufwärts zu halten, so daß wir nach wenigen Metern erneut einen Stacheldraht in schräger Richtung zu überqueren hatten. Dies war nur der Anfang einer ganzen Serie von Irrtümern und Korrekturen beiderseits. Oft genug marschierte ich in Bahnen, die zu hoch oder zu tief am Hang lagen, Peter wußte mich durch genaues Lesen der Skizzen zu korrigieren, und manches Mal war es an mir, mit Hilfe der Skizze oder der Rute den Freund zu korrigieren – so führte einer den anderen. Peter und ich ergänzten uns hervorragend,

und wäre ich tatsächlich allein auf diese Reise gegangen, ich hätte das Vorhaben wegen der entnervenden Hindernisse und der vielen Gelegenheiten, den Pfad zu verlieren, nach der ersten Schlaufe schon aufgegeben.
Bald kamen Iris und Carl, ein neu gewonnener Freund, auf uns zu gelaufen und riefen uns fröhlich zu. Wir bedeuteten ihnen Schweigen, und die beiden zogen ihre Schuhe aus und schlössen sich uns an. Die Mühsal, die wir während der nächsten drei Stunden, in denen zudem die Nacht über uns hereinbrach, zu erdulden hatten, ließ von »Urlaub« und »Ausprobieren« keine Spur mehr. Unsere Reise wurde zu einer regelrechten Pilgerfahrt – mit allen Widrigkeiten und Höhen und Tiefen, die dazugehören. Die Eigenart des klassischen Labyrinthes bringt es mit sich, daß man trotz Beginn auf einer mittleren Bahn sich alsbald in den äußersten Außenbahnen wiederfindet. Zu Beginn waren wir alle frohen Mutes und kletterten unbekümmert über die Hecken und Stacheldrahtzäune, die sich uns da in den Weg stellten. Carls Lederjacke und Iris' Umhang sowie Peters Decke leisteten uns dabei gute Dienste. Oft konnte ich den Pfad gut finden, indem ich mich von meiner linken Hand leiten ließ, die bald ein gutes Gespür für die Energielinie der Labyrinthbahn entwickelt hatte.
Besondere Bäume – Eichen und Steineichen, Ahornbäume und Dornensträucher – grüßten wir jeweils mit Bedacht, ebenso die großen Steine, die am Rand des Pfades liegen. (Sie sind in den Skizzen vom Tor verzeichnet und mußten einst eine geomantische Funktion innegehabt haben – ob an ihrem jetzigen Ort oder nicht, ist mir unklar.) Mitunter waren Heckenlöcher und Stacheldrahtverhau gleichzeitig zu überwinden, was beschwerlich genug war. Die Löcher in den Hecken wiesen uns oft darauf hin, daß wir auf dem richtigen Weg waren, denn vor uns hatten auch andere Hartgesottene den Weg durchs Labyrinth beschriften, was den Bauern, die die an den Tor grenzenden Felder besitzen, offenbar über-

haupt nicht recht ist. Zwischen den Hecken hatten wir dann den Pfad durch Disteln und Brennesseln hindurch zu suchen, ein andermal auch über Reisig und Dornensträucher. Glaubten wir, bald freie Strecke vor uns zu haben, so wartete nur das nächste Abenteuer an einer unüberwindlich scheinenden Hecke auf uns, so, als stehe jedes Hindernis symbolisch für ein viel größeres Hindernis auf unserem Weg durch das Leben. Da aber bewährte sich jedesmal die ganze Kraft der Gemeinschaft – wo ein einzelner mehr Mühe und weniger Kraft gehabt hätte, halfen wir uns zu viert über alle inneren und äußeren Schwierigkeiten hinweg. Wir durchlebten eine Abenteuerfahrt, wie sie mich bald an den Weg der Gefährten in Tolkiens *Herr der Ringe* erinnerte. Zu guter Letzt hatten wir einen unbeugsamen Zaun zu überqueren, hinter dem eine abfallende Böschung und ein Wald von Brennesseln auf uns warteten, da hätte ich beinahe schon das Handtuch geworfen. Mit den Decken und Tüchern bahnten wir uns mühsam einen Weg, und als ich eine falsche Richtung einschlug und auf eine benachbarte Bahn geriet, die wir zu Beginn schon durchlaufen hatten, stapfte Iris tapfer drauflos und schlug barfuß eine Bresche durch die Brennesseln ...

Mit der nächsten Windung fanden wir uns auf halber Höhe des Hangs wieder. Nacht war es geworden, und wir waren erschöpft und hungrig. Hätten wir sprechen dürfen, ich hätte den Vorschlag gemacht, am nächsten Tag weiterzumachen. So sprach keiner davon, weder mit dem Mund noch mit den Händen, und wir brachen bald auf, um zum Gipfel und Mittelpunkt des Labyrinthes zu gelangen. Das Schwerste stand jedoch noch bevor – die Standhaftigkeit und Geduld! Ich verlor nämlich im freien Gelände in der Dunkelheit endgültig die Linie, die uns führte. Ich hatte keine Kraft mehr, mich auf das Gespür zu konzentrieren, und so navigierten wir gemäß der Skizze, die ich mir eingeprägt hatte. Wir fanden uns bald am Hang dort wieder, wo er am steilsten ist, und das Gehen war äußerst beschwerlich. Dennoch hastete ich, ja wir rannten fast. Da gab Iris auf, und Carl kehrte um und blieb bei ihr, während Peter und ich den Verlust zu spät bemerkten und die Gefährten in der Dunkelheit nicht wiederfanden. Wir hatten noch eine Dreiviertelstunde lang den Gipfel in immer neuen Schlaufen zu umrunden. Wir waren nicht immer genau auf dem alten Pfad, hielten uns aber getreu an das Muster der Skizze.

Als wir oben angelangt waren, blinkten die Sterne über uns und die Lichter der Stadt unter uns, der Wind rauschte um den Turm der alten Kirche und machte ein Geräusch wie ein Wasserfall; die Fußsohlen brannten, und der Leib war bald ausgekühlt. Wir kehrten auf direktem Wege zum Zeltplatz zurück. Dies hatte wiederum Folgen: Denn da wir nicht rückwärts aus dem Labyrinth herausgingen, waren wir praktisch immer noch darin, waren immer noch auf Pilgerreise um den Gralsberg – und dieses Wissen und Gefühl sollte sich in den folgenden Tagen und Wochen noch bemerkbar machen, ja wahrscheinlich dauert die Pilgerreise nun in meinem Leben fort, bis ich mich eines Tages wieder rückwärts herauswinde aus der dornenreichen Einweihungsspirale.

Als wir unsere Erlebnisse austauschten und versuchten, uns über die vielen Unklarheiten klar zu werden, überraschte mich Peter, indem er von zwei Feen berichtete, die uns auf unserer Reise begleitet hatten. Die eine Fee hatte ihren Sitz am Fuße des Tor und schien uns helfen zu wollen; tatsächlich leitete sie uns ein gutes Stück auf dem beschwerlichen Weg. Doch führte sie ein Streitgespräch mit einer anderen Fee aus der Ortsmitte von Glastonbury. Im Laufe dieses Wortwechsels machten sie sich gegenseitig Vorwürfe über den Zustand von Land und Menschen. Der Sitz oder Fokuspunkt der Fee aus dem Ort ist offenbar von Menschen überbaut worden. Sie bejammerte ihre Lage und machte der anderen Fee Vorwürfe nach der Art: »Du hast es gut, wo du hier im Grünen wirken darfst!« – »Wie kannst du es auch zulassen, daß man einen Supermarkt auf deinem Kopf erbaut?« entgegnete die Fee vom Fuße des Tor. So gab ein Wort das andere, und über dem Streit der Elementargeister verloren wir Menschen immer mehr den Weg.

25. Juni 1995

Gegen Mittag fuhren Mani, Mareike, Peter und ich nach *Parkwood*, wo in einem nahegelegenen Waldstück das Zentrum des *Glastonbury Zodiak*, einem geheimnisvollen Muster von der Landschaft einbeschriebenen Tierkreisbildern zu finden ist. Es war heiß; Kühle empfing uns im Wald. Der besagte Flecken ist denen, die sich für magische Orte interessieren, durchaus bekannt; dennoch kann man leicht an ihm vorbeilaufen, wenn man es nicht ganz genau weiß. Drei sehr besondere Eiben kennzeichnen den Hain und stellen ihn unter ihren Schutz.

Eine Handvoll Jugendliche hatte hier ihre Zelte aufgeschlagen; etwas abseits, an der dritten Eibe, fanden wir jedoch eine Feuerstelle und einen *Bender*, ein einfaches Schutzzelt aus Zweigen und einer Plastikplane, dessen einsiedelnder Bewohner jedoch nicht zugegen war. Der Schädel eines Rehs war auf einem Pflock aufgespießt, in der Rinde der Eibe steckte eine Feder, während ein abgestorbener Ast an ihr mit bunten Ringen bemalt war. Ein anderer Stab war in Arbeit und zur Hälfte bemalt; wie ein Totempfahl stak er in der Erde, Federn waren vor dem Bender, der mit Feldsteinen magisch umgürtet war, in den sandigen Boden gesteckt. Das Ganze machte trotz aller Wildheit einen gepflegten Eindruck, und Mani fühlte sich auf Anhieb wohl; vertraut schien ihm der Geist dessen, der hier lebt. Mani hockte sich an die Feuerstelle und schob die Asche zu einem Haufen zusammen; allein an der

Glastonbury Tor

Feuerstelle konnte man sehen, daß sich der Unbekannte auf die Kunst und Würde der natürlichen Elemente verstand. Mani entzündete Räucherstäbchen, die er rings um in die Erde steckte, und hantierte mit seinem Kristall. Ein großer Frieden war in Zeit und Raum gegenwärtig, und das Rauschen in den Wipfeln der Eichen und der anderen Laubbäume legte sich zart und dicht über den Ort wie der Nachklang einer großen Friedensglocke. Dieses Gewebe konnte auch der Helikopter, der plötzlich knatternd in niedriger Höhe über das Blätterdach hinwegbrauste, nicht zerreißen, eher überhöhte er mit seinem Verschwinden die Wirkung der raschelnden Stille. Später webten Krähen krächzende Worte, die keiner von uns verstand, in das Geflecht mit hinein. Unterdessen hatten wir schweigend den Ort besehen und wandten uns wortlos einander zu.
Wir setzten uns, ohne daß es der Worte bedurft hätte, im Kreis um die Feuerstelle und begannen zu singen. Fein und behutsam flochten sich die harmonischen Linien unserer Stimmen ineinander. Dann beteten wir.

Schließlich wanderte unser vierpoliger Kreis dreimal um die Feuerstelle. Mani nahm den Kristall, den er in der Asche gereinigt hatte, und brach aus dem Sonnenlicht die sieben Farben heraus, die sich auf Ästen und im sandigen, nadelbestäubten Boden fingen. Dann gingen wir.

An der mittleren Eibe des Hains, an der vor einigen Jahren ein Ritualmord verübt worden war, nahm ich Fühlung auf. In Erinnerung geblieben sind mir von den inneren Bildern eine große, undurchdringliche Dunkelheit und – das Kreuz Christi. Ich widmete der Eibe einen Gesang von hohen, leichten Tönen, während Mani abschließend den Ort nochmals mit dem hohen, energetisierenden Ton einer tibetischen Tempelglocke, die er mit einem Stab anzureiben pflegte, heiligte und durchdrang. Wir verließen Parkwood mit einem Gefühl tiefer innerer Verbundenheit und Erdung.

Das wunderbare Wetter des Sonntagnachmittags wollte ich noch nutzen für einen notwendigen Abschluß der eigenen Erfahrungen. Ich suchte die Gralsesche auf, denn ich wollte mehr über diesen heiligen Baum wissen. Etwas geistesabwesend und flüchtig war zunächst der Versuch meiner Fühlungnahme mit dem Baum; das Bild einer Eule drängte sich in mein Bewußtsein, es mag sich der Baum selbst oder sein geistiger Bewohner darin gezeigt haben. Deutlicher jedoch war ein innerliches symbolisches Bilderwerk, das den Baum als aus der Erde ragende Hand erscheinen ließ, die einen Apfel oder goldenen Ball trägt – eine leuchtende Energiekugel wohnt im Kelch der Krone. Das Bild eines (unterirdischen?) Sees blieb mir abschließend in Erinnerung. Ist das nicht eine deutliche Sprache des Grals, mit dessen Mythos dieser Ort so eng verknüpft ist? Der Apfel oder der goldene Ball, die leuchtende Energie – das ist das Zentrum der Lebensfülle, das Sonnengeflecht, von dem die Kraft für alles Leben im Land seinen Ausgang nimmt, die verwandelte Hostie im Kelch nach mittelalterlicher alchimistischer Symbolik. Das Lebenswasser der Erde aber ist der Urgrund dieser Kraft, aus dem geschöpft wird, und der hohle Stamm der Esche ist – für jeden erkennbar und sinnfällig – der Kanal, duch den das Wasser des Lebens an die Oberfläche strömt, um seine Wirkung zu entfalten.

26. Juni 1995

Es war ein lohnendes Risiko, mit der Abfahrt bis zum Montag zu warten, obwohl um fünf Uhr nachmittags mein Flugzeug ab London-Heathrow ging. Mit Annika verließ ich gegen zehn Uhr nach herzlichem Abschied von den Freunden den Campingplatz. Wir fuhren Richtung London und nahmen uns vor, noch das berühmteste der Bauwerke der Steinzeit zu besuchen – *Stonehenge*!

Stonehenge ist ein Ort, den man nicht wieder verlassen kann, ohne einen mächtigen Eindruck in der Seele empfangen zu haben. In den Steinen waren für Annika und mich Figuren und Gesichter zu erkennen, und selbst bei Fühlungnahme vom äußeren Ring (Erdwall) her – den eigentlichen Steinkreis darf man nicht betreten – war ich in einem bestimmten Moment den Steinen sehr nah.

In einem lichten Augenblick begriff ich mit einem Schlage und mit faszinierender Klarheit, daß all die Kraftorte, Leylinien, Steinkreise usw. in der Vorzeit eine wesentliche und grundlegende Funktion für die Kultur gehabt haben müssen, die weit über das Religiöse hinausgeht und ohne weiteres mit unserer heutigen Infrastruktur von Fernstraßen, Hochspannungsleitungen und Telekommunikation verglichen werden kann. Es ging um weit mehr als Kult und Religion! Es ging um »Politik« und um »Wirtschaft« – um das Leben einer hochentwickelten Kultur![2] Ich berichtete meiner Begleiterin von dieser Eingebung, und im Sprechen wurde mir klar, daß dieser Gebrauch der feinenergetischen Kräfte auch ein Miß-

brauch der Natur war und eines Tages zum Zusammenbruch dieses alten Systems geführt haben mußte.
Wir entschieden uns dann – trotz knapper Zeit –, noch in Richtung Norden nach *Avebury* zu fahren. Welch anderer Geist lebt hier in diesem Hain von heiligen Steinen! Dies ist wirklich ein Ort, der zum Eintreten einlädt und zur Seele spricht – ein sanfter Ort, voll des Friedens. Avebury liegt da wie eine kleine heilige Insel – an die nordfriesische Hallig Oland fühlte ich mich sofort erinnert. Wir gingen zunächst von Stein zu Stein und ließen uns auf jede einzelne Steinpersönlichkeit mit Sanftmut und Liebe ein. Wie viel gibt es hier zu entdecken! Ein riesiger Stein kennt einen »Hexensitz«, ein Platz der Einweihung wahrscheinlich. Dann entdeckten wir Buchenhaine im Osten, Zeichen der Natur, die nicht zu übersehen waren. Der eine Buchenkranz zählt acht Buchen plus eine, die extra steht (also neun, die Zahl der Göttin); der andere vier, und die mächtigen und vielgestaltigen Buchen dort tragen Astkreuze – ein Ort, an dem die Raumfeen ihren Sitz haben und dem ganzen Land ihre segensreiche Wirkung spenden.
Avebury ist eine Insel des Friedens ...
Die Zeit wurde indes äußerst knapp. Wir mußten uns losreißen und fahren. Mit knapper Not erreichte ich noch mein Flugzeug.

13

Nebensonnen

4. Juli 1995

Ich hatte in Köln zu tun. Am frühen Donnerstagnachmittag stand ich in einem kleinen Park an einer Seitenstraße des Funkhauses; nebenan liegt die Kolping-Kirche, und der Park weist außer einem Mahnmal für Adolf Kolping drei bemerkenswerte Eschen auf. Eingehender befaßte ich mich mit jener Esche, die die Hauptstellung einnimmt und in der Mitte des kleinen Parks neben einem steinernen Schrein steht. Ich versenkte mich in den Baum hinein und wurde eins mit ihm. Ich gewahrte eine hagere Gestalt. Der Baum oder die Gestalt verfloß zu einem Schatten und breitete die Arme aus – wie ein Kreuz stand sie nun da. Zwei weitere hagere Schatten kamen hinzu, und die drei Schatten tanzten um den Baum, wobei sie ein Bild abgaben, wie ich es aus der Kunstgeschichte her zu kennen glaubte (d.h., die Esche vermittelte sich mir in einem Bild, das ich kannte – das war ihre Weise des entgegenkommenden Mitteilens). Schließlich weitete sich der Kreis auf vier Tänzer aus – ich wurde mit hineingenommen in die Runde. Irgendwann dachte ich daran, auch oben in der Krone weiterzuforschen, was vor sich ginge – innerlich schauend natürlich. Und siehe da! In der Krone taten sich überall Blüten auf, die zu Kokosnüssen wurden und dann herabfielen. Nein, eigentlich waren die Blüten kleine Kobolde, die nun mit den kokosnußartigen Baumfrüchten Werfen und Fangen spielten. Immer höher warfen die munter in der Krone umherspringenden Gestalten, und wenn ich es recht besah, so warfen sie die harten Früchte ringsum weit in den Himmel und in die ganze Stadt hinein. Es war aber eine riesige Blüte, die sich nun genau in der Mitte über dem Stamm öffnete, und aus ihrem Kelch entwuchs eine Feengestalt, und auf wundersame Weise empfing die Fee lebensspendendes Licht von den Sternen. Ab hier jedoch verdunkelt sich meine Erinnerung, sehr spät erst habe ich die Notizen hierzu niedergelegt, und der Reichtum jener Bilder hat über die Zeit an Form und Farbe verloren. Indessen kann ja jeder nachprüfen, was ich gesehen habe, indem er selbst mit der Esche spricht. Es vermittelte sich aber zuletzt noch der Eindruck, als hätten die Esche und der Reigen der Geister auch etwas mit der Unterwelt zu tun, zu der dieser Ort Zugang sein mag; das letzte, sehr deutliche Bild, das ich empfing, war das einer Schlange, die den Baum umgürtet.

10. Juli 1995

Oft schreibe oder lese ich zur Zeit abends im Campingbus der Freunde, wo ich es mir ein wenig eingerichtet habe. Als ich neulich Buch und Schreibblock zugeschlagen hatte, tat mein Bewußtsein plötzlich einen winzig kleinen Schritt vor zum Tor in die anderen Welten. Der kleine Raum – Einbauschrank, Fenster, Tisch und Polster – schien sich zu krümmen und begann zu atmen. Das war ein ganz und gar eigenartiger Eindruck.[2] Als ich in der Finsternis zum Haus der Freunde ging, mußte ich an einer Ecke vorbei, in der eine nicht immer freundlich gesinnte Wesenheit ihren Brennpunkt hat, der Mani nachts respektvoll auszuweichen pflegt. Ich begegnete ihr im Zwiegespräch. Sie klärte mich darüber auf, daß sie Mensch und Tier keineswegs feindlich gesonnen sei, aber da sie Aufgaben der Wandlung wahrnehme und sich mit allerlei Unrat zu beschäftigen habe, habe sie naturgemäß ein abschreckendes, unangenehmes Äußeres. Sie schenkte mir einen roten Lichtpunkt, den ich plötzlich in der Dunkelheit aufleuchten sah. Und dazu die Botschaft: »Weiche nicht Problemen aus, die auf dich zukommen, sondern gehe deinen Weg, ob er schwierig sei oder leicht (es wechselt ja ständig): So kommst du von selbst an die dir zugedachten Kreuzungspunkte ...«

21. August 1995

Es fiel lange kein Regen im Land, die Bäume und Sträucher und Blumen dürsten, die Birken werfen gelbe Blätter ab. Auf der Fahrt von Hude nach Nuttel (mit dem Fahrrad) konnte ich am Himmel zwei Lichterscheinungen links und rechts neben der wolkengebläßten Sonne beobachten. Zu je etwa fünfzehn Grad Abstand leuchteten Spektralfarbenfelder mit starkem Gelbstich aus den Wolken hervor, die ich als Teile eines riesigen angenommenen Halos deutete. Vor acht Tagen berichtete mir ein Freund von einer ähnlichen Erscheinung, die er ein oder zwei Tage zuvor beobachtet hatte. Er sah die Lichtpunkte *näher* an der Sonne stehen als ich an diesem Tag. Inzwischen, da ich bei Goethe in der Farbenlehre davon las, bin ich darüber belehrt worden, daß es sich bei dieser Erscheinung tatsächlich um die *Nebensonnen* handelt, wie ich auch schon vermutete. Damit ist mir nun auch das rätselhafte Gedicht Wilhelm Müllers verständlich, das in Schuberts *Winterreise* unter dem Titel *Die Nebensonnen* (Nr. 23) zu finden ist:

Drei Sonnen sah ich am Himmel stehn,
Hab' lang und fest sie angesehn.
Und sie auch standen da so stier,
Als wollten sie nicht weg von mir.

Ach meine Sonnen seid ihr nicht,
Schaut Andern doch ins Angesicht!

Ja, neulich hatt' ich auch wohl drei,
Nun sind hinab die besten zwei.
Ging' nur die dritt' erst hinterdrein,
Im Dunkeln wird mir wohler sein.

Schuberts Musik zu Müllers Versen ist eine ganz wunderbare Verklärung dieser Erscheinung!

2. September 1995

Heute morgen weckte uns dröhnender Motorenlärm auf dem Feld vor dem Haus in Nuttel. Eine insektenhaft aussehende, riesenhafte, unförmige Maschine auf Ketten riß mit schmalen Förderschaufeln eine über einen Meter tiefe Furche in das Feld und verlegte Drainageschläuche. Dem Bauern ist das Feld zu naß. Ja, versteht er denn die Zeichen nicht, die die Natur uns mit den extremen Wetterschwankungen, mit dem heißen, regenlosen Sommer gab? Die Maschine breitete Unwohlsein über das Land. Auf dem hiesigen Grundstück brachen die geomantischen Strukturen zusammen. Mani konnte mit der Rute die gewohnten Linien und Punkte nicht mehr finden. Nur der Steinkreis und eine pulsierende Linie vom Haus zum Küchengarten waren noch unversehrt. Der Steinkreis scheint aus tieferen Quellen gespeist zu sein. Als der Freund seinen Merlinsstab an die zentrale Eiche lehnte und Kräuterwerk auf dem Altarstein verbrannte, kam die Erde langsam wieder zu sich.
Später, am Nachmittag, gingen wir auf das Feld und spielten auf dem Didgeridoo in die tiefen Furchen hinein, um die Schmerzen der Erde etwas zu lindern.

3. September 1995

Ein ruhiger Sonntag im Haus der Freunde. Gegen elf Uhr beschlossen Mani und ich, einen Spaziergang zu unternehmen. Iris und die kleine Asia schlössen sich uns an. Wir nahmen uns vor, der Leylinie, die ungefähr in Nord-Süd-Richtung durch den Steinkreis führt, in Südrichtung zu folgen. Wir benutzten unsere Metallruten, und Mani ging fast immer voraus: Er war geübter, sicherer und schneller im Umgang mit der Rute.
Vom Steinkreis führt die Linie in den hinteren, verwilderten Teil des Gartens. Ein Ahornbaum, der Teil einer schönen Lichtung ist, steht darauf. Eine Senke liegt auf der Linie. Der schönste von drei Apfelbäumen steht dicht daneben.
Die Linie führt genau auf die Spitze des Grundstücks zu. Den Feldrand neben der Straße außerhalb des Grundstücks, der den Abschluß dieser Spitze bildet, wählte ich mir oft abends oder nachts zum Flötespielen oder Meditieren. (Wenn immer ich dort des Nachts spiele, habe ich den Eindruck, von Wesenheiten umgeben zu sein. Rings um mich tanzen Lichter, die ich mit den Augen als Schimmer und Flackern, meist von orangefarbener Natur, wahrnehmen kann.)
Die Mutung gab ein unruhiges Bild ab. Das hing auch mit der energetischen Katastrophe durch das Drainage-Legen am Vortag zusammen. Die Linie lehnt sich für etwa zwanzig Meter an den natürlichen Verlauf der Straße an, dann bricht sie wieder nach Süden aus. In der Mitte zwischen zwei stattlichen Birken durchquert sie den Bach. In der Weide, die jenseits des Baches steht, verbreitert sie sich stark. Mani mutete die Kernlinie mit einer Breite von etwa zwei Metern, ich die Außenbänder mit zum Teil zehn bis fünfzehn Metern Entfernung von der Mittellinie. Über mehrere Weiden ging es nun auf ein Maisfeld zu. Mani und ich stiefelten mitten hindurch, obwohl die Maisstangen das Rutengehen unmöglich machten. Dennoch hatten wir die Linie auf der anderen Seite wie-

der im Griff. Zur Sicherheit ging ich quer und prüfte erneut; wir waren genau dort aus dem Feld gekommen, wo die Linie ihren tatsächlichen Verlauf hatte. Im übrigen hatte Mani vorher *gesehen*, wo sie verlaufen müßte, und hatte sich den Zwischenraum zwischen zwei Bäumen als Peilrichtung gemerkt. Wir nahmen die Spur wieder auf und querten zwei weitere Weiden. Am nächsten Weidezaun fanden wir dann einen Brunnen genau auf der Linie. Jenseits des Zaunes liegt ein Acker. In der Mitte des Ackers registrierten wir eine unruhige Zone. Die Verlängerung der Linie führt nordöstlich an einem Waldstück vorbei, das noch auf altem Moorboden steht. In der unruhigen Zone zweigt offenbar eine Energiebahn von der Leylinie ab. Eine Kiefer, deren Stamm in drei bis vier Meter Höhe um eine imaginäre Linie in der Luft herumwächst, war mir Hinweiszeichen für eine zweite Linie. Wir durchstreiften das Hochmoor, in dem viele kleinere Torfstiche zu finden sind; zum Teil sind sie frisch. Jenseits des Moors nahm Mani wieder die Hauptlinie auf, während ich in der neuen Richtung weiter über den Acker strich und an eine zweite Kiefer gelangte, die ebenfalls eine charakteristische Wuchsform aufweist. Jenseits der Kiefer hatte ich Schwierigkeiten, über den Acker gehend, eine ordentliche Linie zu muten. Die Rute wurde mit zunehmender Kraft nach unten gezogen, wollte nicht mehr hochkommen und blieb selbst bei dem Versuch, seitlich aus diesem Kraftfeld zu fliehen, auf immer größer werdender Breite einfach mit der Spitze nach unten »hängen« – als würde sie von großer magnetischer Kraft dorthin gezogen. Meine Hände begannen zu schmerzen. Mani wartete am Waldrand auf mich. Ich sah einen Pfad, der in den Wald führte, und hielt mit der Rute in der Hand darauf zu. Als ich den Waldsaum hinter mir ließ und in den Wald drang, öffnete sich hinter den Bäumen eine Moorsenke. Aber schon nach wenigen Schritten bekam ich auf einmal im linken Schläfenbereich heftige Kopfschmerzen. Sie kamen so plötzlich, daß ich auf dem Absatz kehrt machte, mir den Kopf hielt, als hätte ich ihn mir gestoßen, und zum Freund zurückkehrte.

Ich erzählte ihm von meinen Wahrnehmungen auf dem Acker und am Waldrand. Mani saß wenige Schritte neben einer stattlichen Birke, die sich in drei Meter Höhe auf gleichmäßige, kronenförmige Weise in drei hoch aufragende Stämme teilt. Leider hat sich ein Jäger einen Hochsitz in diesen natürlichen Birkensitz gebaut. Ich schlug vor, die Bretter wegzureißen. Mani meinte, das sollten wir lieber ordentlich mit Werkzeug machen und hinterher ein Kreuz aufstellen, damit es auch verstanden werde. Die Birke steht auf der Linie.

Wir tauschten nun die Aufgaben: Mani folgte meiner Spur und ich der Hauptlinie. Wir trafen uns wenig später auf einem Sandhügel im Wald wieder, der ebenfalls eine unruhige Zone darstellt. Mani äußerte später die Vermutung, daß sich jemand über das Moor regelrecht eingeschleift habe in die Leylinie, um entweder die Energie für eigene Zwecke zu nutzen oder Energien in die Linie und damit in das Land einzuspeisen. Dadurch ist eine Abzweigung mit ausgesprochen schlechter Ausstrahlung entstanden. Ich war also auf die falsche Fährte gelockt worden und hatte einen Schlag vor den Kopf erhalten. Wir waren nämlich nun auf dem besten Wege, dorthin zu gelangen, wohin zu gelangen wir schon beim Verlassen des Gartens vermutet und befürchtet hatten: Zum Sandhügel im Braker Sand, wo Mani Vorjahren die Relikte schwarzmagischer Rituale vorgefunden hatte. Nunmehr wieder der Hauptlinie gemeinsam entlangspürend, hatten wir noch zwei weitere Sanddünen zu überqueren, dann trafen wir auf den erwähnten Hügel. Ein Pfad, der nach Westen verläuft, verführte dazu, ihm mit der Rute zu folgen. Er ist gut zu muten, aber ein Irrweg, auch wenn er auf eine Kiefer mit einer Art Hohlform im Stamm zuläuft.

Die eigentliche Leylinie berührt den Hügel an seiner Südflanke. Hier beendeten wir unsere Exkursion. Der Ort des Schwarzen Rituals fühlte sich an, als habe er sich einigermaßen erholt. Eine Feuerstelle und Essensreste im Gebüsch waren jedoch frisch.

14

Am-mer und Am-per

5. September 1995

Gestern kam ich bei Eva und Stefan, den lieben Freunden in der alten Heimat, an: Arbeitsurlaub in Biburg, also auf dem Lande, nicht weit von Fürstenfeldbruck. Heute nachmittag ging ich zu Fuß in die Stadt, um ein paar Besorgungen zu machen. Ich wählte den kürzesten Weg durch die Wälder, der mich sogleich durch eine kleine Talsenke führte, durch die einsam und singend mit feinem Klang ein schmaler Bach fließt. Später, auf dem Rückweg, fand ich an der Flanke der Senke ein *Marterl* aus Stein, das dem »Kunstmühlenbesitzer Aumiller«, 1922 verstorben, gewidmet ist. Es steht mitten im Wald, von Plastikrosen geziert – eine merkwürdige Stelle für so eine Gedenk- und Betstätte. Welchen Ort bezeichnet das Marterl? Es steht nicht nur an der Flanke des kleinen Tals, sondern auch an der Spitze eines Walls, der wie ein Damm das Tal an dieser Stelle zu schließen scheint und nur durch einen schmalen Einschnitt das Bächlein entläßt. Dieser Damm bildet mit den Talflanken eine organische Einheit und schließt das Tal siebzig Meter oberhalb erneut auf gleiche Weise ab. Es liegt also ein ovaler Talgrund, eingerahmt von einem Ringwall, dort. Der Talgrund ist eben, der Bach mäandriert, die Vegetation nimmt Formen eines Auwalds an. Was für eine schöne, heimliche Senke dort. Das sieht nach Menschenhand aus, und im ersten Augenblick mochte ich sogar an einen Siedlungsplatz oder heiligen Wiesengrund der Kelten denken. Es handelt sich aber offenbar um das Staubecken einer alten Aumühle. Die Waldflur heißt *Aumillerholz*.

Mein Weg führte zunächst nach Fürstenfeldbruck, und zwar über das Kloster. Ich schaute hinein und wählte dann den Weg hinter dem Kloster, der vorbei am Polizeirevier und an der Hauptpost in die Stadt führt. Zwischen diesen beiden Ämtern liegt der kleine Stadtpark, der die Umrisse eines spitzwinkligen Dreiecks hat. An dessen Spitze steht, eingerahmt von zwei Bäumen, ein Holzkruzifix. Ich vermutete sofort eine Leylinie unter diesem Kreuz und prüfte die Stelle hinter Kruzifix und Baumgruppe mit der Hand, da ich keine Rute bei mir hatte. Eine kaum merkliche Spannungsveränderung in den Fingern zeigte mir Breite und Verlauf der Linie an. Sie scheint genau durch die Mitte des Parkstreifens zu führen. Ihrem Verlauf folgend, stieß ich auf eine Baumgruppe, deren markantester Vertreter eine noch junge Eiche mit auffallend abgespreizten Astarmen ist, die in Richtung der beiden Himmelsachsen – nach Westen/Osten und nach Norden/Süden – Kreuze zu formen schien. Ihr vertraute ich mich an und befragte sie nach dem Ort und nach der Linie. Das von mir Erspürte wurde ganz und gar bestätigt. Ich hatte etwas gefunden. Ich vermutete, daß diese Linie etwas mit dem nahen Kloster zu tun haben müsse, und wollte auch etwas über ihren weiteren Verlauf in Erfahrung bringen. Da gab mir die Eiche den Ausblick darauf, daß gerade in Richtung ihres südwestlichen Verlaufs noch einige überraschende Entdeckungen auf mich warteten. In bezug auf die andere Richtung (in die Stadt hinein) war die Unklarheit zunächst größer, aber ich wurde von der Eiche aus dreier starker Stämme gewahr, die in einer Reihe stehen und dazu in direkter Verlängerung der bis zur Eiche verfolgten Linie. Es sind stattliche Eschen. Sie stehen wie Wegweiser auf der Linie, sie markieren ihren Verlauf. Ich konnte der Linie nun bis zur Grundstücksgrenze der Stadtwerke folgen, wo ich sie jenseits von Zaun und Gebäuden, innerhalb des bebauten Geländes, verlor. Sie scheint nicht, wie ich zunächst angenommen hatte,

Absender
Name: ....

Vorname: ....

Strasse: ....

PLZ, Ort: ....

Geburtsdatum: .... Beruf: ....

Telefon: ....

*E-Mail: .... @ ....
*Kann jederzeit abbestellt werden!

Bitte senden Sie mir:
- ☐ Schirner Verlag Katalog
- ☐ Schirner Verlag Newsletter (nur als E-Mail)*
- ☐ Seminar Szene (Veranstaltungsprogramm)
- ☐ Seminar Szene Newsletter (nur als E-Mail)*
- ☐ Interessengruppen und Gleichgesinnte

Folgende Themen interessieren mich besonders:

....

....
Alle Angaben werden vertraulich behandelt.

Bitte freimachen

Schirner Verlag
Zerninstrasse 7
D-64297 Darmstadt

direkt unter der dortigen Aumühle zu verlaufen. Ich fand die Linie später aber auf andere Weise wieder. Ich ging in die Leonardi-Kirche, eine der drei Kirchen im Stadtzentrum, die zu besuchen mich ein, in der Klosterkirche ausliegendes, kleines Büchlein angeregt hatte. Der Innenraum der schön restaurierten und ein gotisches Netzrippengewölbe zeigenden Kirche fällt durch das breite Querschiff auf, das als Hauptachse über das Längsschiff dominiert. Der Innenraum ist also gedrungen und breit, die Rückseite zugleich mit dem Abschluß des Querschiffes begrenzt, der Chor ist nach vorne ausladend. An das Querschiff wiederum schließt der Westturm mit dem Spitzhelm unmittelbar an, ohne innen mit dem Kirchenraum anders als durch eine Tür verbunden zu sein. Eins der mittleren Gewölbe, die alle mit Heiligendarstellungen verziert sind, weist eine eigenartige Bemalung in der mittleren Rhombe auf. Aus einer Wolke ragen nur der Kopf, die Hände, Füße und das Herz des *Erlösers* heraus. Der Künstler hat also in dieser Darstellung einen besonderen Aspekt des Christus durch die Weglassung des physischen Leibes herausstellen wollen.

Ich verstand diese symbolische Darstellung als einen Hinweis auf die Erlösungskräfte, und die Fühlungnahme bestätigte sofort, daß genau unter diesem Bild ein Ort starker *Aufwärtskräfte* sich befindet, welche dem Geist den Weg in die himmlischen Regionen zu weisen imstande sind – vorausgesetzt, er wurde zuvor erweckt. Die Raute mit dieser Darstellung ist nur ungefähr, aber nicht ganz genau in der Mitte der Längsachse zu finden; sie ist etwas zum Chor hin versetzt. Bei der Betrachtung von außen ergab sich, daß das Querschiff und seine durch Pfeiler und Pforten gekennzeichnete Mitte die Länge des gedrungenen Kirchenbaus ebenfalls nicht genau in der Mitte teilen, denn der Turmanbau im Westen ist etwas kürzer als Chor und Apsis im Osten. Die Raute mit der Himmelfahrtsdarstellung liegt genau in der Höhe der Fenster.

Ich prüfte, ob die Fenster die Länge der Kirche in zwei gleiche Teile teilen. – Sie tun es nicht ganz: Ich maß zwölf Schritte vom Chorabschluß zum Fenster, vierzehn vom Fenster zum Turmabschluß. Die geometrische Mitte liegt also etwas hinter der »Himmelfahrts-Raute«. Ich versuchte damit herauszufinden, ob die Kirche in ihrem annähernd quadratischen Grundriß um die heilige Mitte dieses Einstrahlpunktes herum gebaut worden ist. Läßt man den einen Schritt, den die Raute mit dem hinweisenden Bild von der geometrischen Mitte entfernt ist, als Abweichung gelten, so scheint dies durchaus der Fall zu sein. (Die vorderste Bankreihe steht übrigens knapp hinter dem so bezeichneten Punkt.)

Ich widmete mich wieder der Leylinie. Ich gewahrte, daß jenseits der Amper eine weitere Kirche, die der Heiligen Magdalena geweiht ist, so steht, daß sie eine Verlängerung der Linie bezeichnen könnte, wenn diese tatsächlich über St. Leonhard führt. Ich konnte ohne Rute hinter der St.-Leonhard-Kirche nichts feststellen, und der Rückweg zu den Stadtwerken ist mit Häusern verbaut. Aber die Richtung stimmte.

Ich wanderte zurück zum Kloster, dann durch die Wälder nach Biburg. Ich stellte fest, daß bis zum Kloster immer wieder Eschen den Verlauf der Linie kenntlich machen. Zunächst im Stadtpark, dann, jenseits der Straße und des Kanals, auf dem Gelände der Polizeischule. Offen blieb, ob die Linie nun durch die Klosterkirche oder, etwas südlich, über den Engelsberg verläuft. Vieles spricht für den Engelsberg, an dessen Hang früher einmal eine Marienkapelle gestanden hat, aber irgendeine Art der geomantischen Anbindung des Kirchenbaus und eine Verwebung der Ätherlinien wird es wohl geben. Den Innenraum des Klosters, das der Maria geweiht ist, konnte ich während all der Wochen meines Aufenthalts nicht ein einziges Mal weiter als bis zum Absperrgitter gleich hinter dem Portal betreten.

Das Studium der Karte bestätigte mir später meine Linienjagd: Engelsberg-Klosterpark-Stadtpark-St. Leonhard-St. Magdalena bilden eine Linie, die in Südwest-Nordost-Richtung verläuft. Nach Südwesten verlängert, zielt sie auf das Gebiet Fernsehturm/Keltenschanzen bei Holzhausen südlich von Fürstenfeldbruck; dazwischen läuft sie entlang des Höhenzugs Engelsberg-Amperleiten. Ob nun der Fernsehturm, der den höchsten Punkt der Umgebung markiert, auf der Linie steht oder die zwei Keltenschanzen in unmittelbarer Nähe darauf liegen, gilt es als nächstes herauszufinden.
Ferner hatte ich die Eingebung, daß die Kirche von St. Leonhard einen der Königssitze oder Feenthrone markiert, die es entlang der Amper meiner Spurensuche vor einem Jahr zufolge als Feenorte geben muß. Das scheint auf der Hand zu liegen: St. Leonhard steht direkt am Amperufer, und zwar an jener Stelle, an der der historische Brückenschlag über die Amper erfolgte, welcher nicht nur der Stadt ihren Namen gab, sondern auch die Furt oder ältere Brücke oder Fährstelle bezeichnet, die schon vor unserer Zeitrechnung von den Kelten benutzt wurde.
Hat die Anbetung des Heiligen Leonhard, Schutzpatron der Gefangenen, aber auch des Viehs und der Äcker, ihren Hintergrund in altem keltischen Brauchtum? Handelt es sich bei dem »Bauernherrgott« um die christianisierte Form einer keltischen Naturgottheit?
P.S. Die Verbindung Kloster-St.-Leonhard-Kirche ist allein durch die Geschichte augenscheinlich: Die Zisterzienser waren es ja, die die Kirche Anfang des 15. Jahrhunderts (die Weihe fand im Jahre 1440 statt) selbst errichteten und betreuten und die Leonardi-Wallfahrt nach Kräften förderten.

7. September 1995

Am Donnerstag wanderte ich zu Fuß durch Wald und Feldflur zu den beiden Funktürmen bei Holzhausen, von denen der ältere noch als Betongerippe weithin sichtbar dasteht. Die Keltenschanzen im Wald nahe der höchsten Erhebung, auf der die Türme stehen, waren mein Ziel. Die eine Keltenschanze war mir kaum erkennbar, ich lief beim ersten Mal hindurch, ohne den Ringwall zu erkennen. Auf dem Hügel vor den Türmen suchte ich nach querlaufenden Linien, doch erhielt ich nur verwirrende Ergebnisse.
Zusammenfassend möchte ich sagen: Wenn das Gebiet um die Keltenschanzen – die zweite konnte ich nicht mehr finden, aber ich weiß nun, wo sie zu suchen ist – etwas mit übergeordneten Leylinien zu tun hat, so ist der gesuchte Kreuzungs- oder Kardinalpunkt auf der höchsten Erhebung zu suchen, dort, wo der Sendeturm steht. Der Dialog mit einer Fichte deutete an, daß einst auf dem Buckel, wo heute die Türme stehen, ein Menhir gestanden haben könnte – ein steinzeitlicher Sender also.

10. September 1995

Ein Freund aus Stefans Bekanntenkreis, ein Schreiner, der sich für Bäume interessiert, lud zur Feier seines Geburtstages in einen *Eibenwald* ein, von dem er sehr angetan ist. Es ist der einzige und letzte seiner Art in Deutschland. Er liegt westlich von Weilheim, die Erdfunkstelle Raisting ist in der Nähe. Die Geschichtsschreibung weiß, daß die Römer den Eiben einst aus Furcht vor ihrer Zauber- und Heilkraft zu Leibe rückten. Dieses Gebiet war von den Kelten besiedelt, welche aus dem Saft der Eiben ihre Zaubertränke brauten ... Die ältesten heute dort lebenden Eiben sind 900 bis 1000 Jahre alt. Außer einem

hohlen Ahornbaum und Dutzenden von Quellen fand ich nichts, woran ich im Detail etwas über die verborgene Struktur dieser Landschaft hätte in Erfahrung bringen können. Die Eiben stehen sehr verstreut in dem Mischwald, der auch stark von Buchen und Erlen geprägt ist. Dieser Ort mit der charakteristischen Abbruchkante des Höhenzugs, der den Rand des ehemaligen Gletschertals bezeichnet, muß aber insgesamt von hoher tellurischer Ausstrahlung sein. Das schließe ich aus dem Vorhandensein und dem Erhalt der Eiben bis in unsere Tage.
Die Mönche des *Wessobrunner Klosters* kümmerten sich durch die Jahrhunderte hindurch bis heute um Quellen und Wald. Heute wird dort Trinkwasser gewonnen, das in Zukunft noch stärker in die Kanäle der Städte fließen soll. Nach einer besonders heiligen Quelle, die eine Kapelle zur Nachbarschaft haben soll, suchten wir vergebens. Ich bemerkte aber auf einem der Wege ein Tor aus zwei Eiben, das eine geistige Schwelle markierte; ferner eine Kuppe von starker Erdkraft, auf der drei Buchen stehen. Müßte ich wählen – dies wäre mein zentrales Heiligtum in diesem von Natur aus geheiligten Wald. Dahinter liegt eine feuchte Senke, in der Quellwasser austritt. Es ist ein zauberhafter Wald, aber seine Bedeutung liegt für mich noch ziemlich im dunkeln.

14. September 1995

Die letzten Nächte waren voller gütiger Sonnenwärme. Seit gestern herrscht dagegen Münchner Landregen. Am Montag gegen Mitternacht packte ich die Flöte in den Rucksack und radelte zum Engelsberg. An einem steinernen Tabernakel mit einer Marienstatue brannte ein Windlicht. Zögernd betrat ich das Plateau, das vom spärlich durch das Blätterwerk fallenden

Mondlicht beschienen war. Ein blau-grün erahntes Flimmern überall in den Bäumen zeigte mir die Anwesenheit einer hohen Energieschwingung an. Eine kosmische Präsenz war am Ort fühlbar. Lange stand ich an einem bestimmten Punkt in der Mitte der Lichtung. Ich hörte Rascheln im Laub, den Warnruf eines Vogels, ein fernes Käuzchen. Ich legte mich auf den Boden und atmete die Energie des Ortes ein. Ein Igel kam, berührte meine linke Hand, stöberte neben meinem Kopf im Laub. Ich richtete mich auf, um auf der Flöte zu spielen. Nachdem ich dreimal den tiefsten Ton, das *c*, angestimmt hatte, kam Wind auf: Es raschelte in den Kronen der Bäume, die Luft wurde merklich kühler. Hatte ich den falschen Ton erwischt? Ich spielte ein *a*. Es raschelte weiterhin, es kam noch mehr kühle Luft. Ich suchte noch einige Zeit nach den richtigen Griffen, doch dann wurde ich unsicher, und der Ort selbst gab mir auf mein Fragen hin zu verstehen, daß dies nicht der Moment sei für das Flötenspiel. Ich packte die Flöte wieder ein. Kurze Zeit darauf legte sich der Wind, das Rascheln besänftigte sich. Ich hatte die Feen und die Engel zur Unzeit gestört.

Ungläubigen mag eine andere Erklärung dienen: Ich hatte mit dem ersten Ton eine Ablösung der hier festhängenden warmen Luftschichten ausgelöst – Thermik entstand, und kühle Luft strömte von den Seiten her nach.

Ich ging hinüber zu der Buche mit den gespreizten Armen, legte meine Hände an ihren glatten Stamm und neigte den Kopf auf die Brust. Ich sah ... in einen Himmel voller Sterne. Ich sah in den inneren Kosmos hinein.

Heute, Donnerstag, war ich am Nachmittag dort. Im Licht des Tages gewahrte ich die Spuren der Zerstörungwut, die sich leider auch hier entladen hatte. In den Abfalleimern waren Brände entzündet worden, die verkohlten Reste der Plastikbehälter standen traurig herum. Ich nahm auf der Sitzgruppe in der Mitte des Plateaus Platz und sah hinüber zu der

Linde, die über und über mit Knoten und Auswüchsen übersät ist. Ihr Stamm teilt sich in etwa drei Meter Höhe. In der Gabelung bemerkte ich zunächst das Gesicht eines Gnoms, gebildet aus den Furchen der Rinde. Das Gesicht bekam einen Körper, und ich sah nun die Statue eines Heiligen von etwa achtzig Zentimeter Größe darin. Der Heilige hält etwas im rechten, erhobenen Arm. Es kann ein Zepter sein oder eine Fackel; aber die erste Eingebung formte einen großen Schlüssel daraus. Nun begann ich, auch in den vielen Ausstülpungen und Knoten Gnomengesichter zu sehen, und der Heilige steht in ihrer Schar und umfaßt sie alle, denn er hält den Schlüssel in der Hand.

15. September 1995

Ich hatte in der Vorwoche die seltsame ovale Niederung im Aumillerholz unweit des Hauses der Freunde entdeckt und zu beschreiben versucht. Am Freitagnachmittag begab ich mich mit Rute und Pendel dorthin. Ich suchte zunächst das Marterl auf. Etliche Eichhörnchen waren zuvor auf dieselbe Idee gekommen und sprengten nun in die Büsche und auf die Bäume. Drei von ihnen blieben in Sichtweite und rührten sich nicht, wie auch ich mich kaum bewegte, als ich ihnen auf der Flöte vorspielte. Weder kamen sie näher, noch flohen sie. Ich hatte nicht die richtigen Töne getroffen. Dann wandte ich mich dem ovalen Kessel zu, der Erlen und Fichten in seinem feuchten, von dem kleinen Bach durchflossenen Inneren beherbergt. Ich gewahrte bald zwei Fichten, die in drei bzw. vier Meter Höhe krebsartige Geschwülste aus ihrem ansonsten ganz gerade gewachsenen Stämmen ausstülpten. Die dünnere von beiden hat außerdem noch einen faustgroßen »Furunkel« in Hüfthöhe. Die beiden Fichten stehen zu beiden Seiten des

Baches, und in ihrer Verlängerung wächst eine Erle, die in größerer Höhe eine Bucht mit ihrem Stamm beschreibt.

In weiterer Linie etwas nach rechts versetzt kreuzen sich zwei dünne Ahornstämme gegeneinander wie zwei Säbelklingen, während gegenüber, also links von der gedachten Linie, zwei Buchenstämme genau das Gegenteil anzeigen und nebeneinander in großer harmonischer Parallelität nach oben streben, wobei die Kurven und Krümmungen des einen Stamms exakt von dem nur eine Handbreit entfernten Nachbarstamm nachgezeichnet werden.

Die Baumwesen in dieser kleinen Au sprechen also eine Sprache, die entschlüsselt werden will. Da ist die Schlangenlinie des Baches, gekreuzt von der scheinbar geraden Linie irgendeines energetischen oder ätherischen Phänomens, dann das Zeichen der Parallelität (Harmonie) gegen das der Kreuzung (Gegensätzlichkeit) gestellt. Ein Ort, der zwei entgegengesetzte Qualitäten in sich vereint, ist der nicht ein Abbild des harmonischen Kosmos zu nennen? An die zweite Fichte stellte ich nun, nachdem ich die verbindende Linie mit der Rute geortet hatte, die ziemlich direkte Frage: »Wer bist du?«

Die Antwort, die ich mir über das Pendel erarbeitete, war so, daß ich dahin gebracht wurde, das recht allgemeine Konzept der Leylinie – stellvertretend für Vitalenergie oder Drachenlinie – aufzugeben. Weder eine Ley-, noch eine Drachen-, noch eine Yang-Linie war hier zu finden, sagte das Pendel. Immerhin bekam ich heraus, daß es sich um ein Band mit Yin-Qualität handeln muß, das an der *Erdoberfläche* verläuft, also weder im Boden drinnen noch in der Höhe von etwa vier Metern, die durch die Wuchszeichen der Bäume angezeigt ist. Das Wahrscheinlichste wäre eine oberflächennahe Wasserader gewesen, aber sowohl die Art des Rutenausschlags als auch die Reaktion des Pendels sprachen dagegen. Ein Yin-Band unbekannter Art an der Oberfläche also! Ich legte Hände und Stirn an die zweite Fichte und erbat Aufschluß über den Ort. Nach einiger Zeit traten Bilder vor mein geistiges Auge, die ich als *Visionen* (und nicht etwa Imaginationen der eigenen gedanklichen Kräfte) erkannte. Nicht irgendwelche Linien spielten darin eine Rolle, sondern ich sah mich plötzlich an den Rand der Au gestellt und in die Höhe gekippt; ich sah von oben auf die Mitte des Kessels herab, und unter mir begannen die Bäume gegen den Uhrzeigersinn zu kreisen. Es kreiste der Kessel unter mir, und als ich innerlich versuchte, näher an das Zentrum heranzukommen, wurde das Bild dunkler und schwärzer, und es war da ein Strudel in der Mitte, der alles sanft nach unten zog und in Dunkelheit verwandelte. Nun rang ich um Aufschluß darüber, ob die Mitte des Kessels sich kreisend bewege, oder ob ich in schneller Kreisfahrt um den Rand des Kessels herumsauste. Die Vision wollte auf dieses Unterscheidungsbedürfnis kein klares Antwortbild zeigen, aber ich gewahrte nun, daß sich der Rand des Kessels, nämlich nur ein schmales Band auf dem Wall, in entgegengesetzter Richtung drehte. Noch einmal »kippte« ich nach vorne und sah in den schwarzen, kreisenden Trichter hinein, dann löste sich die Vision auf, und ich trat vom Baum zurück, nicht ohne ihm meinen leisen Dank auszusprechen.

Es muß sich bei diesem »ovalen Kessel«, bei der feuchten Senke, um einen Ort des Einzugs der verbrauchten ätherischen Kräfte handeln, so meine Interpretation, also um einen Ort der *Umwandlung*, denn die Drehrichtung nach links entspricht der linksdrehenden oder Yin-Swastika (Sawastika), der »Todes«-Spirale.

Aber welch sanfte und gar nicht kraftraubende oder negative Ausstrahlung hat der Ort! Kann es sein, daß dieser Kessel einen Ort der Wandlung in seinem weitgehend *natürlichen* Zustand darstellt, d.h., die Wandlungskräfte sind noch nicht derart mit den Giften und Blockaden der Neuzeit überfordert, daß sie sich in lebensfeindliche Energien verwandelt haben? Erscheint der Ort, da er in seiner Wandlungs-Funktion unerkannt und daher unberührt ist, also nicht in dämonenhafter Gestalt, wie das sonst oft der Fall ist?

Auf dem westlichen, die Senke begrenzenden Wall stehend, ergab sich eine neue Überraschung als Antwort auf meine vermittels des Pendels an den Hügel gestellte Frage: Die südwestlich und nordöstlich begrenzenden Wälle seien *nicht* von Menschen gemacht – obwohl sie wirklich so aussehen –, sondern von natürlicher Entstehungsform. Das war verblüffend. Auch sei hier niemals eine Siedlung gewesen, wohl aber war früheren Kulturen dieser Ort als Ort einer bestimmten heiligen Qualität bekannt.

Dazu ist zu bemerken, daß bachaufwärts noch zwei weitere, kleinere Senken von ähnlicher Gestalt wie diese hier zu finden sind. Es muß sich aber nun bei allen dreien um ehemalige hintereinanderliegende, von Menschen angelegte Fischteiche handeln. Vielleicht geben alte Aufzeichnungen hierüber Aufschluß – vom Aumiller etwa, der von 1858 bis 1922 lebte.

Ich hatte vor ein paar Wochen eine neue Methode kennengelernt, die verschiedenen Schichten des Äthers (Erd-, Luft-, Wasser-, Feuer-Äther) zu bestimmen. Mit zum Schnippen gespannten Fingern am ausgestreckten Arm fährt man durch die Luft, als würde man vom Boden bis über den Scheitel an etwas Maß nehmen. Dabei konzentriert man sich auf eine der vier Ätherarten und auf die Frage: Wo ist die Grenze? Die Finger schnippen dann von selbst, wenn man die Grenzschicht berührt. Meine bisherigen Erfahrungen mit dieser Ätherprüfmethode waren vage, aber ich kam auf cirka eineinhalb Meter Höhe für den wäßrigen Äther, etwa dreißig Zentimeter für den physischen, an den sich von oben her der luftige anschließt, während der feurige Äther knapp über dem feuchten Boden seine Grenze hat. Wie gesagt, die Methode ist mir noch wenig vertraut...

Ich folgte dem Bachlauf, um zu seinem Ursprung zu gelangen. Weiter oben trennt er Feld- und Waldflur voneinander, Ahornbäume und Linden bilden eine Allee. Herbstzeitlose säumen des Wasserlaufs weiteren Weg. Schließlich tritt der Wald zurück, der Weg vom Engelsberg her quert den Bach, indem er zugleich durch ein Tor aus zwei stattlichen Eichen hindurch führt. Noch hundert Meter kann man dem Bach, der nunmehr nichts weiter als ein Drainagegraben ist, durch das anschließende Feld folgen. Eine kleine Eichengruppe markiert wohl seinen wahren Ursprung, während in weiterer Richtung zum Waldrand hin das Gelände wieder abfällt, die Fließrichtung nicht mehr dieselbe ist.
Das Eichentor aber – markiert es die gesuchte Hauptader der Drachenlinie vom Engelsberg zur Höhe bei den Funktürmen? Weiter im Feld in südlicher Richtung steht erneut ein Eichentor; der Weg scheint streckenweise der Drachenlinie zu folgen.

16. September 1995

Nachdem ich nun besser auf der Karte orientiert war, brach ich am späten Nachmittag dieses Samstags auf, um die zweite Keltenschanze, die rechtwinklige, im Wald aufzusuchen. Ich fand sie auf Anhieb. Größer, schöner und deutlicher ist ihre Form als die der halbrunden, zuerst gefundenen Schanze. Ein klar geformter Wall von einer inneren Höhe von etwa eineinhalb Metern und einer äußeren, durch einen umlaufenden Graben bedingten Höhe von drei Metern umgrenzt eine rechteckige Waldfläche. Dies war zweifellos ein idealer Siedlungsort in der Nähe der feuchten Senke mit frischem Quellwasser und der höchsten Erhebung der Umgebung, auf der vermutlich einst ein Menhir als Heiligtum stand.
Ich sog die friedvolle, verzauberte Atmosphäre des grünen,

heute nur von Bäumen und Moosen und Büschen bewohnten Platzes in mich hinein; es ergaben sich mir aber keine Anhaltspunkte für irgendwelche Naturheiligtümer oder ätherische oder energetische Besonderheiten. Ich fand keine Linien. Aber einen wunderbaren Ort der Stille!

17. September 1995

Am gestrigen Abend band ich Evas Gong vom Regal im großen Zimmer los und schleppte ihn in den Wald. Ich weiß nicht, wie lange ich auf ihn einschlug – es mag eine Viertelstunde gewesen sein oder eine halbe. Es schepperte und kreischte und sang durch den Wald um die Aumiller-Senke herum. Ich glaube, ich habe die Energie dort kräftig durcheinandergewirbelt. Gut war's. Die Sonne ging mit theatralischer Bühnenmusik gerade unter, als ich aus dem Wald kam. Ich stellte mich an den Rand eines blühenden Rapsfeldes und schlug den Gong erneut an. Welch Zusammenklang mit den Farbspielen von Himmel und Erde!

18. September 1995

Es war Montag, ein wunderschöner Spätsommertag, von der Sonne vergoldet. Gegen Mittag machten Stefan und ich uns auf den Weg in den Schongau; Stefan wollte mir Sandsteinhöhlen an der Ammer zeigen, die er schon des öfteren besucht hatte und von denen er weiß, daß zur Zeit des Dreißigjährigen Krieges Mönche des nahen Klosters dort Zuflucht genommen hatten. Es ist sogar die Rede von einem geheimen Gang, der die Höhlen mit dem Kloster verbinden soll, aber Genaueres konnte ich nicht in Erfahrung bringen, und es ist fraglich, ob der Gang noch existiert. Wir parkten

den Wagen am Rand der Schlucht hinter einer Holzfabrik bei Peiting. Der Weg führt hinab zur Ammer, an ein Wehr, dann flußaufwärts am Ufer entlang bis zu einer Biegung, wo rechter Hand ein springender Bach in zauberhafter Weise den Hang mit Sinter überzieht. Hier nahmen wir ein Bad im von den jüngsten Schneefällen eiskalten Wasser, dann nahm uns eine Holzbrücke auf und führte uns in den Wald am Fuße des östlichen Steilhangs des schluchtartigen Tals. Der Wald bedeckt hier eine Ebene, die einstmals vom Fluß in der Leeseite seiner Strömung ausgewaschen worden war; unvermittelt und ohne rechten Übergang erhebt sich im Anschluß daran der bewaldete Berghang. Etwas links vom Weg, genau am Fuße des Hangs, fiel mir ein Erdhügel auf, der von sehr strenger Form ist und wie der Buckel eines halb im Berg verschwundenen Wals in den Wald hineinragt; von schwärzlichem Schotter ist seine Oberfläche. Es könnte ein Grabhügel sein, aber die relativ hohe und steile Form ist für die Gegend untypisch, auch die Oberfläche sah zu glatt und zu frisch aus.
Um was handelt es sich bei diesem Hügel? Um den Überrest einer Mure, da doch genau hinter dem Hügel eine Rinne im Hang mündet, die zuunterst mit drei Holzbohlen gegen weiteres Nachrutschen der Erde gesichert ist? Hier konnte nur noch das Pendel Auskunft geben! Ich tastete mich nach der Entstehungszeit und dem Geheimnis des Hügels vor, und es ergab sich überraschenderweise, daß der Kern des Hügels seine Entstehungszeit um 1000 n.Chr. hat, aber die Oberfläche, die Deckschicht, aus jüngster Zeit stammt. Allzu jung kann sie auch nicht sein: etwa dreißigjährige Fichten wachsen auf dem Rand des Hügels, sie sind also nicht nachträglich verschüttet worden. Der Hügel überdeckt einen Eingang in den Berg – keinen mystischen Eingang in die Unterwelt, wie ich allzu gern annehmen wollte, sondern einen ganz normalen Mineneingang. Welcher Art der Bergbau an dieser Stelle einst war, vergaß ich pendelnd zu erforschen, und leider auch, ob der Stollen am

Ende eine geheime Verbindung zu den Sandsteinhöhlen darstellte, die sich nämlich, wie sich im nachhinein ergab, genau über dieser Stelle oben im Hang befinden.
Im Weitergehen versuchte Stefan, mich auf den Weg in den Wald zu lotsen; das Pendeln hatte so seine Zeit erfordert, die der Freund müßiggehend auf mich warten mußte; nun befürchtete er, ich könnte an einem neuen Objekt Gefallen finden, an einem merkwürdig geformten Sandsteinblock nämlich, der rechter Hand zwischen den Bäumen stand. Ich fand Gefallen an ihm, und wie! Ich untersuchte eingehend die Anordnung der Felsblöcke – es waren mehrere –, und es ergab sich ein sehr interessantes Bild. Ein wahres Kleinod einer Mysterienstätte hatte sich uns entdeckt! Die weiteren Details enthüllten sich uns allerdings erst, als wir auf dem Rückweg von den Sandsteinhöhlen waren und mich eine wertvolle Entdeckung an jener Stelle, an der der Weg den Hang verläßt und in die bewaldete Ebene in der Flußbiegung tritt, dazu veranlaßt hat, mich erneut mit den Sandsteinfelsen zu befassen.
Ich versuchte, die auf intuitive Weise gewonnenen Erkenntnisse zu einem genaueren Bild des Ortes als dem im Aufstieg gewonnenen zusammenzusetzen. Im Absteigen zur linken Hand nämlich stehen zwei bis drei Meter neben dem Weg zwei schlanke Buchen, von denen die kleinere mit der einen Fortsetzung ihres geteilten Stammes in die größere dringt. Der Anwuchs ist so perfekt, daß mich das dergestalt entstandene Tor augenblicklich an den spannungsreichen Bogen im Geäst der Drei Schwestern, den Buchen des Pan im Park von Hude, erinnerte. Es steht da im Wald also eine Tür, die nur aus Rahmen besteht und weder Wand noch Türschloß kennt – eine magische Tür vielleicht? Ist sie es, so führt sie weder hinaus noch hinein, sondern den, der sie benutzt, durch sich selbst hindurch ... Es ist zugleich der Zugang zu der seltsamen Stätte:
Auf einem flachen Erdhügel am Fuße des Hangs, in Steinwurf-

weite zum Fluß, steht ein seltsam geformter, einzelner Sandsteinfelsen von der Höhe eines Menschen. Sein Umfang ist größer als der des menschlichen Körpers, und er ist so bizarr geformt, mit Buchten und Ausstülpungen und Einwaschungen und Kanten, daß er als Modell eines Gelenkknorpels angesehen werden könnte oder, um es anders auszudrücken, als eine museale Skulptur der modernen Kunst volle Ehre und Aufmerksamkeit verdient hätte. Linker Hand (sofern man dem Fluß zugewandt ist) steht in zwei Schritt Entfernung eine Art Grabstele, ein hüfthoher, lang und schmal geformter Stein. Zur rechten Hand ist die Erde zu einem bizarren Hügel aufgeworfen, und darunter steckt ebenfalls ein Sandsteinblock von allerdings unbekannter Form. Diese Blöcke zu beiden Seiten der bizarren Felsskulptur bilden eine Linie, die hinter dieser vorbeiläuft – das *Männchen*, wie ich es künftig nennen will, steht also nicht exakt auf der Linie. Ohne es mit der Rute geprüft zu haben (sondern nur mit der Hand, wobei sich eine kaum merkliche Spannungsveränderung in den Fingern bemerkbar machte), bin ich sicher, daß diese Linie eine geomantische ist, also eine der verschiedenen energetischen Adern darstellt. In gleicher Linie befindet sich nämlich linker Hand in zehn Meter Entfernung ein Erdhügel von etwa einem Meter Höhe, der aus einem Gürtel von Schachtelhalmen herausragt. Ein Grabhügel ist es nicht, doch seine genaue Identität gab er mir nicht preis. Ein verwitterter Baum – Buche oder Birke – steht darauf.

Beim ersten In-Augenschein-Nehmen war mir als nächstes der etwa zehn Meter hohe Stumpf einer abgestorbenen, mächtigen Buche aufgefallen, die am Ende einer zum Ufer führenden Schneise steht und ganz morsch und mit Moosen und Pilzen bewachsen ist. Ich gewann den Eindruck, daß sie irgendwie mit der Einheit des Ortes in Beziehung steht und gewissermaßen dessen Abschluß darstellt. Die verwitterte Buche bildet nämlich mit dem Männchen und dem entscheidenden zweiten Felsen, der dem Ort seine besondere Prä-

gung verleiht, näherungsweise eine gerade Linie. Dieser zweite Felsen aber ist hinter dem Männchen zu finden, zehn bis fünfzehn Meter näher am Hang und bereits um ein bis zwei Meter erhöht: Eine riesige, gewölbte Sandsternplatte ragt aufrecht aus dem Boden heraus. Sie hat die Form eines rechteckigen, aber in sich gebogenen Wandschirms und steht auch solcherweise, nämlich etwas in sich schirmend und gegen den Hügel mit dem Männchen bergend, da. Eine Muschel wäre etwas, was noch gebogener und runder wäre, aber diesen Stein möchte ich dennoch eine *Muschel* nennen – oder aber eine *Kanzel*. Er ist drei Meter hoch und vier bis fünf Meter breit, bei einer Dicke von einem halben bis einem Meter. Fußspuren und Sandschüttung, auf der keine Vegetation Fuß fassen kann, weisen darauf hin, daß dieser Stein gerne besucht, betastet und belauscht, ja umspielt und – wer weiß – auch um seiner innewohnenden Funktion willen aufgesucht wird. Diese Kanzel erst, die über dem Ensemble mit dem Männchen thront, macht den Ort zu etwas Mysteriösem. Die Prüfung mit dem Pendel ergab, daß der Kanzel- oder Muschelstein von Yin-Polarisation ist, das Männchen ist von einer rechtsdrehenden Schwingung, also Yang. Diese Verteilung der Rollen ist auch aus den jeweiligen Formen ersichtlich. Wie aber sind die Rollen zu denken, die die alten und neuen Priester an dieser *Mysterien- oder Einweihungsstätte* bekleiden, und wie heißt das Stück, das hier gespielt wird?
Bei der ersten Begegnung fragte ich die Buche nach den heutigen Besuchern des Kultplatzes, um den es sich hier offensichtlich handelt, und ich gewann den Eindruck, daß zwar so etwas wie »Hexenrituale« abgehalten werden, das Ganze aber eine eher harmlose Spielform darstellt. Der Ort war durchaus nicht von starken negativen Kräften getrübt. Es lag eine heitere Verschmitztheit im Ätherraum über dem Steinensemble. Näheren Aufschluß gewann ich im Gespräch mit der größeren der beiden Buchen, die das Tor zu diesem Tempel bil-

den. Die Buche bedeutete mir, daß mir noch ein wichtiges Element des Ortes fehle, das in der flachen Senke etwa im Mittelbereich des mystischen Bezirks zu finden sei. Auf meinen Wunsch, etwas über die Bedeutung und Funktion des Ortes zu erfahren, sandte mir die Buche Bilder von Zwergen, also Elementargeistern, und Tieren, die sich hier versammelten, um in ritueller Form in einer Art kultischen Rollenspiels oder Konferenz die Angelegenheiten des Ammertales zu beratschlagen. Ein richtiger Zwergenort fürwahr!

Was aber verbindet frühere Menschen, die Kelten etwa, mit dem Ort, und was ist in den Sagen und Legenden der Gegend über diesen Ort zu finden? Das bedarf der Klärung, die nur in der Bibliothek, nicht im Grünen geleistet werden kann. (Eine der Sandsteinhöhlen oben am Hang ist *Hexenkuchl* geheißen. Oder ist nicht eher *dieser* Ort damit gemeint?)

Ich suchte noch nach dem letzten Puzzleteil, auf das mich die Buche aufmerksam gemacht hatte, und entdeckte einen kleinen runden Erdhügel, der ziemlich genau in der Achse Schachtelhalmhügel-Grabstele -verdeckter Fels lag. Die dem Ort als Grundriß zukommende Kreuzform in annähernder Nord-Süd- bzw. West-Ost-Ausrichtung war damit vollendet. Ich stellte mich auf den Hügel und ließ mich innerlich hineingleiten. Das tänzelnde Muster kosmischer Schwingungen erfaßte mich, und zu meinem Erstaunen öffnete sich die innere Welt, ein Gefühl der Leichte und des Schwebens vermittelnd, nicht nur nach oben hin, wie es von einem Einstrahlungspunkt kosmisch-geistiger Kräfte zu erwarten war, sondern mit gleicher Leichtigkeit auch nach unten, in die Erde hinein. Daß dies ein *Nabel der Erde* ist, war mir sogleich in den Sinn gekommen, denn die Omphalos-Form des Hügels (*kein* Grabhügel, sagte das Pendel) legte dies nahe; aber nach unten die Fühlung aufnehmend, wurde mir bewußt, daß *Ohr der Erde* die treffendere Bezeichnung für diesen hochempfindlichen Punkt war. Die Erde – hörte mich! In meiner ersten Verwirrung vermochte ich ledig-

lich an eine meiner Geschichten zu denken, an denen ich gerade schrieb, und die Erdmutter erhörte mich und gab mir in gütiger Weise den Rat, ein Stück Holz, das ich an der Stirnseite des Hügels hinter der dort stehenden Fichte finden würde, als Unterpfand mitzunehmen, welches mir die Bündelung der mit jener Geschichte verbundenen Eingebungen erlauben werde. Ich war jedoch töricht genug, ein L-förmiges Stück Holz, das ganz feucht und morsch war, zu zerbrechen und zu verwerfen. Statt dessen nahm ich einen dürren Fichtenast mit, dessen »Achsel«, die ihn einst mit dem Stamm verband, mir wegen ihrer Innenzeichnung zusagte. Ob es richtig war?
Endlich riß ich mich los. Bevor wir jedoch den betonierten Seitenkanal überquerten, der bei Hochwasser den Fluten der Ammer die schnelle Abkürzung erlaubt, um die Brücke zu schützen, gewahrte ich rechter Hand im Wald eine Fichte, die eine starke Wurzel über dem Erdboden in einer Art Schlangenwindung dergestalt ausstülpt, daß ein richtiges Loch dabei entstanden ist. Da muß eine geomantische Linie hindurchgehen! Ich prüfte mit der Rute und stellte fest, daß eine Energielinie zwar nicht durch das Wurzelloch, aber genau unter dem Fichtenstamm hindurch verläuft, und zwar in der Verlängerung geradewegs auf die Mysterienstätte zu! Es handelt sich um die Verlängerung der Süd-Nord-Linie, die über die mittleren Steine und die beiden Hügel verläuft.

P.S. Oben auf dem sonnenbeschienenen Plateau bei den Sandsteinhöhlen hatte ich, während Stefan eingeschlafen war, Moospölsterchen gefunden, die von wunderschöner meergrüner Farbe oder von der Farbe des Herzchakras, von leuchtendem Smaragdgrün, waren und einen schönen, glatten Strich aufwiesen. Es waren nicht die gewöhnlichen dunkelgrünen Flechtenmoose, sondern eine andere Art, deren Name mir sowenig bekannt ist wie der der dunkelgrünen Sorte. Kurzum: Ich hielt das Pendel darüber. Es drehte sich nach links im Kreise. Und dann rechtsherum. Ich prüfte das Phänomen mehrere Male: Immer dasselbe Pulsen! Diese Moossorte pulsierte im Yin-Yang-Wechsel, wobei der Wechsel einmal alle fünf bis zehn Sekunden, an anderer Stelle alle zehn bis fünfzehn Sekunden erfolgte.

26. September 1995

Es bot sich mir die Gelegenheit, Marko Pogacnik und eine Gruppe von Geomantieschülern in Köln zu besuchen, wo sie sich dieser Tage Wahrnehmungsübungen und Aufgaben der Erdheilung im Bergischen Land widmeten. Am Montagabend erläuterte der Erdheiler, wie dem Bergischen Land eine Dreiecksstruktur der Kraft, ein Dreieck der Herzkraft einbeschrieben ist, das überregionale Bedeutung besitzt und nach allen Seiten etwa 250 Kilometer weit ausstrahlt. Er hatte auf einer Karte die geomantisch relevanten und heilungsbedürftigen Orte verzeichnet; aus der geistigen Welt waren sie ihm mitgeteilt worden.
Zu diesem Kraftsystem gehört auch ein Einatmungs-Ausatmungs-System, dem am nächsten Tag die Bemühungen der Gruppe galten. Einer der beiden Punkte ist im Königsforst westlich von Köln zu suchen. In drei Wagen fuhren wir auf einen Parkplatz, von wo aus aber noch die Autobahn zu unterqueren war, um in den großen Königsforst zu gelangen. Die Gruppe war aber nicht in der Lage, den Weg zu finden oder sich darüber zu einigen, und so kehrten wir zu den Wagen zurück, um die Autobahn zu umfahren und einen neuen Anlauf zu versuchen. Im Wald diskutierten dann ein Dutzend Teilnehmer, über verschiedene Karten gebeugt, den richtigen Weg. Es dauerte lange, bis wir nach vielem Vor und Zurück den Ort der Einatmung fanden. Waren dem Auffinden hier Hürden gesetzt worden? Der Punkt liegt unweit der Auto-

bahn an der Nordostseite einer vom Wald ausgesparten Lichtung, die die Form eines Dreiecks hat. Wir betraten die Lichtung schließlich von Südwesten her. Die Rundung eines Hügels wölbt sich hier von zwei Seiten aus den Niederungen der bewaldeten Flanken heraus; nach oben schließt die Lichtung mit einer grünen Mauer von stramm dastehenden Fichten ab. In der Mitte dieser Fichtenmauer thront der Holzverschlag eines Jägerstandes, der in beträchtlicher Höhe zwischen den Fichten erbaut worden war. Ich strebte aber quer über das nasse Gras einem riesigen Baume zu, der die eine Seite der Lichtung ganz und gar dominiert und auf einer hügelartigen Erhebung steht, die nach hinten zu in den Wald hinein rasch abfällt. Zweifellos, so war mir klar, ist dies ein besonderer Ort, der zumindest mit dem gesuchten Organ der Einatmung in Beziehung steht, wenn er nicht mit ihm identisch ist. Eine erste Fühlungnahme schenkte mir nach einigen Minuten eine Wolke von Glückseligkeit, die mich alles, was ich an Sorgen damals mit mir herumtrug, leichter schultern ließ. Ich erspürte den Platz als einen mit den Kräften der Erde verbundenen; von dem Hügel stieg der charakteristische Wiege-Rhythmus auf und durchpulste mich; daß ich auf einem *Venushügel* stehe, durchfuhr es mich, die gewölbte Dreiecksform der Lichtung gemahnte mich daran; es war, als setzte man seinen Fuß auf den in der Landschaft hingestreckten Körper einer Göttin. Von dem schlitzfenstrigen Jägerstand in der Fichtenmauer ging dabei ein Gefühl der Bedrohung aus. Sicherlich ist dies ein sehr intimer Ort, so empfanden es auch die anderen, und Marko Pogacnik kam später zu dem Schluß, daß es sich bei dem kleinen Hügel um das dem Einatmungspunkt zugehörige Heiligtum handeln müsse, das aber spätestens seit der Christianisierung in Vergessenheit geraten sei. Indes ist der Hügel rings um den kräftigen Stamm des riesigen Baumes – es ist eine Wildkirsche – durch das Aufhäufen von Feldsteinen angewachsen; dem Bauern ist

der Platz nur noch die Aufnahme dessen wert, was für ihn *ohne* Wert ist. Wir befreiten die große Wildkirsche, deren Hauptstamm sich in sechs, die Krone bildende Stämme aufteilt, von den Holzresten eines ehemaligen Jägerstandes.
Die Gruppe hatte nun den Wunsch, die Methoden der Wahrnehmung und Interpretation eines Ortes zu systematisieren. So standen wir eine Zeitlang da und diskutierten, bevor wir mit dem Ort wirklich Kontakt aufnahmen. Ich hatte inzwischen mit der Kirsche gesprochen und einen Hinweis auf die Tierwelt erhalten, für die ein Platz wie dieser einen Ort der Zusammenkunft darstelle. Hier treffen die übergeordneten Seelen der Tiere, denen die einzelnen Geschöpfe angehören, Übereinkünfte untereinander, in kosmischer Harmonie, unter mütterlichem Vorsitz und Fürsorge der Gaia ...
Dem ist hinzuzufügen, daß überall in und vor dieser Lichtung aufgewühlte Erde, die Spuren von Wildschweinen zu finden sind. Indessen erzählte mir die Wildkirsche von ihrer heiligen Frucht, die ja von Vögeln und Tieren aufgenommen wird und mit den Geschöpfen ihren Weg durch die Wälder und durch die Lüfte nimmt und dabei sozusagen heilige Bahnen beschreibt, bevor der Kern mit den Ausscheidungen an bestimmter Stelle niedergelegt wird, womit ein Same der Qualität »Wildkirsche« und »Kosmische Einatmung« in die nähere Landschaft gelegt ist. (Die Kirsche als Frucht erinnerte mich hier sogleich an den roten Rubin, der zum Gral geworden ist, nachdem ihn der Erzengel Michael dem fallenden Engel aus der Krone geschlagen hat.) Die Frage, welche Rolle die Fauna in der Geomantie spielt, tauchte hier auf; sie ist mir noch ganz und gar unerschlossen.
Dafür ergab sich eine wesentliche Klärung der Natur von *Einstrahlungspunkten*. Diese werden von uns als »von oben kommende Energiesäulen« wahrgenommen, wodurch sich aber gewisse Widersprüche anmelden, denn die Einstrahlungspunkte werden zumeist einer bestimmten kosmischen

Qualität (z.B. Planetenenergien) zugeordnet, doch dreht sich die Erde ja ständig unter den Sternen hinweg. Wie kommt da die Einstrahlung zustande? Die (nicht physikalisch-grobstofflich zu denkende) Energie kommt jedoch nicht von oben, sondern aus einer *anderen Dimension*. An den Einstrahlungspunkten manifestieren sich bestimmte Qualitäten kosmischer Energie und Information, sie werden hier hereingenommen in den Leib der Erde, wo sie heruntertransformiert werden auf irdische, ans Physikalische *angrenzende* Rhythmen, um an den *Ausgießungspunkten* (besser für: Ausstrahlungspunkte) dem Leben auf der Erdoberfläche zur Verfügung gestellt zu werden. Marko Pogacnik erläuterte am nächsten Morgen dann noch einmal diese Funktionsweise der Einatmung und Ausatmung, die gewissermaßen eine hochpotenzierte kosmische Qualität in erdverträgliche Schwingungen umwandelt, die dann in den Erdstoffwechsel übergehen (ähnlich der hochpotenzierten Qualität eines Giftes, die dem Leben in purer, nicht verwandelter Form nicht zuträglich ist).

Hier am Ort aber galt es, den eigentlichen Einstrahlungspunkt im Wald hinter dem Hügel mit der Wildkirsche zu finden, wo ein verwahrlostes Jungholz den zu einer Schlucht hin sich neigenden Hang bedeckt. Nicht nur mir, sondern auch anderen Teilnehmern bot sich dieser Wald auf der feinstofflichen Ebene als ein von undurchdringlichen grauen Schleiern durchzogenes Stück Erde dar; die überphysikalische Wahrnehmung war durch dieses Grau getrübt. Zu diesem Grauschleier trug auch die akustische Dunstwolke bei, die von der Autobahn heraufdämmerte.

Dennoch fanden einige den Einstrahlungspunkt. In der gemeinsamen Runde stellte sich dann aber heraus, daß es verschiedene waren! Ich selbst hatte einen solchen Punkt weiter links von dem in der Karte markierten gefunden, wobei ich den Zeichen zweier junger Buchen folgte, die in einem Meter

Hexenkuchl

Abstand voneinander stehen und mit ihren Stämmen gegenläufige Krümmungen beschreiben. Aus einem bestimmten Winkel betrachtet, ergab sich daraus ein Andreaskreuz. Zwischen den beiden schlanken Stämmen stehend, wurde ich von einem starken Rhythmus erfaßt, der mir die Anwesenheit kosmischer Kräfte anzeigte. Der Rhythmus war schwankend, änderte von Zeit zu Zeit Takt und Metrum oder ging stoßweise und röchelnd, wie der Atem eines Asthmatikers. Eine Teilnehmerin fand einen solchen Einstrahlpunkt in der Mitte einer Gruppe von drei mächtigen Eichen (wo ich überhaupt nichts spüren konnte), die den Andreasbuchen gegenüberlagen. Der gesuchte Punkt mußte etwa in der Mitte liegen. Marko Pogacnik hatte wahrgenommen, daß der ursprüngliche Einatmungskanal verstopft war, und die Einatmungsfunktion sich auf ein ganzes System von Resonanzpunkten verteilt hatte, die wie Drüsen in einer regelmäßigen Gitteranordnung im näheren Umkreis lagen.
Weiterhin ergab sich, daß der Hügel mit der Wildkirsche von ringförmigen ätherischen Linien, die die Funktion schützen-

der Schwellen haben, umgeben ist. Einer der Teilnehmer erspürte den Hügel mit Hilfe der Rute als einen *Hagdom*, womit ein Ort bezeichnet wird, an dem sich drei durchlaufende ätherische Linien treffen bzw. von dem sechs ätherische Linien ihren Ausgang nehmen. Dabei ergibt sich das Bild der Hagal-Rune, eines sechsstrahligen Sterns, der Grundform der Schneekristalle vergleichbar. Über diesem sternförmigen »Grundriß« erhebt sich eine schützende Hülle, ein ätherischer Dom.

Ohne Zweifel sind an diesem Ort Elementarwesen präsent; Marko Pogacnik sprach von einer Deva in der Krone der Wildkirsche. Ein anderer Teilnehmer hatte ebenfalls die subtile Abschnürung der Atmung unterhalb des Kirschbaum-Hügels wahrgenommen und die Anordnung zweier Ilex-Sträucher am Fuß des Hügels entdeckt sowie die Gruppe von vier Hainbuchenstämmen, die am Fuß des Hügels aus einer gemeinsamen Wurzel ragen. Dahinter steht eine dreistämmige, kleinere Wildkirsche, und zwischen den beiden Gruppen eine einzelne Hainbuche in Tuchfühlung mit einer einzelnen Wildkirsche, wobei sie ihre Plätze vertauscht haben. Diese Anordnung der Bäume zusammen mit der mächtigen Wildkirsche läßt die Sprache der Bildekräfte der Natur erkennen: Die Bäume zeigen, wie sich hier polare Eigenschaften gegenseitig durchdringen, so wie sich Yin- und Yang-Kräfte im chinesischen Ch'i-Zeichen gegenseitig durchdringen.

Marko Pogacnik zeigte der Gruppe am Beispiel dieses Ortes auf, wie sich mehrere organische Funktionen der Landschaft treffen und ineinander verschränken. Eine Landschaft ist ein höchst kompliziertes Gebilde, ein Organismus mit unzähligen Einzelorganen, die alle ihre Funktion innehaben. Wir beginnen erst wieder zu lernen, diese ätherischen Organe wahrzunehmen und zu begreifen ...

Es oblag uns, etwas für die Heilung des Ortes zu tun. Wir stellten uns im Wald dort auf, wo der »Grauschleier« am dichtesten war. Mit violettem Licht, das wir gemeinsam visualisierten, begannen wir die Reinigung, dann stellten wir uns im Kreis auf und stimmten Gesänge zur Reinigung und Belebung an. Ein einzelner Vogel begann plötzlich, freudige Rufe durch den Wald zu schicken.

In welcher Weise die ursprüngliche »Atemtätigkeit« an diesem Ort wiederhergestellt ist, war der Gruppe für eine Fühlungnahme zu einem späteren Zeitpunkt vorbehalten.

Am Nachmittag, bei strömendem Regen, suchten wir den Ort der Ausatmung auf. Er liegt auf einer rechteckigen, in der Längsachse gewölbten, großen Lichtung auf einem Bergrücken südlich des Königsforsts. Die Ausatmung wurde von uns als »blasenartiger Nebeldampf« von blauer Farbe wahrgenommen, der im Ätherischen aus der Erde aufstieg. Ein Teilnehmer machte den genauen Punkt in Form eines Grasringes aus, der durch Färb- und Wachstumsunterschiede gekennzeichnet war. Der Ort wurde als rein und unbelastet empfunden. Die ganze Lichtung mag einst von einem Ringwall gesäumt gewesen sein. Beginnender Regen schickte uns nach Hause; am nächsten Tag mußte ich wieder nach München reisen.

28. September 1995

Heute nachmittag war ich wieder in der Senke im Aumillerholz. *Selbstverständlich* sind die das Tal jeweils einschnürenden, vorgeschobenen Hügel oder Wälle von Menschenhand geschaffen und nicht von natürlicher geologischer Form. Es handelt sich bei der Senke um einen alten Teich, vermutlich vor oder um die Jahrhundertwende abgelassen. Am unteren Staurand befindet sich ein Graben, der vor der Staumauer seitlich in einen im Bogen durch den Wald verlaufenden Kanal mündet. Offenbar stand hier in der Au die Mühle des

»Aumillers«, deswegen ist hier ja auch das Marterl zu seinem Gedenken zu finden. Meine im Ätherraum geschaute Vision verliert dadurch aber nicht an Wirklichkeit, und die mit dem Pendel gewonnene Feststellung, es handele sich bei den Wällen um Naturformen, kann sich auf die Zeit vor der Aumühle oder auch auf die hier wirkenden Bildekräfte beziehen, die sich zur Erschaffung der geforderten Kesselform in diesem Fall des menschlichen Umgestaltungswillen bediente, auch wenn Mensch und Natur hier gänzlich verschiedene Zwecke verfolgten!

6.–10. Oktober 1995

An diesem Samstag befuhr ich mit meinem Freund Stefan die Amper, den Fluß meiner alten Heimat, mit einem Gummiboot. Es war ein langgehegtes Vorhaben, das an diesem Tag Wirklichkeit wurde. Der Himmel schenkte uns bestes Wetter dazu, mein Vater brachte uns nach Stegen ans Nordufer des Ammersees; gegen halb elf Uhr legten wir ab, gegen fünf Uhr zogen wir am Kloster Fürstenfeld das Boot wieder aus dem Wasser. Es sollte eine geomantische Reise werden, und am Vorabend, als ich mit allerlei Sorgen und Gedanken im Kopf den Engelsberg aufgesucht hatte, wurde mir in einer geistigen Insichtnahme das Wesen der Landschaft um die Amper offenbar, und ich trat die Fahrt mit einem regelrechten *Auftrag* zur Vorbereitung einer Landschaftsheilung an.
Die entscheidenden geistigen Bilder empfing ich von einem Baum auf dem Engelsberg. Es ist eine Buchenart, die mir unbekannt ist; schwarz und etwas rauh ist ihr Stamm, und es ist keine Hainbuche, obwohl sie zu schlanker Gestalt heranwächst. Wenn man das Plateau betritt, findet man sie zur Rechten, vier Äste spreizt sie, Armen gleich, beinahe waagerecht in

alle vier Himmelsrichtungen, und einer davon greift weit in den Innenraum der heiligen Lichtung hinein, wie um teilzuhaben am Segen der Engel und Schutz zu geben allem, was des Schutzes bedarf. An diese Buche – es handelt sich um die »Zeugenbuche«, der ich am 4. Februar 1994 zum ersten Mal begegnet war – trat ich am Freitagabend hastig heran. Die Schlauchbootfahrt war bereits beschlossene Sache, und ich hatte erwogen, Glasperlen an verschiedenen Orten entlang des Flusses zu verteilen, um so im nachhinein mit den Orten Beziehung aufnehmen und auf sie heilend einwirken zu können. Ein solches Deponieren von Gegenständen an wichtigen Orten gehört zur Praxis der Magie, und ich fragte mich daher, ob eine derartige Vorgehensweise nicht unlauter und damit eher eine »graue Geomantie« denn eine lichte ist.

Ich trug diese Gedanken an den heiligen Ort und seinen Mittler, die *Buche der vier Himmelsrichtungen*, heran. Daß es eine aus den Bergen kommende geomantische Linie entlang der Talflanken, die den Fluß in ihrem Schoß halten, geben muß, war mir bereits klar – und daß sie gestört ist. Der Schlüssel hierzu war die Königsthron-Buche in der Amperschlucht. »Wo mochte die Hauptursache der Zerstörung der Lebenskräfte zu suchen sein? In Arzla nördlich des Ammersees?« fragte ich mich. – »Wird die dort geplante Mülldeponie nun angelegt?« »Nein«, übermittelte mir die Buche, an diesem Ort drohe keine Gefahr. Ich müsse umfassender und weiträumiger denken und nicht immer nach einzelnen Faktoren unmittelbar am Fluß suchen.

Und in jenem Moment löste sich die Zweifelsfrage, ob ich eher an den Rändern des Beckens bzw. des Ampertals zu suchen hätte oder am Ufer des Flusses, in nichts auf: Das ist ja *ein* Tal, ein System, das zusammengehört. Und eine wunderbare Schau tat sich in mir auf; ich überschaute das ganze Becken vom Ammersee bis Fürstenfeldbruck, wie die eiszeitlichen Kräfte Gletschertal und Endmoräne geschaffen hatten, wie

der Fluß sich später sein Bett bereitet hatte. Und die Landschaft breitete sich weiter vor mir aus, ich sah den Ammersee mit seinen Kirchspielen zu beiden Seiten des Sees; das Kloster Andechs auf der Höhe im Osten, die Kirchen der Dörfer am Westufer auf der anderen Seite – Schondorf, Riederau, Dießen usw.; im Osten Inning, Buch, Herrsching, Fischen. Und ich sah den Eibenwald bei Weilheim und begriff, daß er genauso zu diesem Landschaftssystem gehörte und ich mit gutem Grund dahin geraten war, und ich sah die Ammer hinauf und begriff, daß der Ammergau zu der *einen* großartigen Flußlandschaft gehört, die sich im Norden über Fürstenfeldbruck und Olching und bis zur Isar hin erstreckt. (Olching war nach Saeldenthal an der Glonn ab 1261 der zweite Standort des damals neugegründeten Zisterzienserklosters, bevor es 1263 endgültig an den Engelsberg »in Tal und Einsamkeit« verlegt wurde.)
Der Ammergau aber ist die Quelle der Lebenskraft, wie sie von den Bergen empfangen und in das Land hinein verströmt wird; und ist der Ammergau nicht bekanntermaßen eine urheilige Landschaft? Da sind die Passionsfestspiele in Oberammergau alle sieben Jahre, das Kloster Ettal, schließlich, hoch droben im Tal, das Schloß Linderhof mit der eigenwilligen Grotte, die Ludwig der Zweite eigens für eine private Aufführung des Lohengrin, Wagners Schwanenritter-Oper, anlegen ließ. Ist dies die »Weltberghöhle« am Fuße einer Quelle, deren Kraft sich noch hundert Kilometer weiter im Norden an besonderen Orten manifestiert? Und dann die Entdeckung der Mysterienstätte in der Ammerschlucht bei Peiting, unterhalb der Sandsteinhöhlen gelegen – sind all diese Orte nicht durch Linien der Kraft entlang des Flusses (für sich schon ein beseeltes Wesen und ein Bringer von Lebenskraft) sowohl oberhalb wie unterhalb des Ammersees miteinander verbunden?

Ich erfuhr in jenem Moment, Stirn und Handflächen an die

dunkle Rinde der Buche gelehnt, daß dem so ist. Das Ammergebirge, der Ober- und Unterammergau, der Lauf der Ammer, der Ammersee, die Amperlandschaft – sie alle gehören zu *einem* Kraftsystem, dessen Quelle in den Bergen liegt. Das Wasser ist der stoffliche und sichtbare Träger dieser Kraft, aber es wird eben nicht nur H_2O von Süd nach Nord transportiert! Mit dem Wasser ergießt sich Lebenskraft hinein in die Landschaft, und an beiden Seiten des einstigen Gletschertals, spürbar zum Beispiel in Grafrath und Fürstenfeldbruck, zieht sich ein fein verwobenes System ätherischer Linien entlang, den Adern und Gefäßen, nein, genauer: den Energiemeridianen des menschlichen Körpers vergleichbar. Der Verlauf dieser Linien aber läßt sich zum Teil an den Kirchen ablesen: Schön aufgereiht liegen sie entlang beider Talflanken – oder direkt am Fluß, wie in Grafrath, Schöngeising, Fürstenfeldbruck, wobei Kirche und einstige Furt bzw. heutige Brücke stets beieinander liegen.

Als ich mir im nachhinein nochmals die Karte zur Hand nahm, sah ich ein, daß auch Orte, die ich bislang nicht zum Ampersystem hinzugerechnet hatte, ebenfalls einzubeziehen waren: Der alte Märchenwald von Wildenroth – Wildenroth und Grafrath bilden am Fuße der Moräne eine natürliche Pforte für die Kraftströme auf dem Weg nach Norden – ebenso wie der Schloßberg (!) bei Landsberied und der Burgstall bei Puch; die Linde der heiligen Edigna in Puch natürlich erst recht. Puch und Lindach bilden die äußeren Tore der verlängerten Pforte durch die beiden Endmoränen, die von Grafrath bis Fürstenfeldbruck reichen. Auf der anderen Seite gilt es, dem Burgstall an der Ludwigshöhe, dem Ziegelwerk an der Emmeringer Leite und schließlich dem Gut Roggenstein als Pfortenausgang in diesem Zusammenhang Beachtung zu schenken. Und was liegt *vor den Toren*, in der Ebene jenseits der schmalen Pforte? – Der Fliegerhorst von Fürstenfeldbruck einschließlich des flugmedizinischen Instituts, in

dem in der Nazi-Zeit grausame Menschenversuche vorgenommen worden waren.
Ein weiterer Aspekt der Landschaft tat sich mir ebenfalls erst im nachhinein auf, wodurch sich aber die geomantischen Zusammenhänge, die *Bedeutung* des Ammer-/Amper-Systems für Oberbayern, erhellen: Der Ammersee ist Brutstätte für gefürchtete Sommergewitter. Meteorologisch ist dies erfaßt und erklärt. Doch was bedeuten denn Donner und Blitz zum einen für die ätherische und feinenergetische Ebene der Landschaft, zum anderen für die Psyche der Menschen? Ist ein Gewitter wirklich nur ein feuchtes Ungemach, das zu erdulden ist? Wenn das Gemüt der allermeisten Menschen vom Wetter beeinflußt wird, kann man dann ein Gewitter nicht auch als ein kollektives seelisches Erlebnis betrachten – als ein buchstäbliches Entladen und Reinemachen? Und vermag die allgemeine Befindlichkeit der im Dauerstreß lebenden Bevölkerung nicht sogar nach dem Resonanz-Prinzip auf die Entstehung eines Gewitters rückzuwirken? Es ist anzunehmen, daß die Kelten im Altertum sich auf die Kunst des Wettermachens verstanden, und die eine oder andere (noch auszumachende) Stelle am Ufer des Ammersees muß ein prädestinierter Ort dafür sein.

Aber zurück zum Engelsberg und dem Bildergespräch mit der Buche! In einem Bild, dessen Klarheit und Wahrheit ohne Makel war, wurde mir nämlich doch noch die Existenz einer einzelnen großen Störstelle mitgeteilt: Die Erdfunkstelle Raisting, eine riesige, auf verschiedene Satelliten ausgerichtete Sende- und Empfangsanlage. Deutlich sah ich das weiße »Ei«, die Schutzhülle der ältesten der vielen Radioantennen, die halben Dutzend »Ohren« der neueren Antennen, den Turm der Richtfunkstrecke nach Frankfurt vor meinem geistigen Auge, wie sie alle genau dort in der Landschaft liegen, wo sie am schönsten ist. Ich schmeckte das Wort mit der Zunge auf

seine ganze Bedeutung ab: *Erdfunkstelle*. Soll das heißen, daß an dieser Stelle die Erde funkt?
Zweierlei Arten von technischen Einwirkungen, deren negative Folgen für die Natur wissenschaftlich erwiesen sind, sind hier zu gegenwärtigen: Erstens die gebündelte elektromagnetische Strahlung, wie sie von den starken Sendeanlagen abgestrahlt wird bzw. die hier konzentriert auftreffenden (d.h. ankommenden) Signale von den Satelliten in den äußersten Sphären der Erde. Man weiß inzwischen, daß die technisch erzeugten elektromagnetischen Wellen mit kosmischer Strahlung interferieren, welche wichtige Steuerungsimpulse für die Pflanzenwelt und überhaupt alles Leben auf der Erde übermittelt. Zweitens muß eine jede Sendeanlage geerdet sein; durch die Erdungsleitung aber werden die gegenphasigen Sendesignale in den Untergrund abgegeben – und damit die Informationen in die Erde gespeist! Der besseren Erdung wegen stellt die Bundespost (Telekom) ihre Sendetürme auf unterirdische Wasseradern; es sind Rutengänger, die diese aufspüren. Der Standort Raisting ist für diese technische *Nabelschnur*, die die Bundesrepublik Deutschland mit dem Rest der Welt verbindet, sicher nicht ohne Grund gewählt worden – das Gebiet südlich des Ammersees ist nicht nur eben, mit weitem Horizont und offenem Himmel, sondern vermutlich auch feucht genug im Untergrund und reich an Wasseradern. Ammersee und Amper aber übertragen auf geheimnisvolle Weise ungeheure Mengen verschleierter Informationen – den ganzen Müll der Fernsehstationen, Nachrichten aus aller Welt, Telefongespräche aus dem ganzen Land!
Nimmt es Wunder, daß da der ätherische Bereich gestört ist und sich infolgedessen an besonders wichtigen Organen der Landschaft das Gesicht des Todes zeigt?
Nun erfuhr ich von der Buche auf dem Engelsberg auch Genaueres zur Krankheitsursache der Königsthron-Buche von Grafrath: Es ist nicht eine am Boden verlaufende Kraft-

linie, deren mangelnde Vitalität die stolze Buche und ihre Schwestern austrocknen und sterben läßt – es sind die kulminierenden Folgen der jahrzehntelangen gravierenden Störung des *wäßrigen Äthers* (ob in Linien oder Schwaden verlaufend, ist mir noch nicht deutlich), woran die Amperlandschaft leidet. Meine Fahrt am nächsten Tag aber galt der Suche nach den geomantisch bedeutsamen Punkten entlang des Flusses. Und siehe da! Die Buche ermöglichte es mir, im Geiste den Fluß im voraus entlang zu reisen und die entsprechenden Orte zu sehen, an denen ich, wie ich immer noch glaubte, meine Glasperlen als Antennen auslegen wollte. Ich nahm wahr:
Grafrath ist die Pforte, im Osten liegt ein magisch anziehender Hügel (*Messmeralm*, noch heute werden wunderbare Dorffeste hier oben gefeiert) und die Kirche; auch die Westflanke hat oben auf der Anhöhe ihren geomantischen Punkt. Die Graf-Rasso-Kirche ist ein solcher. Die Brücke in Grafrath. Dann die Feenbuche und Königsthron-Buche. Die Sunderburg sowie der Ausgang der Schlucht. Im Westen Schöngeisings im Wald am Hang ist ein Punkt. Die Kirche. Zellhof. Buchenauer Leite. Amperleite im Südosten. Die »Halbinsel« bei Buchenau: die alte Bundesstraße 471 berührt an einer Stelle fast das Ufer – Zerstörung eines geomantischen Uferpunktes (Baum). Die neue Eisenbahnbrücke hat das Ufer verändert. Stausee. Dann Fürstenfeldbruck: St. Leonhard usw.
»Was aber kann ich tun?« fragte ich die Buche, und der Geist des Ortes gab mir den Rat, an jenen Punkten *Ätherproben* zu entnehmen. In kleine Fläschchen sollte zur Hälfte Wasser gefüllt werden, das vor Ort entnommen wird. Die verbleibende Luftsäule müsse sich mit dem Informationsmuster des wäßrigen Äthers am Ort verbinden, hierzu sei das Fläschchen zu schwenken und zu schütteln. Diese Proben aber – es sind also *Nosoden* der jeweiligen Orte, die so entstehen und über die ein Rückwirken auf den Ort möglich ist – sollte ich hier-

her auf den Engelsberg bringen und im Erdreich in der Mitte der Lichtung vergraben. Nicht ich, sondern die Engelkräfte selbst werden das eigentliche Heilungswerk beginnen!

Es bedurfte einiger Apothekenbesuche und Lauferei am Samstagmorgen, bis ich die Probenbehälter besorgt hatte. Aus den Fläschchen waren acht Plastikflaschen von zweierlei Größe und zwölf Filmdosen geworden. Zu den am Vorabend geschauten Orten entlang des Flusses kamen weitere hinzu; die Punkte, die nicht am Ufer, sondern an den Talflanken liegen, suchte ich dagegen nicht auf.
Bestimmte Punkte wie die Graf-Rasso-Kirche oder die Feenbuche waren von vornherein klar, d.h., ich hätte ihnen auch ohne vorherige Schau besondere Aufmerksamkeit gewidmet. Daß sich aber an der Wildenrother Brücke eine Kapelle und Skulpturen befinden würden und an der zuvor erschauten Stelle an der Buchenauer Leite – dort, wo der Weg über den Steilhang wieder auf die Höhe der Wasserlinie zurückkehrt – ein Kruzifix, das waren echte Überraschungen, die die Stimmigkeit der Vision bezeugten. Ich tat alles wie geheißen: Ich füllte im Vorübergleiten an den entsprechenden Orten die Dosen und Fläschchen zur Hälfte mit Wasser, schwenkte sie, geöffnet, wie sie waren, durch die Luft und schüttelte sie anschließend.
Dem skeptischen Freund erklärte ich alles, so gut ich konnte – die geomantischen Punkte, die Proben (Nosoden), das Vorhandensein des Äthers. Im übrigen war es ein wunderschöner Tag. Von der Mündung am Ammersee dauerte es zweieinhalb Stunden, bis wir Grafrath erreichten. Leichtes Gewölk braute sich am Himmel über dem Ried zusammen. Sonne, leichter Wind, Ufer mit Schilf und Büschen, oft eine alte Weide, zweimal eine lange Pappelallee am Ostufer. Die neue Autobahnbrücke bei Stegen ist noch nicht errichtet, zu beiden Seiten stehen aber die Bagger bereit.

Die Bäume loderten in den Farben der Vergänglichkeit, erhaben und ruhig trug uns der Flußgott auf seinem Rücken zwischen diesen Freunden der Menschen hindurch.
Am Sonntag pendelte ich die Nosoden aus und legte ein Verzeichnis an; die Dosen markierte ich mit römischen Ziffern, die ich in den Boden ritzte. Zusätzlich verzeichnete ich die Punkte in meiner Karte des Landkreises. Jedoch keimt nunmehr der Verdacht in mir auf, daß die Pendelergebnisse nicht die Drehrichtung des Wassers, sondern meine Schwenkbewegungen, die ich mit den geöffneten Dosen vollführte, wiedergeben könnten. Aber was soll's: Nicht die Analyse, sondern die Zusammentragung der Nosoden war meine Aufgabe! Außerdem prüfte ich, ob sie Ätheranteile enthalten, das Ergebnis war positiv.
Eine einundzwanzigste Probe entnahm ich am Sonntagabend am Wehr des Klosters dort, wo der Endpunkt unserer Flußreise war. Diese Probe soll das Kloster als vorläufigen Endpunkt des Flußgliedes Ammersee – Fürstenfeldbruck repräsentieren. Mit den Proben im Rucksack trat ich an die Buche der vier Himmelsrichtungen heran. Sie in einem Astloch eines Baumes verstecken? – Nein. Auf der Lichtung vergraben? – Ja. Ich wählte ohne langes Überlegen eine Stelle, die der Intuition nach geeignet erschien. Im Westen leuchtete ein feuerfarbenes Himmelsgemälde hinter dem Kronwerk der Bäume hervor; im Osten hing der goldene, rasch im Nebel verblassende Mond am Himmel. Bei Vollmond verscharrte ich die einundzwanzig Plastikdosen. Ich hob jede Ätherprobe einzeln gegen den leuchtenden Mond und die oberen Sphären, bevor ich sie Mutter Erde übergab. Dabei sang ich:

Earth is my body
Water is my blood
Air my breath
And fire is my spirit.

Ich aber mußte noch mehr über den Ort der Engel in Erfahrung bringen. Eher beiläufig befragte ich die Buche nach der genauen Anzahl des Kranzes von Bäumen, der das Plateau umgibt. Vierundzwanzig bilden den äußeren Kranz, neunzehn den inneren, war die Antwort. Ich zählte nach, mußte aber feststellen, daß sich weder außen noch innen eine genaue Zahl ermitteln läßt. Die Bäume stehen durchaus nicht stramm in einer Reihe, es ergeben sich Zweifelsfälle bei Bäumen, die schon jenseits der Kante im Abhang stehen. Zählt ein Zwillingsstamm doppelt oder nicht usw.? Im äußeren Kranz kann man zwanzig bis sechsundzwanzig Bäume zählen, im inneren zwei mehr oder zwei weniger als neunzehn.

Einem bereits vor einer Woche in kurzer Fühlungnahme gewonnenen Hinweis galt es nun nachzugehen: Der Schlüssel zum Verständnis des Engelsberges und seiner (heutigen) Situation sei an seinem Fuße zu finden.
Am Fuß des Engelsberges liegt das Kloster. Im Klosterhof bilden drei gewaltige Kastanien ein Dreieck – eine geomantische Ortsmarkierung? Auf der anderen Seite des Westflügels, einem Reitstall zu, stehen nicht minder stattliche Kastanien. Eine Künstlerin hat hier zur Zeit ein Objekt aufgestellt, einen symbolischen Eingang zur eigenen Innenwelt in Form eines geöffneten Blütenkelches. Das Objekt kam ziemlich wahrscheinlich auf einer ätherischen Leylinie zu stehen.
Ich ging zum Engelsberg zurück. In halber Höhe, am Fuß des eigentlichen Plateaus, stehen zwei gewaltige Buchen. Auch eine kleine Bodensenke findet sich dort auf einem Absatz des Hangs. Ich erspürte die Buchen und die Mulde als Yin-Bereich und damit als korrespondierenden Pol zum Yang-Bereich der Anhöhe. Das entscheidende Faktum aber, nach dem ich suchte, ist derart augenscheinlich und überdeutlich, daß im rechten Moment ein Zug vorüberbrausen mußte, damit ich es als solches begreifen konnte: Die Bahnlinie – deren elektri-

sches Eigenleben einem funkensprühenden Schwert in der Landschaft gleichkommt – ist es, die den Kopf des Hügels von seinem Fuße trennt! Die alte heilige Verbindung zwischen Einstrahlpunkt und Quelle der Ausgießung, zwischen dem Plateau auf der Anhöhe und dem Klosterbezirk, zwischen Engeln und Menschen ist seit dem Bau der Bahnlinie, spätestens aber seit ihrer Elektrifizierung durchtrennt!
Hat man somit das Marienkloster nur erstmal der Marienkapelle auf dem Berg entfremdet, so war es ein Leichtes, es samt und sonders zu entweihen und eine Polizeischule darin einzurichten. Aber nicht nur das Kloster – die ganze Stadt ist von der Quelle ihrer Lebensfreude abgeschnitten. Fürstenfeldbruck weist eine vergleichsweise hohe Kriminalitätsrate auf, und der Engelsberg selbst wird gelegentlich von Zerstörungslustigen heimgesucht: Alle Abfallbehälter sind herausgerissen, zerschlagen oder weisen Brandspuren auf.
Indes ist anzunehmen, daß sich die geistigen, ätherischen und feinenergetischen Kräfte, die um den heiligen Berg versammelt sind, dennoch dem Kloster und der Stadt auf die eine oder andere Weise mitteilen. Die Barriere ist da – sind die Brücken und Ersatzkanäle für die Kräfte, wenn es sie gibt, funktionstüchtig genug? Oder bedarf es hier der Hilfe und Heilungsarbeit?
Einer dieser Brückenschläge leistet immerhin Großes: Wenn am vierten Advent die Pfarrgemeinde der Erlöserkirche und Menschen aus nah und fern den traditionellen Gottesdienst auf dem Engelsberg feiern und hernach in einem Fackelzug den Berg hinab und am Kloster vorbei zurück zu ihren Wagen und in ihre Wohnungen ziehen, dann ergießt sich ein Strom von Segenskräften mit den Herzen der Menschen in das Herz der Stadt hinein.

Vielleicht ist jeder einzelne Spaziergänger – gleich, zu welcher Jahreszeit er den Engelsberg aufsucht – ein solcher Träger

von Segenskräften: der funkensprühende Riß der Eisenbahn wird immer wieder neu überbrückt.
Dem Ort aber, dessen bin ich sicher, würde eine weitere geomantische Forschung und Heilungsarbeit in vielerlei Hinsicht guttun; die Seele des Tals, der Stadt, ihrer Bewohner hängt an dieser Anhöhe. Eines Tages werden hier wieder Wunder gewirkt und wahrgenommen werden!

10. Oktober 1995

Nachbemerkung zur Amperfahrt: Im nachhinein machte mich eine weitere Beschäftigung mit der Karte im Süden auf die Sankt-Georgs-Kirche bei Dießen am Ammersee, auf die Klöster Wessobrunn und Rottenbuch und auf die *Ammerquellen* im Ammergebirge aufmerksam. Ammertal und Ammergebirge verlaufen in west-östlicher Richtung, bevor das Tal sich nach Norden hin öffnet. Südlich des Ammergebirges aber liegt die Zugspitze, Deutschlands höchster Berg – ob sie etwas mit dem Landschaftssystem von Ammer und Amper zu tun hat?
Flußabwärts aber, die Amper nach Nordosten verfolgend, wurde mir wieder bewußt, daß ja *Dachau* ebenfalls an der Amper liegt! Somit ist neben Raisting und dem Fliegerhorst Fürstenfeldbruck ein dritter »dunkler Fleck« in der seelisch-energetischen Landkarte des Amperflusses auszumachen: Das ehemalige Konzentrationslager Dachau, Stätte des organisierten Massenmords, im Gedenken daran heute aber auch Stätte des Friedens und der Völkerverbindung. Bei einer möglichen künftigen Heilungsarbeit sollte der Gedenkstätte besondere Aufmerksamkeit zugewandt werden.
Heute machten Stefan und ich uns auf den Weg, den *Burgstall* an der Ludwigshöhe vor den östlichen Toren Fürstenfeldbrucks aufzusuchen. Noch nie war ich hier oben gewesen – dabei zählt dieser Ort zur belegbaren Geschichte der Ge-

gend. Seit dem 8. Jahrhundert existierte hier nachweislich eine Burganlage, im 12. Jahrhundert wurde sie von den *Rittern Kekkinpoint* bewohnt, im 15. Jahrhundert von den Mönchen des Klosters geschleift. Dem heiligen Nikolaus war die Kapelle, deren Grundriß heute noch als Erdwall erkennbar ist und an deren Altarstelle ein einfaches Holzkreuz steht, geweiht. Zwischen Erlen und Buchen erheben sich die Erdwälle auf der Anhöhe im Wald; es war keine kleine Burganlage, die hier stand!

Am Fuße der Höhe jedoch findet man am Hang einen kleinen Schilfgürtel und auf einem vorspringenden Hügel eine freistehende Eiche, deren mächtigen Äste eine Krone wie eine Fontäne aufsprießen lassen. Die Eiche ermahnte mich zur Lebensfreude, als ich mit ihr sprach, und sie ließ mich das Ampertal, wie es sich am Ortsausgang von Fürstenfeldbruck weitet, als einen sich öffnenden Reißverschluß wahrnehmen: Diesseits und jenseits der Ebene liegen die miteinander verbundenen und verzahnten Energieorgane der Landschaft, und ein Kraftliniensystem läuft zwischen den Talflanken wie eine Zickzack-Naht hin und her. Der Burgstall mit dem Namen *Kekkinpoint* oder *Gegenpoint* – Gegenpunkt? – ist eines dieser sekundären Energiezentren.

In dem kleinen Seitental bilden große Kastanien wiederum im Zickzack-Muster eine Allee durch den Talgrund. An ihrem Ende, inmitten des Tales, muß auch eine bestimmte Energiequalität ihren Urprung haben, wie ich vermute; sie wird durch die Allee »beschleunigt« und kam einstmals der ganzen Ebene zugute. Die Bahnlinie aber verriegelte dieses Seitental und versiegelte es auf Dauer.

Dem Burgstall bei Puch, vor den westlichen Toren der Stadt, galt unser nächster Besuch. Ein Wall mit Graben grenzt eine recht große, viereckige Fläche gegen den Wald an zwei Seiten ab, die anderen zwei Seiten sind durch die steil abfallenden Hangflanken bezeichnet. Zur Zeit ist dieses Schanzenareal

Erntegebiet der Holzfäller, es liegt vom Walde entblößt. Am Südhang der Anhöhe stehen vertrocknete, abgestorbene Buchen. Bei der größten von ihnen bekam ich sofort Kopfschmerzen; Störstrahlungen sind hier anwesend. (Möglicherweise vom nahen Umspannwerk her.) Ich war mir sicher, einen weiteren Punkt der Zick-Zack-Naht, die das Tal zusammenhält, gefunden zu haben.

Indem ich die Niederschrift dieser Amperfahrt im Geiste vorbereitete, begann ich über den Flußnamen nachzudenken. *Ammer*- das klingt doch wie: *am Meer*! Oder auch wie: *Amme – Ammensee*. Die Amme wiegt das Neugeborene, sie ist eine Mutter. Die zweite Silbe *-mer* deutete ich als ein Urwort *mer*, französisch *mère*, *mer*, *maire*, also das Meer als die Mutter aller Dinge, wie es auch in *Maria* zum Ausdruck kommt. *Père* aber ist der Vater: *Amper*. *Ammer* und *Amper* also! Die erste Silbe konnte ich nicht deuten. Aber deutlich ist: Die Ammer fließt aus den Bergen in den Ammersee, bis dahin also strömt die Mutterkraft, aus dem See aber fließt die Amper und damit eine verwandelte Kraft, die des Vaters, des Zeugers, des Tatenreichen. Und tatenreich mußte die Amper in der Nacheiszeit ja tatsächlich sein. Sie mußte ihre Gefangenschaft überwinden, die Endmoräne durchbrechen. Yang-Kräfte sind es, die den Ausbruch aus der umfangenden Gebärmutter heraus leisten; aus dem Schoß des Ammersees, der Amme, heraus, von innen nach außen führt der Weg der jugendlich-männlichen *Amper* (*der* Amper?). Zufälligerweise las ich am gestrigen Tage, daß der Fluß, der die Stadt Babylon in historischen Zeiten umfloß, *Amer* genannt wurde.

Was aber hat wiederum der *Ammergau* mit dem *Ammerland* im Oldenburgischen zu tun, wohin ich sinnigerweise von Schicksalshand gelenkt wurde?

15

Die Quellen am Fuße des Berges

11.–15. November 1995

Ein Kurzurlaub führte Annika und mich dieser Tage nach Nordfriesland. Zwei Tage verbrachten wir auf der Hallig Oland, die wie eine Perle zwischen den nährenden Schalen von Himmel und Meer liegt, von Wind- und Wasserkräften gleichermaßen geschliffen und veredelt ...
Auf der Rückfahrt suchten wir nach den festen, hohlen Röhrenstengeln von verblühten Herkulesstauden, aus denen sich verschiedene Musikinstrumente bauen lassen. Wir hatten gehört, daß am Parkplatz des Nolde-Museums kurz vor der dänischen Grenze solche Stauden wuchsen, also fuhren wir hin, doch stellten wir fest, daß sie inzwischen beseitigt worden waren. Ich befragte einen Gärtner, auf den ich in Emil Noldes berühmtem Rosengarten traf, und er entsann sich, daß im Schloßpark von *M.0gelt0ndern* jenseits der dänischen Grenze große Stauden zu finden seien. Wir fuhren dorthin, doch in dem englischen Landschaftspark, der als Teil des Schloßparks der Öffentlichkeit zugänglich ist, wurden wir wiederum nicht fündig.
Jedoch hatte uns unsere Suche an diesen Ort geführt, der anmutete, als betrete man ein Ölgemälde, und sie führte uns in einen Park, auf dem ein märchenhafter Zauber zu liegen scheint. Die seltsamsten Bäume wachsen hier, und während er zur Straße hin sehr gepflegt ist, beherbergt der Park in einem rückwärtigen Teil urwüchsige und charaktervolle Baumgestalten, Linden meist und Kastanien. Ich hatte sogleich den Eindruck, an einen Ort geraten zu sein, an dem sich die schöp-

ferischen Kräfte des Menschen und der Natur gleichermaßen hervorgetan hatten, um seiner geomantischen Bedeutung Rechnung zu tragen. Ein Ahornbaum im urwüchsigen Teil des Parks wies mir den Weg zu einem Eibenhain und schließlich zu einer imposanten Buche, die ich als Sitz übergeordneter Naturwesenheiten – des Genius loci oder des Pans – zu erkennen glaubte. Hinter der Buche liegt ein kleiner Garten von Apfelbäumen, und wir fanden frische Äpfel für uns. Als ich mit der Buche ein Gespräch aufnahm, erfuhr ich sogleich, daß wir unseren Bärenklau, die Herkulesstauden, hier nicht finden würden, weil er beseitigt worden sei – wovon wir uns kurz darauf schließlich selbst überzeugen konnten. Das Schloß war gerade hergerichtet worden für den dänischen Prinzen, der dieser Tage heiratete, und die Herkulesstauden, die einst am Straßenrand gestanden hatten, waren abgehauen worden.

Hier an der Buche empfing ich jedoch, tiefer eindringend, ein ungewöhnliches Bild: Ich sah einen Kanal, in dem dunkles Wasser dahinfloß; es war ein schwarzer Strom, dessen Oberfläche silbern wie das Mondlicht glänzte. Flußabwärts verzweigte und verästelte sich der Strom, der eher an Öl erinnerte als an Wasser. Mir war jedoch klar, daß es sich bei dem Strom nicht um Flüssiges, sondern um das Fließen der feinstofflichen tellurischen Energie handelt. Der silberne Glanz rührte von der Spiegelung des Mondlichts her und zeigte an, daß hier die Wachstumskräfte, mit den Mondphasen pulsierend, verteilt werden. Der Kanal, aus roten Ziegeln gemauert, bedeutete, daß hier in diesem Abschnitt der Landschaft diese Kraft bewußt gelenkt, gerichtet, kanalisiert wird: Nämlich durch das nach geomantischen Gesichtspunkten angelegte Schloß und seine Hauptachse, die durch den Schloßgarten von West nach Ost verläuft. (Der Schloßgarten ist im französischen Stil angelegt; zu Würfeln geschnittene Zypressen waren mir das auffälligste Merkmal.) Jedoch ist bemerkenswert,

daß jenes Bild nicht einfach nur das Vorhandensein einer Leylinie anzeigte, sondern einen besonderen Aspekt der Erdenergie hervorhob. Als ich zu Hause dem Freunde von dem Park und dem inneren Bild erzählte, benannte Mani diesen Aspekt mit einem Wort, das mir bislang unbekannt war: *Vril*. Dieser Begriff tauchte Ende des letzten Jahrhunderts als Bezeichnung für die universelle ätherische Energie auf und wurde später von Okkultisten gebraucht, die sich der Nutzbarmachung dieser Energie verschrieben hatten. [1]
Vrilenergie also fließt durch Süddänemark, von West nach Ost, und der dänische Prinz mit seiner Prinzessin sitzt mitten drauf. Zufall?
Der Ausflug nach Møgeltøndern ging zwar auf Kosten anderer Spurensuchen, die ich für diesen Tag vorgehabt hatte, doch machten wir auf der Hin- und Rückreise noch recht merkwürdige und beachtenswerte Erfahrungen:
Wir fuhren in einem roten Austin Mini und machten auf der Hinfahrt Rast in *Albersdorf*. Auf einem Spirituskocher Tee bereitend und Käsebrote essend, hockten wir an dem großen Steingrab unter den Linden – auf dem Feenhügel oder »Brutkamp« also. Kalter Wind zauste an Haaren und Kleidern, die Spiritusflamme kämpfte ums Überleben, die Kerze auf dem Stein brannte im Nu herunter, aber wir fühlten uns wohl in der Obhut der Raumfeen, die hier ihren Sitz haben. Zu ihren Ehren glimmte ein indisches Räucherstäbchen. Die Feen erwiesen uns Dank und Freundesdienst, indem sie den Elementarwesen in Annikas Auto gut zusprachen. Der Wagen war nicht mehr der neueste und geizte in letzter Zeit nicht mit Macken und Pannen. Ich hatte einmal gehört, daß auch in den Maschinen der Zivilisation Elementarwesen wirken – schließlich sind diese Maschinen aus Elementen der Erde zusammengesetzt – und war überzeugt davon, daß die technische Unzuverlässigkeit des Wagens von Hader und Zorn der Geister begleitet war. Nun funktionierte aber, als wir wieder losfuh-

ren, zu unserer großen Freude und Überraschung die Amaturenbrettbeleuchtung wieder, die seit Wochen gestreikt hatte. Und der Motor, der die feuchte Witterung nicht leiden konnte, arbeitete wieder rund und vernünftig – zumindest auf der Landstraße, Autobahn mochte er nicht.

Auf dem Rückweg allerdings wollte uns der Wagen ganz im Stich lassen. Wir waren noch in der Nacht von Dienstag auf Mittwoch in Nordfriesland losgefahren. Es nieselte und nebelte, und der Wagen bockte und stotterte. Als wir die Stadt Heide fast erreicht hatten, stand fest, daß wir es in dieser Nacht nicht mehr nach Hause schaffen würden. *Nach Hause*? Aber war für uns nicht die Jungsteinzeit das Zuhause derer, die es nicht mehr in den Städten suchen? Artig fuhr uns der Wagen noch bis nach Albersdorf. Nach einer vergeblichen Schlafplatzsuche im Buchenwald in der Nähe der Steingräber – ich fühlte einen Bezug zwischen beiden Plätzen, so als sei der Wald der negative Gegenpol zu den Steinen –, entschieden wir uns dafür, bei den Feen Zuflucht zu nehmen. Wir schliefen also in dem Steingrab, unter dem großen Deckstein, der fünfundzwanzig Tonnen wiegt und nur in drei Punkten auf den Tragsteinen ruht ...

Am nächsten Tag waren wir ausgeruht, und zu unserem Erstaunen war es der Wagen ebenso; er fuhr uns wieder flott über die Autobahn, und wir erreichten ohne größere Probleme unser Zuhause. Der Wagen war wie von selbst repariert – die Feen hatten uns nicht im Stich gelassen!

Es schien den Wesenheiten des Ortes aus irgendeinem seltsamen Grunde daran gelegen zu sein, daß wir jene Nacht in dem Steingrab zubrachten. Etwas war durch unsere bloße Anwesenheit geschehen, was offenbar von Bedeutung für den Ort war. Vielleicht wurden energetische Blockaden durch die Ausstrahlung gelöst, die jedem Menschen auch ohne besondere Bewußtseinsanstrengungen schon zu eigen ist. Ich hatte die Erwartung, im Traum etwas über den Ort zu erfahren, aber ich schlief recht behaglich und hatte am Morgen keinerlei Erinnerung mehr an die Traumwelt.

5. März 1996

Mit James und Beverly, Freunden aus Glastonbury, fuhr ich durch die Wildeshauser Geest, um ihnen die Steinzeit unseres Landes zu zeigen, die auf noch unerschlossene Weise mit der von England verbunden ist.
Am Hexenstein bei Ohe stellte James eine Kreisstruktur um den Stein herum fest. Er vermied es, den von den Naturschützern vorgeschlagenen Zugangspfad zu benutzen – die Holzpfosten sind »falsch« – und näherte sich dem Stein in einer weitläufigen Spirale, dem ursprünglichen Zugangsweg, wie er empfand. Er erspürte weiterhin, daß es Opfer der verschiedensten Art auf diesem Stein gegeben habe – nicht nur Gerstenkörner wurden in die Näpfchen gelegt, sondern auch Blut rann später über den Stein. Er sah den Stein sich bewegen, d.h., er *sah* ihn *schwingen.* Das Herz der Landschaft ist dieser Stein, so äußerte ich – womit ich etwas plötzlich aussprach, was ich längst hätte wissen können, was mir aber in dieser Deutlichkeit noch nicht zu Bewußtsein gekommen war. Von hier gibt es eine Leylinie nach Dötlingen.
In Dötlingen tauchte ich in eine kurze Zwiesprache mit der Esche auf dem Kirchhof ein, denn es war so, daß in den letzten Wochen und Monaten mein Antrieb und auch meine Fähigkeit, etwas an Orten zu sehen und zu erspüren, nachgelassen hatte. Ich fühlte, daß bald ein neuer Schritt getan, daß etwas anderes kommen, etwas hinzukommen müsse. Deutlich vernahm ich nun den Rat der Esche: Hüte dich und habe Geduld! Das nächste, was du finden und sehen wirst (in der astralen Wirklichkeit), wird dich schrecken. Kannst du denn wissen, ob du dem gewachsen bist?

Auf dem Gierenberg behagte es insbesondere Beverly überhaupt nicht, sie suchte bald den unteren Teil des großen Platzes auf. Ich zeigte James den großen Stein, der auf der verkehrten Seite lag, damit sein Schandmal verdeckt werde. James spürte, daß der Stein eigentlich wieder in die Mitte des runden Plateaus gehöre. Ich spürte, wie der Stein sich andernfalls gerne selbst über den Rand stürzen und am liebsten den Hang hinunterrollen wolle. Als wir alle bei Beverly und einigen zerstreuten Steinen am unteren Teil des Feldes standen, atmeten wir ein wenig auf: Hier war die Luft nicht ganz so dick und düster. Ein Hubschrauber flog laut knatternd in niedriger Höhe über unsere Köpfe hinweg; am *Herzstein* (Hexenstein) waren es dagegen noch Krähen gewesen, die krächzend Zeichen gaben. Die beiden Freunde sahen das Feld auf dem Gierenberg von einem Aufzug dunkler Gestalten in Stiefeln besetzt – sie sahen Dötlingens Drittes Reich.

Damit wurde mir schlagartig klar, daß ich bei meiner ersten Fühlungnahme vor zwei Jahren, als ich auf dem Plateau einen Feuerkult und die »Kraft zur Einigung« erspürt hatte, offenbar nicht nur auf die Spuren der längst vergangenen Germanen-Zeiten gestoßen war, sondern auch – oder vor allem – die Schwingungsmuster wahrgenommen hatte, die die Aufmärsche der Nazi-Zeit im ätherischen Gewebe des Platzes hinterlassen hatten.

Am Pestruper Gräberfeld fiel den Freunden aus England, die lichtere Landschaften gewöhnt sind, ebenfalls die Dunkelheit auf, die über dem Land liegt. Sie sahen Krieg und Streitwagen. Auch ich hatte hier einst Krieg gesehen, Bruderkrieg.

War dies eine Spur desselben Schattens, den Mani und ich auch an anderen Orten wahrgenommen hatten? Wir hatten aber in vielen Gesprächen auch den Eindruck gewonnen, daß in der Verbindung mit England – die vielen Reisen hinüber und herüber, der Austausch mit den dortigen Freunden – unsichtbare Schicksalsfäden gesponnen waren, entlang derer etwas

von der greifbaren Heiligkeit der englischen Landschaft nach Norddeutschland hineingezogen wurde. Ein Austausch war in Gang gekommen, etwas »schwappte herüber« vom Engelland in die Deutsche Bucht; fühlbar war es uns im Land der großen Steine ...
Und war nicht der 15-strahlige Steinkreis in Manis Garten, an das 15-speichige Dharma-Rad der Buddhisten gemahnend, längst zu einem Ort des Lichtes, vielen zu einem Ort neuer Kraft und Inspiration auf ihrem Weg geworden? Die Erde bedarf der Heilung, mögen die vielen Wege der einzelnen hier zusammenkommen, hierin sich treffen!

19. Juli 1996

Günstige Umstände führten dazu, daß ich zusammen mit Annika für einige Tage in der alten Heimat sein konnte. Gleich am Tag der Ankunft machte ich mich mit ihr und meinem Bruder auf den Weg zur Sunderburg und den Opfersteinen. Als wir uns den Steinen näherten, hörten wir das rhythmische Geräusch eines fegenden Besens. Ein Fahrrad lehnte an einem Baum. Jemand war an den Steinen – und pflegte und reinigte sie! So waren wir also zur rechten Zeit gekommen, um den unbekannten »Hüter der Steine«, einen Herrn aus dem nahen Dorf kennenzulernen. Wir tauschten uns aus. Ich sagte ihm, was ich wußte von den Energien des Ortes, und er erzählte mir, was er von den verschiedenen Spuren der verschiedensten Besucher an diesem Ort wußte – da waren schon mal Hühnerbeine zu sehen, aber hauptsächlich Blumen- und andere Naturgaben. Jüngst jedoch waren welche dagewesen, die hatten mit Sägespänen einen magischen Halbkreis um die Steine herum gezogen und dazu an drei Seiten kleinere Zeichen, eine Raute, einen Kreis und eine nicht mehr erkennbare Form. Am selben Tag hatte es einen

derben Hagelschauer gegeben, der noch durch die Zweige der Fichten drang und das Zweiggebinde, das jene Gruppe an einem Baum hinterließ, zerzauste. Was ging hier vor?
Ich befragte die Steine.
Zu meiner Überraschung teilte sich mir mit, welch hohe Schwingung mittlerweile an diesem und an all den anderen Orten vorherrscht, die entlang des Ammer-/Ampersystems miteinander in Verbindung stehen. Das ganze System ist aktiviert worden und in eine höhere Schwingungsstufe eingetreten! Ob meine Amperfahrt vor fast einem Jahr daran einen Anteil hätte, wollte ich wissen. – »Viele Dinge geschehen, die du nicht alle überblickst und von denen du ein Teil, ein kleines Element bist«, gaben mir die Steine im inneren Dialog zurück. Ich fragte nach den Spuren der Kulthandlungen, die der Vergangenheit entlehnt und hier ausgeübt worden waren: Was bewirken Menschen an diesem Ort, deren Ideen von Magie und Ritus nicht durch geistige Reinheit und Liebe geläutert waren? – »Es fühlen sich viele unterschiedliche Menschen von diesem Ort angezogen«, so verstand ich, »und nicht alle sind von Liebe und Ehrgefühl der Natur gegenüber erfüllt. Aber die Woge neuer ätherischer Kräfte schlägt höher als die Wellen, die etwaige Zauberlehrlinge mit rückwärtsgerichteten okkulten Anschauungen schlagen. Viele unterschiedliche Dinge geschehen hier, aber zur Zeit ist schwarzen Magiern an diesem Ort keine wirkliche Macht gewährt. Wir Steine sind größer.«
War nicht der Hagel, der von den Mächten der Lüfte als Antwort auf das Ritual jener – nicht unbedingt übelgesinnten – Heidengläubigen gesandt wurde, ein deutliches Zeichen? Ich erklärte dem Herrn, was ich von den Steinen erfahren hatte. War nicht im Grunde das Reinehalten und Pflegen, dem sich der Mann seit fünfundzwanzig Jahren regelmäßig widmete, die größte Tat von allen?
Nach dieser Begegnung an den keltischen Opfersteinen wuß-

te ich, daß meine Reise nach Bayern unter einem guten Stern stand. Ich würde schaffen, was ich mir vorgenommen hatte: Seit langem hegte ich den Wunsch, einmal bis an die Quelle des Ammer-/Amperflusses zu gelangen. Zu meiner Verwunderung waren in den gewöhnlichen Autokarten, die ich besaß, tatsächlich die Ammerquellen als Elemente der Landschaft im Ammertal zwischen Oberammergau und Schloß Linderhof verzeichnet. Ich beschäftigte mich oft mit den Karten, ich studierte sie immer und immer wieder. Ich hatte einen leisen Ruf vernommen. Morgen nun würde ich ihm in Einklang mit dem Willen höherer Mächte folgen.

20. Juli 1996

Am frühen Nachmittag des nächsten Tages trafen wir bei sonnigem, aber nicht zu heißem strahlenden Wetter am Schloß Linderhof ein. Ich hatte den großen Wunsch, endlich einmal die *Venusgrotte* des exzentrischen König Ludwig II. zu besichtigen, die er sich hier als märchenhafte Kulisse für Wagneropern hat erbauen lassen. Die Grotte, die ich so zu sehen begehrte, entpuppte sich mir aber als das opernhafte Bauwerk, das sie ist – sie stellt ganz sicher nicht die an magischem Ort errichtete »Weltberghöhle« am oberen, fernen Ende des Tals dar, als die ich sie mir in meiner Phantasie ausgemalt hatte. Aber eine weise und gütige Führung, an der Annika ihren Anteil hatte, ließ uns zur *Hindingshütte* im Schloßpark gelangen. Am hinteren Ende des Linderhof-Parks ist sie wiedererrichtet; der »Meditation« und auch »mehr sinnlicher Genüsse« gab sich laut Ortsbeschreibung in dieser Hütte einst der König hin – auf Bärenfellen lagernd und mit gewaltigen Trinkhörnern in der Hand. Der ursprüngliche Standort aber lag nicht hier, sondern bei den *Sieben Quellen* weiter oben im Tal, unterhalb des Ammersattels. Der Hüttenwärter in Lederhosen und Wadenstrümpfen sagte uns, wo diese zu finden seien. Die Sieben Quellen! Das mutete schon eher nach dem gesuchten Quellort, dem Ursprung des Flusses und seines Tales an!

Der Wärter erklärte uns auch, daß der dort entspringende Gebirgsfluß nicht die Ammer, sondern die *Linder* ist, von der Schloß Linderhof offenbar seinen Namen hat (wenn nicht von der großen Linde im Schloßhof, bei der ich während einer kurzen Fühlungnahme einen gewaltigen Energiewirbel, einer Windhose vergleichbar, schauend wahrnahm) [2], und daß die Linder in ihrem weiteren Verlauf durch das Tal auf Ettal zu (Standort eines bedeutenden Klosters) wieder versikkert und vertrocknet. *Unterhalb* des breiten Linderbetts aber entspringen die Ammerquellen, deren genaue Lage mir beschrieben wurde und sogar auf den Karten zu finden ist, und es ist möglich und wahrscheinlich, aber nicht hundertprozentig erwiesen, daß es das versickernde Linderwasser ist, das hier entspringt. Welch Transformation! Welche Mäßigung und Reinigung, welche *Linderung* des Wassers durch die Erde!

Wir suchten die Ammerquellen auf, zunächst die Großen Ammerquellen südlich der durch das Tal führenden Straße. Wir fanden zunächst nur ein abgezäuntes Feuchtgebiet und schließlich darin direkt neben einem schon vorhandenen Bach, der sich sanft durch Wald und Wiesen schlängelt und dessen Ursprung mir unbekannt war, *eine* der Quellen: In einem kleinen, klaren Becken drückt das Wasser aus dem Erdboden zwischen Gestein und Uferböschung heraus. Und was für eine zarte, reine, liebliche Nymphe war an dieser Quelle fühlbar! Ergriffen brachte ich ihr feinen, zarten, kosenden Gesang dar, und Annika tanzte einen wunderschönen, fließenden Tanz dazu. Ganz rein ist diese Quelle, ungetrübt vom ätherischen Schmutz, den die Menschen auch in Bayern verbreiten. Welch ein Wunder!

Auf der anderen Seite der Straße fand ich dann in den Feuchtwiesen die Kleinen Ammerquellen. Hier gibt es einen Flecken, wo das Wasser an vielen Stellen sichtbar aus dem Boden in ein klares Becken hinein drückt, an einigen Stellen schießt es regelrecht hervor. Einen ganz verborgenen, wunderbaren Quellgrund hatte ich allerdings etwas abseits zwischen großen Huflattichblättern unter einer strauchartig wachsenden Erle gefunden. Hier bemerkte ich, daß zwar das Wasser ebenso klar und rein (ätherisch rein) aus der Erde kommt wie an jener anderen Quelle, aber sogleich von etwas, das schwer und lastend in der Luft liegt, niedergedrückt wird. Die Quelle hatte Mühe, sich gegen diese Last zu entfalten. Ich reinigte die Quelle durch Stimmlaute und Gesang und belebte sie durch eine Zeremonie, bei der ich unter Gesang die Aufwärtsbewegung des Wassers nachvollzog und die ätherischen Kräfte mit den Armen ausladend, springbrunnenartig und sternengleich in den Landschaftsäther hinein versprühte. Ein Wassermann, ein männlich polarisiertes Elementarwesen, ist hier zugegen und erduldet das Leid, das ihm durch die energetische Blockade widerfährt. Ich hoffte sehr, daß ich dem Bruder der Nymphe das Leid etwas lindern, die Blockade etwas lokkern konnte.

Wir machten uns dann mit dem Wagen auf den Weg, die Sieben Quellen am Fuße des Ammersattels aufzusuchen, jenen geheimnisvollen Ort, an dem sich ursprünglich der schwärmerische und hochsensible Märchenkönig seine urgermanische Hindingshütte hat erbauen lassen. Der Wärter im Schloßpark hatte uns klare Hinweise gegeben, doch vor Ort sah alles plötzlich ganz anders aus. Wir suchten lange vergebens in der Nähe der Straße, und um tiefer in den Bergwald einzudringen, mangelte es uns an Zeit, da es rasch dunkelte. Wir fanden die Quellen nicht. Aber ich spürte: auch ohne an den Sieben Quellen, dem Ursprung jenseits des Ursprungs, angekommen zu sein, hatte sich eine Reise erfüllt, die länger währte als dieser Tag: An einer anderen Quelle, im Hain von Bordelum in der

Nähe des Meeres, hatte sie vor fast drei Jahren begonnen. Bei dem alten Kloster in Hude ließ sie mich die ersten Schritte tun, und hier in den Alpen, im Ammertal an den Quellen des Flusses meiner Kindheit, durfte ich für einen Moment innehalten und meiner selbst gewahr werden: Und ja, ich bin ein kleines Stück Weges auf dieser Erde gegangen.

Im September 1996

Wieder einmal bin ich umgezogen; vom Haus der Freunde in Nuttel führte mein Weg zurück nach Hude, aber über Hude hinaus in das Marschland nördlich des Ortes – in das Land, das noch nicht weiß, ob es Wasser ist oder Erde. Ein Wink aus der Vergangenheit: Es ist das alte Land der Stedinger, in dem ich nun wohne.

Das Land erstreckt sich am südwestlichen Weserufer vor den Toren Bremens von Altenesch bis Berne. Ich besuchte beide Orte und gewahrte in der Kirche von Berne auf der einen Seite und in einem Hain bei Altenesch auf der anderen Seite die zwei energetischen Eckpunkte, zwischen denen das Land gleichsam eingespannt ist. Der Hain bei Altenesch ist 1834 zum Gedenken an die historische Schlacht vor damals 600 Jahren, in welcher alle Bauern und ihre Familien ihr Leben ließen, angelegt worden. Ich sprach mit einer Buche und bekam das Stedinger Land als einen Bogen mit Sehne zu sehen, welcher zwischen diesem Hain und der Kirche von Berne eingespannt war. Wohin mochte der Pfeil zeigen, wenn man ihn einlegte – nach Hude? Oder war der Bogen ein Musikinstrument und die Sehne eine schwingende Saite?

Die Besiedlung des Landes durch die Stedinger im 11. Jahrhundert ist eng verbunden mit der Eindeichung der Wesermarschen in jener Zeit. Hatten die Bauern ihre Aufgabe erfüllt und waren zwei Jahrhunderte später geopfert worden? Waren sie ein Deichopfer, das letztlich das Land seither beschützte? Ich erhielt keine Antwort auf diese Spekulationen. »*Die Flut wird schon kommen*« – das war alles, was die Buche im Hain noch sagte.

Nachbemerkung

Ich überarbeitete in den letzten Wochen meine Aufzeichnungen, und da stellte sich mir eine Frage, die es zu lösen galt: Was darf man an intimem Wissen über die Orte weitergeben, um einerseits anderen Menschen die Chance zu geben, zu verstehen und nachzuvollziehen, andererseits aber die Orte auch vor einem eventuellen Mißbrauch zu schützen, der sich mit diesem Wissen *auch* verüben läßt, sei es aus Bosheit, Neugier oder Selbstsucht? Gerade im Zusammenhang mit den Klosterruinen und dem daran angrenzenden privaten Parkgelände in Hude beschäftigte mich diese Frage besonders stark. Ich hatte Rudolf zur Lippe, als Anwohner des Parks unmittelbar betroffen, dazu befragt, und er hatte mir gütig und weise geantwortet: Ich solle ruhig schreiben von dem, was ich erlebt hatte und mir am Herzen lag, aber ich solle auch schreiben von seinen Bedenken, wie er sie bei der Heilungsarbeit im Mai 1994 geäußert hatte. Das habe ich bisher nicht getan.

Es hatte damals Anlaß gegeben, darüber nachzudenken, wie und wem man ein solch subtiles (und bezogen auf den Ort *intimes*) Wissen weitergibt, wie es Marko Pogacnik uns in jenem Seminar vermittelte. Früher war dieses Wissen nur den Eingeweihten zugänglich. Es hat aber eine Öffnung in diesem Jahrhundert stattgefunden, die das Wissen, das über Jahrhunderte, Jahrtausende von den Wissenden gehütet worden ist, zurück in die Hände *aller* Menschen gibt. Aber damit ist eben nicht außer Kraft gesetzt, was für jede Art von Wissen

gilt, nämlich daß Bedingungen an seinen Erwerb – die Disziplin der Schulung – und an seine Anwendung – die moralische Verantwortung – geknüpft sind. Wissen verpflichtet.
In bezug auf die *Heilungsarbeit* in Hude ist zu betonen, daß es da nichts nachzumachen gibt – sei es an diesem Ort oder sei es andernorts durch ein unreflektiertes, rein äußerliches Übernehmen der Methoden, ohne über die entsprechende Wahrnehmungsfähigkeit zu verfügen.
Ich entsann mich des Austausches mit dem Prinzen, den ich über diese Fragen führte, recht gut. Dennoch mußte ich jetzt, da diese Fragen noch einmal ganz konkret wurden, die Klosterruinen aufsuchen, was ich längere Zeit schon nicht mehr getan hatte. Sollte der Ort doch für sich selbst sprechen!
Ich stellte mich in eine Mauernische, von der ich aus dem Heilungsseminar Kenntnis hatte, daß in ihr ein *Alter Weiser*, ein Elementarwesen des Erdelements, seinen Sitz hat. Ich möchte nicht sagen, daß ich ihn sehen konnte, aber ich wußte, daß ich hier Fragen stellen durfte, auf die ich eine Antwort erhalten würde. Viele Dinge klärten sich in diesem verborgenen Winkel. Im Inneren Dialog fand ich zu Durchblick und Einsicht, sei es, daß der Alte Weise mir den Zugang zur eigenen Weisheit ermöglichte, sei es, daß er selbst zu mir sprach.
Wie war das nun mit Hude und der Verletzbarkeit eines Ortes wie diesem? So etwa war die Antwort:
»Schreib nur! Schreib nur! Hast du nicht selbst alles erlebt und stehst dafür ein? Es ist nicht nötig, die Elementarwesen vor den Menschen zu schützen. Die Menschen muß man vor den Menschen schützen! Um Euch tragt Sorge, nicht um uns Naturgeister – wir kommen schon zurecht. *Ihr* seid das Problem auf der Erde!«
Das war wahr gesprochen. Wie konnte ich so einfältig sein? In meiner Blindheit hatte ich geglaubt, ich müsse ein Beschützer der Orte und ihrer Geister werden. Aber nicht beschützt werden wollen sie, sondern besucht! Eine großherzige Einla-

dung sprach der Alte Weise innerlich in mir aus: Die Elementarwesen in dem alten Ruinengemäuer freuen sich über jeden Besuch eines Menschen! Denn beide, die Wesen der Natur und die Menschenwesen, können hier voneinander lernen.

Anhang

Übungen

Vorbemerkung

Dieser Anhang enthält praktische Anleitungen für Ihre nun vielleicht beginnende eigene Erkundung. Denn auch darin, daß Sie, liebe Leserin und lieber Leser, sich angeregt fühlen, selbst die Augen zu öffnen und einen neuen Blick auf die vertraute Umgebung zu wagen, kann ja der Sinn dieser persönlichen und ortsbezogenen Aufzeichnungen liegen. Ich bin sicher, daß Sie aus der einen oder anderen Erzählung für sich bereits das Brauchbare und Nachahmenswerte herausgezogen haben, sofern es Sie drängt, ähnliche und noch ganz andere Erfahrungen zu machen.

Um dies zu erleichtern, will dieser Anhang die einzelnen Schritte, die innerhalb einer Begegnung mit dem feinstofflichen und dem seelischen Wesen der Natur wirksam sind, noch einmal im einzelnen darlegen, sofern sie in den Aufzeichnungen selbst zu kurz gekommen sind. Im folgenden wird versucht, die Übungen und Einzelschritte, gegliedert in vier »Rundgänge«, zu ordnen. (»Rundgänge« heißen die Abschnitte deswegen, weil man nach einem solchen wieder dort steht, wo man begonnen hat.) Es gibt keine absolut festgelegte Reihenfolge, keine Nötigung zum Fortschreiten über das eigene Maß hinaus und, kein Sitzenbleiben: Zum einen müssen wir nicht denken, der Weg der Geomantie bringe uns fort von hier, entferne und entfremde uns dem Leben, zum anderen haben wir mit jedem Mal die Freiheit, denselben Erfahrungsweg noch einmal einzuschlagen oder auch einen anderen zu gehen.

Damit möchte ich das Aufkommen der Illusion vermeiden, man könne sozusagen nach Fahrplan ein feinfühliger, hellsichtiger Geomant werden.
Zudem habe ich die Erfahrung gemacht, daß Bücher uns anregen können, unseren Geist zu erweitern und einen Pfad der Entwicklung zu betreten – aber die Impulse, die erforderlich sind, damit aus Möglichkeiten eigene *Fähigkeiten* werden, können meines Erachtens nur in der konkreten Begegnung mit Menschen, mit *Lehrern* vermittelt werden. Wir können wesentliche Schritte in unserer Bewußtseinsentwicklung – wie es die Erfahrung ist, daß die Natur der Erde Seele und nicht Materie ist – nur tun, wenn wir dazu *reif* sind, bzw. werden sich umgekehrt diese Schritte wie von selbst vollziehen, *sobald wir* dafür reif sind. Das bewußte Eintreten in diese Reife würde ich »Einweihung« oder »Initiationserlebnis« nennen.

In diesem Zusammenhang halte ich es für wichtig, sich in Erinnerung zu rufen, daß über die Dinge, die in diesem und in zahlreichen anderen Büchern beschrieben werden, noch vor hundert Jahren strengstens geschwiegen bzw. nur zu Eingeweihten davon geredet wurde. Unterdessen leben wir in einer Zeit, in der die westliche Kultur »reif« ist für das allgemeine Annehmen dessen, was lange Zeit verborgen gehalten wurde; ja wir bedürfen dieses Wissens und dieser Erfahrung sogar dringend, um uns seelisch-geistig weiterzuentwickeln und die drängende Gefahr einer globalen Naturkatastrophe vielleicht noch abwenden zu können. So nötig also die allgemeine Verbreitung und Preisgabe solch subtiler und intimer Erfahrungen ist, so unverrückbar gültig sind aber auch die seelisch-geistigen Gesetzmäßigkeiten, die mit dem Sich-Bewegen in diesen Wirklichkeitsbereichen verbunden sind: Um das Geistige im Außen zu erkennen, müssen wir in das Geistige des eigenen Inneren eindringen, und so wie es im Seelisch-

Inwendigen aussieht, wird es dann auch für uns im Seelisch-Äußeren (in der Natur) aussehen.
Man ist auch in die Irre geführt, wenn man mit einem am Materiellen geschulten Denken in den Bereich des Nicht-Materiellen eintritt, und Fehlinterpretationen sowie Fehlverhalten sind die Folgen. Unser gewohntes Denken ist indessen auch ein dicker Mantel, der die Seele vor dem Ausgeliefertsein in der (astralen) Welt schützt. *Deshalb* steht vor dem teilweisen Ablegen dieses Mantels die Einweihung – sei es, daß sie auf dem persönlichen Reifungsweg durchlebt oder von einem dazu Berufenen im Verlauf einer Schulung gegeben wird.
Daher möchte ich an dieser Stelle vor die Anleitungen eben dieses »Aber« setzen: Ihr Nutzen hängt von Ihnen selbst ab. Ich freue mich, wenn ich Ihnen mit der einen oder anderen Übung eine Anregung geben kann, aber ich empfehle mich – selbst ein Schüler der Erde – Ihnen nicht als ein Meister, dessen Schule zu folgen wäre. Der Meister, der dazu berufen ist, sind Sie selbst.
Die Aufgabe eines jeden Menschen auf dieser Erde ist die Vervollkommnung seiner Seele. Die Begegnung mit dem seelischen Wesen der Natur kann ein Weg dahin sein. Vielleicht ist es der Ihnen gemäße Weg, da Sie dieses Buch in der Hand haben! Leichter als andere Wege ist er nicht, denn immer sind wir auf uns selbst zurückverwiesen und können außen weder etwas erkennen noch bewirken, wenn wir es im Inneren nicht erkannt und bewirkt haben.

1. Rundgang: Besinnen

Der Weg der Geomantie ist ein Weg der inneren Entwicklung – »nichts ist drinnen, nichts ist draußen / denn was innen, das ist außen«, wie Goethe das »heilig öffentlich Geheimnis« dichterisch formulierte. Ich schlage deshalb vor, den ersten Rundgang drinnen, also innen zu beginnen.

Gönnen Sie sich eine Ruhepause, und machen Sie es sich bequem. Unternehmen Sie eine Erinnerungsreise: Denken Sie an Ihren letzten Urlaub, an Wanderungen und Sonntagsspaziergänge: Welche Momente und Stimmungen, welche Ausblikke und »zufällige« Einzelheiten einer Landschaft kommen Ihnen in den Sinn? Vielleicht fanden Sie eine Stunde im Wald einfach nur »erholsam«, ein Panorama »überwältigend«, einen alten Baum »irgendwie zauberhaft«, eine Landschaft »reizvoll« – stets hat jedoch etwas offenbar einen tiefen Eindruck in Ihrer Seele hinterlassen. Was war dieses Etwas? Läßt es sich näher bestimmen? Hat es Sie berührt, weil es mit tief verwurzelten Seelenstimmungen zu tun hat? Oder weil es in sich sehenswert, auffällig, merkwürdig, erhaben war?
Sie müssen diese Fragen nicht alle beantworten. Diese Aufgabe dient einfach dazu, daß Sie sich bewußt werden, wie tief Sie eigentlich schon immer mit der Natur verbunden waren, zumindest ein Teil von Ihnen. Vor allem als Kinder erlebten wir die Natur noch recht unmittelbar in ihrer seelischen Dimension – es lohnt sich, sich dessen zu entsinnen. Aus solchen wiederaufsteigenden Erinnerungsbildern können Sie Kraft schöpfen. Lassen Sie frühe intensive Erlebnisse der Verbundenheit mit der Natur zu Ihren Leitbildern werden.
Nun können Sie im Geiste zu einem Rundgang in Ihrer unmittelbaren Umgebung antreten.

Entspannen Sie sich und schließen Sie die Augen. Lassen Sie die Bilder Ihrer Lebenssphäre – der Stadt, in der Sie wohnen, des Erholungsgebietes, das Sie gerne aufsuchen usw. – vor Ihrem inneren Auge vorüberziehen. Welche Punkte waren Ihnen von jeher vertraute und beliebte Ziele? Welche neuen oder altvertrauten Qualitäten lassen sich ihnen im Lichte der Geomantie abgewinnen? Gibt es Denkmäler, Bäume, anziehende Plätze, über die Sie sich insgeheim »schon immer gewundert haben«, ohne sagen zu können, warum sie Ihre Aufmerksamkeit auf sich ziehen? Welche Farben, welche Gefühle usw. begleiten diese Erinnerungen?

Dieser erste »Rundgang« soll Ihnen zeigen, wo Sie stehen. Es geht um die Bewußtmachung der Dinge, die wir gewöhnlich übersehen. Den ersten Schritt haben Sie nun schon getan. Und vielleicht haben Sie schon Ideen für spätere Rundgänge, bei denen es um das *Spüren* geht, gewonnen.

2. Rundgang: Erkunden

Pflanzenwachstum

Ihre Erkundungen können im eigenen Garten, vor der eigenen Haustüre, in einem nahen Park oder Waldstück beginnen.

Achten Sie auf das Wachstum der Pflanzen. Gibt es bevorzugte Stellen, an denen Blumen und Kräuter, Büsche und Bäume besonders gut gedeihen? Gibt es Stellen, an denen nichts Rechtes hochkommen will? Solche Stellen können Hinweise auf starke, nicht unbedingt förderliche Strahlung sein, während andererseits gutes Wachstum den Verlauf von Wasseradern anzeigen kann.

Besonders gut ist das in manchen Wiesen zu beobachten. Auf der felsigen Flanke eines vor Hunderten von Jahren abgerutschten Berghangs am Neuchâteler See in der Schweiz konnte ich einmal beobachten, wie sich das Geflecht oberflächennaher Wasseradern in der Naturwiese abzeichnete. Die Wasseradern ließen das Gras an den betreffenden Stellen eine dunklere und sattere Grünfärbung annehmen, wodurch sich ein wunderschönes Muster ergab. Der Hang war außerdem von uralten Holunderbüschen bewachsen, denen von alters her magische Kräfte zugeschrieben werden.
Auf der Hallig Oland vor der Küste Nordfrieslands entdeckte sich mir einmal ein anderes Phänomen: Unweit der Warft, einem aufgeschütteten Erdhügel, auf dem die Häuser erhöht stehen, fanden sich merkwürdige Ringe im Gras, die sich durch kräftigeres Wachstum und dunklere Farbe abhoben. Die Oländer kennen diese Ringe seit Generationen als »Hexenringe«, denn sie tauchen jedes Jahr im selben Bereich (aber nie an exakt der gleichen Stelle) auf. Meiner Wahrnehmung nach handelt es sich um Tanzplätze von Feen, die über das Gedeihen der schützenswerten Salzwiesenvegetation auf Oland wachen, also um die Fokuspunkte von Naturgeistern, die mit ihrer harmonischen Bewegung die Lebensprozesse aufrechterhalten.
Im Garten einer Freundin, die in intensivem Kontakt mit den dortigen Pflanzen lebt, bildet sich in jedem Frühjahr, jedesmal ein wenig verlagert und ohne jedes menschliche Zutun (etwa durch Einsäen), ein Kranz aus Krokussen aus. Der Krokuskranz ist offenbar der Sammelpunkt der Pflanzendevas und ein Zeichen ihrer Dankbarkeit, da die Naturwesen in den umliegenden Gärten mit ihren kurzgeschorenen Rasenflächen schwerlich eine Heimat finden.

Bäume

Achten Sie auf Bäume von auffälligem Wuchs. Wachsen sie verkrüppelt, »fliehen« sie einen Standort, haben sie Krebsauswüchse oder sogenannte »Hexenbesen« (Nottriebe, die aus dem Stamm hervorsprießen), sind sie gezwieselt oder gedreht?

Besonders Laubbäume reagieren empfindlich auf Strahlungsfelder aller Art. »Störstreifen« bzw. Zonen erhöhter Strahlung (wie z.B. die Streifen des Hartmann- oder Curry-Gitters) rufen panikartiges Wachstum hervor; über Wasseradern teilt sich der Stamm (Zwieselbäume), über Aquastaten oder Netzgitterkreuzungen folgt das Wachstum der Polarisation der Strahlung (linksdrehend oder rechtsdrehend). Es gibt auch den Fall, daß Bäume in ein für sie positives Strahlungsfeld hineinzuwachsen versuchen, also nicht »fliehen«, sondern »suchen«. Misteln bevorzugen starke Strahlungsfelder und können diese Felder umpolen. Alle diese Reaktionen der Bäume und Pflanzen können Ihnen also Anhaltspunkte für das Vorhandensein bestimmter Strahlungsqualitäten am Ort sein. Hier noch eine kleine Übersicht:

Strahlenflüchter:
Rotbuche, Hainbuche, Winterlinde, Bergulme, Weißbirke, Edelkastanie, Walnuß, Gartenflieder.

Strahlensucher:
Roßkastanie, Stechpalme (Ilex), Scheinzypresse, Silberweide, Hundsrose, Schlehe, Schwarzer Holunder, Efeu.

Achten Sie auf die Gestalt von Bäumen. Sicher finden Sie in Ihrer näheren Umgebung Lieblingsbäume, mit denen sie ein bestimmtes Gefühl, eine bestimmte Charakterqualität, eine urwüchsige, märchenhafte Gestalt verbinden. Vertiefen Sie sich in eine solche Gestalt, indem Sie den »weichen Blick« anwenden. Welche Gestalt sehen Sie im Baum, welche Bilder kommen Ihnen in den Sinn?

Lassen Sie Ihrer Phantasie freien Lauf – sie ist die Brücke zum Erkennen. Die Phantasiebilder, also die Interpretation einer Baumgestalt, sind zwar nicht unbedingt die Wahrheit selbst, aber der Schlüssel zum Verstehen der Eigenheit eines Lebewesens auf tieferer, verborgener Ebene: Welche Funktion nimmt ein Baum an diesem Platz ein, in welchem Zusammenhang steht er mit dem Gewebe des Lebens?

Tiere

Auch Tiere reagieren sehr empfindlich auf verschiedene Arten von Strahlung. Ihr natürliches Gespür läßt sie ihre Umgebung als weit mehr als nur eine Seh-, Hör- und Riechlandschaft wahrnehmen.

Beobachten Sie (Ihre) Haustiere! Wo legen sie sich zur Ruhe nieder, welche Plätze meiden sie?

Achten Sie auf die Spuren der Tiere in freier Wildbahn! Wo verlaufen Wildwechsel, wo finden sich Ruheplätze? Wo gibt es Ameisenhaufen, Wespennester?

All diese Beobachtungen können Ihnen Ort und Verlauf von Strahlungsphänomenen in der Natur anzeigen. Wie bei den Bäumen läßt sich auch hier zwischen Strahlensuchern und Strahlenflüchtern unterscheiden.
Ameisen, Bienen, Wespen und Katzen gelten als Strahlensucher, d.h., sie bevorzugen negativ polarisierte (linksdrehende) Zonen. Bienenvölker zum Beispiel gedeihen nur auf aus-

gesprochenen Störzonen gut, an ihren Flugbahnen läßt sich der Verlauf dieser Zonen ablesen.
Vögel, Hunde, Rinder, Pferde und Schafe dagegen gelten als Strahlenflüchter. So suchen sich Rinder stets die »ruhigsten Plätze« aus, weshalb auch von vielen mittelalterlichen Kirchen die Sage geht, daß man vor ihrem Bau einen Ochsen hat laufen lassen; wo er sich zur Ruhe legte, da legte man den Grundstein für die Kirche.
Ameisen und Störche wiederum bauen ihre Nester ausschließlich über Wasseradern.

Menschen

Die zivilisierte Menschheit scheint für die subtilen Einflüsse der Erde ganz und gar unempfindlich geworden zu sein. Doch bei näherem Hinsehen ist zu entdecken, daß die meisten Menschen instinktiv sehr wohl empfänglich für das jeweilige Strahlungsklima sind.

Achten Sie bei Ihrem nächsten Spaziergang im Stadtpark auf den Verlauf der Wege! Was fällt Ihnen auf?

Wege werden von Menschen gemacht, aber es gibt zwei Arten von Wegen: Die von oben geplanten und die selbstgemachten, die sich hartnäckig gegen den Willen der Stadtverwalter und Parkpfleger halten. »Unerlaubte Wege«, wie Trampelpfade durchs Unterholz und Abkürzungen über weite Wiesen – die aber auch nicht eben gerade, sondern etwas gewunden verlaufen –, folgen oft unterirdischen Wasseradern. Aber auch die geplanten Wege müssen nicht immer »falsch« sein; so standen die Gestalter der Englischen Gärten in der Regel in der alten Tradition der westlichen Geomantie.

Achten Sie in Räumen, in denen viele Menschen zusammenkommen, auf die »Sitzordnung«. Welcher Platz ist sofort besetzt, welcher Platz bleibt leer?

Ob Eßzimmer oder Wartesaal – es gibt fast immer eine geheime Rangordnung der Sitzplätze, beeinflußt durch die manchmal förderlichen, manchmal »energieabziehenden« Wirkungen der verschiedenen subtilen Strahlungsfelder.

Atmosphäre

Üben Sie sich darin, die gesamte Schöpfung um sich herum als ein subtiles Kraftgewebe anzusehen. Ob wir dieses Gewebe wahrzunehmen beginnen oder nicht, hängt zuallererst von unserer Einstellung ab: Das gewöhnliche Bewußtsein ist zielgerichtet und auf Dinge und Einzelheiten fixiert, deshalb entgeht uns gewöhnlich die Harmonie und Schönheit des Ganzen. Wir müssen buchstäblich einen Schritt zurücktreten, um das Ganze als Ganzes und die Teile im rechten Verhältnis zur Ganzheit zu sehen. Man nennt dies, im Gegensatz zum scharfen Blick der Urteilskraft, der das eine vom anderen trennt, den *weichen Blick*:

Betrachten Sie ein Bild, einen Baum, eine Landschaft: Lösen Sie Ihren Blick von dem Gegenstand oder den Einzelheiten und richten Sie ihn geradeaus in größtmögliche Ferne. Entspannen Sie Ihre Augen völlig, sehen Sie durch die Objekte hindurch, als wären sie aus Glas. Lassen Sie dann Ihre Aufmerksamkeit – nicht aber die Augen! – durch den gesamten Bildraum schweifen, der sich auf Ihrer Netzhaut abbildet.
Wenn nötig, nehmen Sie Ihre Arme zur Hilfe, indem Sie sie ausgestreckt nach vorne bringen. Lassen Sie sie jeweils langsam waagerecht zu den Seiten gleiten. Verfolgen Sie – ohne die

Augen zu bewegen – wie Ihre Hände durch den Bildraum streichen und ihn Stück um Stück öffnen, weiten – bis zum größten Maß von 180 Grad und sogar etwas darüber.
Stellen Sie sich vor, wie sich der Bildraum, der Ihr persönliches Universum ist, hinter Ihnen um dasselbe Maß fortsetzt und schließt. Versuchen Siesich vorzustellen, was Sie mit dem Rücken oder mit dem Hinterkopf sehen könnten.

Mit der Weitung des Sichtkreises weitet sich auch das Bewußtsein, also die Art, wie wir etwas *sehen*. Der Blick ist zwar nun starr, aber nur körperlich, während die Aufmerksamkeit davon befreit ist und im Sehfeld wandern kann. Nur das fixierte Bewußtsein kann etwas »kritisch sehen«; das durch die Fixierung der Augen *gelöste* Bewußtsein sieht überall den Zusammenhang, es sieht tiefer – und letztlich nach innen in den Raum des Geistes, wo alle Dinge ihren Ursprung haben. Daher gehört die Fixierung des Blicks, der weiche Blick, auch zu den alten Meditationstechniken.[1]

Nehmen Sie mit dem »Weichen Blick« eine Parklandschaft, das Spiel des Windes in den Baumkronen, das Wogen eines Getreidefelds, den Zug der Wolken am Himmel... wahr. Die Schöpfung ist ein unendlich vielfältiges, in sich geordnetes Zusammenspiel beseelter Kräfte, überall ist Geistiges in Harmonie!

Was für das Auge gilt, gilt um so mehr für das Ohr, das »Tor zur Seele«. Über den Raum in seiner Ganzheit, über das Gewebe von Schwingungen und das Wechselspiel von Kommunikation gibt uns das Klangbild viel besser Auskunft als das »Lichtbild«. Das Wahrnehmen von Klängen beeinflußt unsere Grundstimmung empfindlich – zum Guten oder Schlechten. Deshalb bedarf es Orte der Stille, um Kraft zu schöpfen. Stille ist dabei nicht die Abwesenheit von Klängen, sondern die

Möglichkeit, Klänge in Ihrer Ganzheit wahrnehmen zu können.

Achten Sie auf das Klangbild eines Ortes. Welche Klänge dringen an Ihr Ohr? Versuchen Sie zunächst, sie zu benennen. Welche und wie viele sind es? Richten Sie dann Ihre Aufmerksamkeit wieder auf das »Klanggewebe«. Welche Klangbereiche gehören zusammen? Welche Klänge ziehen welche anderen nach sich? Gibt es (Stunden-, Tages-) Rhythmen, die durch Klänge angezeigt werden?
Wie verhält sich das visuelle Erscheinungsbild des Ortes zu seinem akustischen? Steht das eine dem anderen an Schönheit nach, hat das eine mit dem anderen nichts zu tun, oder harmonieren sie miteinander?
Seien Sie »ganz Ohr«, und achten Sie noch auf das leiseste Geräusch von nah oder fern sowie auf alle Klänge, als seien sie eine musikalische Komposition.

Für das Hören gilt dasselbe wie für das Sehen: Je mehr wir wahrnehmen, um so reicher werden wir innerlich und um so mehr »Bedeutungsvolles« können wir wiederum im Außen wahrnehmen. Es bedarf kaum einer Erwähnung, daß sowohl das Gewebe der sichtbaren Erscheinungen wie das der Klänge mit dem unsichtbaren Kraft- und letztlich Seelengewebe aufs engste verknüpft ist. Deshalb können uns unsere gewöhnlichen Sinne, richtig geschult, in die Reiche des Übersinnlichen hineinführen und uns vorderhand schon viel über die Verhältnisse in den unsichtbaren Dimensionen anzeigen. [2]

3. Rundgang: Einschwingen

Die ersten Übungen, eine Art »Grundschule der Wahrnehmung«, haben Ihnen vielleicht den Blick für besondere Orte und Plätze in Ihrer Umgebung geschärft. Die so gemachten Entdeckungen können Sie für sich nutzen, indem Sie die betreffenden Orte aufsuchen, um Ihre Sensitivität auf der feinstofflich-ätherischen Ebene zu üben. Zwar sind die subtilen Energien überall am Werke, aber an den Knotenpunkten oder (kleineren oder größeren) Energiezentren haben wir die beste Chance, uns auf sie einzustimmen. Suchen Sie solche Orte auf! Wenn Ihnen noch keine geeigneten Plätze aufgefallen sind, so können Sie sich von den Vorlieben der Bäume für ein jeweils bestimmtes »Strahlenklima« leiten lassen. Allerdings zeigt noch nicht jeder Ilex-Strauch gleich einen kosmischen Einstrahlpunkt an! Achten Sie auf Wuchs und Gestalt eines Baumes, auf die Atmosphäre eines Ortes!
Eiche – Yang-Kraft
Buche – Yin-Kraft
Linde – Verbindung von irdischer und kosmischer, Yin- und Yang-Kraft
Ilex (Stechpalme) – kosmische Kraft
Eibe (Taxus) – tellurische (irdische) Kraft

Bevor Sie sich jedoch auf bestimmte Energien einschwingen, wird es wahrscheinlich nötig sein, sich »auszuschwingen«, d.h. bestimmte Energien – in der Regel die turbulente, unharmonische »Stadtaura« – loszuwerden. Dazu dient die *Fließübung*:

Stellen Sie sich auf einen beliebigen, für Sie neutralen Platz. Schließen Sie die Augen, und konzentrieren Sie sich ganz auf Ihren Körper. Folgen Sie den Bewegungsimpulsen, die aus Ihrem Körperinneren aufsteigen! Geben Sie jedem Impuls statt, lockern Sie die Kontrolle über Ihren Körper. Geben Sie sich den Bewegungen hin, bis Sie vom Gefühl völliger Entspannung eingehüllt, bis die Bewegungen fließend und harmonisch geworden sind.

Haben Sie keine Sorge, wenn am Anfang gar nichts passiert und Sie dann Ihrem Körper in wilden Zuckungen folgen müssen. Das ist normal. Das ist die Stadtaura. Suchen Sie Deckung hinter Büschen oder im Schutz der Dunkelheit, wenn es Ihnen unangenehm ist, bei dieser Übung beobachtet zu werden. Die gute Wirkung dieser Vorbereitung hält auf jeden Fall eine Zeitlang an.
Nun können Sie sich dem Schwingungsmuster der in Frage kommenden Stelle überlassen. Weil durch das Lockermachen der Knie der ganze Körper zu einer schwingenden Saite wird, möchte ich diese Übung die *Knie-Übung* nennen:

Stellen Sie sich locker und entspannt auf. Die Beine sind leicht geöffnet, die Arme hängen locker am Körper herab, die Handflächen zeigen (leicht) zur Erde. Schließen Sie die Augen, wenn Sie sich so besser konzentrieren können. Machen Sie die Knie locker, indem Sie sie leicht anwinkeln, den Körper hineinsacken lassen. Auch die Hüfte soll locker sein. Überlassen Sie sich ganz den feinen Kräften, die in dieser Haltung durch Sie hindurchpulsen.

Welcher Art die Bewegungen oder Reaktionen sein können, haben Sie sicher beim Lesen dieser Aufzeichnungen erfahren – da sind die verschiedenen Rhythmen der kosmischen und tellurischen (irdischen) Energien, die entgegengesetzten Reaktionen bei Yin- und Yang-Kräften.
Was die letzten beiden betrifft, so ist es notwendig, daß Sie sich Ihre eigene Körpersignal-Sprache erarbeiten. Buchen ziehen Yin-Kräfte an, ebenso Senken und Gewässer. Yang-polarisiert sind Eichen und Hügel, Erhebungen usw. Eine erste

spontane Körperreaktion können Sie zu einem Zeichen machen, indem Sie sich beim nächsten Mal innerlich fragen: Ist es diese (Yin-) Reaktion, oder ist es jene (Yang)? Beim Bestimmen dieser beiden Grundqualitäten greift Ihr Bewußtsein also in die Körperarbeit ein und verstärkt durch die Frage die Antwort. *Ihre Signale müssen dabei nicht mit den im Buch beschriebenen übereinstimmen*; es geht nur darum, daß sie für Sie zu einem wiederholbaren, verläßlichen Zeichen werden.

Seien Sie beim Erspüren eines *Schwingungsmusters* dagegen ganz offen, und lauschen Sie auf die Bewegungen ihres Körpers. Wenn die erspürten Schwingungen nicht mit Ihrer Erwartung übereinstimmen, so lassen Sie sich nicht irritieren. Meistens sind die Erwartungen falsch. Keine zwei Orte auf dieser Erdoberfläche haben ein exakt identisches Schwingungsmuster, und die getroffene Einteilung in Energiearten ist eine sehr grobe. Denken Sie daran, daß Sie nicht unterwegs sind, um eine geomantische Landkarte für das Vermessungsamt zu zeichnen, sondern um sich selbst einer anderen Wirklichkeit zu öffnen! Die Erfahrung zählt, das Ergebnis ist zweitrangig.

Sie können die Knie-Übung auch abwandeln zur Arm-Übung, indem Sie den Arm locker hängen und aus der Schulter pendeln lassen.

Die wohl sensibelsten Sensoren für Veränderungen des Energiefeldes sind die Handflächen. In der Regel nimmt man ein Radiästhesie-Instrument (Rute oder Pendel) zur Hilfe, da die Signale äußerst schwach sind. Sie können jedoch auch versuchen, ohne diese präzisierenden Hilfsmittel Strahlungsphänomene wahrzunehmen. Probieren Sie es mit beiden Händen, und üben Sie weiter mit der Hand, mit der Sie die besseren Ergebnisse erzielen.

Lassen Sie den Arm locker am Körper herabhängen. Auch die Hand soll ganz locker sein. Drehen Sie die Handfläche nach vorne oder dem Erdboden zu. Schreiten Sie nun mehrmals die Stelle ab, an der Sie ein energetisches Phänomen vermuten, bewegen Sie die Hand sanft tastend durch die Luft. An einem Kribbeln in der Hand, unwillkürlichem Zucken, kaum merklichen Veränderungen in der Muskelspannung, einem Gefühl der »Spannung« in der Hand lassen sich Anzeichen für Energiefeldveränderungen ablesen.

Mit dieser Methode können Sie den Verlauf von Energielinien erspüren. Wenn Sie – aufgrund Ihrer Erfahrung oder anhand weiterer Anhaltspunkte – einigermaßen sicher sind, um welche Art von Phänomen es sich handelt, können Sie sich im weiteren eine Sprache Ihrer Reaktionen und der entsprechenden Phänomene erarbeiten.
Eine gute Differenzierungsmethode ist durch die Nutzung des *ganzen* Körpers als Wahrnehmungsorgan gegeben, indem Sie innerlich anhand von Körperpartien, Organen oder Chakren verschiedene Qualitäten abfragen. So kann ein Resonanzgefühl in der Beckengegend (Sexual- oder Sakral-Chakra) die Präsenz von Elementarwesen an einem Ort anzeigen, im Bereich des Sonnengeflechts oder des Herzens ein vitalenergetisches Zentrum, über dem Kopf (Kronenchakra) die Einstrahlung kosmischer Energien.

Stellen Sie sich locker und entspannt auf. (Achtung! Stellt sich ein spontanes Gefühl ein, das Sie registrieren? – Das ist mit Sicherheit schon eine Antwort des Ortes!) Befragen Sie nun innerlich Ihren Körper nach einem Ihnen vertrauten System, indem Sie sich auf den jeweiligen Körperbereich konzentrieren. Oder nehmen Sie die Hand zur Hilfe, indem Sie sie in die Nähe des jeweiligen Körperbereichs bringen.

Um differenzierende Aussagen zu treffen, ist es nötig, mit einem Entsprechungssystem zu arbeiten, das von einer Körperreaktion auf das jeweilige (Kraft-)Phänomen schließen läßt. Zum Beispiel lassen sich verschiedene Körperzonen und Organe je einem der zwölf Tierkreis-Zeichen zuordnen, die dann wiederum als Symbol für bestimmte Kräfte und Eigenschaften stehen können. Marko Pogacnik beschreibt in der *Schule der Geomantie*, wie er die Chakrenreihe als »Tonleiter« gebraucht, um verschiedene Funktionen und Qualitäten von vitalenergetischen Phänomen zu unterscheiden. Dem Fortgeschrittenen ist es möglich, sich – von diesen Beispielen ausgehend – aufgrund seiner Erfahrungen und Wahrnehmungen ein eigenes System zu erarbeiten.
Eine andere Reaktion kann plötzlicher und unerwartet auftretender Schmerz sein. So kann heftiges Kopfweh den Einfluß einer elektromagnetischen Störzone anzeigen; starke Strahlungen aus dem Erdinneren über Verwerfungen oder Kreuzungspunkten der Gitternetze verursachen vielleicht Bauchbeschwerden oder einen Angriff auf den Solarplexus.
Nicht alle Arten von Beschwerden zeigen jedoch schon negative Kräfte an – es kann auch sein, daß Sie (mit oder ohne Ihr Wissen) in einem bestimmten Organbereich geschwächt sind und sich die charakteristische Qualität eines Ortes, indem sie auf Sie einwirkt, durch erhöhte Regsamkeit in eben jenem Bereich kundtut. Schmerz ist sozusagen ungefilterte und deswegen hochdosierte Energiestrahlung.

Wie genau fühlt sich der »Schmerz« an? Ist er schwebend, ziehend, drückend, kribbelnd, jagend, beißend, anregend, heftig...? Versuchen Sie, die Art des Körpergefühls genau zu bestimmen!

Eventuell haben Sie auch schon den Ort Ihrer Heilung gefunden, indem sich hier eine Resonanz zwischen den Energien des Ortes und denen Ihres Körpers offenbart, die sie sich zunutze machen können:

Lassen Sie die Energien des Ortes frei durch Ihren Körper fließen, sich von ihnen durchströmen und einhüllen, reinigen und heilen.

4. Rundgang: Einfühlen

Durch die zuvor beschriebenen Übungen haben Sie vielleicht gelernt, wie man sich mit Hilfe des Körpers Wissen über einen Ort aneignen kann – indem man sich einschwingt. Auf einer höheren Ebene ist es die Seele, die sich einschwingt und Erkenntnisse gewinnt, wobei sich das zu empfangene Muster nun als Gedanken-, Gefühls- und Bilderstrom mitteilt. Man könnte sich einfach einem Baum, einem Stein, einer Quelle überlassen und aufnehmen, was an Bildern und Gefühlen aufsteigt. Das würde ich die »offene Methode« nennen, die aber auch eine Gefahr in sich birgt. Denn überlassen wir uns unvorbereitet, rein passiv einem Ort, sind wir in Gefahr, dem Vexierspiel unserer eigenen Gefühlswelt zum Opfer zu fallen. Die Naturwesenheiten können sich uns nur durch das mitteilen, was schon in uns ist, aber ohne eigenen Bewußtseinsstandpunkt fehlt uns der Schlüssel zur Entwirrung der Gefühlsbildersprache. Um in dieser Beziehung festen Boden unter den Füßen zu behalten, würde ich drei kleinere »Vorarbeiten« empfehlen:

1. *Nehmen Sie sich, bevor Sie einem Ort innerlich begegnen wollen, Zeit für sich selbst. Wählen Sie Ihre übliche Meditationsmethode oder überlassen Sie sich einfach der ruhigen Betrachtung eines Gegenstandes, einer Landschaft usw., um im Inneren Ihre Befindlichkeit und die Ereignisse des Tages zu klären und zu ordnen. Lassen Sie den Tagesablauf als Bilderstrom vor Ihrem inneren Auge vorbeiziehen – und zwar in um-*

gekehrter Reihenfolge, also rückwärts vom momentanen Zeitpunkt bis zum Morgen, um die Kausalkette der Ereignisse zu durchschauen (und langfristig aufzulösen).

Auf diese Weise verhindern Sie, daß Sie Bilder und Gedankenmuster, die nicht zum Ort gehören, dort »einschleppen« und dann vor der Aufgabe stehen, das, was für den *Ort* von Bedeutung ist, von dem zu unterscheiden, was nur für *Sie* von Bedeutung ist. Einem befreundeten Geomanten verdanke ich die Mitteilung einer Übung, die hier oder bei sonstigen geistigen Aufgaben von Nutzen sein kann:

Suchen Sie sich einen Gegenstand oder einen Platz in Ihrer Wohnung oder in Ihrer Umgebung, an dem Sie all Ihre Sorgen ablegen möchten. Vergegenwärtigen Sie sich, was Sie bedrückt. Sagen Sie sich nun: »Und nun bitte ich alle Sorgen, sich hier an diesem Gegenstand / an diesem Platz niederzulassen, denn ich habe eine wichtige Aufgabe zu erledigen, bei der ich euch nicht mitnehmen kann. Nach Beendigung dieser Aufgabe werde ich ganz gewiß zurückkehren und euch alle wieder abholen!«

Vergessen Sie nur ja Ihr Versprechen nicht! Ohne Ihre Sorgen könnten Sie sich unglücklich fühlen.
Aber nun zurück zu unserem eigentlichen Ort! Wir wollen uns auf ihn einstimmen.

2. *Besehen Sie sich den Ort, den Sie innerlich erfahren wollen, von außen. Was zieht Sie hierher? Was verbindet Sie bisher mit diesem Ort? Welches sind die Gründe, daß Sie hier etwas erfahren wollen? Als Übung? Weil Sie hier etwas Besonderes, etwas Gutes oder Ungutes verspüren? Üben Sie Ihre Phantasie: Wie könnte dieser Ort von unten, wie aus der Vogelperspektive aussehen?*

Die sogenannte »empathische Übung« wäre hier vielleicht ebenfalls anwendbar:

Stellen Sie sich vor, Sie sind *der Ort: Sie sind die Bäume, all die Pflanzen, die Vögel, die Tiere, der Bach, der Himmel darüber...*

Man kann diese Methode zur seelischen Wahrnehmung ausbauen. Hier soll es nur um die Einstimmung auf den Ort gehen. Damit Sie über den seelischen Zustand des Orts und Ihre Fähigkeiten Klarheit gewinnen, ist als Weiteres zu empfehlen, daß Sie Ihr Inneres reinigen und einen Schutzmantel um sich herum aufbauen! Dies ist besonders dann zu empfehlen, wenn Sie es mit einem belasteten Ort oder mit Störungen zu tun haben. Eine erhöhte seelische Sensibilität macht auch empfänglich für allerlei Störungen und Schäden, und seelische Schmerzen in Form von negativen Erfahrungen und unverständlichen Problemen wären die Folge davon.
Reinigung und Aufbau eines Schutzmantels können Sie durch das *Visualisieren* von Lichtenergien bewirken. Visualisieren ist die dem Wahrnehmen komplementäre Fähigkeit unseres Sehvermögens:

Das Sehen wird zu einer Licht aussendenden Kraft.

3. Konzentrieren Sie sich auf den Bereich des Dritten Auges (Stirnchakra). Lassen Sie von dort violettes Licht ausstrahlen, indem Sie dieses Licht in Ihrer Vorstellung erzeugen. Lenken Sie diese violette Strahlung (Violett ist die Farbe der Reinigung.) als Lichtwolke durch Ihr Körperinneres und um Sie herum – so, daß alle Winkel Ihres Seins davon erfaßt und durchstrahlt werden.
Machen Sie sich Ihre Aura, also Ihren ätherischen und astralen Körper, bewußt! Die Aura sollte in Armeslänge Ihren gan-

zen Körper in Form eines Eis umgeben, überall ist sie geschlossen. Visualisieren Sie dieses Aurafeld, indem Sie sich vorstellen, daß die Strahlen Ihres Ichs von Ihrer Körpermitte ausgehen und sich kraftvoll um Sie herum weiten. Stellen Sie sich die »Eihülle« als eine weiße Haut aus Gaze vor, die nur »feinporiges«, reines Licht einläßt.

So sind Sie bestens vorbereitet, einem Ort auf der seelischen Ebene zu begegnen.

Streifen Sie umher, berühren Sie Steine und Bäume. Seien Sie ganz offen, lassen Sie sich leiten von jedem Detail, das Ihre Aufmerksamkeit erregen will. Gibt es einen Vogel, der plötzlich zwitschert oder von Ast zu Ast hüpft? (Macht er auf einen bestimmten Baum aufmerksam?) Was hören Sie, was geschieht am Himmel? Vor allem: Was geschieht in Ihnen? Welche Gedanken, Gefühle, Bilder, Erinnerungen steigen in Ihnen auf? Nehmen Sie alles gelassen hin, ohne die inneren Fäden selbst weiterspinnen zu wollen! Sortieren können Sie hinterher. Hier gilt es, die Wahrnehmungen frei fließen, den Ort sich Ihnen ungehindert mitteilen zu lassen, indem die Seele des Ortes, nicht Sie, den Empfindungsstrom in Ihnen lenkt.

Es bedarf einiger Übung und vor allem der Erfahrung, mit seelischen Wahrnehmungsvorgängen umzugehen. In diesem Rahmen kann leider nur die äußerliche Anleitung, nicht die innere Leitung im Umgang mit Ihren Erlebnissen gegeben werden. Eine zunehmende Sicherheit bei Ihrer Wahrnehmung werden Sie erreichen, wenn Sie ohnehin nebenher einen der vielen seelisch-geistigen Schulungswege beschreiten.
Da wir im Bereich der gefühlsmäßigen Wahrnehmung eben besonders anfällig für Täuschungen aller Art sind, würde ich eine andere Methode empfehlen, bei der Sie mit konkreten Fragen, mit einer inneren Bitte um Aufschluß an einen Ort

herantreten. Dadurch entsteht eine konkrete Dialogsituation, die uns in Bereitschaft versetzt, Bilder und Worte als von außen kommende, aber sich im Inneren mitteilende Botschaften aufzunehmen.
Bäume sind ideale Gesprächspartner, weil sie in der Evolution das geistige Prinzip des Menschen verkörpern, wie es idealerweise sein sollte: Verankert in der Erde (Aspekt der Verkörperung), fest im Wuchs des Stammes (Ausbildung der Seele), strebend zum Himmel und sich entfaltend im Licht (Aufblühen des Geistes in der Seele). Ein jeder Baum ist, so wie jede Pflanze und überhaupt jedes Lebewesen, von einem Elementarwesen bewohnt, dem Faun, der die Wachstums- und Entfaltungsprozesse des Baumes lenkt und die Verbindung zu den höheren seelischen und geistigen Ebenen in der Natur aufrechterhält. Der Faun ist das Bewußtsein des Baumes und ist, je nach seinem »Dienstalter«, zuweilen mit für uns erstaunlicher Weisheit und Wissen gesegnet. Unabhängig von der Bedeutung eines Ortes können wir mit jedem Baum in Kontakt treten, können ihm unsere Liebe schenken und uns von ihm stärken lassen.

Treten Sie an den Baum heran. Verlagern Sie Ihr Bewußtsein in den Bereich des zweiten oder dritten Chakras, der Zentren der reinen Liebe und der gefühlsmäßigen Kommunikation. Von dort aus können Sie am leichtesten in Verbindung mit dem Faun kommen. Strahlen Sie Ihre Liebe, Ihren guten Willen, Ihr Mitgefühl und Ehrerbieten gegenüber dem Baum aus. Der Faun wird mit feinen Impulsen, mit einem Gefühl der Anziehung, des Angenommenseins antworten. Überlassen Sie sich ganz dem Baum, werden Sie eins mit ihm. Nun können Sie um Antwort auf Fragen bitten, sei es, daß Sie persönliche Hilfe oder Aufschluß über den Ort suchen, oder Sie geben sich einfach der seelischen Klarheit und Kraft des Baumes hin. Wenn Sie selbst Ihrer Liebe und Ihrem Mitgefühl Ausdruck verleihen, wird der Baum auch immer bereit sein, Sie aus seiner großen Kraft zu speisen und zu stärken.

Die Weisheit insbesondere älterer Bäume kann uns, wie erwähnt, Aufschluß über einen Ort geben, dem unser Interesse gilt. Im Prinzip haben alle Bäume eines Ortes die entsprechenden Informationsmuster gespeichert, doch gibt es Bäume, die sozusagen eine Vorsteherrolle spielen und von schon älteren und erfahreneren Wesenheiten beseelt sind. Diese *Zeugenbäume*, wie sie auch genannt werden, sind an ihrer persönlichen Eigenart, an ihrer auffälligen Gestalt oder an seltsamen Wuchsformen zu erkennen und besonders geeignet, Aufschluß über größere Zusammenhänge zu geben. Solche besonderen Bäume können Wohnstätten für weitere Elementarwesen sein (wofür z.B. Astkreuze Zeichen sein können) oder den Verbindungskanal zum »Geist des Ortes«, zum Beispiel dem Pan eines Parks, darstellen. Wenn wir mit diesem höheren Bewußtsein eines Baumes oder über den Baum mit anderen höheren Wesenheiten in Kontakt treten wollen, um Nachforschungen auf der seelischen und geistigen Ebene eines Ortes anzustellen, empfiehlt es sich auch hier, die drei Schritte der Vorbereitung einzuhalten.

Treten Sie dann mit dem Baum wie oben beschrieben über die Gefühlszentren in Bauch- oder Beckengegend in Kontakt. Nehmen Sie auch die Hände zur Hilfe, indem Sie sie an den Stamm legen und sie für das beiderseitige Strömen von Gefühlen und Gedanken öffnen. (Eine solche Öffnung besteht darin, daß Sie sich dieses Offensein und Strömen vorstellen.) *Verlagern Sie dann Ihr Bewußtsein in den Bereich des sechsten Chakras (Drittes Auge), des Zentrums der Einsicht und geistigen Wahrnehmung, und übermitteln Sie dem Baumwesen Ihre Fragen, Bitten, Gedanken und Ideen. Je nach Ihren Fähigkeiten und der Situation kann sich daraus ein regelrechter Dia-*

log entwickeln, in dessen Verlauf Sie die Antworten innerlich wahrnehmen, oder es tun sich, begleitet von einer starken Konzentration, innere Bilder auf, die den Ort in einer verwandelten Form, in seiner Kraftform, zeigen.

Die eigenartige Konzentration und »Heftigkeit« oder »Dringlichkeit« sowohl des Dialogs als auch der inneren Vision sind mir persönlich stets das Zeichen, daß ich nicht Tagträumereien, also Phantasiegebilden nachhänge, sondern daß sich mir wirklich etwas offenbart, was die verborgenen Dimensionen des Ortes – wenigstens zu einem winzigen Teil – enthüllt. Die Anzeichen für die Wahrheit und Echtheit einer solchen Kommunikation mögen bei Ihnen anders ausfallen; jedenfalls sollten Sie darauf achten, den Unterschied zwischen Vision und Phantasie für sich herauszuarbeiten.

Beenden Sie die Kontaktaufnahme in umgekehrter Reihenfolge, wie Sie sie begonnen haben, und schenken Sie dem Ort Ihren deutlichen Dank und Ihren Segen, der in Ihrer Liebe besteht.

Es ist in der Einleitung gesagt worden, daß einem wirklichen seelischen Erkennen ein Einweihungs- oder Initiationserlebnis vorausgeht, worin dieses auch immer bestehen möge. Wenn es uns möglich ist, einen Ort oder seine Wesenheiten seelisch zu erkennen, so ist es auch den Wesenheiten des Ortes möglich, *uns* zu erkennen und sich entsprechend zu verhalten, also gegebenenfals auch zu schweigen. Es wäre verkehrt, eine gewonnene Erfahrung und erzielte »Ergebnisse« ganz allein sich selbst und seinen Fähigkeiten zuschreiben zu wollen. Die Erfahrungen werden uns zuteil, wenn wir reif dafür sind, und sie bleiben wieder aus, wenn wir uns darauf etwas einbilden. Denn eine jede Einsicht in die nicht-materiellen Wirklichkeitsebenen ist ein Geschenk aus der geistigen Welt – uns gegeben,

damit wir weiter wachsen und uns entwickeln mögen.
Nach demselben Muster wie bei den Bäumen können Sie auch mit Steinen (etwa Menhiren oder Findlingen) oder Quellen kommunizieren. Ein altes indisches Sprichwort sagt: »Gott schläft im Stein, träumt im Tier und erwacht im Menschen«. Mit anderen Worten: Steine sind keine tote Materie, sondern auch sie gehören der Evolution an und sind der Verwandlung in etwas Höheres fähig. So sind Findlinge sehr häufig in das Kraftsystem einer Landschaft eingebunden und können Brennpunkte von Elementarwesen sein, die darüber Auskunft geben.

Legen Sie Ihre Hände an den Stein, um sich mit seinen Kraftströmen zu verbinden. Richten Sie Fragen, aus der Mitte des Herzens oder aus Ihrem geistigen Zentrum kommend, an den Stein. Dort, wo Sie mit dem Stein innerlich reden, können Sie auch die Antwort mit Ihrer eigenen Stimme vernehmen.

»Das Murmeln des Wassers ist die Stimme meiner Vorväter«, sagte Häuptling Seattle in seiner berühmten Rede von 1855 an den Präsidenten der Vereinigten Staaten. Auch im Wasser ist seelische Substanz, und über Quellen wachen stets Elementarwesen, da mit dem frischen Wasser auch frische Lebenskräfte aus dem Erdinneren ausgegossen werden, was in jedem Fall eines sorgsamen Schutzes bedarf.

Wenden Sie die Methode der »weichen Knie« an, um sich an der Quelle auf die dort strömenden Energien einzuschwingen. Verströmen Sie Liebe aus Ihrem Herzen, und bitten Sie in Ihrem geistigen Zentrum um Aufschluß auf Ihre Fragen oder ein sonstiges Zeichen.

Eine andere Methode, Aufschluß über einen Ort zu erhalten, liegt in der Zuhilfenahme einer Rute, um Energiephänomene zu muten, oder eines Pendels, um sich auf Ihre Fragen jeweils eine Ja-/Nein-Antwort anzeigen lassen. Der Umgang mit radiästhetischen Werkzeugen ist jedoch eine Wissenschaft für sich, und ich empfehle, sich mit diesen Methoden anhand der entsprechenden Literatur[3], wenn nicht in entsprechenden Kursen vertraut zu machen.

Anmerkungen

Kapitel 2

1 Der interessierte Leser findet diese Übung und weitere Methoden, die zur Einstimmung in die subtilen Bereiche der Natur dienen, im Anhang.

2 Das Buch ›Die Landschaft der Göttin‹ von Marko Pogacnik war mir ein wichtiger Führer in jener Zeit.

3 Marko Pogacnik bereitete ein solches »Loch« einmal während seiner Arbeit in Türnich große Schwierigkeiten, in dem es das gesamte Energiesystem des Schloßparks zusammenbrechen ließ.
Siehe Marko Pogacnik: Die Erde heilen.

4 Tatsächlich ist genau das der Fall – die Welt ist voller Zeichen, und ihre Bedeutungen sind unerschöpflich. Das lernte ich aber erst später.

Kapitel 3

1 Die Frage der Ambivalenz von Phänomenen – daß also etwas dem einen als immaterielle Naturwesenheit erscheint, dem anderen als meßbares physikalisches Feld o.a.zugänglich ist – ist eine heikle. Es scheint von der Naturwissenschaft her eine Annäherung an die okkulten, d.h. verborgenen Phänomene zu geben; so zum Beispiel in der modernen Teilchenphysik oder auch in der Biologie durch die Theorie der morphogenetischen Felder Rupert Sheldrakes. Diese von der Seite der modernen Naturwissenschaft herunternommenen Annäherungen sind aber aus der geistigen Sicht heraus nach wie vor Trübungen und recht grobe Zerrbilder des wirklichen Sachverhalts in der Natur. Sowohl die Gestalt eines Zwerges, um beim Beispiel zu bleiben, wie auch die Messung irgendwelcher Ströme durch ein Biometer zeigen nur Aspekte einer Erscheinung und stellen individuelle Sichtweisen der beobachtenden Menschen dar. Die Wahrheit aus geistiger Sicht ist, daß die gesamte Schöpfung durch und durch etwas Wesenhaftes ist, und daß es darin ungezählte Wesenheiten mit bestimmten Funktionen und Aufgaben gibt, die zusammenwirken. Vergleiche die

Bücher Marko Pogacniks [Elementarwesen. Die Gefühlsebene der Erde und Schule der Geomantie) und die Schriften Rudolf Steiners.

2 In jener Zeit betrachtete ich das Hellsehen noch als eine Wahrnehmungsfähigkeit, die äußerlich, sozusagen körperlich und physikalisch, zu erlernen sei. Das ist nicht der Fall. Gleichwohl können Übungen in der Natur sinnvoll sein, wenn sie mit einer inneren Entwicklung einhergehen.

Kapitel 4

1 Die Doppelbedeutung von Weide (der Baum) und Weide (die Kuhwiese) mag darin ihre Erklärung finden, daß man Weidepfähle, also Pfosten aus dem weichen und vergleichbar wertlosen Holz der Weide, für die Einzäunung benützt. Früher machte man sich sogar die starken Wuchskräfte der Weide für lebendige Zäune zunutze, in dem man Äste in den feuchten Grund steckte, die dann Wurzeln trieben und ausschlugen.

Kapitel 5

1 Ich erspürte den Yang-Punkt, die Kreuzung zweier Leylinien, später unter bzw. neben einem der grasüberwachsenen Mauertrümmer, die im Bereich des ehemaligen Chors liegen. Der Altar war einstmals genau über diesem Punkt errichtet. Spätere Mutungen ergaben, daß dieser Fokuspunkt noch ein Gewebe von Energiepunkten um sich hat, er ist also weniger konzentriert (wörtlich: in die Mitte zusammengezogen) als ehedem. Die Energiequelle unter der Schlangeneibe oder Tanzen den Eibe ist von anderer Qualität.

2 Damit will ich weder den hier waltenden Naturkräften, noch den hier lebenden Menschen Unrecht tun. Die Empfindung, die sich der wahrnehmenden Seele hier einprägt, ist einfach von einer »Grauheit« und »Schwere« und steht in Beziehung mit einer gewissen »Trübheit« und»Gefangenheit«, die ich in der gesamten oldenburgischen Landschaft wahrnehme. Dieser Eindruck kann nur aus etwas herrühren, was in der Geschichte (in der Natur- wie in der Kulturgeschichte) begründet liegt und heute eben den Charakter der Landschaft aus-

macht. Es ist keineswegs so, daß Marschland oder flaches Land generell diesen Eindruck hinterläßt. In den Marschen Nordfrieslands empfinde ich, ganz im Gegenteil, eine große Weite, Offenheit, Lichtheit; es ist ein Land, über dem eine hohe Schwingungsqualität sich verströmt. Schon südlich von Husum, in Dithmarschen, Eiderstedt usw., verliert sich diese Qualität wieder. Dem erfahrenen Geomanten müßte sich hinter dieser subjektiv empfundenen Wahrnehmung eine objektive Wahrheit erschließen.

3 Diese innere Vision von der Madonna hinter der Feuerwand ist weit vielschichtiger und bedeutender, als ich zu jenem Zeitpunkt erfassen konnte. Eine dieser Bedeutungsschichten betrifft das Kloster Kykkos auf Zypern, in dem ein uraltes Bildnis der Mutter Gottes eine zentrale Rolle spielt; es war auch mehrmals auf wundersame Weise bei Bränden, die das Kloster heimsuchten, unversehrt geblieben.

4 Vom 4. April bis 2. Mai wanderte und reiste ich durch Zypern. Ich suchte das Kloster Kykkos auf und fand dort ein Unterkommen und neue Freunde; ich besuchte zahlreiche prähistorische Kultorte und andere geweihte Stätten und gewann einen lebendigen Eindruck von neuntausend Jahren Geschichte, insbesondere auch von der tragischen und verwickelten jüngeren Geschichte. Ich kam zu dem Schluß, daß Zypern gerade in unserer Zeit auf der energetischen und seelischen Ebene eine enorm wichtige Rolle für die Gewinnung des Friedens im Nahen Osten zu spielen habe – es ist die Insel des Friedens schlechthin.

Kapitel 6

1 Dem ging allerdings der selbstverschuldete Niedergang des Klosters voraus; die Strenge des Klosterlebens und die Sitten der Mönche waren verkommen, zuletzt lebten ihrer nur noch sechs im Kloster, wenn sie nicht gerade bei den Bauerstöchtern auf dem Lande waren. 1536, ein Jahr nach der Reformation und 304 Jahre nach seiner Gründung, wurde das Kloster geschlossen, die Mönche vertrieben, die Kirche fortan als Steinbruch für die Errichtung von Bauernhäusern in den umliegenden Gegenden benutzt. Erst 1704 beendete Frei-

herr von Witzleben, dem die Oldenbuger Grafen das Land geschenkt hatten, die Zerstörung und erhielt somit der Nachwelt die heute noch stehenden Ruinen der Kirche.

2 Ich habe später die Erfahrung gemacht, daß sich die Bilder wirklicher Eingebungen von den Bildern der eigenen Phantasie unterscheiden. Es ist ein mit ersteren verbundenes *Wahrheitsgefühl*, das ihr Erscheinen begleitet; man *weiß* einfach, daß man auf der richtigen Spur ist. Letztlich verbirgt sich hierin die alte Frage nach der Unterscheidung zwischen dem Subjekt und dem Objekt, also der Trennung von Innerem und Äußerem. Der Weg der Geomantie erschließt andere Bewußtseinsebenen für die Wahrnehmung der Wirklichkeit und Erkenntnis des Wirklichen, d.h. Wirkenden. Auf der geistig-seelischen Ebene ist ein Erkennen nur möglich durch die Aufnahme des anderen (Äußeren) ins eigene Innere – ein Austauschprozeß, der in Wahrheit ständig auf allen Ebenen der Wirklichkeit im Gange ist. Es kommt nun darauf an, in der Innenschau die Wirklichkeit der Phantasie von der Wirklichkeit der seelischen Mitteilungen (z.B. eines Ortes oder seiner Wesenheiten) unterscheiden zu lernen. Nichts könnte diese Erkenntnisart besser zum Ausdruck bringen als die folgenden Zeilen von Goethe:

Müsset im Naturbetrachten
Immer eins wie alles achten:
Nichts ist drinnen, nichts ist draußen;
Denn was innen, das ist außen.
So ergreifet ohne Säumnis
Heilig öffentlich Geheimnis.

–

Freuet Euch des wahren Scheins,
Euch des ernsten Spieles;
Kein Lebendiges ist ein
Eins, Immer ists ein Vieles.

3 Vergleiche das Grimnirlied der *Edda*, Vers 29:

Drei Wurzeln
gehn nach drei Seiten
von der Esche Yggdrasil;
Hei wohnt unter einer,
unter der andern die Reifthursen,
unter der dritten der Degen Volk.

4 Ein solcher Näpfchenstein findet sich in Ohe bei Dötlingen.

5 Diese Geschichten sind inzwischen veröffentlicht: Marko Pogacnik: *Elementarwesen. Die Gefühlsebene der Erde.*

6 Das schließt jedoch nicht aus, daß man aus *Intuition* heraus etwas tut, was den Stand der eigenen Ausbildung zu überschreiten scheint. Es gibt den Fall, daß man sich geradezu von einem Ort, d.h. von dessen Naturintelligenz bzw. aus der geistigen Welt heraus, *gerufen* und zu bestimmten Handlungen aufgerufen fühlt. Entscheidend ist, daß im Folgen des Rufes der innere Klärungsprozeß nicht außer acht gelassen wird: Was ist göttlicher Wille, was ist eigenmächtiger Wunsch? Dem, der zum Schüler der Erde geworden ist, wird die Erde und die in ihr waltende Naturintelligenz zum Lehrmeister. Hinter einem Ruf an einen Ort kann sich stets eine Aufgabe verbergen, die als neuer Lernschritt zu lösen und zu bewältigen ist.

Kapitel 7

1 Diese Vermutung oder Schlußfolgerung fand später ihre Bestätigung darin, daß ich erfuhr, daß vor etwa zehn Jahren ein Kundiger den Stein *belebt* habe. Vorher war er also in seiner feinenergetischen Wechselbeziehung mit Erde und Ort *tot*.

2 Dieser direkte Zugang, der durch zwei Holzpflöcke markiert ist, kann niemals der ursprüngliche gewesen sein. Das stellte sich später heraus.

3 Die Esche und das Denkmal sind inzwischen beseitigt worden.

4 Erst später erfuhr ich, daß dem alten Stein im Dritten Reich ein großes Hakenkreuz eingemeißelt worden war. Das erklärt die Fräsung und die Tatsache, daß der Stein heute verkehrt herum liegt.

5 Unter den Menschen, die ich später hierherführen sollte, waren auch

»Nicht-Sensitive« – wenn es solche überhaupt gibt –, und selbst diese wurden von dem Kraftstrom erfaßt und um ihre Längsachse gedreht.

6 Ich kann die Entstehung dieser Ortssage nur so erklären, daß durch die vielen historischen Wechselspiele und Brüche hindurch sich keinerlei Verständnis für die sakrale Landschaftsgestaltung der Jungsteinzeitvölker erhalten konnte. Denn zweifellos handelt es ich bei den Dolmen um Tempel, nicht einfach nur um Gräber in der Landschaft, und die wallumringte Anlage des Visbeker Bräutigams ist als Heiligtum, nicht als Friedhof anzusehen. Dieser Aufwand – tonnenschwere Steine waren zu bewegen! – kann kaum dazu gedient haben, sich der Toten zu entledigen; im Gegenteil: Erhalten wollte man sie, um sie aufsuchen zu können und sich durch sie, die teilhatten an den geistigen Welten, des Fortgangs des Lebens zu versichern. Durch den Rat der Ahnen tat sich in jener Zeit der göttliche Wille kund.
Dennoch scheint mir in jener Sage ein wahrer Kern, ein Stück altes Wissen hindurchzuschimmern: Die Verbindung zwischen Visbeker Braut und Visbeker Bräutigam, eine Strecke von etwa fünf Kilometern, muß einen alten Prozessionsweg darstellen, der während kultischer Feiern von einem Großsteintempel zum anderen rituell abgeschritten wurde. Noch heute heißt dieser Weg *Brautweg*.

Kapitel 9

1 Dieses Quadrat sieht so aus:

4	9	2
3	5	7
8	1	6

Alle Zahlen von 1 bis 9 sind so angeordnet, daß die Quersumme in den Spalten, Zeilen und in den beiden Diagonalen jeweils 15 ist. Es gibt magische Quadrate zu allen Grundzahlen. Nach esoterischer Tradition sind sie bestimmten Planeten (kosmischen Qualitäten) zugeordnet, das 3 mal 3-Quadrat dem Saturn.

Kapitel 10

1 In seinem Buch *Die Landschaft der Göttin* beschreibt Marko Pogacnik das Prinzip der unendlichen Dreigliederung des Göttlich-Weiblichen in der Landschaft. Nach diesem Prinzip sind manche Kraftphänomene in der Landschaft verankert.

2 Die Angelusglocke läutet das Angelus ein, das Morgen- Mittag- und Abendgebet zum Gedenken der göttlich-geistigen Herkunft des Menschen.

3 Gemeint ist *Der Herr der Ringe* von J. R. R. Tolkien. Minas Morgul ist die Festung, in der Sauron, der dunkle Herrscher der Welt, seinen Sitz hat.

4 Dieser damalige Erklärungsversuch hat etwas Triviales, da er sich an den Gesetzen der Physik orientiert. Ätherische oder feinstoffliche Wirkungen haben ihre eigenen Gesetze, die eben ganz andere sein können. Der feinsinnige Leser könnte darauf kommen, daß wir die Verbindung vom Mühlrad in Hude zum Spiegelstein bei Hurrel durch unsere Fahrt ungewollt und unbewußt erst hergestellt haben. Das wäre durchaus eine mögliche Erklärung.

Kapitel 11

1 Erst ein Jahr später lernte ich die Arbeit von Hamish Miller und Paul Broadhurst (*The Sun and the Serpent*) kennen, die eine der wichtigsten Leylinien in England, die St-Michaels-Line, Stück für Stück radiästhetisch gemutet haben. Sie stellten fest, daß wichtige Kraftknotenpunkte dieser Linie exakt auf der geometrischen Hauptachse liegen, zwischen den Knotenpunkten zwei zueinander polarisierte Kraftströme jedoch einen mehr oder weniger gewundenen Verlauf nehmen – einem mäandrierenden Fluß nicht unähnlich.

2 Goslar Carstens: Der planmäßige Aufbau der heidnischen Heiligtümer bei den Skandinaviern, Friesen und Sachsen.

3 Marko Pogacnik: Elementarwesen. Die Gefühlsebene der Erde.

4 Ich erfuhr es eine Woche später, als ich Gelegenheit hatte, in den Schriften des Externstein-Forschers Walther Machalett zu blättern. Ich stieß auf das Zitat einer Inderin, die dem Forscher nach einer Meditation an den Externsteinen zu Protokoll gegeben hatte, sie sei in der inneren Versenkung in die tiefsten Tiefen gefahren, und in tiefsten Tiefen habe sie einen violetten Funken glimmen sehen – das Licht der Erde!

5 Diesen Masken maß ich damals nicht genügend große Bedeutung bei, da ich nicht hellsichtig bin. Sie sind wahrscheinlich, genauso wie im Kloster Hude, Sitze der Elementargeister. Ihre Bedeutung lernte ich im August desselben Jahres kennen, als ich über den Feenstein in der Kirche von Heiligenblut am Großglockner, der ein Fehlstein, ein hervorspringender Sandsteinblock in der Außenmauer ist, belehrt wurde. Dieser Fehlstein ist mit einem ätherischen Licht umgeben und dient einer Fee (oder Deva) als Brennpunkt. In meinem Gedächtnis vollzog sich unwillkürlich eine Querverbindung zu den beiden Maskensteinen in der Marienkirche Witzwort.

6 Ich begegnete im Rahmen dieses Seminars auch der Bordelumer Heilquelle wieder, und unsere Heilungsarbeit galt der Erlösung von jenen dämonischen Kräften, vor denen mich die Quelle einst gewarnt hatte.

7 Zwar haben wir uns heute an das Vorhandensein von Bildern und Abbildungen gewöhnt und betrachten sie als etwas Normales, ja Triviales. Das beruht aber auf Gewohnheit, nicht auf einer wirklichen Wahrnehmung dessen, was die Abbildung einer Sache eigentlich ist. Die Jägerkulturen der Altsteinzeit bedienten sich bereits des Gesetzes der Abbildung, um damit ihr Jagdglück zu begünstigen. Zwischen Abbild und Original gibt es eine auf der feinstofflichen und auf höheren Ebenen der Wirklichkeit wirksame Verbindung. Was dem Abbild geschieht, wirkt auf die Wesenheit, von der das Abbild genommen ist. Ein guter Teil der Schwarzen Magie beruht auf dieser Fernwirkung. Noch heute begegnen die Menschen der verschiedensten außereuropäischen Kulturen dem abendländischen Photografen mit einer instinktiven Scheu. Das Erschaffen eines Bildes ist, wie das Aufneh-

men eines Bildes, ein subtiler Vorgang, der eben weder den Betrachter unverändert läßt *noch das Dargestellte.*

Kapitel 12

1 Rabe und Taube sind im Mythos Boten des Heiligen Grals: Der Rabe leitet den suchenden Gralsritter, dieTaube als Himmelsbotin begleitet das Speisungswunder durch den Gral. Die Eichen Gog und Magog (so genannt nach dem biblischen Herrscher Gog aus dem Lande Magog) ließen mich also in die unausgesetzte Wirksamkeit des Gralsgeschehens in Glastonbury Einblick nehmen.

2 Verschiedene Autoren behaupten, daß etwa der Transport der tonnenschweren, riesigen Steine über große Entfernungen – den Wissenschaftlern bis heute ein Rätsel, wenn man die menschliche Muskelkraft und Werkzeuge aus Stein und Holz voraussetzt – entlang der Energiebahnen auf magische Weise erfolgte: Die Steine wurden durch Gesänge zum Schweben gebracht. Das System von Energiezentren und Leylinien mag also nicht nur dem spirituellen und psychischen Zusammenhalt der Kultur, sondern auch praktischen Zwecken gedient haben.

Kapitel 13

1 Damals war es mir nur dunkel in Erinnerung, später entdeckte ich es wieder: *Der Tanz*, 1909/10 von Henri Matisse gemalt.

2 Diese plötzlich auftretende andere Raum- und Zeitwahrnehmung möchte ich mit etwas vergleichen, was ich später in den Büchern von Carlos Castaneda als »Verschieben des Montagepunkts« beschrieben fand. Der Montagepunkt vereinigt ein Bündel unzähliger hochfeiner Energiefasern in sich, die von vorne her den Menschen mit dem äußeren Kosmos verbinden (darin identisch mit dem Sonnengeflecht), nach hinten austretend mit dem »inneren Kosmos«, nämlich der gesamten Aura-Schutzhülle. Durch einen Schlag auf das Schulterblatt wurde der Zauberlehrling Castaneda in eine andere Wirklichkeit versetzt. (Carlos Castaneda: Die Kunst des Träumern; ders.: Die Kraft der Stille)
Eine ähnliche Wirkung kann die Einnahme bewußtseinserweiternder

Substanzen hervorrufen, doch muß ich hierzu anmerken, daß mir die Geomantie zu einem Weg der geistig-seelischen Entwicklung, der Erweiterung der Wahrnehmung und des Bewußtseins geworden ist. Wer mit diesen Dingen vertraut ist, weiß, daß viele andere Wege zu dieser Entwicklung und Erweiterung füren.

Kapitel 15

1 Etwas Dunkles schwingt in diesem Begriff mit, was an die sogenannten »Schwarzen Ströme«, an negative und schädliche Energieflüsse erinnert. Mein Gefühl sagte mir aber, daß das Dunkle, sowohl meiner Vision als auch des Vril-Begriffs, eher von dem Aspekt der Manipulation, der Nutzbarmachung herrührte. Vril ist der Name der Erdenergie, wie ihn der englische Autor Bulwer Lytton in seinem utopischen Roman The Coming Race (1875) den okkulten Energieströmen gibt. In dem Roman bedienen sich »Innerirdische«, menschenähnliche Wesen, die im Inneren der Erde wohnen, dieser Kraft zu ihrem eigenen Vorteil. Vril nannte danach zuerst der französische Okkultist Louis Jacalliot die universelle ätherische Kraft, und er gibt an, eine Sekte in Indien ausfindig gemacht zu haben, die sich ihrer bediente und das Hakenkreuz als ihr Symbol gebrauchte. (Nigel Pennick: *Hitler's Secret Sciences*.)

2 Zur Bedeutung des Namens Linderhof bzw. Linder – Linde und Linderung – kommt noch die des Lindwurms hinzu. Lindwurm, Drache, Schlange – diese scheinbar bösartigen Ungeheuer der Märchen- und Sagenwelt symbolisieren tatsächlich die zweifellos gutartigen, wenngleich noch ungebändigten Kräfte der Erde, nämlich die mäandrierenden Energien, die es durch die rechte Lebensführung zu meistern gilt. Die Opferung einer Jungfrau, die der Lindwurm verlangt, entspricht dem Opfer, d.h. der Darbringung der erlangten Weisheit und gereinigten Seelenkräfte; der tötende Stich mit dem Schwert oder der Lanze faßt den – nur dem Eingeweihten möglichen –Vorgang der Erdakupunktur, d.h. die Nutzbarmachung der verborgenen Kräfte, in ein anschauliches Bild. Insofern weisen Orts- und Flußname hier deutlich auf die anwesenden Kräfte hin.

Übungen

1 Die in den letzten Jahren populär gewordene neue Art der Stereogramme bzw. 3-D-Bilder beruht auf eben einer solchen Meditationstechnik und führt, richtig an gewandt, Entspannungszustände herbei. George Pennington: ›Der Weg über die Augen‹ und derselbe: ›Die Tafeln von Chartres‹, außerdem Pierre Derlon: ›Die Gärten der Einweihung‹.

2 Zur weiteren Beschäftigung mit dem sehr weiten und vielfältigen Thema »Hören« und »Klanglandschaften« verweise ich auf die Schriften Joachim-Ernst Berendts und empfehle die Bücher des kanadischen Komponisten und Klangökologen Murray Schafer, gleichwohl sie nur in englischer Sprache und nur direkt beim Autor zu beziehen sind. (Siehe Literaturverzeichnis. Die deutsche Übersetzung des Hauptwerks *The Tuning of the World* mit dem Titel *Klang und Krach*, Frankfurt 1988, ist vergriffen. Eine Einführung in seine Arbeit gibt Hans Ulrich Werner: *Soundscapes – Akustische Landschaften*)

3 Zum Beispiel das Standardwerk von Anton Stangl: *Pendeln* oder *Der erfolgreiche Pendel-Praktiker von* Karl Spiesberger.

Glossar

Akupressur – Heilungsmaßnahme an Energiefokuspunkten, bei der sehr energetisch »auf den Punkt hin« gesungen wird, um eine Blockade zu lösen.

Akupunktur – Heilungsmaßnahme an gestörten oder blockierten *Kraftzentren* * (Energiefokuspunkten) einer Landschaft, die ähnlich einer Akupunktur beim Menschen wirkt: Die Energiemeridiane (*Leylinien*) werden angeregt und gereinigt, Lebenskraft und Information können wieder frei fließen. Die *Menhire* der *Jungsteinzeit* sind als »Akupunkturnadeln« anzusehen, wie sie beim Menschen verwandt werden.

Akupunkturpunkt – Energiepunkt. Siehe *Akupunktur*.

Alte Wege – Historisch bekannter Verlauf alter Heer-, Handels- oder Pilgerwege. Alte Wege liegen teils heutigen Straßen zugrunde, teils sind sie überbaut oder verschüttet. Straßennamen haben oft bis heute das Andenken an Alte Wege bewahrt. Eines der bekanntesten Beispiele ist der Hellweg von Dortmund nach Paderborn, der durch die Externsteine hindurchführt und später zur »Bundesstraße 1« wurde. Alte Wege können Anzeichen für den Verlauf einer *Leylinie* in der Landschaft sein, da die früheren Wege dem Energiefluß in der Landschaft folgten.

Alter Weiser – 1. Höherentwickeltes *Elementarwesen* des Erdelements. 2. Bildhafte Gestalt, in der sich der *Genius loci*, das Gewissen eines Ortes, in innerer Schau offenbaren kann.

Antennen – Radiästhetisches Hilfsmittel zur Aufspürung von energetischen Phänomenen. Gemeint sind hier L-förmige Drahtstäbe, die in beiden Händen gehalten werden. Eine Weiterentwicklung ist die drehbar gelagerte Winkelsonde. Siehe *Wünschelrute*.

Aquastat – Meistens stark strahlendes, spiralartiges Energiephänomen, das mit sogenannten Blinden Quellen, mit von unten nach oben drückendem, die Erdoberfläche jedoch nicht erreichendem Grundwasser in Zu-

*Querverweise innerhalb des Glossars finden Sie in kursiver Schrift.

sammenhang steht. Die starke Strahlung der Aquastate kann auch von »nicht-fühligen« Menschen gespürt und manchmal an gedrehten Bäumen erkannt werden. Manche Aquastate haben die Qualität eines *Erdorakels*.

Astralwelt – »Astral« bedeutet »von den Sternen her« und bezeichnet diejenige Ebene der Wirklichkeit, in der die Seele recht eigentlich zu Hause ist: Hier sind alle Regungen und Tätigkeiten, zu denen die Seele fähig ist, vor allem auch die Gefühlskräfte, als Urbilder vorhanden (daher auch »urbildliche Dimension«). Die Naturwesenheiten sind hier ebenso zu Hause wie die noch nicht völlig ins Geistige übergegangenen Seelen der Verstorbenen. Über der Astralwelt liegt die *Geistige Welt*, unter ihr der Bereich des *Äthers*.

Äther – Auch »Quinta Essentia« oder das 5. Element genannt. Seine Existenz ist von der modernen Physik Anfang des Jahrhunderts aufgrund negativ verlaufener Experimente verworfen, von Einstein aber dennoch als zwingend angenommen worden. Der Äther stellt das Bindeglied zwischen der materiellen Welt und den geistig-seelischen Dimensionen dar und durchdringt die gesamte Schöpfung, also auch das sogenannte »Vakuum« zwischen den Himmelskörpern. In bezug auf die *vier Elemente* ist der Äther das alles umgreifende, feinstoffliche Prinzip, aus dem heraus die grobstoffliche Formenwelt geschaffen wird. Geomantisch gesehen kann man dabei aber nicht von *dem* Äther sprechen, sondern es wird unterschieden in wäßrigen, feurigen, luftigen und erdigen Äther, in Ätherlinien, den jeweiligen Landschaftsäther usw.

Atmungspunkt – Energiepunkt in der Landschaft, der entweder der Hereinnahme (Einatmung) ätherischer Kräfte oder ihrer Ausgießung (Ausatmung) dient. So wie der Mensch über die Poren seiner Haut atmet, verfügt auch die Erde über ein entsprechendes Atmungssystem, um den Austausch und Kreislauf der *Lebensenergie* auf der Erdoberfläche in Gang zu halten.

Blinde Quelle – Siehe *Aquastat*.

Brennpunkte – Fokuspunkte; Punkte im Raum, an denen Kraft- oder Intelligenzwirkungen »verankert« sind, d.h. ihre höchste Wirkung und Präsenz entfalten. Man spricht von Energie- oder Kraftbrennpunkten oder von den Brennpunkten der *Elementarwesen*.

Buchen – Buchen sind die »Mütter des Waldes«. Es sind vielleicht diejenigen Bäume, die dem Menschen am leichtesten zugänglich sind. Oft bilden sie sehr charakteristische »Gesichter« und Gestalten aus. Buchen bevorzugen Plätze mit hoher Yin-Qualität.

Chakra – 1. *Energiezentrum* des menschlichen Körpers. Es gibt sieben Hauptchakren, die nach der jeweiligen Körperstelle, an der sie zu finden sind, benannt werden. Neben den Farben, die bestimmte Schwingungsenergien wiedergeben, werden den Chakren die folgenden Funktionen auf der vitalenergetischen und geistig-seelischen Ebene zugewiesen:
Wurzelchakra (Farbe Rot): Verbindung mit der irdischen Qualität, Umwandlung; Sakralchakra (Orange): Reinigung, Schönheit; Sonnengeflecht (Goldgelb): Quelle der Lebenskraft, Schutz des Kraftorganismus; Herzchakra (Grün): Verbindung zwischen Kosmos und Erde, Universelle Liebe; Kehlkopfchakra (Blau): Atmung, Austausch, Kommunikation, Schöpfungskraft; Drittes Auge (Violett): Konzentration, Wahrnehmung, Intuition, Imagination; Scheitelchakra (Weiß): Verbindung mit der kosmischen Qualität, Berührung durch die Seele, Ganzheitsimpulse. 2. *Kraftzentrum* in der Landschaft: Der Begriff Chakra wird verwendet, um bestimmte Qualitäten eines Kraftzentrums zu charakterisieren. »Globalchakra« nennt man *Orte der Kraft* von herausragender Bedeutung, wie z.B. *Glastonbury*, das auch als das Herzchakra der Erde angesehen wird. Die Analogie zwischen Landschaftschakren und Körperchakren ist nicht nur ein sprachlicher Vergleich, sondern beruht auf der Entsprechung zwischen dem komplexen Energiemuster eines Menschen und dem Energiemuster der Erde. *Leylinien* und *Kraftzentren* in einer Landschaft können bestimmte Qualitäten zugewiesen werden, die den Qualitäten der bekannten sieben Chakras entsprechen. Da die Chakren feinstoffliche Wahrnehmungsorgane des Menschen sind, kann man mit ihrer Hilfe nach dem Prinzip der *Resonanz* einen Ort geomantisch untersuchen.

Channeling – Aus dem Englischen übernommener Begriff für das Übermitteln einer Botschaft aus den Geistigen Welten mit Hilfe eines medial veranlagten Menschen. In bezug auf die *Geomantie* bedeutet Channeling, daß klärende Hinweise zu einem Ort aus der *Geistigen Welt* gegeben werden.

Chanten – Form des Singens, bei der nicht die Melodie oder der Text im Vordergrund steht, sondern die energetische *Resonanz* mit anderen Menschen bzw. mit anderen Wesen oder Kräften eines Ortes.

Christianisierung – Soweit es die *Geomantie* betrifft, ist hier die übliche und von Papst Gregor I. ausdrücklich empfohlene Praxis gemeint, bestehende Kultstätten mit christlichen Kirchen zu überbauen, anstatt sie zu zerstören. Dabei wurden jedoch oftmals Kraftflüsse blockiert und *Elementarwesen* (die für böse Dämonen gehalten wurden) gebannt.

Curry-Gitter – Auch Diagonal-Gitter genannt; radiästhetisch mutbare »Reizstreifen« bzw. Zonen erhöhter Energie, die in einem Abstand von etwa drei bis vier Metern als rechtwinklige Gitterstruktur über der gesamten Erdoberfläche verlaufen, dabei aber diagonal zur West-Ost- bzw. Nord-Süd-Richtung und damit zum *Hartmann-Gitter* liegen. Die Bedeutung beider Gittersysteme ist umstritten; das Curry-Gitter wird in der Literatur oft als nachrangig behandelt und scheint mit den meteorologischen Gegebenheiten eng zusammenzuhängen.

Deva – »Göttin«, weiblich polarisiertes, höheres Engel- bzw. *Elementarwesen* des Luftelements.

Dolmen – Megalithische Grabanlage aus aufrecht stehenden Tragsteinen und waagrechtem Deckstein, auch »Hünengrab« genannt. Im Gegensatz zu den *Menhiren*, die wie Sende- und Empfangsanlagen ätherischer Kräfte wirken, stellen die Dolmen energetisch gesehen die »Kraftwerke« dar, indem sie *Lebensenergie* in ihrem Inneren anspeichern.

Drachenkraft – Die vitalenergetische Kraft der Erde wurde in den verschiedensten Kulturen wegen ihres fließenden, mäandrierenden Verlaufs oft durch den Drachen oder die Schlange symbolisiert. Daher rührt auch die Symbolik des »Drachentöters« in der christlichen Tradition: Der Heilige Georg (griech. *Georgios*: der Bearbeiter der Erde) »pfählt« mit der »Lanze« den »Drachen«, was allgemein als Sie über das Böse gedeutet wird, jedoch insgeheim stets ein Hinweis auf die Besonderheit eines Ortes ist und den Vorgang der Erd-Akupunktur darstellt.

Drachenlinie – *Leylinie*. Siehe auch *Drachenkraft*.

Dreigliederung – Bei der Unterscheidung in eine Dreiheit oder Dreigliederung in den vorliegenden Aufzeichnungen handelt es sich äußerlich um drei verschiedene Dreiheiten: 1. Die Landschaft als das Ineinander dreier Ebenen der Wirklichkeit, nämlich der physischen, vitalenergetischen und seelischen Ebene, die sich jeweils als Form, Kraft und Geist offenbaren. 2. Die Drei als die Zahl des Göttlich-Weiblichen, in der sich die ewige Schöpferkraft des Universums ausdrückt, und zwar in den Phasen Universelle Ganzheit (Jungfrau-Aspekt der Göttin) – Lebensfülle (Mutter-Aspekt) -Wandlung (Schwarze oder Todes-Göttin). Diese drei Phasen finden sich nicht nur in den drei wesentlichen Lebensstufen des Menschen (Kindheit – Reife – Alter) wieder, sondern auch als seelische Zentren (Gefühlszentren) in der Landschaft. Da jeder Bereich auch wieder die anderen beiden Qualitäten in sich trägt und so fort, entsteht eine unendliche Dreigliederung, die die ganze Schöpfung durchdringt. 3. Die Dreigliederung findet sich in der Landschaft auch als Verankerungssystem der Kraftbrennpunkte wieder, indem ein jeder Kraftpunkt in Verbindung mit drei nachgeordneten Punkten in der unmittelbaren Umgebung steht, die die Energie weiterverteilen und auch als Ersatzkanal dienen können.

Eibe – Eiben lieben Plätze mit hoher *Erdstrahlung*, also *tellurischer Energie*, sie können daher Anzeiger besonders geheiligter Plätze sein. Den Kelten waren die Eiben heilig, sie verdankten ihnen magische Kraft. Alte Eiben (die ältesten sind über 4 000 Jahre alt) sind vor allem in England noch häufig auf Kirchhöfen zu finden; sie stehen für die Kontinuität des alten Wissens, das im neuen Glauben aufgegangen und nicht rigoros bekämpft worden ist – ein charakteristischer Zug des irisch-keltischen Christentums.

Eiche – Eichen lieben Plätze mit hoher Yan-Qualität und wachsen bevorzugt über Wasseradern. Deshalb sind sie im Gewitter auch zu meiden: Wasseradern leiten überschüssige Ströme besonders gut ab und können daher über eine Eiche Blitze anziehen. Im Blitz teilt sich der Erde geballte ätherische Kraft »aus dem Himmel« mit – so wurde die Eiche zum heiligsten Baum der Germanen und Kelten.

Einstrahlungspunkt – Als Einstrahlungs- oder Einstrahlpunkt werden Energiebrennpunkte bezeichnet, an denen sich Schwingungen aus dem Kosmos der Erde mitteilen, die Landschaft also sozusagen befruchten. Dabei werden die lebensförderlichen Kräfte aus höheren energetischen Dimensionen in das Erdinnere aufgenommen und heruntertransformiert, um dann nach ihrer erneuten Abstrahlung (an Ausgießungspunkten) den Lebensprozessen in der Landschaft zugute zu kommen. Die Einstrahlpunkte lassen sich als vertikale Säulen konzentrierter Strahlung wahrnehmen, womit wiederum auch die Symbolik von Weltenbaum, Weltensäule und Himmelsachse zusammenhängt.

Elementarwesen – auch Naturwesenheiten, Naturintelligenzen, Naturgeister oder Elementale genannt. Jeder Pflanze, und sei sie noch so klein, ist ein seelisch-geistiges Elementarwesen beigegeben, das ihr Wachstum lenkt und leitet. Stirbt die Pflanze, so hat das Elementarwesen (bei einfachen Pflanzen Elfe genannt) seine Aufgabe erfüllt und bekommt von einem höheren Elementarwesen eine neue Aufgabe übertragen, an deren Erfüllung es selbst wiederum seelisch wachsen kann. Über den vielen kleinen Elfen steht ein höheres Elfenwesen, Deva genannt, das z.B. die Entfaltung ein- und der selben Pflanzensorte in einem bestimmten Gebiet begleitet, darüber wiederum der Pan einer Landschaft, der auf die Harmonie mit den unzähligen anderen Lebensformen achtet, und außerdem als noch höhere Instanzen Engelwesen – die von ihrer Evolution her allerdings nicht dem Reich der Elementarwesen zuzuordnen sind –, die zum einen das Urbild einer bestimmten Pflanzenart auf der ganzen Erde hüten, zum anderen einer bestimmten Landschaft bzw. einem Landstrich zugeordnet sind und für dessen Entfaltung und Wohlergehen verantwortlich sind.

Energielinien, Energiemeridiane – Siehe *Leylinien*.

Energiepunkt, Energiezentrum – *Ort der Kraft*, *Kraftzentrum* oder -*quelle*, *Akupunkturpunkt*, *Organ in der Landschaft*.

Erdheilung – Den ungeheuren sichtbaren Schäden, die die Menscheit mit ihrer Lebensweise auf der Erde angerichtet hat, entsprechen vergleichbare Störungen und Verletzungen im feinstofflichen und seelisch-geistigen Bereich. Durch Einwirken auf diese höheren Ebenen der Natur können ganzheitliche Heilungsprozesse an Orten und Landschaften in Gang gebracht werden, die sich schließlich auch im stofflichen (sichtbaren) Bereich auswirken.

Erdorakel – Als Erdorakel wird hier ein Platz bezeichnet, der über einem *Aquastaten* oder einem anderen, stark strahlenden Energiephänomen liegt; die intensive, spezifisch *tellurische* Energieschwingung erlaubt es besonders gut, das eigene Bewußtsein mit dem der Erde zu verbinden. Plätzen dieser Art kam früher die Bedeutung eines Orakelplatzes zu, d.h., sie wurden aufgesucht, um über die Wahrheit ins reine zu kommen.

Erdstrahlung – Erdstrahlung ist der Allgemeinbegriff für Energiephänomene des feinstofflichen Bereichs, die sich mit Hilfe radiästhetischer Instrumente (*Radiästhesie*) feststellen lassen. Für den heutigen Stand der Geomantie ist dieses Begriff zu undifferenziert und daher unbrauchbar.

Esche – Die Esche ist ein Baum mit ausgesprochen solaren Qualitäten, sie steht für das Ich-Prinzip im Menschen und für das Prinzip der kosmischen Ordnung. In der Landschaft kann die Esche das Einstrahlen frischer, sozusagen unverbrauchter Lebenskräfte aus dem Äther anzeigen.

Faun – *Elementarwesen* eines Baumes.

Feinstoffliche Kräfte – Lebenskräfte; *Lebensenergie*; siehe *Äther*.

Geistige Welt – Unter Geistiger Welt wird diejenige Dimension des Rein-Geistigen verstanden, die noch über der *Astralwelt* liegt und von den unzähligen Geistern des Himmels (= Geistige Welt) bewohnt wird. Aus dieser göttlich-reinen Welt heraus werden durch hochentwickelte Intelligenzen (Engel) fortlaufend wichtige Impulse zur Lenkung der Menschheit und aller Lebensprozesse auf der Erde gegeben.

Genius loci – Geist des Ortes. Aus der Antike herrührende Bezeichnung für diejenige Wesenheit, die das Bewußtsein oder die leitende Intelligenz eines Ortes darstellt. In neuerer Zeit verstand man darunter eher Atmosphärisch-Wesenhaftes, doch wirft die *Geomantie* wieder ein Licht darauf, daß der Geist des Ortes ein wirkliches Wesen, wenn auch ohne Körper ist, sei es ein weiser *Pan* oder ein inspirierender Engel.

Geomantie – Der Begriff leitet sich von Geo-Mantik, also der Wahrsagekunst mit Hilfe der Erde her, und meint heute die Lehre und das Wissen von den verborgenen Kräften der Erde. Ein solches (esoterisches) Wissen und die entsprechende Praxis bei der Anlage von heiligen Stätten war in allen Kulturen zu allen Zeiten vorhanden; im Abendland wurde es im Geheimen durch die Tradition der mittelalterlichen Bauhütten gepflegt und kam bei der Errichtung von Kathedralen und Kirchen zum Zuge. Das neuere Wiederaufleben der Geomantie als Wissenschaft nahm zeitgleich in Deutschland und in England (durch Alfred Watkins Untersuchungen der Leys) in den zwanziger Jahren dieses Jahrhunderts seinen Anfang, konnte aber nur in England kontinuierlich weiterbetrieben werden, da nach dem Mißbrauch dieses Wissens durch die Nazis in Deutschland geomantische Forschungen verpönt waren. Die Bedeutung der Geomantie heute rührt auf der einen Seite, unterstützt durch die *Radiästhesie*, an die Praxis der Architektur und Landschaftsgestaltung, auf der anderen Seite an die Frage eines neuen, auf die Erkenntnis des Geistigen gestützten Verhältnisses zwischen Mensch und Natur überhaupt.

Gitternetze – Auch Netzgitter; siehe *Curry-Gitter bzw. Hartmann-Gitter.*

Glastonbury – Kleinstadt in Somerset, Südengland, am Fuße des Tor, eines teils natürlichen, teils in prähistorischer Zeit umgestalteten Hügels gelegen. Die Mythen des Heiligen Grals haben hier ihr Zentrum, da Sagen zufolge der Kelch, aus dem Jesus und die Jünger beim letzten Aben mahl tranken, nach Jesu Kreuzigung hierher gelangte und der Kaufmann Joseph von Arimathäa hier das keltische Christentum begründete. In der Benediktiner-Abtei von Glastonbury soll der Überlieferung zufolge König Artus begraben worden sein. Glastonbury bzw. der Glastonbury Tor zählt zu den Globalchakren der Erde, vergleichbar den Pyramiden in Ägypten, dem Uluru (Ayers Rock) in Australien oder dem Kailash, dem heiligen Berg der Tibeter.

Großsteingräber – Auch *Dolmen* genannt; siehe *Megalith-Kulturen.*

Harmonisches Singen – Heilendes Singen in Tonfolgen und -Schichtungen, die in harmonischen Intervallen zueinander stehen. Siehe *Chanten.*

Hartmann-Gitter – Auch Globalgitternetz genannt; Netzstruktur von radiästhetisch mutbaren, in Nord-Süd- bzw. West-Ost-Richtung verlaufenden »Reizstreifen« bzw. Energie- oder Ladungszonen. Der Abstand zwischen den Streifen beträgt in unseren Breiten zwei bzw. zweieinhalb Meter. An den Kreuzungspunkten sind die radiästhetisch meßbaren Strahlenwerte erhöht, und dort, wo sich Hartmann-Gitter-Kreuzungen mit den Knotenpunkten des *Curry-Gitters* oder noch anderer Gittersysteme überlagern, kommt es zu pathogenen, also Krankheiten oder Wucherungen hervorrufenden Strahlungsintensitäten.

Herzsystem – Gemeint ist hier eine Anordnung von drei bzw. vier miteinander in Beziehung stehenden Kraftquellen **in** einer Landschaft, die ein zentrales System zur Aufnahme und Verteilung feinstofflicher Kräfte darstellen, vergleichbar dem Herzen im Menschen.

Hex – Stechpalme; meist strauchartige, manchmal als Baum wachsende immergrüne Pflanze mit stachligen Blättern, die bevorzugt an Plätzen kosmischer Einstrahlung wächst.

Jungsteinzeit – Zeitabschnitt von ca. 4000-2000 v.Chr (je nach Kulturraum stark variierend), in dem wesentliche kulturelle Schritte vollzogen wurden, wie der Übergang zu Ackerbau und Viehzucht, Anfertigung von Töpferware und nicht zuletzt die Errichtung von Großsteinanlagen wie Kalenderbauten (Stonehenge) und Grabtempeln (siehe *Megalith-Kulturen*). Das vierte Jahrtausend vor Christus gilt als das »verlorene Paradies« oder »goldene Zeitalter« in Europa – eine Zeit des Friedens und des harmonischen, weisheitsvollen Lebens von und mit der Natur.

Königssitz, Königsthron – Baum, in dessen Krone ein übergeordnetes Naturwesen, z.B. ein *Pan* oder eine *Deva*, seinen Fokuspunkt hat. Solche Bäume sind zuweilen an ihrer eigenwilligen, leuchterförmigen Gestalt oder ihrem erhabenen Standort erkennbar.

Kraftzentrum – Pauschal für einen Ort, an dem sich für die Landschaft bedeutsame Energien manifestieren. Das Spektrum reicht von kleineren »Kraftquellen«, etwa einem *Atmungspunkt* oder der Kreuzung zweier *Leylinien* bis zum *Ort der Kraft*, an dem zumeist ein Gewebe mehrerer Energiephänomene vorhanden ist.

Kultplatz – Ort, an dem die Menschen früherer Zeiten ihr religiöses Brauchtum pflegten, d.h. die Verbindung zur astralen oder geistigen Welt aufrechterhielten. Kultplätze waren stets an *Orten der Kraft* bzw. *Kraftzentren* angelegt und können daher heute als Anzeichen für geomantisch interessante Orte in der Landschaft dienen.

Landschaftstempel – Aus dem Aufspüren der Energiesysteme und der seelischen Gefüge in einer Region kann sich die Einsicht in die geistige Gestaltung, in die »Komposition« einer Landschaft herauskristallisieren. Die Menschen früherer Zeiten, denen die Erde heilig war, kannten und respektierten diese Strukturen. Siehe auch *Naturtempel*.

Lebensenergie – Aus der Welt des *Äthers* ausströmendes, feinstoffliches Energiespektrum feurigen Elements; Grundlage aller Lebensprozesse, wenngleich von der modernen Wissenschaft zu Beginn des Jahrhunderts als Hypothese verworfen.

Leylinien – Auch Kraftlinien, Energiemeridiane, Drachenlinien: Energetisches Phänomen, den Energiemeridianen im menschlichen Körper vergleichbar, das die Landschaften der Erdoberfläche wie ein Ader- oder Nervensystem durchzieht. Es gibt unterschiedliche Arten von Leylinien;

zu unterscheiden sind ihrer Funktion nach hauptsächlich die folgenden zwei: 1. Die Kraft-Leylinien verteilen die Lebenskraft in derLandschaft und sind darin dem Adersystem des Menschen vergleichbar. Ihr Spektrum reicht von lokaler bis globaler Bedeutung, vergleichbar dem Blutkreislauf, der sich von den Hauptadern bis in die kleinsten Kapillargefäße verzweigt. 2. Die Verbindungs-Leylinien dienen der Kommunikation und vernetzen die *Kraftzentren* der Erde, die *Orte der Kraft* miteinander, darin dem Nervensystem des Menschen vergleichbar. Leylinien lassen sich radiästhetisch mit Hilfe der *Wünschelrute* erspüren, doch müssen geistige Wahrnehmungsweisen hinzutreten, um die Linien zu unterscheiden, ihren individuellen Charakter kennenzulernen, Knoten- und Endpunkte zu bestimmen und etwaige Störungen und Blockaden zu entdecken.

Linde – Die Linde sucht zwischen den Polen *Yin-Yang* und kosmisch-irdisch gerne die Plätze der Ausgewogenheit auf, sie nimmt sozusagen eine Mittelstellung zwischen Buche und Eiche, zwischen Ilex und Eibe ein.

Lochsteine – Megalithmonumente in Form eines aufrecht stehenden Steines mit einem herausgearbeiteten Loch in der Mitte; zumeist in der *Jungsteinzeit* entstanden. Lochsteine stehen mit energetischen Phänomenen am Ort in *Resonanz*, z.B. indem sie auf einer Leylinie stehen oder nach bestimmten Punkten hin ausgerichtet sind. Die Lochsteine bewirken eine starke Bündelung und Ausrichtung von Energieströmen.

Magischer Spiegel – Gemusterte Tafeln, auch Spiegel oder Runen, die (schädliche) Energieeinflüsse abwehren oder umlenken können.

Marterl – In Bayern und Österreich auf freiem Land und in Dörfern anzutreffende Miniaturtempel aus Stein mit Votivgaben, meist der heiligen Maria geweiht. Die Marterl sind, ähnlich wie die Wegkreuze, von geomantischer Bedeutung: Durch das Gebet der frommen Landbevölkerung werden diese Punkte »aufgeladen«, die Landschaft wird dadurch energetisch gestärkt.

Megalith-Kulturen – Mega = groß; lithos = Stein. Großsteinbauten wie Grabanlagen, Steinkreise und *Menhire* finden sich in Süd-Skandinavien, Norddeutschland, auf den britischen Inseln, in Frankreich, Spanien und Portugal, auf den Balearen, Korsika und Sardinien und in Palästina, von wo diese Kultur ihren Ausgang nahm. Über die Völker, die diese Leistungen in der *Jungsteinzeit* vollbracht haben, weiß man immer noch recht wenig; anhand ihrer Keramik charakterisiert man sie für Nordeuropa als

»Trichterbecher-Leute«. Sie zeichnen sich durch den hohen Stand ihrer Kultur aus, da sie nachweislich über genaue astronomische Kenntnisse verfügten (Ausrichtung der Grabtempel; Kalendersystem Stonehenge) und der Hochseefahrt kundig waren (Verbreitung entlang der Atlantik- und Nordseeküste). Die Aufstellung von *Dolmen*, *Menhiren*, Steinkreisen und Steinalleen beweist, daß sie auch über intensive geomantische Kenntnisse verfügten, da sie durch die Errichtung dieser Steinbauten eine Lenkung und Nutzbarmachung der feinstofflichen Energien in der Landschaft erreichten.

Menhir – Aufrechter Stein. Das Wort kommt aus dem Bretonischen und bedeutet Langstein. Die Erbauer der Großsteingräber (*Megalith-Kulturen*), aber auch die Kelten im mitteleuropäischen Raum verstanden es, Menhire als Akupunktursteine auf energetisch wichtige Punkte in der Landschaft zu setzen. Die Steine konnten wie Sende- und Empfangsanlagen wirken und dienten dazu, das Energiegefüge einer Landschaft zu beeinflussen; ihre Funktion ist noch heute von Bedeutung und kann radiästhetisch erforscht werden.

Mentale Projektion – Gedankenübertragung; Möglichkeit bzw. Fähigkeit, durch Sammlung und Konzentration der Kräfte geistige Inhalte auf andere Menschen, Wesen, Landschaften usw. zu übertragen und sie somit in der »Wirklichkeit«, d.h. in der materialisierten Welt zu manifestieren.

Mutung – Untersuchung von Energiephänomenen mit Hilfe von *Pendel* oder *Wünschelrute*. Siehe auch *Radiästhesie*.

Mysterienstätten – Zentren der älteren Religionen, an denen Einweihungen in das Geheimwissen vollzogen wurden. Der in die Priesterschaft neu Aufzunehmende wurde in einen Zustand gesteigerter geistiger Wahrnehmung versetzt und mit den verborgenen Urgründen allen Seins konfrontiert. Die Mysterienstätten sind Kultplätze eigener Art und befinden sich oft an bedeutenden *Orten der Kraft*, wie z.B. Chartres (altes Zentrum des Druidentums) oder den Externsteinen (heiliges Zentrum der Germanen).

Naturtempel – Wenn ein Platz von zentraler geomantischer Bedeutung für die ganze Landschaft ist, so sind die Naturwesenheiten, die hier ihren Sitz bzw. Fokuspunkt haben, fähig, ihm eine besondere Gestaltung zu verleihen. Erkennbar ist dies oft an Art, Wuchs und Anordnung der Bäume; meist entsteht eine Lichtung oder ein baumüberdachter Kuppelraum. Auch wenn

Menschen an der Gestaltung eines Platzes mit beteiligt sind (was zumeist der Fall ist), gelingt es den *Elementarwesen* oft, aus dem Miteinander von Kultur und Natur wieder ein harmonisches Ganzes zu schaffen, nicht zuletzt durch entsprechende Inspiration der Menschen.

Naturwesenheiten – Naturgeister, Naturintelligenzen; siehe *Elementarwesen*.

Nosode – Probe eines Ortes. Nach dem Gesetz »wie im Kleinen, so im Großen« kann man radiästhetisch schon anhand kleinster Mengen von entnommener Materie Rückschlüsse auf den zugehörigen Ort ziehen, da auch in der Probe das Informationsmuster des Ortes enthalten ist bzw. die Probe (Nosode) die schwingungsmäßige Verbindung zum Ort aufrechterhält.

Nymphe – Weiblich polarisierte Wesenheit des Wasserelements.

Ochsenweg – Historischer Heerweg in Norddeutschland; sein heute noch bekannter Verlauf in zwei Hauptsträngen von Jütland nach Hamburg beruht auf den mittelalterlichen Viehtreiberwegen, als der Ochsenhandel seinen Aufschwung nahm (siehe auch *Alte Wege*).

Organ der Landschaft – Gleich dem Menschen weist die Erde – und im kleineren Maßstab auch jede einzelne Landschaft – ein höchst kompliziertes System von Organen auf, um das Leben auf all seinen Stufen auf der Erdoberfläche zu ermöglichen. Diese Organe sind jedoch *feinstofflicher Art* und daher unsichtbar. *Orte der Kraft*, *Energie-* oder *Kraftzentren*, *Akupunktur-* oder *Knotenpunkte*, *Chakren*, *Energiemeridiane*, *Leylinien* – all diese Begriffe weisen auf besondere Stellen und Phänomene in der Landschaft hin. In der *Geomantie* kommt es darauf an, die jeweilige Funktion des Einzelphänomens im Gesamtzusammenhang, d.h. als *Organ* des Erdkörpers zu verstehen.

Ort der Kraft – Populärster Begriff für ein geomantisches Phänomen. Bedeutende Heiligtümer sind auf »starken« Orten der Kraft, d.h. Energiezentren der Erde errichtet, so z.B. die Pyramiden, die Kaaba in Mekka, das Kloster Santiago de Compostela, aber auch Städte wie Jerusalem, Rom usw. Zu allen Zeiten haben Menschen das Erhebende und Heilige bestimmter Orte gefühlt und sich dort eingerichtet, haben die dortige Kraft (bzw. Energie) für ihren seelisch-geistigen Weg, leider aber auch für ihren Machthunger benützt. Orte der Kraft können auch Plätze von lediglich regionaler oder lokaler Bedeutung sein; der Begriff selbst hat sich daher abgenutzt und ist für eine genauere Beschäftigung mit der *Geomantie* unbrauchbar.

Pan – Von griech. *pan*: alles. Der Pan ist eine männlich polarisierte höhere Wesenheit des Erdelements und hat die Funktion einer leitenden Intelligenz für einen Ort oder eine Landschaft inne. In alten keltischen Darstellungen erscheint er als »Green Man«, als »Eichenmann«; in Griechenland nahm man mehr sein naturhaftes, wildes Wesen wahr, stellte ihn mit Bocksfüßen und Ziegenhörnern dar und floh in »panischer« Angst vor dieser Wesenheit wie vor aller wilden Natur.

Pendel – Hilfsmittel zum Aufspüren von Schwingungsmustern, meist ein kegelförmiges Messingstück an einer Kette, auch andere Materialien finden Verwendung. Das Pendel (in Fachkreisen: *der* Pendel) kann wie die *Wünschelrute* bei der Ortsuntersuchung verwendet werden, wird aber eher als Anzeigeinstrument zur Diagnose und Wahrheitsfindung eingesetzt (Ja-/Nein-Antworten auf innere Fragen, Pendeln über Diagrammen oder Karten). Wie alle Methoden der *Radiästhesie* setzt das Pendeln eine gewisse Fühligkeit voraus und muß durch Übung erlernt und bis zur Zuverlässigkeit verfeinert werden.

Prozessionsweg – Ritualweg; verbindet zwei Heiligtümer bzw. *Kultplätze* miteinander und beruht auf geomantischen Gegebenheiten (Verlauf entlang eines Energiebandes/*Leylinie*). Das feierliche Abschreiten, das heute noch z.B. in Bayern zum religiösen Brauchtum gehört, dient einerseits der inneren Energetisierung und Kontemplation, andererseits der Energetisierung des Ortes bzw. der Landschaft selbst.

Radiästhesie – Wahrnehmung von Strahlung und die daraus abgeleitete Wissenschaft, mit Hilfe von *Pendel* und *Wünschelrute* Strahlungsphänomene in der Natur aufzuspüren und zu bewerten. Die »offizielle« Wissenschaft lehnt die Radiästhesie nach wie vor als Scharlatanerie ab, jedoch gibt es inzwischen eine kaum noch zu überblickende Vielzahl sehr fundierter wissenschaftlicher Untersuchungen und Erkenntnisse zu diesem Thema (siehe auch *Hartmann-* und *Curry-Gitter*).

Raumfeen – Naturwesenheiten des Luftelements, die durch zyklisches Kreisen über einer Landschaft die verschiedenartigen Lebensprozesse miteinander harmonisieren.

Rute, Rutengehen – Siehe *Wünschelrute* und *Radiästhesie*.

Resonanz – Gegenseitige Anregung und Verstärkung bei Übereinstimmung oder Verwandtschaft zwischen zwei Schwingungen. Das Resonanzprinzip gilt für alle Arten von Schwingungen, also auch für ätherische und seelisch-geistige, wodurch beim Menschen entsprechende Reaktionen ausgelöst werden können, wenn er sich in ein Kraft- oder Bewußtseinsfeld begibt.

Schwarze Magie – Magie ist »das, was wirkt«; die Beherrschung der Magie bedeutet, mit den verborgenen Kräften – mit *Äther*energien und *Elementarwesen* – umgehen zu können. Wird diese Fähigkeit dazu benutzt, über andere Menschen oder Lebewesen eine wie auch immer geartete Kontrolle oder Einflußnahme auszuüben, handelt es sich um Schwarze Magie und damit um ein moralisches Vergehen, mit dem sich der Betreffende langfristig selbst großen Schaden zufügt.

Schwarze Ströme – Als »black streams« in der englischen *Geomantie* bekanntes Phänomen energieabsaugender, alle Vitalität negierender ätherischer Linien in der Landschaft. Sie werden innerlich als schwarze Bänder wahrgenommen und können lokal das Zusammenbrechen der Energiestrukturen bewirken. Unklar ist, ob es sich um natürliche Abflußkanäle »verbrauchten« *Äthers* handelt oder um durch Menschen verursachte schwere Störungen im Energiesystem.

Schwellen – Gemeint sind hier geomantische bzw. geistige Schwellen, nämlich Energiebänder, die ringwallartig von den Eingeweihten früherer Kulturen durch *Mentale Projektion* um Heiligtümer gelegt wurden, um negative Energien und Menschen mit unlauteren Absichten fernzuhalten.

Symbole – Aus der Sicht der *Geomantie* stellen Symbole, Schriftzeichen, Muster, Ornamente, Kosmogramme usw. eine Kommunikation nicht nur auf der mentalen (verstandesmäßigen) Ebene her, sondern auch auf der energetischen und seelisch-geistigen Ebene. Ein jedes Symbol – z.B. Zeichen und Ornamente in einem Kirchenraum -wirkt als Energiemuster in den Raum hinein, was auch radiästhetisch überprüfbar ist; die entsprechende Schwingung wird durch den Betrachter verstärkt, indem sie sozusagen im Gehirn reproduziert wird, zudem wirkt sie seelisch-geistig, indem sie den »Wahrnehmungskanal« für die dem Muster entsprechende geistige Botschaft öffnet.

Tellurische Strahlung – Energieart, die dem Spektrum der Erdenergien zuzurechnen ist (tellurisch = der Erde zugehörend); den Gegenpol stellen die kosmischen Strahlungsarten dar, die aus den Planeten- und Sternensphären auf die Erde treffen.

Verankerungspunkte – Kleinere Energiequellen, die als nachgeordnete Punkte mit einer Hauptquelle in Verbindung stehen, diese sozusagen in der Landschaft verankern und ihre Kraft somit verteilen.

Vier Elemente – *Geomantie* ist auch die Kunst, im Einklang mit den *vier Elementen* zu handeln und Harmonien zu schaffen. Die vier Elemente Erde, Wasser, Feuer und Luft stehen für Urprinzipien oder Urkräfte des Kosmos, durch deren Ineinanderwirken die materielle Schöpfung aus dem Urgrund eines fünften Elements, des *Äthers*, in Erscheinung tritt. Bezogen auf die Wirklichkeitsebenen der Landschaft stellt das Prinzip Erde für die mineralischen und organischen Verkörperungen, das Prinzip Feuer für die feinstofflichen Kraftströme, das Prinzip Wasser für die seelische Qualität (*Genius loci*, *Elementarwesen*) und das Prinzip Luft für die räumliche Ordnung und Qualität der Kommunikation und des Geistes.

Visualisation – Methode, durch die Vorstellungskraft innerlich Bilder oder farbiges Licht hervorzurufen, das in die eigene Aura oder – bei Heilungen – in ein Kraftfeld hinein projiziert wird.

Vitalenergie – Siehe *Lebensenergie* und *Äther*

Vogelzeichen – Vögel stehen wie alle Tiere den *Naturwesenheiten* näher als der Mensch; ihre Fähigkeit, sich in den Himmel zu erheben, macht sie auch im geistigen Sinne zu »Himmelsboten«, indem sie Menschen durch ihr Verhalten auf etwas hinweisen. Zudem sind Vögel äußerst sensibel für das feinenergetische Gewebe der Erdoberfläche, sie orientieren sich an den *Leylinien* und sind am Verteilen der Ätherkräfte im Raum beteiligt. Nicht nur den römischen Auguren, die aus dem Vogelflug die Zukunft deuteten, sondern auch jedem heutigen sensiblen Menschen können die Vögel daher Zeichen geben.

Wassermann – Männlich polarisierte Wesenheit des Wasserelements.

Wettermächte – Die sieht- und spürbaren Vorgänge in der Atmosphäre – Wind und Wolkenbildung – sind die äußeren Erscheinungen einer steten Bewegung in *Äther* und *Astralreich*. Wie auf dem Erdboden, mit dem sie über bestimmte »Wetterpunkte« in Verbindung stehen, so sind auch hier (zum Teil mächtige) Naturgeister für das Geschehen verantwortlich.

Winkelsonde – Siehe *Antenne.*

Wünschelrute – Hilfsmittel der *Radiästhesie* zur Aufspürung von Strahlungsphänomenen auf der Erdoberfläche; die klassische Wünschelrute ist ein V-förmiger Haselzweig, heute kommt vielfach Plastik zur Anwendung. Die Wünschelrute wird zwischen den Händen nach vorne gehalten, dabei wird sie gebogen und steht unter Spannung, wodurch sie fähig wird, kleinste Energiefeldveränderungen am Menschen durch Ausschlag anzuzeigen. Nicht die Rute, sondern der Mensch ist also die »Antenne«, das wahrnehmende Organ; die Rute ist lediglich ein Anzeigeinstrument. Geübte Rutengeher können an der jeweiligen Reaktion zwischen Wasseradern, Verwerfungslinien, *Gitternetzen*, *Leylinien* und anderen Phänomenen unterscheiden.

Yin/Yang – Das aus dem Chinesischen stammende Begriffspaar bezeichnet das Urmuster der universellen Polarität zwischen weiblich/männlich, negativ/positiv, empfangend/gebend, vernichtend/aufbauend usw. i. In der Landschaft spiegelt sich dieses Polaritätsmuster überall wieder. Einzelne Bäume, einzelne Felsen oder Steine, Vorsprünge, Hügel usw. ziehen Yang-Kräfte an; Senken, Teiche, Gewässer, flache Wiesen usw. sammeln Yin-Kräfte in sich. Zwischen beiden kommt die ätherische Kraft zum Fließen und belebt die Landschaft. Bestimmte Landstriche haben insgesamt Yang-Charakter (Gebirge) oder Yin-Charakter (Moorlandschaften) und beeinflussen die menschliche Stimmung und Aktivität entsprechend. 2. Unabhängig davon gibt es überall auf der Erdoberfläche unzählige Yin- und Yang-Quellen, die die entsprechend polarisierten *Äther*kräfte für einen Ort oder ein Gebiet ausfließen lassen.

Zeugenbäume – Bäume, die die Verbindung zum Gedächtnis (oder Geist) eines Ortes herstellen bzw. deren *Faun* das Wissen über einen Ort in sich versammelt hat und weitergeben kann. Solche Bäume sind zumeist erkennbar an ihrer eigenwilligen Gestalt oder an ihrem Standort (z.B. wenn ein Baum alleine steht oder den einzigen Baum in einem Stadtteil darstellt).

Zwerg – Männlich polarisiertes *Elementarwesen* des Erdelements; u.a. für Vorgänge in den Gesteinsschichten verantwortlich.

Literatur

Geomantie

Brönnle, Stefan: *Landschaften der Seele*. München 1994.

Merz, Blanche: *Die Seele des Ortes*. Chardonne/Schweiz 1989.

Merz, Blanche: *Orte der Kraft*. Chardonne/Schweiz 1984.

Michell, John: *Die Geomantie von Atlantis*. München o.J.

Miller, Hamish und Broadhurst, Paul: *The Sun and the Serpent*. Launceston 1989.

Möller, Jens-Martin: *Geomantie in Mitteleuropa*. Braunschweig 1991.

Pennick, Nigel: *Einst war uns die Erde heilig*. Waldeck 1987.

Pennick, Nigel: *Handbuch der angewandten Geomantie*. Saarbrücken 1985.

Pennick, Nigel: *Hitlefs Secret Sciences*. Neville Spearman Ltd., Suffolk 1981.

Pieper, Werner (Hrsg.): *Geomantie. Die Kunst, Energiezentren auf der Erde auszumachen*.
Löhrbach 1993.

Pieper, Werner (Hrsg.): *Starke Plätze*. Löhrbach o.J.

Pogacnik, Marko: *Die Erde heilen*. München 1989.

Pogacnik, Marko: *Die Landschaft der Göttin*. München 1993.

Pogacnik, Marko: *Elementarwesen. Die Gefühlsebene der Erde*. München 1995.

Pogacnik, Marko: *Schule der Geomantie*. München 1996.

Pogacnik, Marko: *Wege der Erdheilung*. München 1997.

Pogacnik, Marko/ Bloom, William: *Leylines und Ökologie*. Hagia Chora, Mühldorf 1996.

Salocher, Peter/Buchser, Dieter: *Enertree. Heilung durch die Energie der Bäume*. München 1996.

Watkins, Alfred: *The Old Straight Track*. London 1974.

Radiästhesie

Bachler, Käthe: *Erfahrungen einer Rutengängerin*. Linz 1994.
Kirchner, Georg: *Pendel und Wünschelrute. Handbuch der modernen Radiästhesie*. Kreuzungen 1993.
Spiesberger, Karl: *Der erfolgreiche Pendel-Praktiker*. Freiburg 1955.
Stangl, Anton: *Pendeln*. Düsseldorf 1996.

Orte und Landschaften

Carstens, Goslar: *Der planmäßige Aufbau der heidnischen Heiligtümer bei den Skandinaviern, Friesen und Sachsen*. Husum 1982.
Graichen, Gisela. *Das Kultplatzbuch*. Hamburg 1988.
Gsänger, Hans: *Die Externsteine*. Freiburg 1964.
Lübbing, Hermann: *Oldenburgische Sagen*. Oldenburg 1962.
Matthews, John: *A Glastonbury Reader*. London 1991.
Monroe, Douglas: *Merlins Vermächtnis*. Freiburg 1995.
Monroe, Douglas: *Merlins Lehren*. Freiburg 1996.
Muuß, Rudolf: *Nordfriesische Sagen*. Husum 1992.
Reden, Sibylle von: *Die Megalith-Kulturen*. Köln 1978.

Wahrnehmung

Berendt, Joachim-Ernst: *Das Dritte Ohr*. Reinbek 1985.
Berendt, Joachim-Ernst: *Nada Brahma -Die Welt ist Klang*. Reinbek 1985.
Castaneda, Carlos: *Der Ring der Kraft*. Frankfurt am Main 1976.
Castaneda, Carlos: *Die Kraft der Stille*. Frankfurt am Main 1988.
Castaneda, Carlos: *Die Kunst des Träumens*. Frankfurt am Main. 1994.
Derlon, Pierre: *Die Gärten der Einweihung*. Basel 1978.
Kuhn, Robert/Kreutz, Bernd: *Das Buch vom Hören*. Freiburg 1991.

Kükelhaus, Hugo: *Hören und Sehen in Tätigkeit*. Zug 1978.
Lüdeling, Ingeborg M.: *Steine, Bäume, Menschenträume*. Freiburg 1997.
Pennington, George: *Der Welt über den Augen*. Paderborn 1994.
Pennington, George: *Die Tafeln von Chartres*. Solothurn, Düsseldorf 1994.
Schafer, R. Murray: *The Tuning of the World*. Arcana Editions (Indiana River, Ontario, Canada KoL 2B0), 1977.
Schafer, R. Murray: *A Sound Education*. Arcana Editions (Indiana River, Ontario, Canada KoL 2B0), 1992.
Stock, Jürgen: *Die Verzauberung des Augenblicks*. Freiburg 1995.
Werner, Hans Ulrich: *Soundscapes – Akustische Landschaften*. Basel 1990.

Register

Neu im Stb

Joe Hyams

Der Weg der leeren Hand
Zen in den Kampfkünsten

ISBN 3-89767-447-5

Kyriacos C. Markides

Auf dem Löwen reiten
Die Suche nach dem mystischen Christentum

ISBN 3-89767-453-X

Peter Orban

Der multiple Mensch
über die Vielfalt jeder Seele

ISBN 3-89767-454-8

Bereits erschienen im Stb

Susanne Hühn

Wie dein Schutzengel dich führt
Meditationen für Kinder

ISBN 3-89767-445-9

Dae Poep Sa Nim

Der Duft der Lotusblüte
Mitten im Alltag zu innerer Freiheit finden

ISBN 3-89767-443-2

Renee Baron/Elisabeth Wagele

Das Enneagramm leichtgemacht
Entdecken Sie das System der 9 Archetypen

ISBN 3-89767-448-3

Kyriakos C. Markides

Heimat im Licht
Die Weisheit des »Magus von Strovolos«

ISBN 3-89767-424-6

Kyriacos C. Markides

Feuer des Herzens
Heiler, Weise und Mystiker

ISBN 3-89767-423-8

Levi

Das Wassermann-Evangelium
Von Jesus dem Christus

ISBN 3-89767-428-9